Michael Schulz

wirkliche **Freiheit**
und
dauerhaften **Frieden**
gewinnen

Demokratie
demokratisch
ablösen

Umschlag Foto: Knut Stritzke

Verlag & Druck: tredition GmbH, Halenreie 40-44, 22359 Hamburg

ISBN
Paperback   978-3-347-17037-7
Hardcover   978-3-347-17038-4
e-Book   978-3-347-17039-1

Inhaltsverzeichnis

Vorwort

Unsere Welt ist extrem komplex geworden und die meisten Vorgänge sind nur noch für wenige Menschen, sogenannte Spezialisten, verständlich. Gesellschaftliche Entwicklungen sind da keine Ausnahme. Doch sind wir von diesen Entwicklungen leider alle betroffen und es kündigen sich dramatische Entwicklungen an, deren Eintreffen fast unvermeidbar scheint.

Viele von uns sind mit der Bewältigung des Alltags so stark ausgelastet, dass wir kaum Gelegenheit haben, uns mit den Grundlagen unserer Gesellschaft auseinanderzusetzen. Spätestens seit der Finanzkrise wissen wir aber, dass einiges mit unserem System nicht stimmt. Auch die derzeitige Behandlung der Corona-Krise, mit all den Einschränkungen persönlicher Freiheitsrechte, irritiert viele Menschen. Sollte man also nicht vielleicht doch wissen, wohin die Reise gehen könnte?

Ziel dieses Buches ist es, die gegenwärtigen und absehbaren gesellschaftlichen Entwicklungen zu erläutern. Es versucht, Möglichkeiten der Weiterentwicklung aufzuzeigen und vermittelt dabei die Grundlagen unseres Wirtschaftssystems, die uns so leider nicht in der Schule erklärt worden sind.

Im ersten Teil des Buches geht es um Geld. Was ist Geld eigentlich? Wie ist es entstanden? Und warum hat Geld den Wert, den es hat? Durch die Betrachtung dieser Fragen werden wir erkennen, warum Geld die Ursache von ungebremstem Wirtschaftswachstum mit all seinen Konsequenzen ist. Nur sind eben nicht die Kapitalisten dafür verantwortlich, sondern etwas ganz anderes. Linke und Umweltschützer werden verblüfft sein. Nebenbei lernen wir, warum der Kommunismus nicht funktionieren kann und zum Verhungern führen muss. Damit haben wir die inhaltlichen Grundlagen für den zweiten Teil gelegt. In diesem geht es um die strukturellen Konsequenzen der Verstädterung seit dem zweiten Weltkrieg. Es wird erklärt, warum ein Kollaps unserer Gesellschaften geradezu unausweichlich ist, wenn wir nicht schnell umsteuern. Am Ende des zweiten Teils kann jeder nachvollziehen, warum insbesondere die Bevölkerung der westlichen Industrieländer ganz plötzlich und nahezu vollständig verhungern kann. Und zwar ohne großen Anlass, ohne große Eingriffsmöglichkeiten, und innerhalb nur weniger Monate.

Wer diese Grundlagen verstanden hat, wird nach einem Stück Hoffnung suchen, wie der Kollaps noch abgewendet werden kann. Bevor wir dazu kommen, muss allerdings geklärt werden, warum wir überhaupt in dieser Sackgasse gelandet sind.

Dazu betrachten wir unsere Demokratie etwas genauer. Im dritten Teil des Buches werden wir erkennen, dass Demokratie eine sehr schlechte Regierungsform ist. Parteien sind nichts anderes als reine Mafia-Familien. Demokraten nehmen sich alle Rechte und billigen uns eine unwichtige Restmenge an Rechten sowie eine angebliche Würde zu. Beides nützt uns aber in der Praxis gar nichts. Kein Kaiser würde uns so schlecht regieren. Jeder ehrliche Leser wird am Ende verstehen, warum die Demokratie durch etwas Besseres abgelöst werden muss; vorsichtig, aber so schnell wie möglich.

Der Leser wird staunen, wie sehr wir uns haben täuschen lassen. Wie wenig wir selbst nachgedacht und Dinge hinterfragt haben, die wir alle stets und ständig vor Augen hatten.

Im vierten Teil des Buchs werden die Grundzüge eines neuen Gesellschaftsmodells vorgestellt. Es werden ein paar klitzekleine, aber wesentliche strukturelle Änderungen aufgezeigt, die notwendig sind, um die Schwächen der Demokratie zu korrigieren. Natürlich werden die demokratischen Grundprinzipien und die Rechtsstaatlichkeit nicht aufgehoben. Im Gegenteil, es wird eine Gesellschaftsform skizziert, die streng an universellen Werten ausgerichtet und gemessen werden soll. Diese Werte sind deutlich schärfer formuliert als die wolkigen „christliche Werte", mit denen uns die heutigen sogenannten Demokraten abspeisen, wenn es ihnen günstig erscheint. Ein erster Entwurf dieser universellen Werte wird vorgestellt und erläutert. Alle Gesetze, Strukturen und Verhaltensweisen sind an diesen universellen Werten auszurichten, immer.

Der vierte Teil des Buchs erhebt keinen Anspruch auf Vollständigkeit und lässt bewusst Spielraum für weitere Ideen, die gemeinsam entwickelt werden müssen. Keinesfalls kann es das Ziel sein, eine neue Gesellschaftsform vorzugeben. Ziel ist es, den unbedingt notwendigen Rahmen zu vermitteln, in dem die Gesellschaft sich selbst eine neue Ordnung geben sollte. Das muss natürlich auf demokratische Weise geschehen. Trotzdem wird die Bezeichnung Demokratie für eine zukünftige, bessere Gesellschaftsformen strikt abgelehnt, weil im dritten Teil klar wurde, wie sehr sich die reale Demokratie selbst diskreditiert hat.

Im letzten Teil des Buchs wird auf die Frage eingegangen, wie Demokratie auf demokratische Weise abgelöst werden kann und warum wir vorsichtig sein müssen, dabei nicht den Kollaps auszulösen, den wir vermeiden wollen. Auch betrachten wir einige Ideen, um möglichst schnell unsere Überlebensfähigkeit wiederherzustellen.

Ich hoffe, dieses Buch kann die Welt verändern. Falls das gelingt, könnten wir demnächst in einem friedlichen Paradies leben. Falls nicht, wird unsere Kultur wohl untergehen und die Welt für lange Zeit schlecht bewohnbar sein.

Einige wichtige Erkenntnisse, die diesem Buch zugrunde liegen, wurden von Paul C. Martin entwickelt. Ihm gilt mein Dank: für seine vielen Veröffentlichungen und dafür, dass er seine Erkenntnisse von 2000 bis 2010 im „Gelben Forum" mit allen Mitgliedern aktiv diskutiert hat. Außerdem danke ich meiner Frau, der ich beim Schreiben des Buches viel Zeit und Aufmerksamkeit entzogen habe; die außerdem stets meine noch wenig ausgereiften Gedanken ertragen musste, und die mit ihren Einwänden zur Verbesserung meiner Ausarbeitung beigetragen hat.

Zum Ende des Vorworts noch einige Worte der Entschuldigung. Ich habe in diesem Buch keinerlei Quellen angefügt, was äußerst unprofessionell ist. Es gibt auch keine Graphiken oder Bilder.

Eigentlich bräuchte es wenigstens drei weitere Monate der Überarbeitung, um ein Buch zu veröffentlichen, das meinen eigenen Ansprüchen und den Erwartungen meiner Leser gerecht wird. Weil die Zeit extrem drängt, habe ich mich entschieden, das Buch vorab so zu veröffentlichen, wie es jetzt ist. Denn unsere Regierungen gefährden mit ihrer Virus-Panik möglicherweise unser Weiterleben.

Das vorgestellte Gesellschaftssystem ist weder fertig, noch muss es so umgesetzt werden. Aber wir haben zumindest ein System, das wir schnell verwenden könnten, wenn uns nicht noch etwas Besseres einfällt. Wichtig ist, den systemischen Hintergrund unseres kapitalistischen Systems zu beachten. In den alternativen Medien kursieren zu viele Ideen, denen das Verständnis von Geld fehlt.

Wir, alle Suchenden, müssen recht schnell weiterkommen, denn viel Zeit bleibt uns nicht mehr. In den Vereinigten Staaten von Amerika (VSA) beginnt der Zusammenbruch in Städten wie Portland, Chicago und Baltimore bereits. Und der Strudel, der dort entsteht, könnte uns schnell mit in die Tiefe reißen.

Teil 1: Geld erklärt die Welt

Geld erklärt die Welt und in der Tat ist das Verständnis von Geld die wesentliche Grundlage für das Verständnis der Wirtschafts- und Gesellschaftsstruktur. Leider wurde uns in der Schule niemals beigebracht, was Geld wirklich ist und auch Wikipedia liefert dazu keine richtige Erklärung. Laut Wikipedia ist Geld *ein Zahlungs- oder Tauschmittel sowie ein Wertaufbewahrungsmittel.*

Die Mehrheit der Menschen betrachtet, wenn es um Geld geht, den Geldschein oder die Münzen, wenn sie diese in der Hand halten. Oder sie betrachten ihr aktuelles Bankguthaben auf dem Konto, was zum Abheben oder Transferieren (Bezahlen) bereitsteht. Vielleicht hat man auch noch seinen nicht ausgeschöpften Kreditrahmen im Blick. Aber welche Struktur Geld wirklich hat und was aus dieser Struktur abgeleitet werden kann, haben nur sehr wenige Menschen verstanden. Dabei ist es ganz einfach und man könnte meinen, es gibt einen Grund, warum man uns die wahre Struktur des Geldes nicht öffentlich darlegen möchte.

Um das Wesen von Geld zu verstehen, fangen wir damit an, die aktuelle technische Abwicklung von Geld zu betrachten. Dann widmen wir uns der wichtigsten Frage: warum es Geld eigentlich gibt und wo der Wert von Geld wirklich herkommt. Wenn wir diesen allerwichtigsten Punkt verstanden haben, können wir die Konsequenzen betrachten, die sich aus der Struktur unseres Geldes für unsere Welt, unsere Gesellschaften und unsere Umwelt ergeben. Dabei sollte uns klar werden, dass wir am Ende einer sehr langen und anfangs langsamen Entwicklung stehen; eine Entwicklung, die aufgrund der Struktur und des Wesens des Geldes zwangsläufig war und ist. Und die zwangsläufig in ein Chaos führen wird, das gerade ganz langsam beginnt sich abzuzeichnen.

Wie funktioniert unser Geld aktuell?

Um das System zu verstehen, beginnen wir am besten damit zu analysieren, was beim Bewegen von Geld passiert.

Wie kommt man zu einer Banknote?

Bis man eine Banknote in der Hand halten kann, muss einiges passiert sein. Und alles, was da passiert, ist sehr gut durchdacht und äußerst zweckmäßig. Geld wird heute von Zentralbanken (ZB) herausgegeben. Warum das günstig ist, wird im weiteren Verlauf erklärt. Damit es weniger abstrakt bleibt, wird als Zentralbank die Europäische Zentralbank (EZB) und als Währung der Euro verwendet. Prinzipiell funktioniert es aber bei allen anderen Zentralbanken gleichartig.

Damit man Geld in der Form eines Scheines in der Hand halten kann, muss die EZB den Druck der Noten bei einer Druckerei ihres Vertrauens beauftragt haben. Sie muss diese Noten den verschiedenen Banken ausgehändigt haben. Würde Sie die Euro-Scheine einfach so an die Banken ausliefern, würden diese das Geld quasi geschenkt bekommen, was natürlich nicht im Sinne der EZB wäre. Die Geldscheine haben ja einen Wert und wenn die EZB diesen Wert aus der Hand gibt, möchte sie etwas Gleichwertiges dafür erhalten.

Untereinander nutzen die Banken ihr spezielles Geld

Bevor die EZB Euro-Banknoten an eine Bank ausliefert, muss die Bank bei der Zentralbank ein Guthaben vorhalten. Dieses bei der ZB vorgehaltene Guthaben wird parallel zur Auslieferung der Geldscheine an die Bank um den Geldwert der gelieferten Scheine gesenkt. Wenn eine Bank Euro-Banknoten an die EZB zurückgibt, weil Kunden diese Noten bei ihr eingezahlt haben, wird ihr ZB-Guthaben erhöht.

Wie kommt eine Bank zu einem Guthaben bei der EZB? Sie musste dafür ZB-fähige Wertpapiere hinterlegen, die sie entweder vorher einkauft oder selbst produziert. Was sind ZB-fähige Wertpapiere? Es sind Wertpapiere, die als besonders sicher gelten, z.B. Staatsanleihen, aber auch Anleihen von Unternehmen mit einer sehr guten Bewertung. Darüber hinaus können es Wertpapiere sein, die jede Bank selbst herstellen darf, wenn sie Kredite an Kunden vergibt.

Kredite in Wertpapiere umwandeln

Um Kredite in Wertpapiere umzuwandeln, sucht die Bank bestimmte Kredite zusammen, um sie zu bündeln. Die hier betrachtete Form von Wertpapier ist also grundsätzlich eine gebündelte Menge an Krediten.

Von den herausgesuchten Krediten nimmt die Bank jeweils nur Teile der noch ausstehenden Kreditbeträge, die ja Forderungen der Bank an ihre Kreditnehmer sind. Sie nimmt deshalb nur Teile des Kreditbetrages, weil der Kunde in den meisten Fällen verpflichtet ist, kontinuierlich einen Teil des Kredits zu tilgen und der Kreditbetrag so kontinuierlich schrumpft. Und in ein Wertpapier dürfen nur Forderungen eingehen, die auch im Zeitablauf tatsächlich noch bestehen. Deshalb hat jedes Wertpapier, wie die enthaltenen Kredite, auch eine Laufzeit. Am Anfang und am Ende der Laufzeit hat das Wertpapier den Wert, welcher der Summe der ein-gebrachten Kreditanteile entspricht, genannt Nennwert. Zu den Kreditbeträgen, die in einem Wertpapier enthalten sind, gehören auch die Zinsen, die die Kredit-nehmer an die Bank zahlen. Um das Wertpapier attraktiv zu machen, wird dem Eigentümer des Wertpapiers auch ein Zinssatz gezahlt. Ein Wertpapier hat damit drei wesentliche Eigenschaften:

1. Den Nennwert
2. Die Laufzeit
3. Eine Verzinsung

Mit dieser Bündelung werden die enthaltenen Kredite zu einem handelbaren Gut. Um etwas Greifbares, Handelbares für ein Kreditbündel zu erhalten, wird ein Pa-pier ausgestellt. Dieses Papier nennt man Schuldbrief und der Vorgang der Um-wandlung von Krediten in Wertpapiere wird deshalb auch als „Verbriefen" be-zeichnet. Ein Schuldbrief ist genauso handelbar wie eine Aktie oder ein Auto. Man kann einen Schuldbrief kaufen, indem man Geld dafür bezahlt. Der Preis schwankt, aber am Ende der Laufzeit nimmt die Bank den Schuldbrief zum Nenn-betrag zurück. Das heißt, der Nennbetrag wird wieder zurückgezahlt. Dieser Wert des späteren Rückkaufs gegen Geld gibt dem Schuldbrief seinen Wert. Vermutlich aus Marketinggründen wird nicht so gerne von Schuldbriefen geredet, sondern lie-ber der Wert betont und deshalb im Alltag lieber der allgemeinere Begriff „Wert-papier" verwendet. Der Wert eines Wertpapiers liegt darin, dass die Schuldner (der Bank) das Geld für die enthaltenen Schulden an die Bank zurückzahlen werden. Die Bank sammelt das Geld ein und zahlt es bei der Rückgabe des Wertpapiers an den Kunden aus.

Schuldbriefe sind handelbar. Sie können an Interessenten verkauft werden oder sie können als Sicherheit bzw. Pfand hinterlegt werden. Das Verfahren kennt man vom Auto. Da gibt es auch einen Kfz-Brief, der das Eigentum an dem Auto bestä-tigt. Nur wenn ein Kfz-Brief an einen neuen Eigentümer weitergereicht wird, ist der Autoverkauf rechtmäßig. Wenn einem das Auto nicht gehört, beispielsweise weil es über einen Kredit finanziert wurde, liegt der Kfz-Brief als Sicherheit oder Pfand bei der Bank. Schuldbriefe repräsentieren das Eigentum oder besser das Teil-Eigentum an Krediten.

Für hinterlegte Wertpapiere gibt es Zentralbankguthaben

Zentralbanken wollen etwas Werthaltiges bekommen, bevor sie ihre Banknoten an eine Bank (Nicht-Zentralbank oder Geschäftsbank) ausliefern. Sie geben ja in diesem Moment einen Wert an die Bank ab. Sie akzeptieren dafür Wertpapiere von hoher Qualität, also Schuldbriefe von zuverlässigen Schuldnern. Das können neben Schuldbriefen der Bank auch Staatsanleihen sein, die die Bank vorher gekauft hat.

Wenn eine Bank bei ihrer Zentralbank Wertpapiere hinterlegt hat, bekommt sie für diese Wertpapiere ein Zentralbankguthaben auf ihrem Zentralbankkonto gutgeschrieben. Dieses Zentralbankguthaben entspricht dem aktuellen Wert der hinterlegten Wertpapiere. Dieser Wert ist keinesfalls konstant, denn wir wissen ja, dass Wertpapiere eine Laufzeit haben. Am Ende der Laufzeit muss die Bank das Wertpapier zurücknehmen und ihr Zentralbankguthaben wird entsprechend verringert – es sei denn, die Bank sorgt rechtzeitig dafür, ein ablaufendes Wertpapier durch ein länger laufendes, anderes Wertpapier zu ersetzen.

Gegen Pfand bekommt die Bank Banknoten

Hat die Bank ausreichend Pfand hinterlegt und ein Zentralbankguthaben auf ihrem Konto bei der Zentralbank, kann sie bis zur Höhe des dort vorhandenen Guthabens Banknoten bei der Zentralbank abrufen. Die Zentralbank vermindert das Zentralbankguthaben der Bank um den Nennwert und stellt die Banknoten zur Abholung bereit.

Wir erinnern uns: Das Zentralbankguthaben ist das Gegenstück zu den hinterlegten Wertpapieren. Also werden parallel zur Bereitstellung der Banknoten und zur Verminderung des Guthabens auch die für den bereitgestellten Betrag hinterlegten, also verpfändeten Wertpapiere eingezogen. Die Bank kann diese Wertpapiere dann nicht mehr zurückfordern.

Die Bank selbst hat für die Banknoten in der Regel selten eine Verwendung. Sie fordert sie an, um sie an ihre Kunden auszuzahlen, wenn diese es wünschen und vorher ein Konto mit einem Guthaben bei der Bank haben.

Wird eine Banknote an einen Kunden ausgezahlt, wird das Banksaldo des Kunden verringert. Der Kunde hat danach die Banknote in der Hand und kann diese Banknote verwenden, um sie an eine andere Person weiterzureichen. Dieses Weiterreichen kann beliebig oft geschehen. Früher oder später wird die Banknote wieder bei einer Geschäftsbank auf ein Konto eingezahlt werden.

Wenn diese Bank mehr Banknoten hat, als sie für die Auszahlung an ihre Kunden benötigt, kann sie diese Banknoten an die Zentralbank zurückgeben.

Beim Einzahlen von Banknoten bekommt man das Pfand

Wenn eine Banknote bei der Zentralbank eintrifft, wird das Zentralbankguthaben der einreichenden Bank entsprechend erhöht. Zusätzlich werden die vorher beim Auszahlen der Banknoten abgesonderten Wertpapiere an die einzahlende Bank weitergereicht.

Hier ergibt sich nun ein Problem. Wertpapiere haben aus praktischen Gründen eher einen Wert von 1000 oder mehr Euro. Schließlich ist es sehr mühsam, Wertpapiere herzustellen und für kleine Beträge würde sich dieser Aufwand nicht lohnen. Anstatt die Wertpapiere wirklich weiterzureichen, verwendet die Bank das Zentralbankguthaben und verwahrt alle Wertpapiere in einem gemeinsamen Pool. Zurückfordern kann eine Bank allerdings nur Wertpapiere, die ihrem Guthaben entsprechen.

Warum hat die Banknote einen Wert?

Wird eine Banknote von der Zentralbank an die Geschäftsbank ausgeliefert, wurde als Pfand für diese Banknote ein Anteil an einem zuvor eingereichten Wertpapier einbehalten. Der Wert der Banknote ergibt sich also aus dem Anteil am Wertpapier. Die Banknote, die wir in der Hand halten, ist nichts als ein Merkzettel für den eigentlichen Wert, der im Hintergrund vorgehalten wird. Wenn diese Banknote bei der Bank eingezahlt wird, schickt die Bank die Banknote an die Zentralbank weiter und bekommt dafür einen Anteil aus dem Pfandpool, der genau dem Wert der Banknote entspricht. Der eigentliche Wert des Geldes wird also nie mit dem Papier transportiert, das wir in der Hand halten, sondern besteht stets im Hintergrund bei der Zentralbank.

Warum hat ein Wertpapier seinen Wert?

Wir erinnern uns, was Wertpapiere eigentlich sind: Schuldbriefe, also gebündelte Anteile von Krediten. Warum stellt denn nun ein Teil eines Kredites einen Wert dar? Dazu müssen wir uns ansehen, wie Kredite im westlichen Bankensystem in der Regel vergeben werden oder vergeben worden sind.

Kredite werden gegen Sicherheiten vergeben. Ohne Kreditsicherheit gibt es in der Regel keinen oder keinen größeren Kredit. Kleinere Kredite werden oft durch das regelmäßige Arbeitseinkommen des Kreditnehmers besichert. Wenn ein Bankkunde also z.B. für den Kauf eines Hauses einen größeren Kredit aufnimmt, dann war der Anteil des Kredits früher auf einen Teil des Hauswertes begrenzt. Dieser

Grenzwert wird als Beleihungsgrenze bezeichnet und lag oft bei 60 bis 70 Prozent des realistischen Kaufpreises. Wenn der Kaufpreis offensichtlich realistisch war, weil es viele gleichartige Objekte auf dem Mark gab, und die Bank ihn aus ihrer Erfahrung direkt beurteilen konnte, musste kein Wertgutachten erstellt werden. War dies nicht der Fall, weil der Kunde einen sehr hohen Kaufpreis zahlen musste, wurde ein Wertgutachten in Auftrag geben, bei dem Spezialisten den realistischen Wert des Hauses ermittelten. Ausgehend von diesem realistischen Wert konnte dann bis zur Beleihungsgrenze ein Kredit bewilligt werden. Alles, was oberhalb der Beleihungsgrenze lag, musste anderweitig vom Kreditnehmer finanziert werden.

Sollte ein Kreditnehmer nicht in der Lage sein, das geliehene Geld zurückzuzahlen, hat die Bank das Recht, die Kreditsicherheit zu verwerten. Weil der Kreditbetrag in der Regel nur einen Teil des Wertes der Sicherheit ausmacht, sollte die Sicherheit stets für mehr Geld zu verkaufen sein als der ausstehende Kredit. Der Wert des Kredits ist also durch den höheren Wert der Sicherheit jederzeit gedeckt. Und der Rückkauf des Wertpapiers ist somit durch den Kredit gesichert.

Wie Geld heute entsteht

Wie neues Geld entsteht, ist eine wirklich spannende und wichtige Frage. An dieser Stelle wollen wir zunächst betrachten, wie Geld heute entsteht.

In den Geldsystemen, wie wir sie in den entwickelten Ländern derzeit kennen, entsteht Geld bei der Kreditvergabe von Geschäftsbanken an Nichtbanken. Die Bank eröffnet für den Kreditnehmer ein neues Konto, ein Kreditkonto mit dem Kreditsaldo. Dieses Konto repräsentiert oder dokumentiert die Forderung der Bank nach zukünftigen Rückzahlungen. Im Gegenzug schreibt sie einem in der Regel bereits vorhandenem Guthabenkonto des Kreditnehmers den Kreditbetrag gut. Mit dieser Gutschrift auf das Guthabenkonto entsteht eine Forderung (des Kunden) auf Geldauszahlung. Er kann zur Bank gehen und bekommt aufgrund des auf dem Konto vorhandenen Guthabens Banknoten ausgezahlt.

Mit diesen Banknoten kann der Kreditnehmer in vielen Fällen nun keinesfalls machen, was er möchte. Wenn sich die Kreditsicherheit nicht in seinem Eigentum befindet, muss er das dank des Kredits erhaltene Geld verwenden, um die vereinbarte Kreditsicherheit zu erwerben. Um jeglichen Risiken eines Fehlverhaltens des Kreditnehmers vorzubeugen, zahlt die Bank das Geld deshalb häufig im Namen des Kreditnehmers direkt an den Verkäufer der Kreditsicherheit aus.

Geld entsteht also durch Kredit. Mit der Kreditvergabe ist die im Umlauf befindliche Menge an Geld gewachsen. Wir haben also ein Kredit- oder Schuldgeld.

„Geld aus dem Nichts" oder „FIAT-Geld" ist völliger Unsinn

Geld wird damit zwar aus dem Nichts erschaffen. Es steht aber der Wert der Kreditsicherheit dagegen. Das neue Geld hat als Deckung die Kreditsicherheit. Wer erzählt, es hätte keinen Wert, der hat nur angefangen, sich für Geld zu interessieren. Er hat dabei aber sehr früh aufgehört und nur einen kleinen Ausschnitt betrachtet und selbigen aus jedem Zusammenhang gerissen. Wir haben kein FIAT-Geld, oder Geld, das durch nichts gedeckt ist. Geld wird nicht gedruckt. Es entsteht bei der Vergabe von Krediten und wird durch die Umwandlung von Kreditsicherheiten in Wertpapiere gedeckt. Diese Wertpapiere werden von der Notenbank in bestimmten anteiligen Stückelungen in Umlauf gebracht. Beim Euro gibt es derzeit fünf, zehn, zwanzig, fünfzig, hundert, zweihundert und fünfhundert Euroscheine. Beim Dollar sind es aktuell ein, zwei, fünf, zehn, zwanzig, fünfzig und hundert Dollarscheine. Diese Noten bezeichnen wir als Geld oder Bargeld.

Was haben wir mit einer Banknote in der Hand?

Wenn wir uns jetzt fragen, was wir mit einer Eurobanknote in der Hand halten, ist das einfach zu erklären: Wir haben den besicherten Kredit, der in ein Wertpapier eingeflossen ist, der gegen Zentralbankguthaben getauscht wurde, was jetzt anteilig der Banknote entspricht. Man hat also einen bestimmten Anteil an einer Kreditsicherheit einer Bank in der Hand.

Dass die Kreditsicherheit einen fairen Wert hat, liegt an der gemeinsamen Bewertung der Sicherheit durch Schuldner und Bank. Sie wird nämlich von beiden Seiten vorher in Euros bewertet. Der Kunde ist bereit, die Schulden aufzunehmen und die Bank ist bereit, die Sicherheit zu beleihen. Also wird die Bewertung der Kreditsicherheit richtig sein. Also liegt dem Geld auch eine faire, in Euro ermittelte Deckung zugrunde. Denn die Bank und der Schuldner einigen sich, wie viele Euros sie für die Sicherheiten neu herausgeben bzw. als Schulden bereit sind, auf(sich)zunehmen.

Als Folge der gemeinsam festgelegten Euros wird die Sicherheit – anteilig in Höhe der von der Bank neu geschaffenen Euro-Giralgeld-Einheiten – umlauffähig gemacht. Dieser Umlauf kann dann (später bei Auszahlung) in Form von Banknoten erfolgen. Der Umlauf erfolgt auch mittels Überweisung oder beim Weiterreichen von Schecks oder der Nutzung von Kartenzahlungen.

Letztlich ist Geld so etwas wie eine Aktie. Eine Aktie ist ein Anteil an einem Unternehmen. Geld ist ein Anteil an einer Kreditsicherheit. Und die Banknote ist der Repräsentant für diesen Anteil.

Kredit-Tilgung bedeutet weniger Geld im Umlauf

Wenn Geld durch die Kreditgewährung entsteht, dann wird Geld durch die Kredittilgung vernichtet. Das heißt, dass Geld bei der Tilgung aus dem Umlauf verschwindet. Geld kann dadurch buchstäblich knapp werden. Denn man muss immer eines beachten: In der Realität gibt es ständig neue Kredite. Deshalb kommt es nicht so einfach zu der in der Folge gezeigten Situation. Aber das Prinzip zu verstehen, ist enorm wichtig für das Verständnis von Geld und Kapitalismus.

Stellen wir uns also vor, wir sind ganz am Anfang. Ein Staat mit einer neuen Währung genannt „Fantasius" wird gegründet und die einzige Bank gibt erst einmal nur genau einen Kredit über 10.000 Fantasius aus. 10% Zinsen und eine jährliche Tilgung von 1.000 Fantasius werden vereinbart. Nachdem der Kredit dem einzigen Kunden gutgeschrieben wurde, sind also genau 10.000 Fantasius in Umlauf. Beobachten wir, was in dieser vereinfachten Version passieren würde.

Geld in Umlauf	Tilgung	Forderung der Bank oder auch Restschuld	Zinsen	Zahlung an die Bank	Geld im Umlauf außerhalb der Bank
10.000	1.000	9.000	1000	2.000	8.000
9.000	1.000	8.000	900	1.900	6.100
8.000	1.000	7.000	800	1.800	4.300
7.000	1.000	6.000	700	1.700	2.600
6.000	1.000	5.000	600	1.600	1.000
5.000	1.000	4.000	500	1.500	-500
4.000	1.000	3.000	400	1.400	-1.900
3.000	1.000	2.000	300	1.300	-3.200
2.000	1.000	1.000	200	1.200	-4.400
1.000	1.000	0	100	1.100	-5.500

Am Anfang ist noch relativ viel Geld im Umlauf. Der Schuldner muss 2.000 Fantasius (1.000 für die Tilgung und 1.000 für die Zinsen) verdienen, und zwar aus 10.000 Fantasius, die im Geldkreislauf vorhanden sind. Es ist für den Schuldner relativ leichter Geld zu verdienen, um so seiner Verpflichtung zur Kreditbedienung (Tilgung und Zinszahlung) an die Bank nachzukommen. Aber schon im sechsten Jahr ist außerhalb der Bank eigentlich gar kein Geld mehr vorhanden, um es zu verdienen und an die Bank zurückzuzahlen. Das geht in der Praxis trotzdem, weil die Bank aus den Zinsen z.B. ihre Mitarbeiter bezahlt. Durch diese Zahlungen bleibt dieses Geld natürlich im Umlauf. Trotzdem ist es extrem wichtig zu verstehen, dass Geld aus dem Umlauf verschwindet, wenn Kredite getilgt werden. Nicht bei der Zinszahlung, sondern nur bei der Tilgung.

Die Schulden des Einen sind das Vermögen des Anderen

In der obigen Tabelle sieht man die Spalte „Forderung der Bank oder Restschuld". Hier sieht man ganz klar: Die Schuld des Kreditnehmers ist das Vermögen des Kreditgebers. Wenn dieses Vermögen verbrieft wird, kann die Bank es statt es als Pfand an die Zentralbank zu geben auch an Sparer verkaufen. Diese Sparer betrachten die Schulden der Kreditnehmer dann als ihr Vermögen.

Die Reichen werden immer reicher und die Armen immer ärmer

Das ist eine Zwangsläufigkeit, obwohl es von den Medien und auch von einigen Politikern immer wieder beklagt wird. Wer das beklagt, hat sich nicht mit Buchführung beschäftigt. Es ist in etwa so, als würde man beklagen, dass das Rad rund ist. Unsere Form von Geld und die von uns verwendete „doppelte Buchführung" sorgt per definitionem dafür, dass mit jedem Kredit eine Forderung, also ein Vermögen entsteht. Auf der einen Seite entsteht Armut, auf der anderen Seite Reichtum. Über die Konzentration des Reichtums und die breite Verteilung der Armut könnte man sich zu Recht aufregen. Immer weniger Reiche werden immer reicher und zu viele Menschen werden immer ärmer. So wäre der Spruch inhaltlich richtig, aber bei herrschenden Politikern höchst unbeliebt, weil die quantitative Zunahme der Verarmung von ihnen natürlich nur sehr ungern zugegeben wird. Die Mehrheit der Menschen würde ja vermuten, die Schuld dafür läge bei der Politik. Das ist nur bedingt der Fall. Denn es ist ein Fehler im System, den die Politik nicht beheben kann. Aber darauf werden wir später noch zurückkommen.

Falsches Sparen macht Geld knapp

Ich füge hier die Tabelle von der Kredit-Tilgung noch einmal ein, weil sie eine so außerordentlich wichtige Bedeutung hat, dass man sie nicht oft genug betrachten kann, um die Wirkung von Geld in der Wirtschaft zu verstehen.

Geld in Umlauf	Tilgung	Forderung der Bank oder auch Restschuld	Zinsen	Zahlung an die Bank	Geld im Umlauf außerhalb der Bank
10.000	1.000	9.000	1000	2.000	8.000
9.000	1.000	8.000	900	1.900	6.100
8.000	1.000	7.000	800	1.800	4.300
7.000	1.000	6.000	700	1.700	2.600
6.000	1.000	5.000	600	1.600	1.000
5.000	1.000	4.000	500	1.500	-500
4.000	1.000	3.000	400	1.400	-1.900
3.000	1.000	2.000	300	1.300	-3.200
2.000	1.000	1.000	200	1.200	-4.400
1.000	1.000	0	100	1.100	-5.500

Betrachten wir diesmal aber, was passiert, wenn nur ein kleiner Teil des Geldes von irgendjemanden im Wirtschaftskreislauf gespart wird. Irgendjemand meint, er wolle das Geld für sich behalten und unter keinen Umständen an den Schuldner zurückgeben, den er ja vielleicht gar nicht kennt. Dann steht dieses gesparte Geld eben nicht mehr für die Erfüllung der Verpflichtungen des Schuldners zur Verfügung. Man erkennt ein ganz klares mathematisches Problem. Es ergibt sich die Möglichkeit, dass Geld im Kreislauf fehlen kann und eine Kreditbedienung somit mathematisch unmöglich wird.

In der Praxis ist das kein Problem, solange stets genug neues Geld in den Kreislauf gelangt. Dann steht Geld für die Bedienung von Krediten zur Verfügung. Aber wehe die Mehrheit der Kreditnehmer entscheidet sich plötzlich dazu, Schulden zu tilgen. Dann wird es richtig schlimm. Jede Tilgung macht den verbleibenden Geldumlauf kleiner und die verbleibenden Schuldner bekommen zunehmend Probleme, ihre Verpflichtungen zu erfüllen. Denn parallel zur Tilgung der Schulden fangen in solchen Krisensituationen die Menschen auch an zu sparen. Und das entzieht dem Kreislauf ebenfalls Geld, das nicht mehr zur Schuldentilgung zur Verfügung steht.

Horten statt sparen

Diese Geldverknappung entsteht, wenn die Menschen Bargeld oder mit Buchgeld sparen, das jederzeit in Bargeld getauscht werden kann.

Würde ein Sparer ein Wertpapier kaufen, dass zum Ablaufdatum aus dem Rückfluss der enthaltenen Kredite bezahlt wird, würde er mit dem Kauf des Wertpapiers sein Geld wieder in den Kreislauf geben und es würde bis zum Ablauf zur Schuldentilgung zur Verfügung stehen. Das hätte deutliche Vorteile für die Gesamtwirtschaft, aber unter Umständen Nachteile für den Sparer. Er muss mit dem Kauf des Wertpapiers das Risiko der Kreditrückzahlung auf sich nehmen. Ein Risiko, das er bei der Hortung von Bargeld oder Buchgeld, das jederzeit in Bargeld getauscht werden kann, nicht hat. Zum Ausgleich für die Übernahme dieses Risikos werden ihm Sparzinsen gewährt, ein Teil der höheren Zinsen, die der Kreditnehmer zu zahlen hat. Immer wenn ein Sparer für beschränkte Zeit auf die Verfügung seines Geldes verzichtet, können andere es für ihre Zwecke verwenden. Das kann auch dadurch geschehen, dass man Termingelder bei einer Bank für einen bestimmten Zeitraum fest anlegt oder ein Sparkonto verwendet, bei dem die Verfügung über das Geld ebenfalls beschränkt ist. In diesen Fällen kann man sein Geld für einen bestimmten Zeitraum nicht mehr in Bargeld tauschen oder an andere Personen oder Firmen übertragen.

Wenn das Geld anderen zur Verfügung steht, wollen wir von Sparen reden; wenn es anderen nicht zur Verfügung gestellt wird, soll dies als Horten bezeichnet werden. Wird viel Geld gehortet, steht es für die Tilgung von Krediten nicht zur Verfügung.

Warum Geld für die Tilgung im Kreislauf fehlen kann

Dieser Abschnitt ist sehr wichtig, denn wir müssen unbedingt verstehen, warum Geld knapp werden kann und was das bedeutet. Wir haben gesehen, was passiert, wenn Geld knapp wird; dass es dann für die Kredittilgung nicht zur Verfügung steht. Wir haben verstanden, dass Horten dazu beiträgt, dass Geld knapp werden kann. Aber es gibt einige weitere Effekte, die gleichartig wirken wie das Horten. Diese sollen im Folgenden dargestellt werden.

Die meisten Arbeitnehmer bekommen am Monatsende ein Gehalt, das sie bis zum nächsten Monatsende ausgeben, um ihre Lebenshaltungskosten zu decken. Es wechselt von dem Unternehmen, bei dem der Arbeitnehmer beschäftigt ist, zum Arbeitnehmer. Von dort verteilt es sich im Laufe des Monats wieder fast vollständig auf verschiedene Unternehmen, die Leistungen für den Arbeitnehmer erbringen. So sammeln die Unternehmen Geld an, das sie am nächsten Monatsende wieder an ihre Arbeitnehmer auszahlen können.

Dieser umlaufende Teil des Geldes wird einfach für die normale tägliche Liquidität benötigt, also für das Einkaufen, für das Begleichen von Rechnungen oder für die Auszahlung von Löhnen und Gehältern und zu einem Teil auch für die Rückzahlung von Krediten. Aber ein großer Teil der Liquidität ist eben nicht für die Tilgung nutzbar, weil er von den Wirtschaftssubjekten anderweitig benötigt wird. Niemand kommt auf die Idee, diese monatliche Liquiditätsreserve als Horten zu bezeichnen. Technisch ist es aber nichts anderes, denn dieses Geld steht de facto für die Kredittilgung eben nicht zur Verfügung. Dieser zwingend erforderliche Liquiditätssockel wächst mit der Gesamtwirtschaft an.

Es gibt weitere Aspekte zu diesem Thema, die wir weiter unten im Kapitel „Geldmengensteuerung" betrachten werden.

Wenn Kredite nicht bedient werden

Kredite werden nicht bedient, wenn zu den bei der Kreditvergabe vereinbarten Terminen die Zins- sowie die Tilgungszahlungen nicht geleistet werden.

Wenn Kredite nicht bedient werden, hat normalerweise die kreditgebende Bank den Verlust auszugleichen. Sie darf dafür die Kreditsicherheit verkaufen. Wenn bei dem Verkauf mehr Geld übrigbleibt als geschuldet wurde, bekommt der Schuldner dieses Geld ausgezahlt. Wenn aber weniger Geld eingenommen wird als geschuldet, muss zunächst die Bank diesen Verlust tragen und es mit laufenden Gewinnen aus anderen Geschäften oder sogar mit einer Reduzierung des Eigenkapitals kompensieren. In jedem Fall wird die gesamte Restschuld der Geldmenge entzogen.

Die Anzahl der Kreditausfälle ist in der Regel begrenzt. Ein Kreditausfall kündigt sich in der Regel längere Zeit im Voraus an. Die Bank hat einige Möglichkeiten, dem Schuldner entgegenzukommen, um einen Ausfall zu vermeiden.

In wirtschaftlich guten Zeiten werden ein bis maximal zwei Prozent der Kredite nicht zurückgezahlt. In „normalen schlechteren" Zeiten sind es drei bis maximal acht Prozent. Seit der Finanzkrise 2008 wissen wir, dass es auch „nicht normale schlechte Zeiten" gibt. In diesen können dann deutlich mehr Kredite ausfallen und das kann dazu führen, dass die Zahlungsfähigkeit der Banken gefährdet wird. Deshalb mussten Regierungen mit Steuergeldern die Banken vor drohenden Pleiten retten.

Wichtig sind hier fünf Dinge, die wir unbedingt festhalten müssen:

1. Tilgung von Krediten nimmt Geld aus dem Kreislauf.
2. Weniger Geld im Kreislauf erschwert die Tilgung von Krediten.
3. Fallen Kredite aus, müssen die Banken für die Verluste einspringen und die Restschuld verschwindet aus dem Kreislauf.
4. Fallen zu viele Kredite aus, müssen die Banken vor der drohenden Pleite gerettet werden.
5. Können die Banken nicht gerettet werden, verlieren die Eigentümer und die Einleger (Sparer) ihr Geld.

Gute und schlechte Zeiten für Kredite kommen in Wellen

Mit diesen Wellen, genannt Konjunktur, beschäftigen sich Wirtschaftende und auch Wissenschaftler schon sehr lange. Schließlich ist es für jeden wirtschaftlich arbeitenden Menschen extrem wichtig zu wissen, wie die Wirtschaft sich in der nahen und mittleren Zukunft entwickeln wird.

Dass es neben relativ kurzfristigen konjunkturellen Zyklen eines wirtschaftlichen Auf und Ab auch lange, immer wiederkehrende Wellen von 40 bis 60 Jahren Dauer gibt, hatte der Sowjetbürger Nicolai Kondratjew bereits 1926 erkannt und publiziert. Dieses Erkennen der sogenannten langen Wellen ist extrem wichtig. Sie zu verstehen, erlaubt ein Verständnis des nach Karl Marx so benannten „Kapitalismus".

Der deutsche Eintrag von Wikipedia unter „Kondratjew-Zyklus" zeigte noch Ende Juni 2020 im Bereich „Kritik an den langen Wellen" auf, dass es trotz der Weiterentwicklungen von Joseph Schumpeter über Christopher Freeman bis hin zu Stephan Schulmeister noch keine Erklärung der langen Wellen gibt. Dabei hat Paul C. Martin diese Erklärung mit seiner seit 1983 entwickelten Theorie des Debitismus geliefert. Diese Theorie ist eine wichtige Grundlage dieses Buches. Sie wird allerdings von den meisten Ökonomen bisher nicht beachtet.

Die langen Wellen oder die vier Jahreszeiten des Kreditzyklus

Die langen Wellen werden inzwischen in vielen Publikationen in vier Phasen analog der Jahreszeiten gegliedert.

1. Frühling
2. Sommer
3. Herbst
4. Winter

Wenn im Folgenden eine Jahreszeit erwähnt wird, ist diese immer im Sinne der langen Wellen bzw. im Sinne von Kondratjew zu verstehen, ohne dass das explizit erwähnt wird.

Im Frühling gibt es fast keine bestehenden Kredite und die Vergabe bzw. Aufnahme neuer Kredite erfolgt sehr zögerlich. Im Sommer werden Kredite großzügig vergeben und es lohnt sich Kredite aufzunehmen, weil die Geldmenge stark steigt und die Inflation die Kredittilgung erleichtert. Im Herbst wird es schwieriger mit den Krediten; die Vergabe sinkt, weil die Zinsen anfangs hoch sind. Zum Ende brauchen immer mehr Menschen Kredite, um ihr Leben oder größere Anschaffungen zu finanzieren. Im Winter können die Kredite nicht mehr getilgt werden. Es gibt Pleiten von Unternehmen, Familien, Banken und Staaten, und fast alle Kredite müssen ohne Chance auf Rückzahlung als verloren ausgebucht werden. Mit diesen Krediten gehen auch die Vermögen bzw. die Guthaben der Sparer verloren.

Das Geld und der Kredit zwingen uns diesen Rhythmus auf. Wenn wir Geld und Kredit verwenden, kommen wir um diesen Zyklus nicht herum. Deshalb ist die Benennung nach den Jahreszeiten eine gute Sache. Bisher folgte auf jeden Winter auch wieder ein Frühling. Warum das leider nicht immer so sein muss, werden wir im zweiten Teil des Buches sehen. Es ist für ein Verständnis der Welt, wie wir sie kennen, unbedingt erforderlich, diese Grundlagen der Wirtschaft und des Wirtschaftens zu verstehen. Wenn jemand den Wirtschafts-Nobelpreis verdient hätte, dann wäre es Paul. C. Martin mit seinen Erkenntnissen zum Debitismus. Wer die ersten beiden Teile des Buches verstanden hat, der wird die Welt mit anderen Augen sehen können, weil plötzlich vieles – ich möchte sagen: fast alles –, was sich in der Welt von Politik und Wirtschaft abspielt, besser zu verstehen ist.

Der Winter

Fangen wir mit der Erklärung des Winters an, weil der Frühling sich ohne den Winter nicht erklären lässt. Im Winter kommt es dazu, dass das Geld zur Tilgung von Krediten so knapp wird, dass die Kredite massenhaft nicht zurückgezahlt werden können. Die Preise fallen, weil es quasi keine Käufer mehr gibt. Denn es ist einfach zu wenig Geld im Umlauf. Wir hatten das bereits unter dem Aspekt „Wenige werden reicher und viele werden ärmer" angesprochen. Die Armen können irgendwann einfach nichts mehr kaufen. Und im Unterschied zu den anderen Jahreszeiten gibt es im Winter keine neuen Kredite mehr. Bei fallenden Preisen ist es schwierig, eine Kreditsicherheit zu stellen. Diese könnte vielleicht schon morgen nur noch die Hälfte an Wert haben. Deshalb lässt sich die Bank nicht auf die Vergabe von neuen Krediten ein. Denn jede Bank hat in diesen Zeiten schon größte Probleme mit den Kreditsicherheiten der bestehenden Kredite.

Durch die gefallenen Preise decken die Kreditsicherheiten die bestehenden Schulden nicht mehr. Ausfallende Kredite führen dazu, dass die Bank zunächst ihre Gewinne und dann ihr Eigenkapital verliert. Ganz am Ende, wenn das gesamte Eigenkapital aufgebraucht wurde, ist die Bank pleite. In diesem Moment ist auch das Geld der Einleger (Sparer und Horter von Buchgeld) verloren. Ausgenommen vom Verlust sind nur Aktien und Wertpapiere, die die Bank nur für die Anleger aufbewahrt hat. Würde nur eine Bank pleitegehen, könnte die staatlich geforderte Einlagensicherung die Guthaben der meisten Klein-Anleger absichern. Gehen aber zu viele Banken gleichzeitig in die Pleite, läuft auch dieser Mechanismus rasch ins Leere, weil er die wenigen noch gesunden Banken überfordert. In diesen Fällen kann der Staat vielleicht noch so einspringen, wie er es in der Finanzkrise 2008 getan hat. Wir werden darauf noch einmal zurückkommen. Werden bei einer Bankpleite Bankguthaben ausgebucht, stehen diese der Volkswirtschaft natürlich auch nicht mehr zur Verfügung. Die Möglichkeiten der noch funktionierenden Wirtschaft, weiterhin Geld zu verdienen, um ihrerseits Kredite zu tilgen, wird dadurch erschwert.

Die Sparer verlieren in Fällen von Bankenpleiten ihre Guthaben. Deshalb kommt es oft bereits vor Bankenpleiten zu langen Schlangen vor den Banken, wenn die Sparer ihr Buchgeld in Bargeld tauschen wollen. Eine Entwicklung, welche die schwierige Lage der betroffenen Banken noch weiter verschärft und sie noch schneller in die Pleite treibt. Weil intelligente Sparer dieses Risiko rechtzeitig erkennen, fangen sie rechtzeitig damit an, Bargeld zu horten, was wiederum, wie wir gelernt haben, zur weiteren Verknappung des Geldes führt, das eigentlich zum Einkaufen und zur Kredittilgung im Kreislauf ist. Aus diesem Grund will man

Bargeld derzeit weltweit verbieten, damit Banken nicht das Geld entzogen werden kann.

Der letzte Winter begann mit dem schwarzen Donnerstag am 24. Oktober 1929. Mit diesem Tag begann die Weltwirtschaftskrise. Erst 1936 hatte Deutschland die Folgen des Wirtschaftseinbruchs überwunden. Am 16. Oktober 2007 konnte trotz Börsenkrachs und Finanzkrise durch ein schnelles, mutiges Eingreifen der Zentralbanken ein erneuter Winter-Einbruch aufgeschoben werden. Die Zentralbanker um den Gouverneur der US-Zentralbank Ben Bernanke hatten dafür kurzfristig sehr viel zusätzliches Geld in den Umlauf gebracht.

Fazit: Fast alles, was im Winter mit Geld passiert, führt dazu, das Geld knapper wird.

Im Winter herrscht die Deflation

Wenn Geld knapp wird, die Kaufbereitschaft sinkt und die Kredittilgung schwieriger wird, fallen die Preise. Nur so lassen sich in einer Nachfragekrise überhaupt noch Käufer finden. Wenn das der Fall ist, spricht man von Deflation. Sie ist das Schreckgespenst aller Ökonomen und Politiker. Droht Deflation, droht der totale Kollaps.

Weil der Preis für die meisten Waren fällt, haben Horter, also die Wenigen, die in diesen Tagen noch Geld haben, kein Interesse daran, ihr „gutes Geld" heute für ein Produkt zu investieren. Damit würden sie den verschuldeten Unternehmern eine Chance zur Bezahlung ihrer Ausgaben geben, zu denen auch die Kredite gehören. Nein, der Horter wartet besser noch einige Tage, um vom weiter sinkenden Preis zu profitieren. Vielleicht kann er ja aus der Konkursmasse noch günstiger kaufen.

Weil Kredite in einer Deflation so schwer zu tilgen sind und Arbeitsplätze durch zunehmende Pleiten unsicher werden, will niemand mehr neue Kredite aufnehmen. Was eben auch dazu führt, dass der bislang stetige Zuwachs der Geldmenge ausbleibt. Im Gegenteil: Schuldner, die anfangen Schwierigkeiten zu spüren, versuchen ihre Schulden möglichst noch rechtzeitig zu tilgen. Was, wie wir gelernt haben, zur weiteren Verknappung des Geldes führt.

Auch die Banken wollen gar keine neuen Kredite mehr vergeben, weil sie bis zum Herbst mehr Kredite vergeben hatten als gut für sie war. Alle sehen, dass es unmöglich ist, Kreditschulden zu bedienen – und zwar im mathematischen Sinne unmöglich. Das Geld ist einfach nicht vorhanden. Unzählige Menschen werden in jedem Winter von ihren Krediten ruiniert und verlieren alles, was sie aufgebaut hatten.

Der Winter ist eine sich selbst verstärkende Abwärtsspirale, die im totalen Kollaps endet und als wirtschaftliche Depression bezeichnet wird. Dieser Kollaps ist mathematisch zwingend und er kann nicht vermieden werden. Er kann aber sehr lange hinausgezögert werden. Darauf kommen wir später wieder zurück.

Nur wenige, die in den vergangenen Zyklen das Wesen des Winters rechtzeitig verstanden hatten, können enorme Gewinne einstreichen. Sie hatten entweder Aktien leer verkauft oder jede mögliche Menge an Bargeld sowie Gold angehäuft, was bis 1971 ja noch gleichbedeutend mit Bargeld war. Da Bargeld und Gold bei Bankenpleiten nicht verloren gingen, konnten sie für das rechtzeitig gehortete Bargeld oder Gold ganze Häuserblocks extrem günstig aufkaufen. Bevor Sie jetzt losrennen und Gold kaufen, sollten Sie aber besser weiterlesen. Es gibt nämlich inzwischen einige neue Aspekte, die man beachten sollte.

Der Winter geht zu Ende, wenn es fast keine ausstehenden Kredite mehr gibt. Mit den Schulden sind dann auch die dazugehörigen Guthaben in gleicher Höhe verschwunden. Die Geldmenge hat sich wieder auf ein sehr kleines Maß reduziert.

Die Zeit des Winters ist sehr hart. Die Wirtschaft und die Menschen leiden extrem. Arbeitsleistung wird kaum nachgefragt. Einnahmequellen gibt es nur wenige. Stets gab es viele Tote, sei es durch Verhungern, Schwäche, unbehandelte Krankheiten, aber auch durch Selbstmord, weil die Leute einfach nicht mehr weiterwussten. Oder alles mündete in Gewalt und Revolution.

Wirtschaftssektoren, die im Winter noch eingeschränkt funktionieren, sind: die Landwirtschaft und der Handel von Lebensmitteln sowie Grundbedarf. Reparaturdienstleistungen sind ebenfalls gefragt, um die Lebensdauer bestehender Güter zu verlängern. Allen anderen Sektoren geht es in der Regel sehr schlecht und die meisten Beschäftigten dieser Sektoren sind arbeitslos. Nur im Staatssektor gibt es noch eine relativ gute Beschäftigungslage.

Der Frühling

Im Frühling lassen die Menschen die Härte des Winters ganz langsam hinter sich. Es beginnt ein neuer Wirtschaftszyklus. Der Übergang vom Winter zum Frühling sowie der Übergang vom Frühling zum Sommer sind sehr fließend. Man kann sagen, der Beginn lag in Deutschland 1936/37.

Im Frühling sind wenige Menschen bereit Kredite aufzunehmen. Der Mehrheit erscheint das Risiko, einen Kredit aufzunehmen, zu hoch. Zu gegenwärtig sind den Menschen die vielen Pleiten und das daraus resultierende Leid, das besonders Kreditnehmer im zurückliegenden Winter zu spüren bekamen.

Die wenigen, die es wagen, können bei fleißiger Arbeit einiges gewinnen. Günstige Arbeitskräfte gibt es im Frühling reichlich. Die Banken wollen auch wieder ins Geschäft kommen und sind sowohl bereit als auch in der Lage, Kredite zu gewähren. Allerdings sind auch sie nach den schlechten Erfahrungen sehr vorsichtig und prüfen vor der Kreditvergabe gründlich.

Mit jedem Betrieb, der neu öffnet, einen Kredit aufnimmt, kommt neues Geld in den Kreislauf. Die Menschen bekommen mehr Arbeit. Es geht ganz langsam wieder aufwärts. Einen Kredit zu tilgen bleibt schwierig. In der Regel bekommen Privatleute kaum welche, weil ihre Einnahmequellen zu klein und zu unsicher sind. Unternehmer, deren Anliegen es ist, definierte Leistungen zum Kauf anzubieten, sind eher dazu geeignet. Man kann besser absehen, ob sie trotz des geringen Geldumlaufs in der Lage sind, ausreichend Geld zu verdienen, um ihre Kredite zu bedienen. Die Kreditzinsen sind zu hoch, um leichtfertige Kreditnehmer anzulocken. Die Banken haben in dem langsam wachsenden Kreditsektor bei recht hohen Zinsen die Möglichkeit, gute Geschäfte zu machen.

Die Wirtschaft besteht aus den Sektoren Landwirtschaft und Rohstoffe, Handwerk und Bau sowie aus Industriebetrieben. Der Handel besteht aus individuellen Einzelläden, die sehr dezentral verteilt sind und ihrerseits über spezialisierte Großhändler mit den Waren aus anderen Wirtschaftssektoren versorgt werden. Fast alle Betriebe sind klein bis sehr klein und arbeiten mit wenigen Ausnahmen sehr regional. Insgesamt sind die unterschiedlichen Sektoren sehr ausgewogen am Wirtschaftsgeschehen beteiligt.

Der Sommer

Wenn die Wirtschaft einigermaßen rund läuft und die Lage auf dem Arbeitsmarkt gut ist, weil es sich in Richtung einer Vollbeschäftigung entwickelt, beginnt der Sommer. Im Sommer steigt die Bereitschaft, Kredite aufzunehmen, stark an. Der Übergang vom Frühling zum Sommer ist sehr fließend. Irgendwann ab Mitte der 60iger Jahre hat in Deutschland der Sommer begonnen. China und weite Teile

Asiens (außer Japan) befinden sich derzeit im Sommer, der sich allerdings speziell in China dem Ende zuneigt.

Wenn der Arbeitsplatz sowohl vom Arbeitnehmer als auch von der Bank als sicher empfunden wird, wünschen sich Privatleute Kredite für die Anschaffung von dauerhaften Werten wie zum Beispiel Immobilien. Und in stark zunehmendem Maß werden sie von den Banken auch bewilligt.

Die Kreditmenge steigt an, und damit die Nachfrage nach Wirtschaftsleistungen, denn Häuser müssen gebaut oder renoviert werden. Insgesamt steigt die Nachfrage nach Arbeitskräften weiter an. In der Wirtschaft steigt durch insgesamt mehr Arbeitseinkommen die Nachfrage stark an. Sie kann aufgrund von Engpässen oft nicht mehr ausreichend bedient werden.

Im Sommer herrscht Vollbeschäftigung und Inflation

In der Folge der Kreditausweitungen steigen die Preise und auch der Wert der Sicherheiten, was den Banken erlaubt, die Kreditvolumen neuer Kredite höher anzusetzen. Die zeitlich vorher vergebenen Kredite sind dadurch besser gedeckt. Noch 1969 hatte die Bank für ein Haus von 100.000 Mark bei einer Beleihungsgrenze von 70% einen Kredit von 70.000 Mark vergeben. 1972 war dasselbe Haus aufgrund der Preissteigerungen durch die hohe Nachfrage bereits 200.000 Mark wert. Neue Kredite wurden also mit 140.000 Mark vergeben. Aber der 1969 vergebene Kredit über 70.000 war 1972 aus Sicht der Bank sehr sicher, weil ihre Kreditsicherheit nur noch 35% des Beleihungswertes ausschöpft. Damit bekommt die Bank Eigenkapital für die Vergabe weiterer Kredite viel schneller frei als das in den anderen Jahreszeiten der Fall ist. In Frühling und Herbst wird die Sicherheit der Bank nur durch Tilgung der Kreditnehmer frei. Im Sommer ist das auch und sogar stärker durch die Preissteigerungen der Fall, und zwar auch für die Kreditnehmer. Denn mit den Preisen steigen auch die Arbeitslöhne. Und eine monatliche Belastung, die am Anfang kaum zu tragen war, kann nach einer Verdopplung des Gehalts leicht getragen werden. Denn die Kreditrate bleibt fest, anders als die übrigen Lebenshaltungskosten.

Kredite aufzunehmen, ist im Früh-Sommer für jedermann attraktiv.

Im Sommer werden die Sozialsysteme stark ausgebaut

Weil Vollbeschäftigung herrscht und zusammen mit den Verkaufspreisen die Gehälter steigen, steigen neben den Steuereinnahmen auch die Einnahmen von vorhandenen sozialen Absicherungssystemen stark an. Dies wird von Politikern genutzt, um die Leistungszusagen der Sozialsysteme entsprechend auszuweiten. Was Wählerstimmen bringt, aber auch aktuell und zukünftig höhere Ausgaben bedeutet und damit höhere Kosten. Die höheren Steuereinnahmen werden oft in neue Infrastrukturprojekte investiert, die ihrerseits Nachfrage und Arbeit schaffen.

Bis zur Endphase des Sommers scheinen alle Preissteigerungen aber gut verkraftbar zu sein. Denn die Vollbeschäftigung und die Aufwärtsbewegung hält aus Sicht der meisten Menschen schon sehr lange an. Dass diese Phase enden wird, will und kann sich fast niemand vorstellen.

Der Sommer wird getragen vom Bau-Handwerk, das sich bereits gegen Ende des Frühlings sehr positiv entwickelte. Aber auch die Industrie-Produktion wird zu Beginn des Sommers stark ausgeweitet. Immer mehr regionale Betriebe bieten ihre Waren überregional an. Die Angebotsvielfalt macht sich mit einem großen Warensortiment extrem positiv bemerkbar. Der Konsum fängt an, die Wirtschaft zu tragen, der Handel profitiert von dem großen Warenangebot. Große Kaufhäuser und Supermärkte lösen die kleinen Einzelhändler zunehmend ab. Erste Handelsketten entstehen.

Am Ende vom Sommer „galoppiert die Inflation": Die Preise steigen an, die Lebenshaltungskosten steigen an, die Gehälter werden angehoben. Doch mit den regelmäßigen Gehaltssteigerungen entsteht ein Effekt, bei dem es sich plötzlich nicht mehr rentiert, geringqualifizierte Menschen zu beschäftigen. Sobald ein Arbeitgeber mehr Kosten durch seinen Mitarbeiter hat als dieser Nutzen bringt, wird er ihn nicht länger beschäftigen. Eine gängige Variante ist dann, einfache Tätigkeiten durch Maschinen zu ersetzen. Die Maschine wird einmalig angeschafft und hat definierte Unterhaltskosten, sodass man eine Amortisation einfach ausrechnen kann. So verliert sich am Ende des Sommers die Vollbeschäftigung.

Irgendwann erkennt die Politik, dass es mit der starken Geldentwertung durch Kreditausweitung so nicht weitergehen kann. Die Arbeitslosigkeit würde weiter und weiter ansteigen.

Also muss die Kreditausweitung begrenzt werden, was man durch ein Anziehen der Zinsen erreicht. Damit werden Kredite sehr viel teurer. Die Kreditmenge als auch die Geldmenge wächst nicht weiter an und dadurch hören auch die Preise auf zu steigen.

Im Zeitraum der Zinserhöhung wird der Sommer beendet.

Der Herbst

Der Herbst ist aus Sicht des Geldes die interessanteste Jahreszeit. Hier ergeben sich riesige, neue, bisher ungesehene Möglichkeiten. Der Finanzsektor boomt, obwohl es beim Herbstanfang ganz und gar nicht danach aussieht, denn: Der Herbst beginnt mit hohen Zinsen und einer Rezession, die von den hohen Zinsen ausgelöst wird. Diesmal begann er 1979 mit dem Volcker-Schock, in dessen Folge die US-Leitzinsen auf fast 20% angehoben wurden. In Deutschland brauchtes es lediglich eine Anhebung auf 7 bzw. 9,5% um die Inflation zu stoppen. Der Herbst läuft 2020 immernoch. Der Wintereinbruch konnte dank einer sehr effektiven Politik der Zentralbanken bisher stets verschoben werden. Gott sei Dank, wie wir am Ende des zweiten Teils verstehen werden.

Mit dem Herbstbeginn sind die steigenden Preise des Sommers vorbei und sie werden auf lange Zeit nicht mehr zurückkehren. Jedenfalls nicht in der Realwirtschaft. Im Herbst stagniert alles – und das erleben Wirtschaft und private Kreditnehmer schmerzlich.

Privates Bauen wird zum Beispiel schlagartig fast unmöglich, weil die Belastung aus Zins und Tilgung für potentielle Bauherren nach der starken Zinserhöhung nicht mehr tragbar ist. In einer Welt, in der die Preise stiegen, hatte es jeder Verkäufer leicht. Nur die Ankündigung, dass die Preise am Ende des Monats angehoben werden, kann Interessen motivieren, einen Kaufvertrag noch vor Ende des Monats, eben zu den alten Preisen, abzuschließen. Wenn es zu den alten Preisen keine Käufer mehr gibt, muss die Leistung effektiver mit weniger Personal erbracht werden oder es muss wieder schlichter, mit einfacheren Materialien gebaut werden, damit die Verkaufspreise gesenkt werden können. Für sehr viele gängige Güter, die nicht Teil des täglichen Bedarfs sind, liegen die Preise durch Optimierungen und Rationalisierungen im Verlauf des Herbstes niedriger als am Anfang des Herbstes.

Auch für Kreditnehmer ändern sich die Zeiten. Die Hilfe, die Kreditnehmer im Sommer bei der Tilgung erhalten hatten, ist im Herbst nicht mehr vorhanden. Wir erinnern uns: Im Sommer wurde die Kreditrate durch steigende Preise und steigende Gehälter im Verhältnis zu den Einkommen rasch kleiner. Die Schuldner konnten so rasch anderweitig konsumieren. Durch rasch steigende Kreditmengen kam mehr Geld in Umlauf, welches stets schnell ausgegeben wurde, was im Sommer zum weiteren Wachstum der Wirtschaft beitrug. All diese positiven Effekte gibt es im Herbst nicht mehr. Das Gegenteil kann jetzt leicht eintreten, denn im Herbst kommt es immer wieder zu tendenziell sinkenden Preisen, weil die Kaufkraft der Bevölkerung fällt. So passiert es durchaus, dass die Schulden den Wert der Kreditsicherheit plötzlich übersteigen. Diese Situation ist für den Schuldner und die Bank äußerst unerfreulich. Im Herbst sind dies stets nur Einzelfälle.

Gerade bei Unternehmen der Wirtschaft ist dieser Effekt im Herbst deutlich zu erkennen. Die Konkurrenz der Anbieter wird schärfer. Einzelne Unternehmen werden unrentabel und die Eigentümer verkaufen entweder rechtzeitig oder sie werden durch Pleite gezwungen, das Unternehmen abzugeben und die Gläubiger verkaufen das Unternehmen.

Konzentrationsprozess

Die Pleite von Unternehmen mit Beginn des Herbstes führt zu einer langsam wachsenden Konzentration im Unternehmenssektor. Wo früher viele kleine Unternehmen tätig waren, gibt es im Verlauf des Herbstes immer weniger, dafür aber größere Unternehmen. Solch eine Konzentration vernichtet Arbeitsplätze. Zwei kleine Unternehmen beschäftigen jeweils einen Buchhalter und einen Einkäufer. Kauft ein kleines Unternehmen das kleine Nachbar-Unternehmen derselben Branche auf, braucht es nach wie vor nur einen Buchhalter und einen Einkäufer. Alles, was sich ändert, die monatlichen Mengen und die Zahlen, werden größer. Es wird Redundanz eliminiert. Es wird optimiert. Man spricht von Synergien, die genutzt werden. Im Herbst arbeitet der Kapitalismus gnadenlos. Alles wird unter Kostenaspekten auf den Prüfstand gestellt. Das passiert nicht auf einen Schlag, aber stets gibt es neue Ideen, wie man mehr Umsatz bei weniger Kosten erzielen kann. In der Regel sind dafür Investitionen erforderlich und beim Kauf von Unternehmen übernimmt der Käufer auch die Kredite des aufgekauften Unternehmens. So steigt die Verschuldung im Herbst weiter an. Weil die Unternehmen immer größer werden, ist man zunächst überzeugt, dass sie die größeren Schulden auch bedienen können. Irgendwann im Herbst kommt dann aber ein Punkt, an dem alle nur noch hoffen, dass die Schulden bedient werden können. Denn die Schuldner sind so groß geworden, dass ihre Pleiten ganze Regionen gefährden können. Deshalb tritt immer häufiger die Politik auf den Plan und Unternehmen, die eigentlich nicht mehr lebensfähig wären, werden zunächst durch Bürgschaften und später dann direkt durch Steuergelder gerettet.

Die Konzentration hat viele Ursachen und auch viele positive Wirkungen für die Kunden. Ladenketten verkaufen jeweils bestimmte Produktgruppen viel günstiger als der kleine Einzelhändler. Große Konzerne können enorme Summen in die Entwicklung von ausgefeilten Produkten stecken, die sie nur deshalb wieder einspielen können, weil sie diese Produkte anschließend zunächst länderübergreifend und später sogar weltweit verkaufen können. Deshalb sind zum Beispiel heutige Autos, Computer oder Flugzeuge auf einem Niveau, das die Menschheit nie zuvor gesehen hat. Wenn man genau hinschaut, ist das quasi in jeder Branche der Fall: Die Produkte sind überall ausgefeilt und optimiert. Es gibt theoretisch eine riesige Auswahl an Produkten in allen Preisklassen und jede Marktnische wird irgendwie bedient.

Man könnte denken, der Herbst müsste deshalb doch fantastisch sein für die Menschen. Für einen immer kleiner werdenden Teil der Menschen ist dies auch genau so. Für die Mehrheit stellt sich jedoch ein anderer Effekt ein. Der Wettbewerb wird brutal. Die Menschen erleben diesen Druck permanent. Das Leben, das im Frühling von Langsamkeit, Gemütlichkeit und Einfachheit geprägt war, stellt sich im Herbst radikal anders dar. Die Sicherheit und Zuversicht, die im Sommer geherrscht hatte, ist vorbei. Jetzt herrscht permanente Unsicherheit, Hektik, Arbeitsdruck und Komplexität. Die Ursachen hierfür sind vielfältig und verstärken sich alle gegenseitig. Wir wollen hier zunächst nur beim Geld bleiben und dort die Lage betrachten, bevor wir andere Sektoren mit einbeziehen.

Unternehmensfinanzierungen

Unternehmen stehen nicht nur mit Blick auf die Kunden und ihre Produkte im Wettbewerb zueinander, sondern auch bezüglich der Kapitalbeschaffung, um Wachstum und Produktion zu finanzieren. Im Frühling existierte dieser Wettbewerb so noch nicht, weil die Welt noch relativ lokal operierte. Im Sommer war es wegen des allgemein starken Wachstums kein Problem. Aber jetzt im Herbst wird es zu einem wichtigen Faktor.

Wer sich günstig Kapital beschaffen kann, der hat einen Kostenvorteil, und auf genau diese Vorteile kommt es im globalen Wettbewerb immer stärker an. Es ist eben ein gewaltiger Unterschied zwischen acht oder sechs Prozent Zinsen – besonders, wenn der Schuldenberg groß ist. Unternehmen, die stark wachsen, sind gesund und können ihre Schulden besser bedienen. Deshalb geben die Banken diesen Schuldner gerne Kredite. Weil die Banken weniger Risiko haben und ebenfalls im Wettbewerb stehen, geben sie starken Unternehmen, also guten Schuldnern, günstigere Kredite.

Aber Bank-Kredite sind nur ein Bereich, um sich Kapital zu beschaffen. Und wir wissen: Mit der Verschuldung steigen auch die Guthaben, also die Geldmenge. So ist im Herbst viel Geld im Umlauf, welches Anlagemöglichkeiten sucht. Damit dieses Geld nicht nur gehortet wird, wird im Herbst der Markt für Unternehmensbeteiligungen stark ausgebaut. Über Beteiligung an Unternehmen wird den Unternehmen Eigenkapital bereitgestellt. Um einerseits die Bereitstellung von Kapital für die Unternehmen und andererseits die Anlagemöglichkeiten für Sparer zu vereinfachen, werden Unternehmensanteile im Herbst immer besser handelbar. Die Aktienmärkte, auf denen die Preisfindung und der An- bzw. Verkauf von Unternehmensanteilen organisiert ist, werden stark ausgebaut.

Das in Form von Aktien bereitgestellte Eigenkapital wird, wenn das Unternehmen erfolgreich wirtschaftet, ebenfalls verzinst. Diese Zinsen nennt man Dividenden. Die Dividenden sind ein Aspekt der Aktie, die sie für den Sparer interessant machen. Im Herbst kommt ein weiterer interessanter Teil dazu. Der Wert von Unternehmensanteilen kann stark zunehmen, wenn das Unternehmen gut wirtschaftet, was bedeutet, dass es mehr Gewinne erwirtschaften muss. Wenn ein Unternehmen nachhaltig mehr Gewinne erwirtschaften kann als andere Unternehmen, steigt der Wert dieses Unternehmens und der Wert seiner Anteile – genannt Aktienkurs – entsprechend an. Eine Aktie, die man zum Kurs von 100 DM gekauft hatte, konnte man fünf Jahre später für 200 DM verkaufen. Der Halter einer Aktie verdiente also nicht nur über die Dividende Geld, wie das im Frühling und im Sommer der Fall war. Nein, im Herbst entwickelte sich die Aussicht auf Gewinnerzielung durch Wertsteigerungen zum wichtigsten Aspekt des Aktiensparens. Immer breitere Bevölkerungsschichten beteiligen sich am Aktiensparen und alleine die zunehmende Nachfrage nach Aktien steigert den Wert der selbigen, was wieder mehr Leute anlockt, die mit Gewinnsteigerungen schnell und einfach Geld verdienen wollen. An den Aktienmärkten entstehen auf diese Weise Blasen, bei denen die Kurse zu schnell und zu hoch steigen und die dann in sogenannten Aktien-Crashs wieder auf ein deutlich niedrigeres Kursniveau zurückfallen. Viele Menschen, die die Aktien kurz vor dem Crash zum Kurs von 200 DM gekauft hatten, können ihre Anteile nach dem Crash nur für 120DM verkaufen.

Im Herbst gewinnt der, der die Geldwirtschaft verstanden hat. Das sind zunächst einmal die Banken und Versicherungen.

Das Aufkommen von Dienstleistungen und Wachstum im Handel

Im Kondratjew-Herbst reicht die Produktion von Waren nicht mehr aus, damit die Volkswirtschaften weiter wachsen können. Die bisher etablierten Sektoren der Landwirtschaft und der Rohstoffwirtschaft, die Warenproduktion, die Bauwirtschaft und das Handwerk haben kein Potenzial mehr, um weitere Arbeitskräfte aufzunehmen. Im Gegenteil: Mit Beginn des Herbstes setzt das Bauhandwerk

24

massiv Arbeitskräfte frei, weil durch die hohen Zinsen der Bau von Immobilien quasi nicht mehr finanzierbar ist. In der allgemeinen Rezession zu Beginn des Herbstes werden viele Arbeitskräfte auch in der Warenproduktion und nachfolgend im Handel freigesetzt, weil die Nachfrage überall stark einbricht. Die Wirtschaft erholt sich, weil neue Möglichkeiten im Bereich der Dienstleistungen entstehen und auch die Industrie gänzlich neue Produkte auf den Markt bringt. Der Tourismus, der schon im Sommer stark angestiegen war, wird weiter professionalisiert. Im Kondratjew-Frühling wurde noch im Zelt übernachtet, im Kondratjew-Sommer dann oft bereits in Ferienwohnungen und im Kondratjew-Herbst beginnt der Pauschaltourismus mit unzähligen und immer differenzierten Angeboten. Von Wellness und Sport-Hotel bis hin zum Kreuzfahrtschiff gibt es am Ende vom Herbst alles, und keine Ecke der Welt ist zu weit weg, um besucht zu werden. Wenn da nicht das Corona-Virus wäre, aber das ist eine Geschichte, die mit dem Gesetz von Geld und Markt nur beschränkt zu tun hat. Deshalb schieben wir das an dieser Stelle bewusst beiseite.

Aber auch im Gesundheitssektor wird der Service zu Beginn des Herbstes weiter stark ausgebaut. Eine Entwicklung, die bereits im Sommer begonnen hatte und nur eine vorübergehende Erscheinung bleibt, die aus Kostengründen bereits ab Mitte des Kondratjew-Herbstes wieder zurückgenommen wird, weil das umlaufende Geld abnimmt.

Aber auch Kunst, Kultur, Unterhaltung und Profi-Sport sind Bereiche, in denen im Herbst ein großes Wachstum zu verzeichnen ist. Ein Wahnsinn, dass man das jetzt durch die Corona-Panik alles gefährdet.

Die Gelddienstleister organisieren den Wettbewerb

Im Verlauf des Herbstes entsteht ein ganz neuer Dienstleistungssektor, der sich auf die Geld-Anlage spezialisiert. Diese auch als „Geldindustrie" bezeichnete Branche brauchte man bis zum Ende des Sommers nicht, weil noch zu wenig Geld im Umlauf war. Außerdem hatten die anderen Wirtschaftszweige bis zum Herbstanfang, relativ gesehen, genug Geld abgeworfen. So entsteht im Herbst parallel zu den Banken eine eigene Geldverwaltungs- und Geldvermehrungsindustrie. Dieser Sektor schafft keine Werte in dem Sinne, dass er Waren produziert oder Dienste anbietet; dieser Sektor schafft Werte, indem er Gewinne abschöpft und umleitet – umleitet zu Menschen und Unternehmen, die schon Geld haben, was sie anlegen können.

Im Wesentlichen geht es darum, ohne große Anstrengung, dafür aber mit Raffinesse große und schnelle Geldmengen zu generieren. Dazu werden unterschiedliche und ständig neue Formen der Wert-Extraktion oder Wert-Offenlegung entdeckt und angewendet. In der Regel werden stille Reserven, die man früher in einer Firma angelegt hatte, um schlechte Zeiten überstehen zu können, eliminiert. Zum Beispiel werden einfach die Immobilien der Firma verkauft und dann für die weitere Nutzung wieder angemietet. Besonders hohe Verkaufsgewinne der Immobilien lassen sich dann erzielen, wenn mit dem Unternehmen überhöhte Mietpreise vereinbart werden, da Immobilien in der Regel zum zehn- bis vierzehnfachen der jährlichen Miete verkauft werden. Nun könnte man denken, alles nicht so schlimm, die Gewinne würden der Firma ja zustehen. Da hat man die Geldindustrie aber unterschätzt. Deren Kompetenz im Steuer- und Zivilrecht sowie deren Kontakte zu internationalen Großbanken wurden stets dazu genutzt, die Gewinne im Moment zu erzielen und natürlich selbst direkt einzustecken und keineswegs der Firma zu überlassen.

Der Trick mit den Immobilien war nicht der einzige. Es wurden auch Firmenkonglomerate mit einer sehr großen Produktpalette aufgekauft, die dann in mehrere, eigenständige, spezialisierte, schlanke Unternehmen aufgeteilt wurden. Jedes dieser Einzelunternehmen macht dank besserer Ausrichtung mehr Gewinne und wurde an einen speziellen Interessenten verkauft, der bereit war, einen besonders hohen Preis zu zahlen. So wurden in der Regel alle Unternehmen nach relativ kurzer Zeit wieder verkauft und übrig blieb ein Gewinn. In diesem Fall hat die Geldindustrie vielleicht sogar für eine tatsächliche Verbesserung gesorgt. Aber nur eingeschränkt, denn fast immer wurden bei diesen Aktionen massiv Arbeitsplätze abgebaut.

Anfangs wurden so Gewinne im Bereich mehrerer Millionen generiert, weil man die Methoden nur auf mittelgroße Unternehmen anwendete. Schnell merkte man aber, dass man auch Großunternehmen so bearbeiten konnte und dann gingen die Gewinne schon in den Bereich von hunderten Millionen. Und zur Hochzeit des Herbstes konnten durchaus auch Gewinne im Milliardenbereich realisiert werden. Allerdings sind dann oft aufwändigere Strategien erforderlich als nur einfaches Aufkaufen und Zerlegen.

Die Geldindustrie verstärkte den Wettbewerbsdruck auf Unternehmen erheblich. Bevor es die Geldindustrie gab, standen die Unternehmen nur auf dem Markt der Kundschaft miteinander im Wettbewerb. Schon dieser Wettbewerb verstärkt sich im Herbst ständig, weil das Warenangebot immer breiter wird. So fällt es jedem Unternehmen immer schwerer, einen Teil des verfügbaren Geldes in seine Kassen umzuleiten. Die Kosten für Vertrieb und Marketing steigen enorm an. Aber die

Geldindustrie sorgt für Wettbewerb auf der Seite des Kapitals. Damit werden die Unternehmen von zwei Seiten geradezu in die Zange genommen.

Unternehmensübernahmen

Als die Geldindustrie erprobte Methoden hatte, um Unternehmen durch Restrukturierungen auszusaugen, begann sie damit, ihren Wirkungskreis zu erweitern. Keinesfalls reichten ihr noch Unternehmen aus, die freiwillig verkauft wurden. Es kam vermehrt zu sogenannten „feindlichen Übernahmen". Dabei wurde ein unterbewertetes Unternehmen gegen den Willen der Belegschaft und der Firmenleitung aufgekauft, teilweise sogar gegen den Willen eines Teils der Eigentümer.

Wurde ein Unternehmen feindlich übernommen, führte es in der Regel dazu, dass das Management ausgetauscht wurde. Die Begründung dafür war einfach: Die alte Unternehmensleitung hatte es nicht geschafft, den Firmenwert zu optimieren, sprich, die Ausschüttungen an die Eigentümer (Dividenden) bis zum verantwortbaren Maximum zu steigern und dadurch den Aktienkurs bzw. den Unternehmenswert in die Höhe zu treiben.

Eine Firma, deren Ausschüttungen hoch waren, die aber keine stillen Reserven angehäuft hatte, war uninteressant für die Geldindustrie. Solche Unternehmen waren ja teuer zu bezahlen und schnelle, weitere Gewinnsteigerungen waren nur mit harter Arbeit und nicht durch einfache Restrukturierung zu erreichen. Solche Firmen waren vor Übernahmen durch die Geldindustrie geschützt. Nicht jedoch, wer konservativ gewirtschaftet hatte und so Rücklagen gebildet hatte. Das ging nur noch, wenn ein Unternehmen fest in der Hand weniger Eigentümer war. Und selbst da ändert sich die Lage, wenn sich nach Tod und Vererben die Eigentümerstruktur änderte. Konservativ geführte Unternehmen waren sehr anfällig für Übernahmen und das Top-Management riskierte nach einer Übernahme gefeuert zu werden. Welcher Manager will schon so aussortiert werden? Also begannen überall die Unternehmensleitungen in Großunternehmen damit, auf Gewinnmaximierung zu achten.

Ein Aufkaufen und Restrukturieren von Unternehmen lohnt sich eben nur, wenn das Unternehmen unterbewertet ist, also wenn man durch einfache Maßnahmen die Gewinne stark steigern kann. Daher machen sich alle Unternehmen schlank und schütten ihre Reserven an die Eigentümer aus. Kommt danach eine Krise, muss das Unternehmen mit einem geeigneten bisherigen Wettbewerber fusioniert werden. Aus zwei Kranken wird so ein vorübergehend Gesunder – bis die nächste Fusion kommt. Dieser Konzentrationsprozess ist praktisch nicht vermeidbar. Er ist eine Reaktion auf den Wettbewerb. Immer wieder kommt der Punkt, an dem Unternehmen allein nicht mehr weiterkommen.

Ein großer Ausgabeposten ist nun mal das Personal. Die durch die Geldindustrie auf Gewinne optimierten Unternehmen sind dadurch gezwungen, zukünftig gegen ihre Mitarbeiter zu arbeiten. Damit die Gewinne steigen, muss Personal abgebaut werden. Dazu werden im Herbst wieder unterschiedliche Strategien angewendet, beispielsweise Entlassungen, wenn es einem einzelnen Unternehmen wirklich schlecht ging, Abfindungsregelungen, wenn das Unternehmen Reserven hatte, oder Ausgliederungen ganzer Teile, die dann eigenständig wirtschaften mussten bzw. an andere Unternehmen verkauft wurden. Wenn so eine Ausgliederung Glück hatte, wurde sie mit einer zeitlich befristeten Abnahmegarantie entlassen.

Der Druck aller auf alle (Unternehmen wie Menschen)

Insgesamt müssen alle Kosten –auch die Personalkosten – ständig reduziert werden. Ausscheidende Mitarbeiter werden nicht ersetzt. Mitarbeiter werden abgebaut. Die Gehaltssteigerungen fallen niedriger aus. Es gibt prekäre, das heißt befristete Arbeitsverhältnisse und Leiharbeit. Der Druck wird von den Unternehmen an die Arbeitskräfte weitergegeben.

Wenn man als Großunternehmen Leistungen am Markt einkauft, gibt es zwei Möglichkeiten. Entweder man kauft bei einem gleichgroßen Unternehmen ein, das viele Kunden von derselben Sorte hat und deshalb vergleichbar groß ist. Oder man kauft bei kleineren Unternehmen ein. Kleinere Unternehmen sind fantastisch geeignet, um Kosten zu drücken. Kleine Unternehmen lassen sich auspressen wie Zitronen. Sie sind schnell abhängig von dem einen sehr großen Abnehmer. Der Eigentümer hat einen Kredit aufgenommen, um die Produktion zu finanzieren. Er ist auf regelmäßige Einnahmen angewiesen, um Personal, Material, Kredite und Steuern zu bezahlen. Falls der bisherige Großabnehmer mal drohen sollte abzuspringen, lässt sich ein vergleichbar großer Abnehmer in der Regel nicht schnell genug finden. Wenn man als kleines Unternehmen mit einem großen Unternehmen verhandelt, bekommt man die Konditionen, zu denen geliefert werden muss, in der Regel diktiert. Nur wenn man wirklich Top-Produkte anbietet, die z.B. durch Innovationen ihren Preis wert sind, kann man akzeptable Konditionen erreichen. Als kleiner Lieferant, der austauschbar ist, kann man sich sicher sein, dass die Preise im Kondratjew-Herbst in den jährlich stattfindenden Preisverhandlungen stets gesenkt werden müssen. Nur so können die Großunternehmen ihre Gewinne weiter steigern oder zumindest wettbewerbsfähig bleiben. Das geht soweit, dass sowohl in der Bekleidungsindustrie als auch in der Autoindustrie sogar rückwirkende Preissenkungen von den Lieferanten verlangt wurden. Also lange, nachdem die Ware hergestellt und geliefert worden war, wurden rückwirkende Preissenkungen eingefordert, entgegen der geschlossenen Lieferverträge. Verbunden wurde das mit dem Versprechen, dafür im nächsten Jahr wieder mit einem einjährigen Liefervertrag ausgestattet zu werden. Zwischen den Zeilen steht die Drohung „Wenn du nicht die Preise rückwirkend senkst, wirst du im nächsten Jahr bei der Auftragsvergabe nicht berücksichtigt". Einige nennen so etwas Erpressung, andere nennen es Kapitalismus. Wie man so etwas bewerten sollte, kann der Leser zunächst einmal für sich selbst entscheiden. Wir werden später noch einmal darauf zurückkommen.

Wir hatten die Gründe und Mechanismen der Konzentration bereits angesprochen und man konnte erkennen, dass sie durch das Wirtschaftsumfeld im Herbst quasi unvermeidbar sind. Im Folgenden wollen wir die Konsequenzen der Konzentration noch einmal herausarbeiten.

Kleine und mittlere Unternehmen, die ihre Leistungen nicht an gleichberechtigte Unternehmen oder Privatpersonen verkaufen, werden bei den Preisen kontinuierlich unter Druck gesetzt und sind in der Folge dazu gezwungen, die eigenen Kosten zu drücken. Das betrifft stets auch den Personalsektor, wodurch die Arbeitslosigkeit steigt und die Arbeitsplatzsicherheit sinkt, indem befristete Verträge, Leiharbeit oder Werkverträge zum Einsatz kommen. All das führt dazu, dass in der Bevölkerung die Spielräume für größere Ausgaben kleiner werden. Und unsichere Arbeitsplätze verhindern eine Verschuldung, wenn die Bank seriös arbeitet. Der Motor „Kreditsteigerungen" des Sommers fällt dadurch im Herbst immer weiter zunehmend weg.

Ein weiterer Wettbewerbs-Aspekt für die Unternehmen und Mitarbeiter der freien Wirtschaft entsteht durch die Verlagerung von Arbeiten ins Ausland, die im Zuge der Globalisierung stattfinden. Jedes mittlere Unternehmen, das konkurrenzfähig bleiben möchte, ist quasi dazu gezwungen, personalintensive, einfache Tätigkeiten ins kostengünstigere Ausland zu verlagern. Das ist weder einfach noch spart es immer Kosten ein. Aber für die Menschen, die als Angestellte arbeiten müssen, ist es fatal. Sie konkurrieren plötzlich mit Chinesen, deren Umweltbedingungen ganz anders sind. Durch die Auslandsinvestitionen werden Kredite nicht mehr im Inland, sondern im Ausland aufgenommen.

Durch den Druck auf die Kosten steigen die Löhne und Gehälter im Herbst viel zu wenig. Trotzdem können die meisten Menschen ihren Lebensstandard einigermaßen halten. Sie profitieren davon, dass die Unternehmen die Preise senken und ihre Leistungen günstiger anbieten. Wer es als Anbieter nicht schafft, regelmäßig mehr

Leistungen zu niedrigeren Preisen anzubieten, wird vom Wettbewerb schnell aussortiert. Denn die Kunden können oder wollen die Preise vom letzten Jahr in diesem Jahr nicht mehr zahlen.

Woher hat Geld seinen Wert

Jetzt kommt der allerwichtigste Teil zum Thema Geld, der den wahren Wert des Geldes ausmacht:

Wie Gold zu Geld wird

Dieses Kapitel erläutert die Entstehung von Geld, Kredit und Eigentum. Es ist viel einfacher, als man denkt und hatte für die Menschen gravierende Konsequenzen.

Ich habe im Internet die folgende Geschichte zu Christopher Columbus gefunden, die so oder so ähnlich sein Geschichtsschreiber Pietro Martire d'Anghiera niedergeschrieben haben soll. Ob die Geschichte letztlich exakt so stimmt oder nicht, ist eigentlich egal. Wichtig ist nur, dass wir daran erkennen, wie Geld funktioniert und warum es keinesfalls nur ein Medium zum Vereinfachen von Tauschgeschäften ist, wie uns in der Schule fälschlicherweise beigebracht wird.

Columbus war als Verwalter von Haiti eingesetzt. Er brauchte Gold aus zwei Gründen.

1. Um seine Kosten zu decken.
2. Weil er es dem spanischen König versprochen hatte.

Nun wollte er aber nicht selbst nach dem Gold suchen und so stellte sich die Frage, wie er die Haitianer dazu bewegen konnte, ihm das Gold zu übergeben. Die Haitianer hatten Gold nämlich oft nur seines Gewichts wegen verwendet, um ihre Fischernetze damit zu beschweren. Für sie hatte Gold keinen besonderen Wert. Trotzdem sahen sie keinen Sinn darin, ihrem despotischen Besatzer das Gold einfach so zu überlassen.

Also wendete Columbus Gewalt an. Jeder Haitianer über 14 Jahre musste eine bestimmte Menge Gold abliefern und bekam dafür eine Münze ausgehändigt, die er um den Hals tragen musste. Wer kein Gold hatte, konnte alternativ 25 Pfund Baumwolle abliefern und bekam dafür ebenfalls eine Münze ausgehändigt. Die Münze garantierte eine zeitlich begrenzte Straffreiheit. Denn wer ohne gültige

Münze um den Hals angetroffen wurde, dem drohten drakonische Strafen. Angeblich wurden Hände, Ohren oder Nasen abgeschnitten, die dann statt der Münze um den Hals zu tragen waren.

Geld entsteht bei Abgabepflicht

Was bedeutete das für die Haitianer? Etwas ganz Gewaltiges. Sie waren plötzlich gezwungen zu wirtschaften. Wirtschaften heißt, Leistungen bis zu einem vorgegebenen Termin zu erbringen. Konnten sie vorher in den Tag hineinleben und nur dann etwas zum Essen beschaffen, wenn der Hunger sie quälte, war es plötzlich sehr ratsam, sich rechtzeitig entweder mit Gold oder Baumwolle einzudecken. Wer weder Goldfundstätten kannte noch Baumwolle anbaute, musste sich eines von beiden Abgabegütern durch das Erbringen von anderen Leistungen besorgen. Wie konnte der Haitianer das schaffen? Er konnte andere Waren gegen Geld tauschen oder, wenn er keine Waren hatte oder hergeben wollte, musste er Arbeitsleistungen gegen das Abgabegut tauschen. Dieses Abgabegut bezeichnet man seitens der Machthaber schon immer als Geld. In diesem Fall waren es Gold und Baumwolle.

Geld (Gold und Baumwolle) ist nur deshalb so wichtig für uns alle und hat einen Wert, weil für dieses Geld gearbeitet werden muss. Es erfüllt keinen anderen Zweck. Für Geld muss vor dem Abgabetermin gearbeitet werden.

Geld entsteht aus Abgaben, aus nichts anderem. Für Geld muss gearbeitet werden.

Aus sporadischen Plünderungen entsteht Sesshaftigkeit

Wir springen jetzt in die Epoche der Menschheit, als alle noch Jäger und Sammler waren. Da ergab sich eine Innovation. Es zogen gewalttätige Banden durch die Lande und beraubten die Menschen, die sie gerade antrafen. Weil das eine angenehme Variante war, sein Leben zu gestalten, werden sich diese Art Banden sicher rasch vermehrt haben. Was dazu führte, dass bei den Beraubten nichts mehr zu holen war. Und so war es also wieder vorbei mit dem schönen Räuber-Leben, es sei denn, man fing an, die Menschen zu „schützen", die man berauben wollte.

Umherziehende Nomaden zu „schützen", ist schwierig. Deshalb begannen die schwachen Menschen ihr Territorium nicht mehr so stark zu wechseln. So konnten die starken Menschen diese zunehmend sesshaften Menschen verteidigen, wenn andere Banden kamen, um sie auszurauben. Die Schwachen bezahlten die Starken dafür. So wurden aus Plünderern Beschützer.

Abgabeforderungen erzeugen aus Sicht der Plünderer Schutzbedarf, denn sonst ist nichts zu holen. Gewalt rechtfertigt aus Sicht der Schwachen Schutzgebühren, denn sonst kann man nicht leben.

Aus dem Schutzbedürfnis entstehen Abgaben zum Termin

Dem „Schutz" entfliehen zu wollen, um keine Gebühren zahlen zu müssen, war nicht sinnvoll. Eine gewaltbereite umherziehende Gruppe würde die „Schwachen" so oder so wiederfinden. Weil aber die „Starken" jemanden zum Berauben brauchten, einigte man sich auf regelmäßige Abgaben zu bestimmten Terminen. Jagd und Sammeln brachten, jeweils in bestimmten Jahreszeiten, relativ gut kalkulierbare Erträge, und so konnte man sich gut einig werden. Das hatte für die „Schwachen" den Vorteil, dass sie in relativer Ruhe leben konnten. Davor waren sie ständig der Gefahr ausgesetzt, von auftauchenden „Starken" verletzt oder gar ermordet zu werden. Da war es besser, einen kalkulierten Teil seiner Früchte abzugeben.

Abgaben zum Termin sind eine Folge der „Symbiose" aus schwachen und starken Menschengruppen.

Aus dem Schutz entstehen Machtgebiete und Machthaber

Für die Starken ergab sich ein Territorium mit Menschen, das zu verteidigen war. Nichtsdestotrotz konnten die Starken immer noch Menschen außerhalb ihres Territoriums ausplündern, um ein paar Zusatzeinnahmen zu erzielen. Solange die Menschen in der Nachbarschaft keinen anderen Schutz hatten, war das möglich. Wenn die Menschen anderen Schutz hatten, ging das nur noch, wenn deren Schutzmacht besiegt und aus dem Gebiet vertrieben wurde. Dann musste aber ein größeres Gebiet verteidigt werden, was auch Nachteile hatte.

Die Schwachen hatten bei diesen Auseinandersetzungen schlechte Karten. Sie waren stets nur die Opfer. Sie konnten den Machthaber ihres Gebietes um Hilfe rufen und dann hoffen, dass er ihnen erfolgreich beistehen würde. Wenn das nicht gelang, mussten sie zukünftig ihre Abgaben an den neuen Machthaber zahlen. Irgendwann waren alle Territorien aufgeteilt.

Aus der Schutz-Notwendigkeit entstehen feste Machtgebiete, die nach außen verteidigt und nach innen beherrscht werden.

Eine „Symbiose" aus Obrigkeit und Untertanen beginnt

Mit dieser „Symbiose" aus Obrigkeit und Untertanen beginnt eine lange Epoche der Menschheit. Denn für die Untertanen war es in der Regel besser, wenn die Machthaber nicht wechselten. Dann waren die Abgaben geregelter und die Willkür niedriger. Wenn neue Machthaber kamen, mussten diese die „Kosten der Eroberung" umlegen und das bedeutete für die Schwachen zusätzliche Abgaben, ganz abgesehen von den Zerstörungen.

Es war die Zeit der Mafia, des Schutzes gegen Abgaben. Jede Mafia hatte ihr Territorium.

Die jetzt weitgehend sesshaft gewordenen Untertanen versuchten, die Erträge aus dem Sammeln und der Jagd zu verstetigen und so vor allen Dingen abzusichern. Früher war man einfach weitergezogen, wenn Gebiete abgesammelt oder leer gejagt waren. Das ging nicht mehr, wegen des eigenen und der benachbarten Machthaber. So entstanden ganz zwingend Ackerbau und Viehzucht, um aus dem jeweiligen Territorium heraus die geforderten Abgaben auch liefern zu können. Kein Untertan wollte den Zorn der Obrigkeit erregen, der stets zu physischer Gewalt gegen ihn und seine Gruppe führte.

Aus der „Symbiose" von Obrigkeit und Untertanen entstehen Ackerbau und Viehzucht.

In der etablierten Wissenschaft wird als Ursache für Ackerbau und Viehzucht ein Klimawandel angeführt, der allerdings nicht die gleichartigen Entwicklungen überall auf der Welt erklärt. Es kann auch nicht erklärt werden, warum die Sesshaftigkeit entstand, weil diese Lebensweise mehr Arbeit und Energie erforderte als das Nomadenleben. Die hier gelieferte Erklärung kennt diesen Widerspruch nicht, sondern liefert eine glaubwürdige, konsistente Erklärung.

Eine sehr fruchtbare „Symbiose"

Diese „Symbiose" hat in der Folge viele weitere Verbesserungen gebracht. Auf Seiten der Obrigkeit gab es eine Verbesserung der Waffen und bei den Untertanen die Entwicklung von Vorratshaltung mittels Keramikgefäßen. Irgendwann war das Ernährungsproblem gelöst und die Bevölkerung konnte stärker wachsen. Das bedeutete mehr Krieger und größere beherrschte Gebiete.

Geld hat sich dabei ganz allmählich durch Versuch und Irrtum aus dem verlangten Abgabegut herausgebildet. Es gab schlechte Abgabegüter, die dazu geführt haben, dass der Machthaber seine Macht verlor, und es gab gute Abgabegüter, mit denen der Machthaber seine Macht ausbauen konnte. Warum das so ist, werden wir gleich betrachten, aber zunächst wollen wir feststellen, was Geld eigentlich ist.

Was ist Geld wirklich?

Lange Zeit waren es sicher zunächst nur Lebensmittel, die als Abgabe verlangt und geliefert wurden. Weil sich das als ungünstig herausstellte, waren es Metalle, die für die Waffenherstellung verwendet werden konnten. Dies kam den vitalen Interessen der Machthaber besonders entgegen. Noch bis in die 1930iger Jahre war Gold sehr verbreitet. Dadurch ist der Irrtum entstanden, dass Geld ein Mittel ist, um den Tausch von Waren zu erleichtern. Dieser Unsinn wird heute in der Schule so gelehrt und die meisten Wirtschaftswissenschaftler erklären Geld ebenfalls so. Dass dies nicht so ist, wurde ebenfalls von Paul. C. Martin erkannt. Er bezeichnet Wirtschaftswissenschaftler, die Geld als Tauschmittel sehen, als Mickey-Maus-Ökonomen.

Heute haben wir ein Geld, das von den Waren entkoppelt ist. Wir haben durch den obigen Text verstanden, wie Geld funktioniert. Nach meiner Theorie ist Geld eine eigene Ware oder ein universeller Waren-Ersatz bzw. eine Ersatz-Ware. Durch diesen Ersatz-Charakter bekommt das Geld seine Wert-Aufbewahrungseigenschaft. Geld ist dadurch die Ware, die zum Sparen am besten geeignet ist. Sie verdirbt nicht.

Geld ist eine abstrakte Ware, die durch den Abgabezwang unter Termindruck und Strafandrohung zu beschaffen ist.

Diese abstrakte Ware ist in der realen Welt mal durch Gold, mal durch Münzen, mal durch Geldscheine, mal durch Baumwolle ausgeprägt. Es können auch Muscheln oder Glasperlen sein. Es ist das, was der jeweilige Machthaber als Abgabengut festlegt. Dieses Abgabegut wird dann zum Zahlungsmittel, weil die Menschen gezwungen sind, für seine Beschaffung zu arbeiten.

Was Geld ist, wird vom Machthaber festgelegt

Die Ware, die sich der Machthaber aussucht, bekommt als Abgabegut einen besonderen Wert. Sie wird dadurch zur universell tauschbaren Ware. Nur die Ware, die jeweils Geld ist, hat diese besondere, universelle Eigenschaft. Deshalb ist Geld bisher auch als Tauschmittel definiert. Diese Eigenschaft kann jeder, wenn er die Macht oder Gewalt hat, beliebig festlegen und die Funktionalität ist stets die gleiche. Geld ist nicht die Ware selbst. Die Menschen bezeichnen diese Ware dann stets als Geld. Geld hat universelle Eigenschaften, die man beschreiben kann, ohne sich auf eine Ware festlegen zu müssen. Und man sieht, es können ganz einfache Zettel sein, die nur einen ganz geringen Wert haben, die aber durch die Festlegung des Machthabers zu Geld werden und damit ihren Wert bekommen. Das verstehen die Anhänger einer Goldwährung nicht. Gold ist völlig wertlos, wenn es nicht als Abgabegut verlangt wird.

Welche Sache zu Geld wird, legt der Machthaber fest und diese Festsetzung ist immer regional auf den Machtbereich des Machthabers beschränkt.

Geld ist mehr als ein Tauschmittel

Waren oder Gegenstände wurden von Menschen schon lange getauscht, bevor es Geld gab. Das ist ein ganz normaler Vorgang. Sobald es Besitz gibt, wird dieser Besitz getauscht. Ein Tausch ist etwas, das auf freiwilliger Basis und zum gegenseitigen Vorteil stattfindet.

Bei Geld verschwinden die Freiwilligkeit und der gegenseitige Vorteil. Geld muss beschafft werden, weil der Machthaber die Herausgabe unter Strafandrohung und Termindruck verlangt. Und den Vorteil aus der Abgabe hat der Machthaber, nicht der Abgebende.

Dieser Zwang führt dazu, das Geld (welche Ware es auch immer ist) nicht nur gegen andere Waren eingetauscht wird. Geld ist die einzige Ware, die universell auch gegen Arbeitsleistungen getauscht wird, was immer Arbeitsleistung auch ist. Der Zwang, die Ware „Geld" zu beschaffen, führt dazu. Geld bezahlt Waren und Arbeitsleistung. Beispielsweise ist Prostitution eine direkte Folge von Geld. Ohne Geld gibt es keine Prostitution. Es gibt Geschlechtsverkehr auf freiwilliger Basis. Es gibt Vergewaltigungen im Einzelfall, die ebenfalls auf Gewalt basieren. Aber Prostitution beruht einzig und allein auf der Gewalt von Geld. Geld erzeugt Arbeitsleistung. Weil die Frau Geld beschaffen muss, prostituiert sie sich. Geld erzwingt Arbeitsleistung. Geld erzeugt Macht über Menschen.

Geld wird zum universellen Tausch- und Zahlungsmittel auch und exklusiv gegen jegliche Arbeitsleistung, weil es unter Strafandrohung und Termindruck abzuliefern ist.

Geld wird stets als Funktion zur Bezahlung gesehen und definiert, aber niemals als Ursache. Deshalb sind die meisten Wirtschaftstheorien nicht sehr hilfreich.

Die Definition von Geld ist eine bewusste Täuschung

Die heutige Definition von Geld wird in Wikipedia im Bereich Wortherkunft (Etymologie) so dargestellt: *Geld ist das vom Staat oder einer durch ihn ermächtigten Behörde als Wertträger zum Umlauf ausgegebenes und für den öffentlichen Verkehr bestimmtes Zahlungsmittel ist.*

Alles, was hier steht, ist natürlich richtig. Nur: Den wirklich wichtigen Teil hat man einfach wegfallen lassen. Geld ist das, was der Staat als Abgaben verlangt. Und wir erinnern uns, der Staat verlangt unter Strafandrohung und zum Termin und die Bevölkerung muss dann anfangen zu wirtschaften. Steuerhinterziehung wird in etwa genauso hart bestraft wie Körperverletzung. Verspätete Steuerzahlungen sind mit drastischen Zinsen und Strafzahlungen versehen.

Jetzt könnte man denken, die Wissenschaftler, die sich seit Jahrzehnten mit Geld beschäftigen, sind alle viel dümmer als wir. Das ist jedoch unwahrscheinlich. Viel wahrscheinlicher ist, dass der wahre Charakter von Geld besser nicht verstanden werden soll.

Denn wie unterscheiden sich noch einmal Tausch und Geld? Tausch erfolgt freiwillig und zum gegenseitigen Vorteil. Geld hingegen wird unter Strafandrohung und Termindruck verlangt und den Vorteil hat der Machthaber. Also ist es wahrscheinlich besser, wenn die Beherrschten das nicht merken oder gar verstehen. Und dann ist es Aufgabe der Wissenschaften, die offensichtlichste Sache der Welt durch Komplizierung zu verschleiern.

Geld existiert zum Vorteil des Machthabers. Es zwingt die Beherrschten zum Arbeiten.

Einzig die Modern-Money-Theory (MMT) gesteht dies ein, indem sie formuliert: „Steuern befördern die Nachfrage nach Geld". Keine andere herrschende Geldtheorie kann Geld wirklich sinnvoll erklären. Betrachten wir, was sich weiter ergibt.

Geld ist nicht zufällig Spar- oder Wertaufbewahrungsmittel

Gespart wird am besten in Geld, weil Geld aufgrund von Zwang ständig beschafft werden muss. Denn durch die Geldfunktion kann jedermann jederzeit gegen jegliche Form von Arbeitsleistungen und jegliche andere Waren eintauschen. Wir erinnern uns, dass wir oben schon einmal über das Thema Horten gesprochen haben. Wenn Geld aus dem Kreislauf genommen wird, wollten wir von „Horten statt sparen" sprechen (Seite 11).

Überlegen wir an dieser Stelle noch einmal: Was könnte die Haitianer unter Columbus dazu motiviert haben, Gold oder Baumwolle zu horten? Also wenn ich damals gelebt hätte, hätte ich Gold gehortet, damit ich sicher sein kann, dass ich in den nächsten Jahren meine Abgaben zahlen kann, und so sichergestellt ist, dass ich meine Nase und Ohren behalten darf. Man erkennt leicht, Geld wird nicht zufällig gespart, sondern weil es unter Strafandrohung zum Termin abgeliefert werden muss. Der Nebenvorteil des Geldsparens ist, dass ich es jederzeit bei zwischenzeitlichem anderweitigem Bedarf wie im ersten Absatz dieses Themas beschrieben universell eintauschen kann. Weil andere es genau wie ich benötigen werden.

Die vom Machthaber festgelegte Ausprägung von Geld wird also aufgrund der Eigenschaft der abstrakten Ware „Geld" gehortet. Es ist keinesfalls so, dass die Ausprägung des Geldes ohne die Festlegung des Machthabers ein besonders gutes Wertaufbewahrungsmittel sein muss. Unsere Euro-Geldscheine wären es sicher nicht. Geld bekommt nur durch die Festlegung des Machthabers automatisch seine Funktion als ein Wertaufbewahrungsmittel.
Die Haitianer konnten sich durch das Sparen von Geld das Abschneiden der Nase im Folgejahr ersparen. Man beachte die Bedeutung von „ersparen".

Keinesfalls wird Geld so ausgewählt, dass es ein besonders gutes Wertaufbewahrungsmittel ist. Es ist vielmehr so, dass der Machthaber bei der Auswahl des Geldes beachten muss, dass selbiges zwecks Wertaufbewahrung aus dem Umlauf genommen wird. Wenn er eine schlechte Wahl trifft, wird ihn das seine Macht kosten. Würde er beispielsweise Lebensmittel als Geld definieren, könnte man denken, hätte der Machthaber immer gut zu essen. Aber das wäre eine sehr dumme Entscheidung. Denn damit würden die Beherrschten Lebensmittel über den normalen Bedarf hinaus horten (zumindest die haltbaren), was dann aber in der Folge zu Hungersnot und Revolten führen würde. In diesen Revolten wird der Machthaber seine Macht verlieren und der nächste Machthaber hat gelernt, dass dieses Geld ein schlechtes Geld war, und er wird seine Macht auf einem anderen Geld aufbauen.

John Maynard Keynes hatte zumindest die Erkenntnis, das Gold kein geeignetes Geld ist, weil die Wirtschaft zusammengebrochen ist, als durch Horten zu viel Gold aus dem Kreislauf entfernt wurde. Er bezeichnete Geld deshalb als „barbarisches Relikt".

Die Ausprägung von Geld wird durch seine Funktion das universelle Wertaufbewahrungsmittel. Weil es gehortet wird, muss es vom Machthaber sorgfältig ausgewählt werden.

Wenn ein Ökonom Geld die Funktion „Wertaufbewahrungsmittel" gibt, dann werden Ursache und Wirkung vertauscht: Nicht, weil die Menschen ein Wertaufbewahrungsmittel benötigen, gibt es (dafür) Geld, sondern weil es Geld gibt, bekommen die Menschen (damit) ein Wertaufbewahrungsmittel.

Geld hat seinen Preis

Geld will seitens des Machthabers klug gewählt sein, denn Geld hat einen Preis. In dem Moment, in dem der Machthaber eine bestimmte Ware zu Geld erklärt, hat dies gravierende Konsequenzen. Eine ist das Horten, was im vorherigen Thema besprochen wurde. Doch es gibt noch andere.

Der Wert der als Geld ausgewählten Ware nimmt enorm zu. Deshalb muss diese Ware ab sofort gegen Diebstahl und Veruntreuung gesichert werden, auch wenn dies eigentlich nur wertloses, gedrucktes Papiergeld sein sollte. Wie erklären sich die Leute, die unser Geld abfällig so bezeichnen, dass es einen dermaßen hohen Schutz erfordert? Gerade die Tatsache, dass Papiergeld, also ein Gegenstand ohne jeden inneren Wert so geschützt werden muss, beweist, dass unsere Theorie richtig ist und der Machthaber alles zu Geld erklären kann.

Wie aufwendig der Schutz von Geld ist, sehen wir an den Tresoren, die schon immer verwendet werden, um Geld zu schützen. Welcher Aufwand getrieben werden muss, um Geld zu transportieren. Wir sehen es an den Strafen, die verhängt werden, für den Fall, dass Geld gestohlen wird.

Geld muss vom Machthaber so gewählt werden, dass die Sicherheitskosten klein bleiben.

Hat der Machthaber eine schlechte Wahl getroffen, verliert er seine Macht oder den Beherrschten geht es dauerhaft schlecht.

Geld muss teilbar sein. Das heißt, große Geldbeträge müssen in kleine Beträge zerlegt werden können, um kleine und große Tauschgeschäfte gleichermaßen günstig damit abwickeln zu können. Bei Metallen kann das leicht durch unterschiedlich schwere Stücke (Barren oder Münzen) realisiert werden. Dabei wird die gute physische Teilbarkeit von Metallen genutzt. Bei Papier ist es noch einfacher, da wird der Wert einfach aufgedruckt.

Geld muss physisch transportiert werden. Das ist immer der Fall, wenn Geld bei Geschäften genutzt wird, aber auch, wenn der Machthaber seine Abgaben eintreibt. Die Sicherheitsanforderungen machen den Geldtransport zu einer besonders gefährlichen Angelegenheit. Denn gerade unterwegs ist ein guter Schutz schwer zu erreichen. Selbst heutzutage kann man Überfälle auf Geldtransporte nur mit sehr hohem Aufwand vermeiden. Die Anforderung an die Transportierbarkeit ist sicher der Grund, dass unser Geld heute von Papier repräsentiert wird. In jedem Fall ist auch diese Eigenschaft der Transportierbarkeit von Geld bei der Auswahl des Geldes durch den Machthaber zu beachten.

Edelmetalle waren auch aus einem anderen Grund für die Geldfunktion auf natürliche Weise geeignet. Gold und Silber sind sehr haltbare Materialien. Eisen und viele andere Metalle sind das nicht gerade, sie oxidieren. Papier oder Stoff sind noch weniger haltbar. Deshalb müssen heutige Banknoten kontinuierlich erneuert werden.

Geld muss vom Machthaber auch unter den Aspekten Haltbarkeit, Teilbarkeit und Transportierbarkeit ausgewählt werden, damit die Kosten der Geldausstattung niedrig bleiben.

Wenn die Machthaber die Anforderungen an Geld nicht beachten, müssen sie mehr Anteile der Zwangsabgaben für die Bereitstellung ihres Geldes aufwenden. Dieses Geld fehlt für andere Aufgaben, die der Machterhaltung dienlich sind.

Geld erzeugt Bezahlung und verändert das Zusammenleben

Ohne Geld haben die Menschen in den Tag hineingelebt und sich um ihre jeweiligen Bedürfnisse gekümmert, wenn es an der Zeit war. Nicht viel anders, als Tiere das auch tun. Mit den ersten Plünderungen und den nachfolgenden Abgaben hatte sich das geändert. An der Geschichte über Haiti konnten wir das deutlich sehen.

Geld existiert ausschließlich, weil für dieses Geld gearbeitet werden muss, um später zum Termin die Abgabe leisten zu können. Aus der permanenten Angst vor

Strafe und Termin sind die Menschen dazu gezwungen, ihre Gewohnheiten umzustellen. In Gesellschaften, die Geld verwenden, arbeitet mittelfristig niemand mehr ohne Gegenleistung, ohne Bezahlung, zumindest nicht außerhalb der Familie. Nur Menschen, die durch ausreichende Einkommen oder Ersparnisse völlig abgesichert sind, können es sich leisten, auf Einnahmen aus Arbeitsleistungen zu verzichten. Alle anderen sind gut beraten, wenn sie stets und ständig darauf achten, dass sie für alle erbrachten Leistungen auch Geld erhalten, sprich, bezahlt werden. Nur so können sie sicher sein, dass sie zum festgesetzten Termin ihre Abgabe leisten können.

Die Kultur der solidarischen Gemeinschaft wird durch Geld und Bezahlen zwangsläufig gestört.

In Gesellschaften, die Geld verwenden, arbeitet niemand mehr ohne Gegenleistung. Alle suchen Bezahlung, aber nur, weil sie dazu gezwungen sind.

Mit Umlauf des Geldes verbessert sich die strukturelle Lage des Machthabers dramatisch

Anfangs wurden Abgaben von den Machthabern nur zum Konsum gefordert. Also Lebensmittel oder Waffen-Metalle, vielleicht auch Tiere oder sogar Menschen. Die Beute wurde dann höchstwahrscheinlich unter den Mitgliedern der Mafia aufgeteilt. Entweder, weil man ohnehin zusammenlebte, oder jeder bekam seinen Teil der Beute zum Mitnehmen. Es war klar zu erkennen, wer gab und wer nahm. Die Obrigkeit nahm, die Untertanen mussten geben.

Als alle Menschen am Wirtschaften waren und das Abgabegut (Geld) von allen als Bezahlung gewünscht und akzeptiert war, konnte der eigentliche Machthaber das Abgabengut nutzen, um damit seine Leute zu bezahlen. Diese brauchten das Abgabengut nicht abzuliefern, aber konnten es ihrerseits überall gegen jegliche Waren und Dienstleistungen tauschen. Die Schergen waren damit viel glücklicher als mit einem Teil der Beute. Denn nur Geld konnten sie ohne Tausch-Verluste gegen alles andere eintauschen.

Damit hatte man sich dem Geld, wie wir es heute kennen, schon angenähert. Denn Geld wurde jetzt auch seitens des Machthabers in Umlauf gebracht. Und dieses Geld hatte und hat auch heute noch den enormen Vorteil für die Obrigkeit, dass der Unterschied zwischen den Schergen der Obrigkeit und den Untertanen verschwand. Schergen und Untertanen konnten plötzlich beliebig gegeneinander ausgetauscht werden und die Obrigkeit wurde damit quantitativ viel kleiner. Die Gewalt wurde auch weniger. Es wurden keine Nasen mehr abgeschnitten. Es gab keine gewalttätigen Schergen mehr, die sofort erkennbar waren. Es gab nur noch Finanzbeamte, Richter und Polizisten, die alle irgendwie als Nachbar und entferntes Familienmitglied respektiert wurden. Das hatte riesige Vorteile. Die Macht musste viel weniger verteidigt werden. Sie wurde über Jahrhunderte hinweg als natürliches Geburtsrecht dargestellt und das hat funktioniert. Das Lustigste dabei ist, es funktioniert bis heute. Wir werden das noch sehen.

Mit dem Umlauf des Abgabeguts wird es erstmalig zu richtigem Geld. Es vereint jetzt Schergen und Untertanen. Die Obrigkeit wird so klein, dass sie als natürlich empfunden wird.

Damit existierte also erstmals fast das Geld, wie wir es heute bei uns kennen. Ganz am Anfang erfolgte die Bezahlung sicher mit dem originalen Abgabegut, genau wie es auch als Abgabe gefordert wurde. Da wurde Gold verlangt und mit Gold bezahlt. Oder Silber verlangt und mit Silber bezahlt.

Spezialisierung erleichtert die Geldbeschaffung und verändert alles

Ohne Abgabezwang, also ohne Geld, kümmerte sich jeder um seinen Bedarf, wenn es an der Zeit war. Wo Abgaben einmal existierten, machte der Druck erfinderisch. Die Menschen stellten schnell fest, dass es unterschiedliche Talente gibt und jeder seinen Weg finden muss, um Bezahlung zu erreichen. So ergab sich zunächst die Spezialisierung. Das heißt, Menschen begannen neben der Befriedigung der eigenen Bedürfnisse damit, für die Befriedigung der Bedürfnisse anderer zu arbeiten, selbstverständlich nur gegen die für alle stets wichtige Bezahlung. Recht schnell merkten einige Menschen, dass sie durch die Bezahlung ihrer Spezialisierung gut verdienten. Sie verdienten mehr Geld, wenn sie alle Zeit für die Bedürfnisse anderer einsetzten und nicht mehr selbst Lebensmittel für sich herstellten. Sie konnten sie günstiger einkaufen. Die Menschen fingen in der Folge der Spezialisierung an, für ihren Lebensunterhalt zu arbeiten. Das machten sie nur, weil es so leichter war, die Abgaben zu erwirtschaften, aber keinesfalls, weil sie ihren Lebensunterhalt verdienen wollten oder mussten. Nur heute, wo wir unsere Lebensgrundlage überhaupt gar nicht mehr kennen, sieht es so aus, als würden wir für unseren Lebensunterhalt arbeiten. Das ist aber ein Irrtum, den man an der Gemütlichkeit in sozialistischen Gesellschaften erkennt.

Menschen arbeiten nur deshalb für ihre Lebensgrundlage, weil sie so leichter Geld für die Erfüllung der Abgabepflicht bekommen.

Damit sind wir unserer heutigen Wirtschaftsform schon sehr nahegekommen. Wir alle sitzen dem Irrtum auf, dass wir arbeiten müssen, um Geld zu verdienen und um davon leben zu können.

Wir müssen Geld nicht verdienen, um davon leben zu können, sondern um es abzuliefern. Alles andere ergibt sich daraus.

Geld muss fälschungssicher werden, um exklusiv zu sein

Gold und Silber waren in der Erdkruste relativ wenig vorhanden, deshalb ist die Förderung aufwändig und teuer. Aber Schritt für Schritt lernten die Machthaber, dass ihr Vorteil größer war, wenn ihr Geld wirklich exklusiv war. Gold wurde immernoch von vielen Menschen „gefunden" und sie hatten durch ihren Fund Geld erhalten. Dieses Geld wurde in so einem Fall nicht seitens des Machthabers in Umlauf gebracht, sondern tauchte quasi einfach so im Geldkreislauf auf. Der Machthaber konnte es so erst ausgeben, nachdem er es in Form von Steuern eingenommen hatte.

Da war es für den Machthaber doch viel günstiger, statt Gold ausschließlich spezielle Gold-Münzen zu verlangen, die man eben nicht finden konnte. Die Gold-Münzen konnte und durfte nur der Machthaber herstellen. Da ging ihm das Privileg der Erst-Nutzung nicht mehr verloren.

Geld muss vor Fälschungen geschützt werden, damit der Machthaber seine Vorteile und seine Macht nicht verliert. Fälschungssicheres Geld ist exklusives Geld des Machthabers und damit das – aus seiner Sicht – beste Geld, das es je gab.

Der Machthaber kann exklusives Geld nicht erst nutzen, nachdem es einem Untertanen das erste Mal abgepresst wurde. Nein, er konnte es jetzt bereits als Vorschuss auf die spätere Abpressung in den Verkehr bringen. Und er konnte genauso sicher sein, dass dieses Geld später zum erneuten Ausgeben zu ihm zurückkommen würde.

Noch besser ist es, statt Gold einfach Papier-Noten zu verlangen, wie es die heutigen Machthaber tun. Wenn sie denn fälschungssicher sind. Denn das einfach gedruckte Zettel nicht als Geld geeignet sind, weiß man, wenn man sieht, wie aufwändig Banknoten von den Zentralbanken heute gestaltet werden und wie viele Sicherheitsmerkmale sie aufweisen, nur um Fälschungen zu erschweren. Warum Falschgeld so schlimm ist und warum seine Produktion so hart bestraft wird, ist jetzt völlig klar: Dem Machthaber gehen seine Vorteile verloren, wenn Falschgeld in den Kreislauf kommt. Die Fälscher können Geld in Umlauf bringen, für das sie weniger arbeiten mussten als das bei erzwungener Arbeit der Fall gewesen wäre.

Es entbehrt nicht einer gewissen Ironie, dass die unter Strafandrohung erzwungene Arbeitsleistung zugunsten des Machthabers in der uns eingeflößten staatlichen Darstellung als „ehrliche Arbeit" bezeichnet wird, während das gänzlich freiwillig durchgeführte Fälschen von Geld als „kriminell" geahndet wird. Geld hat mit Freiwilligkeit nichts zu tun. Und ehrlich ist da auch nichts, denn der Vorteil des Machthabers wird natürlich unter den Tisch gekehrt.

Exklusives Geld in den Umlauf zu bringen, ist das wichtigste Privileg der Obrigkeit.

Die Vorfinanzierungskosten des Machthabers gingen mit exklusivem Geld deutlich zurück. Bislang musste er stets seinen ganzen Apparat vorhalten, bevor er überhaupt Abgaben kassieren konnte. Da brauchte man die Schergen, die auf ihre Einnahmen erst einmal verzichteten oder die Einnahmen aus einem Bankraub, die man an seine Leute verteilen konnte. Irgendeine Art von Startkapital war nötig. Das änderte sich zwar auch mit dem exklusiven Geld nicht. Das Startkapital fällt aber deutlich kleiner aus. Und der wichtige Vorteil aus dem Umlauf des Geldes, die Vereinigung von Schergen und Untertanen, bleibt natürlich gewahrt.

Exklusives Geld ist nicht unbegrenztes Geld

Nur weil Machthaber jetzt ihr Geld exklusiv in den Umlauf geben konnten, durften sie nicht vergessen, dass Geld ein knappes Gut sein muss. Denn die oberste und einzige Aufgabe von Geld ist es, die Untertanen zum Arbeiten zu zwingen. Wenn jeder Untertan lange vor dem Termin ausreichend Geld im Schrank liegen hätte, um es dann zum Termin einfach nur abzugeben, dann würde er ja nicht mehr arbeiten müssen.

Würde dann das ganze Konzept von Geld zusammenbrechen?

Nicht unbedingt. Der Machthaber würde die Steuern erhöhen, um mehr Geld einzusammeln. In der Folge würden die Menschen nicht mehr für wenig Geld wie bisher ihre Waren anbieten, sondern nur noch für wesentlich mehr Geld. Wir sehen direkt, wie eine Ausweitung der Geldmenge zu Inflation führt.

Steigende Geldmengen führen zu Inflation

Obwohl Geld seit Jahrtausenden eingesetzt wird, sind Machthaber überall auf der Welt immer noch so dumm, diese einfachen Zusammenhänge nicht zu verstehen. Da wird die Geldmenge unbegrenzt ausgeweitet und die Preise steigen immer schneller an. Am Ende eines solchen Prozesses ist die Bevölkerung völlig verarmt und die Obrigkeit wird ihre Macht verlieren.

In Simbabwe oder Venezuela erleben wir heute noch solche Desaster. Aber gerade auch in Deutschland hatte es vor nur ungefähr einhundert Jahren eine solche Hyper-Inflation gegeben. Aus dieser Inflationskrise sowie über die folgende globale Deflationskrise haben die Banken und die Wissenschaftler einiges über Geld gelernt. Bevor wir damit weitermachen, müssen wir allerdings noch ein paar weitere Dinge verstehen.

Exklusives Geld hat eine Nachfrage, aber kein Angebot

Wir haben gelernt, dass Geld aufgrund des Abgabezwangs nachgefragt wird. In dem Moment, in dem ein Machthaber sich entscheidet, Geld exklusiv in den Umlauf zu geben, entsteht ein neues Problem. Exklusives Geld ist dann keine Ware mehr, die man sich irgendwie beschaffen kann. Sie kann man nur beim Machthaber bekommen. Er speist Geld in den Kreislauf ein. Dann muss er hoffen, dass alle Untertanen in der Lage sind, sich Geld zu beschaffen. Denn falls nicht, können sie keine Steuern zahlen. Es ist ihnen technisch schlicht unmöglich.

Deshalb ist es wichtig, die Einspeisung von Geld nicht nur an einer zentralen Stelle wie zum Beispiel der Hauptstadt vorzunehmen. Es könnte sein, dass das Geld es dann nicht bis in die hinterste Provinz schafft. Dieses Problem bleibt ein kontinuierliches. Je größer das Gebiet wird, desto schwieriger wird es, alle Gebiete gleichmäßig mit Geld zu versorgen. Deshalb fördern moderne Staaten unterentwickelte Regionen, damit diese in die Lage versetzt werden, Geld zu verdienen. Geholfen wird mit Staatsgeldern, die regional fehlendes Geld ausgleichen. Das kann durch den Einkauf von Waren passieren oder durch die Zahlung von Subventionen. Aber es ist völlig klar:

Exklusives Geld verteilt sich nicht von alleine über große Territorien.

Es sind Anstrengungen des Machthabers erforderlich, damit alle Regionen in der Lage sind, Geld in ausreichender Menge zu bekommen. Sollte er das nicht bewältigen, wird seine Macht erodieren. Es gibt Regionen, die dauerhaft keinen Beitrag liefer können. Deren Schutz wird unrentabel. Auf solche Gebiete kann ein Machthaber verzichten und er wird sie aufgeben. Es werden sich andere Machthaber finden, die die Gebiete übernehmen. Für den alten Machthaber ist dieser Verzicht auf unrentable Territorien von Vorteil.

Die Kolonialgebiete der europäischen Mächte waren so ein Fall. Sie wurden aus rein finanziellen Gründen aufgegeben. Imperien scheiterten immer, weil sie ihr Geld nicht über die zu stark ausgedehnten Territorien verteilen konnten.

Geld in den Kreislauf einzuspeisen, ist schwierig

Leider hat das bis heute noch niemand verstanden. Wenn das beherrschte Territorium klein ist, kann der Machthaber das Geld leicht in den Kreislauf einschleusen, indem er dafür Waren und Dienstleistungen bei den Untertanen einkauft. Das müssen keine Einkäufe für den Machthaber selbst sein. Es können auch seine Schergen sein, die er mit dem Geld bezahlt, die dann ihrerseits damit einkaufen. Egal ob direkter Einkauf für den Machthaber oder Einkauf über die Schergen, mit dieser Einspeisung in den Geldkreislauf verhält sich das Geld für den Machthaber optimal.

Wenn das Territorium klein ist, gibt es keine Probleme. Wenn das Territorium groß ist, gibt es hingegen sehr wohl die im vorherigen Kapitel beschriebenen Verteilungsprobleme. Es kann sein, dass es Regionen gibt, die mehr Abgaben zahlen sollen als dort Geld von den Schergen hingetragen wird. Auch der Machthaber denkt nicht rechtzeitig daran, seine Waren aus allen Regionen gleichmäßig zu beziehen. So bleiben einzelne Gebiete unter Umständen mit Geld unter- oder sogar gänzlich unversorgt. Ein Teil dieser unterversorgten Gebiete wird sich Geld beschaffen können, indem die dort ansässigen Menschen ihre Leistungen oder Waren in andere Regionen mit mehr Geld exportieren. Aber was passiert, wenn es nun nicht funktioniert mit dem Export?

Es ist gar nicht so leicht zu beantworten, wie ein Machthaber diese Frage lösen soll. Denn: Wenn solch ein Gebiet einfach nichts hat, was für andere von Interesse ist, wie sollen die Menschen dann an exklusives Geld herankommen? Subventionen für unterentwickelte Gebiete sind auch heute nicht gerade populär. Investitionen in die Region wären eine Möglichkeit. Die Machthaber könnten Gebäude errichten oder Straßen bauen lassen. Oder sie könnten eine Kaserne/Behörde errichten und deren Mitarbeiter mit einem guten Sold ausstatten. So kann Geld aus anderen Regionen in die unterversorgte Region übertragen werden.

Es erfordert bewusste Kreativität, um große Gebiete mit Geld zu versorgen.

Kredite sind Geld/Waren mit Zeitvorteil

Kredite stellen dem Kreditnehmer Geld zur Verfügung. Das ist uns nach dem Lesen des obigen Textes für unser Kreditgeld klar geworden. Aber warum das schon immer so war, sehen wir, wenn wir betrachten, wie Kredite überhaupt entstanden sind.

Wie die ersten Kredite entstanden sind, kann man am besten an den Haitianern ablesen. Stellen wir uns vor, wir haben weder Gold noch Baumwolle, aber die Schonfrist der Münze um den Hals läuft in Kürze ab. Wer möchte schon riskieren, dass ihm die Nase abgeschnitten wird? Wer keine Möglichkeit hat, das Abgabengut kurzfristig zu erarbeiten, wird versuchen, das Gold oder die Baumwolle zu borgen, um der Strafe zu entgehen. Verbunden mit dem Versprechen, es hinterher zurückzugeben. Die erste Form von Kredit ist da.

In den Anfängen der Geldgeschichte hatte der Kreditgeber das Geld bereits. Da das Geld vor der Kreditvergabe existierte, gab der Kreditgeber existierendes Geld an den Schuldner weiter. Dieses System ist einfacher als unser heutiges Geld und bis zur Finanzkrise dachten die meisten Menschen, die nichts mit Banken zu tun hatten, dass dies auch heute noch genau so funktioniert. Wir wissen jedoch, dass heutiges Geld erst bei der Kreditvergabe geschaffen wird. Es existiert vorher nicht. Dies wurde so eingerichtet, weil man die Rolle von Geld und Kredit verstanden hatte.

Kredit erfüllt die Notwendigkeit, eine Ware zeitlich vor der Arbeitsleistung zu erhalten und zwingt den Schuldner danach, die Ware unter Termindruck und Strafandrohung wiederzubeschaffen.

Diese Ware ist hauptsächlich die abstrakte Ware „Geld". Geld und Geldkredite zwingen die Menschen gleichermaßen, unter Termindruck und Strafandrohung Geld zu beschaffen.

Es gibt auch reine Warenkredite, zum Beispiel für Samen oder Nahrungsmittel. Man sieht auch hier, dass Samen und Nahrungsmittel dem Geld sehr ähnliche Waren sind. Denn Samen, Nahrungsmittel und Geld müssen gleichermaßen unter Strafandrohung zu einem bestimmten Termin beschafft werden: Samen zum Aussaat-Termin und Nahrungsmittel vor dem Essen. Die Strafen sind eine ausgefallene Ernte bzw. Verhungern. Bei solchen Waren, die mit Terminen und Strafen verbunden sind, ergibt sich ein ganz natürlicher Bedarf für Kredite. Deshalb modifizieren wir die Aussage von oben ein wenig:

Kredit erfüllt die Notwendigkeit, eine Ware, die unter Zeitdruck und Strafandrohung zu beschaffen ist, zeitlich vor der Arbeitsleistung zu erhalten und zwingt den Schuldner danach, die Ware unter Termindruck und Strafandrohung wiederzubeschaffen.

Ich halte die beiden in diesem Kapitel formulierten Definitionen von Geld und Kredit für die kürzesten und umfassendsten, die ich bisher gefunden habe. Sie erklären auch, warum die Zeit, in der wir aktuell leben, so hektisch ist: Niemals in der Menschheitsgeschichte wurden so viele Kredite vergeben und niemals zuvor war so viel Geld im Umlauf. Niemals in der Geschichte der Menschheit wurden von den Regierungen so viele Steuern abgepresst. Niemals in der Menschheitsgeschichte gab es so viele Termine, zu denen unbedingt pünktlich und unter Strafandrohung Geld abzugeben ist. Kredit entsteht unmittelbar als eine Folge von Geld.

Der Zins entsteht aus dem Zwang

Wird ein Haitianer, der Gold besitzt, sein Gold einfach so an einen anderen verleihen? Schließlich muss er ja im nächsten Jahr selbst auch wieder Gold abliefern. Und wer weiß, ob der Schuldner sein Versprechen einhalten kann, und das Gold tatsächlich zurückbringt? Würde er dann nächstes Jahr ohne Gold dastehen, wird ihm als Kreditgeber vielleicht selbst die Nase abgeschnitten. Ohne eine echte Motivationshilfe wird er also nicht bereit sein, seine Sicherheit, nächstes Jahr Gold zahlen zu können, gegen ein einfaches Versprechen einzutauschen. Diese Motivation entsteht erst dadurch, dass der Schuldner anbietet, ihm etwas mehr Gold zurückzugeben als er jetzt erhalten hat. Der zeitliche Vorteil ist dem Schuldner diesen Aufpreis wert. Und für den Kreditgeber ist dieser Aufpreis die Motivation dafür, das Risiko des Verleihens einzugehen. Dieser Aufpreis ist der Zins.

Aus Abgaben entstehen Geld, Kredit und Zins.

Der Kredit ist die zwangsläufige Folge von Geld, um die Strafe für Nichtleistung am Termin zu vermeiden.

Zinsen sind berechtigte Erstattungen von Mehrkosten

Ein Zins, den ein Schuldner zahlen muss, ist, wenn er denn maßvoll bleibt, eine berechtigte Sache. Denn wir müssen immer bedenken, dass neben dem Risiko-Ausgleich auch noch ein paar andere Dinge zu beachten sind. Ein Kredit muss nämlich verwaltet werden, was die Banken heute machen. Aber auch in Haiti war ein Gläubiger dazu gezwungen, gewisse Aufzeichnungen anzufertigen, die seinen

Kredit bzw. die Schuld nachweisbar machten. Diese Kreditdokumentation ist ein zeitlicher und materieller Aufwand, den der Zins genauso abdecken muss. Die Dokumentation von Kreditverläufen mit Zinszahlungen und Teilrückzahlungen ist eine ganz normale Verwaltungstätigkeit. Diese Tätigkeit muss bezahlt werden.

Zinsverbote haben Konsequenzen

Das Zinsverbot ist eine Regelung, die Kredite verhindert und damit eine gravierende Behinderung der Wirtschaft darstellt. Im Alten Testament der Bibel und im Koran gibt es ein Zinsverbot. Im Christentum wurde dieses Verbot schon vor längerer Zeit gelockert. Im Koran ist dieses Verbot hingegen sehr eindeutig formuliert und der Islam wird heute in vielen Ländern sehr strikt praktiziert, weshalb Zinsen dort noch immer verboten sind.

Man sieht anhand der europäischen Geschichte, wie wenig die wirtschaftliche Entwicklung zu Zeiten des Zinsverbots voranging. Man kann auch heute sehen, dass islamisch geprägte Staaten oft große wirtschaftliche Schwierigkeiten haben. Dies wird auch daran liegen, dass der Koran Zinsen verbietet. Zins*wucher* zu verbieten, ist geradezu notwendig, aber Zinsen *an sich* zu verbieten, ist wirtschaftlich gesehen eine Dummheit.

Mit dem Kredit entstand das (Geld-)Eigentum

Wenn man Geld als abstrakte Ware betrachtet, wie wir das hier tun, dann ist mit dem ersten Kredit auch das Prinzip des Eigentums entstanden, oder zumindest ein Weg zum Eigentum. Einen anderen werden wir später noch kennenlernen.

Für Menschen, die sich mit den Feinheiten dieses Themas noch nicht beschäftigt haben, sei gesagt, dass zwischen Besitz auf der einen und Eigentum mit und ohne Besitz auf der anderen Seite unterschieden werden muss. Wenn man direkten Zugriff auf eine Sache, also die Herrschaft über diese Sache hat, dann ist man der Besitzer. Der Halter eines Autos ist der Besitzer, genauso wie der Mieter einer Wohnung. Beide herrschen über das Auto bzw. die Wohnung. Beide können auch Eigentümer sein, wenn sie das Auto oder die Wohnung gekauft, geerbt oder als Geschenk erhalten haben. Ist das Auto hingegen nur geleast und die Wohnung nur gemietet, dann haben sie an beidem kein Eigentum, sondern nur Besitz. Sie befinden sich vielmehr im Eigentum der Leasinggesellschaft bzw. des Vermieters, die bzw. der diese Gegenstände als Vermögen ausweisen. Beide Gegenstände gehören in diesen Fällen nicht zum Vermögen der Besitzer.

Mit der Gewährung von Kredit hatte man beim Schuldner „etwas gut". Er musste etwas zurückliefern. Man hatte ein Guthaben, was auch noch heute in den Bilanzen als Vermögen geführt wird.

Kennzeichnend für Eigentum ist, dass es sich um einen dokumentierten, zuordenbaren Vermögenswert handelt. Genau das trifft auf das Guthaben zu, wie es bei der Kreditauszahlung entsteht.

Eigentum ist zuordenbar. Jeder Kredit ist ein dem Kreditgeber zuordenbares Vermögen und stellt somit nach heutiger Definition ein Eigentum dar.

Irgendwann stellten die Menschen fest, dass eine Trennung von Besitz und Eigentum sehr praktisch ist. Denn der Gläubiger war zunächst im Besitz des Geldes. Wenn wir uns an die Haitianer erinnern, hatte er also Gold oder Baumwolle. Mit dem Kredit gab er diese Herrschaft auf, und übergab das Geld an den Schuldner. Damit bekam der Schuldner die Herrschaft über das Geld. Er wurde damit zum Besitzer des Geldes. Er muss es dem Gläubiger zu einem späteren Zeitpunkt wieder zurückgeben.

Wie wir gerade gelernt haben, ist die Dokumentation ein wichtiger Teil des Kredits. Mit dieser Dokumentation von Krediten entstanden nach meiner Überzeugung die ersten Eigentumstitel. Ich halte diese Betrachtung aufgrund unserer abweichenden Betrachtung von Geld für logisch und konsequent, aber dies wird genau deshalb von anderen Wissenschaftlern bisher so nicht geteilt.

Mit der Vergabe und Dokumentation von Krediten entsteht die erste Dokumentation von Eigentum.

Kredite brauchen mehr als Geld und Dokumentation

Kredite brauchen mehr als Dokumentation und Geld. Einen wichtigen Aspekt hatten wir bereits angesprochen, die Kreditsicherheiten. Aber es ergibt sich schnell ein weiterer Themenkomplex, der mit der Kreditvergabe und der Dokumentation verbunden ist: die Streitschlichtung oder Gerichtsbarkeit. Sobald man vom Besitz zum Eigentum übergeht, braucht es eine Dokumentation, die das bezeugt. Das kann im Einzelfall mündlich, per Handschlag, durch die Einschaltung von Zeugen oder in Form von Schrift erfolgen.

Unter anderem ist es möglich, dass eine Dokumentation Fehler enthält und dann kommt es zum Streit. Wenn der Schuldner in einer sehr schwachen Position ist, wird der Gläubiger mit der Macht des Stärkeren handeln. Aber wenn der Schuldner dem Gläubiger gleichgestellt ist, braucht es bei Streitigkeiten eine Schlichtungsstelle, oder in der heutigen Terminologie ein Gericht.

Mit Krediten entsteht die erste Zivilgerichtsbarkeit mit der dazugehörigen Vollstreckung von Urteilen. Sie ist zwingend erforderlich. Denn wenn sich Gläubiger oder überwiegend die Schuldner nicht an die mit den Krediten verbundene Vereinbarungen hielten, dann muss eine Gerichtsbarkeit vorhanden sein, die Recht spricht und eventuell vereinbarte Auflagen oder Entscheidungen, z.B. über Enteignungen, durchsetzt.

Kredite erfordern eine Gerichtsbarkeit und eine Vollstreckung von Urteilen, wenn Vereinbarungen nicht eingehalten werden.

Das Pfand erweitert die Möglichkeiten der Kreditvergabe

Auch heute kennt man in vielen Ländern noch Pfandhäuser. Dort kann man eine Ware abgeben, die damit in den Besitz des Pfandgläubigers übergeht, und bekommt Geld als Kredit. Wenn der Pfandeigentümer das Geld zuzüglich Zins rechtzeitig zurückbringt, muss er die verpfändete Ware zurückbekommen. Zahlt er nicht rechtzeitig, kann der Gläubiger die Ware anderweitig verkaufen und so das Geld zurückerhalten.

Gibt man den Besitz einer Ware auf, kann man dafür einen (Geld-)Kredit erhalten. Der Vorteil dieser Vorgehensweise liegt auf der Hand: Der Gläubiger hat kein Ausfallrisiko, solange der Kredit unter dem Wert der Ware bleibt. Mit dem Pfand hatte man also die ersten Kreditsicherheiten. Weil der Kredit gut gesichert war, konnte der Zins niedriger ausfallen. Was auch für den Kreditnehmer ein Vorteil war.

Das Pfand erweiterte aber auch die Möglichkeiten der Kreditgeber. Weil das Risiko einer Kreditvergabe hoch war, konnten Kredite nur an bekannte, vertrauenswürdige Personen vergeben werden. Mit der Einführung des Pfands konnten der Personenkreis, der Kredite aufnehmen konnte, erheblich ausgeweitet werden. Denn der Kreditgeber musste den Kreditnehmer nicht mehr kennen. Er brauchte kein Vertrauen zu haben, weil das Pfand sein Risiko abdeckte.

Das Pfand erweitert die Möglichkeiten der Kreditvergabe und senkt die Kosten, also die Zinsen, weil das Ausfallrisiko kleiner ist.

Aus dem Pfand entsteht das Sacheigentum

Die Pfandaufbewahrung ist aufwändig. Wenn man viele Kredite gegen Pfand vergibt, türmen sich nach kurzer Zeit die als Sicherheiten hinterlegten Waren auf. Dabei entsteht die Notwendigkeit, die gelagerten Waren genau zu dokumentieren und zu schützen. Kostenoptimal ist die Kreditvergabe gegen Pfand deshalb noch lange nicht. Viel besser wäre es, der Schuldner würde das Pfand selbst behalten und der Eigentümer bekäme eine Sicherheit, das Pfand bei Bedarf einzufordern.

Ein Pfand, das dem Schuldner als Besitz überlassen bleibt, erzeugt Kosten nur im Fall der Zahlungsunfähigkeit.

Sacheigentum erfordert nichts anderes als Geld-Eigentum

Wir haben die Erfordernisse des Geld-Eigentums ja schon kennengelernt. Diese sind:

1. Die Dokumentation des Eigentums
2. Die Übergabe in den Besitz des Schuldners
3. Die Gerichtsbarkeit bei Streitigkeiten
4. Die Vollstreckung zur Herausgabe des Eigentums
5. Der Zins, der alle Kosten aus dem Schuldverhältnis abgilt

Genau diese Anforderungen stellten sich auch an das allgemeine Sacheigentum. Man übertrug den Mechanismus des Kredits, der zwischen Eigentümer und Besitzer des Geldes unterschied, auf die Pfandartikel. Man dokumentierte das Eigentum an beliebigen Gegenständen zusätzlich zu dem speziellen Eigentum am Geld oder an der speziellen Ware Geld. Da wir Geld als abstrakte Ware definiert haben, gibt es keinen Unterschied zwischen dem allgemeinen Sach-Eigentum und dem speziellen Geld-Sach-Eigentum. Früher, als Geld noch eine Sach-Repräsentation hatte, war dieser Zusammenhang wahrscheinlich jedem sofort klar. Denn dadurch war Geld-Eigentum und Sach-Eigentum so oder so dasselbe. Erst seitdem Geld keine reale Ware mehr ist, führt das zu einer offensichtlichen Verwirrung der Gelehrten.

Mit dem Eigentum wurde die bereits vorhandene Gerichtsbarkeit sowie die Vollstreckung wichtiger. Denn jetzt ging es nicht mehr nur um die Ware „Geld", sondern um beliebige Sachen, die einmal als Pfand hinterlegt im Falle der Zahlungsunfähigkeit einzuklagen waren.

Als Gerichtsbarkeit und für die Vollstreckung bot sich der Machthaber sowohl aus seiner Sicht als auch aus der des Gläubigers/Eigentümers geradezu an. Denn der Machthaber konnte seine Macht- und Gewalt-Ausübung so besser rechtfertigen, und für den Gläubiger/Eigentümer war es viel günstiger, die Gewaltausübung dem Machthaber zu überlassen anstatt selbst Gewalt ausüben, was seinen Geschäften letztlich nur geschadet hätte.

Das Eigentum wurde erfunden, weil es die Kreditsicherheit war. Von einer Ausnahme abgesehen, die wir gleich noch betrachten werden, war es also genau andersherum, als wir das heute für normal empfinden. Sacheigentum entstand aus dem Geld-Eigentum, dem Kredit. Kredite werden nicht nur vergeben, weil es Sacheigentum gibt. Ganz klar kann festgehalten werden:

Kredite werden vergeben, wenn es Geld gibt. Dort, wo es Sacheigentum gibt, werden Kredite deutlich leichter vergeben.

Mit dem Pfand wird die pünktliche Kreditbedienung mit einer Strafe verstärkt

Wer seine Schulden nicht pünktlich bezahlt, der bekommt Ärger, immer und überall. Beim Kredit ist das nicht anders. Aber es funktioniert alles sehr geordnet, denn der formale Kredit mit Pfand ist eine Sache, die geordnet abläuft, sobald es eine Gerichtsbarkeit gibt. Und der Machthaber hat ein Interesse an Ordnung. In dem Moment, in dem der Machthaber anfing, selbst Geld in den Kreislauf zu geben und damit erstmals Geld im heutigen Sinne nutzte, hatte sich etwas geändert. Wir hatten festgestellt, dass es ab diesem Zeitpunkt zu einer Mischung von Untertanen und Schergen kam. Ab diesem Moment hatte der Machthaber kein Interesse mehr an roher Gewalt. Diese Gewalt war weder nötig noch förderlich für seine Machterhaltung. Deshalb war die neue Form der Strafe über den Entzug von (Pfand-)Eigentum ein wichtiger Vorteil. Sie sicherte die Nachfrage nach dem Geld durch eine Bestrafung des Schuldners ab, falls dieser es nicht schaffen sollte, pünktlich zum Termin das vereinbarte Geld zu liefern. Genau wie das auch bei der Steuer war und ist. Damals, als auf Haiti noch die Nasen abgeschnitten wurden, und heute in der Demokratie.

Wie wirkt die Strafe beim Pfand?

Kredite werden jetzt gegen Sicherheiten vergeben. Dabei muss die Sicherheit immer höher ausfallen als der Kredit selbst. Oft lag die Beleihungsgrenze bei nur 60% des Wertes der Sicherheit. Denn der Gläubiger wollte das Risiko fallender

Preise für sich ausschließen. Außerdem wusste er, dass die Verwertung einer Sicherheit nicht unerhebliche Kosten mit sich bringen würde. Diese Kosten liegen in der Zeit, bis die Sicherheit verkauft wurde, in der keine Zinsen mehr gezahlt werden. Und die ganze Verkaufsabwicklung kostet, heute bei Immobilien zum Beispiel Maklergebühren. Damit sichergestellt wurde, dass der Gläubiger auf diesen Kosten nicht sitzen blieb, gab es die Beleihungsgrenze und so war von vorneherein festgelegt, dass all diese Zusatzkosten der Schuldner würde zahlen müssen. Ganz üblich war in den Kreditverträgen die Klausel „Der Kreditnehmer haftet mit der Sicherheit sowie dem gesamten persönlichen Vermögen". Viele Unternehmer hafteten also mit allem, was sie ihr Eigentum nannten, nur um ihr Unternehmen am Laufen zu halten. Das machte die Strafe, wenn etwas mit der Tilgung schief ging, richtig hart. Es ging runter bis auf Sozialhilfe-Niveau. Außerdem war man bei einer Verwertung der Sicherheit stets in der Hand der Bank und es gab viele Geschichten, bei denen Kreditschuldner von einzelnen Bank-Mitarbeitern auf ganz üble Art und Weise reingelegt wurden. Für den Machthaber ist aber nur wichtig:

Mit jedem Kredit besteht ein strafbewehrter Leistungszwang für Schuldner, sich stets wiederkehrend pünktlich zum Termin das Geld des Machthabers zu beschaffen.

Also muss dafür unter Termindruck gearbeitet werden, genau wie für die Steuer selbst auch.

Mit dem Sacheigentum entsteht eine Aufwärtsspirale

Dort, wo diese Arbeitsteilung zwischen Gläubigern/Eigentümern und Machthabern gut funktionierte, floriert die Wirtschaft. Denn weil es Kredit gibt, können die Menschen pünktlich die Abgaben zahlen. Weil Abgaben pünktlich gezahlt werden, braucht es weniger Gewalt beim Eintreiben der Abgaben. Der Machthaber spart Aufwand bei der Machtausübung. Weil durch den Kredit die Nachfrage nach Geld steigt, hat der Machthaber, als Herausgeber des Geldes, die Möglichkeit, seine Macht auszubauen. Er kann mehr Geld in Umlauf bringen. Was wiederum bedeutet, dass er mehr Abgaben einfordern kann. Um die erhöhten Abgaben verdienen zu können, muss intensiver gewirtschaftet werden. Um intensiver zu wirtschaften, ist mehr Geld erforderlich und zwar vorab! Das bedeutet, mehr Kredite sind nötig und jetzt nicht ausschließlich, um Abgaben vorzufinanzieren, sondern für das Wirtschaften als solches. Die Kredite sind günstig zu bekommen, weil durch Sacheigentum Kreditsicherheiten existieren. Mit Kreditsicherheiten steigt die Bereitschaft zur Kreditvergabe an, weil der Schuldner keine Referenzen braucht. Es können mehr Kredite vergeben werden, es wird besser gewirtschaftet, die Abgaben können erhöht werden. Bevor wir an dieser wichtigen Stelle weitermachen, müssen wir aber noch den Bereich des Sacheigentums zu Ende bringen. Es steht nämlich noch die Ausnahme aus, wie Sacheigentum auch bereits außerhalb des Kredits entstanden war.

Land wurde schon immer als Eigentum geführt

Wie Land zum Besitz der Machthaber wurde, die darüber herrschen können, haben wir ganz am Anfang dieses Kapitels gelernt. Wir erinnern uns, wie aus den Plünderern die Beschützer und dann die Machthaber über das Gebiet wurden und wie die Untertanen entstanden waren, die dann Abgaben zahlen mussten.

Je größer das Gebiet wurde, desto schwieriger war es, die Abgaben überall einzutreiben. Also setzte der Machthaber eines Gebiets Unter-Machthaber ein, die ein Teil seines Landes als Besitz bekamen, mit der Aufgabe, dort zu herrschen. Sie mussten dort ihrerseits Abgaben verlangen, um die für die Überlassung des Eigentums (des Landes) geforderten Abgaben – auch Zinsen oder Miete genannt – an den Eigentümer der höheren Ebene zu zahlen. Selbstverständlich durften diese Unter-Machthaber dafür einen Teil der Abgaben für sich verwenden.

Genau auf diese Art und Weise war Columbus Unter-Machthaber in Haiti geworden, wobei er einen großen Teil des eingenommenen Goldes an den Obereigentümer, den spanischen König abführen musste.

Auch diese Form von Eigentum wurde natürlich dokumentiert. Und auch hier gab es Streitigkeiten. Auch hier brauchte es also eine Gerichtsbarkeit und eine Vollstreckung, wenn die Streitigkeiten zwischen gleichberechtigten Eigentümern entstanden. Wenn es Streit zwischen dem Machthaber und seinem Unter-Machthaber gab, brauchte es hingegen kein Gericht. Denn dann herrschte die Macht und das Eigentum wurde einfach wieder eingezogen, also in den Besitz des Machthabers zurückgeführt.

Geld ist die Ursache für Eigentum, nicht umgekehrt

Und jetzt schließt sich der Kreis. Land wurde vergeben, weil Abgaben gefordert wurden.

Was war als die Abgabe zu zahlen?

54

Geld!

Eigentum an Land ist entstanden, weil es Geld gibt. Keinesfalls gibt es Geld, weil es Eigentum gibt. Wir erinnern uns auch, dass Sacheigentum außerhalb von dem Spezialfall „Land" entstanden war, weil es zuvor den Kredit gab. Keinesfalls ist der Kredit entstanden, weil es zuvor das Sacheigentum gibt. Der Kredit ist entstanden, weil es Geld gibt. Also gilt für alle Fälle:

Das Eigentum ist entstanden, weil es Geld gab.

Eigentum wird gewährt, es wird niemals durch Arbeit gewonnen. Das ist stets nur die Herrschaft oder der Besitz. Niemals wird es Eigentum geben, ohne dass dies aktiv vom Machthaber so vorgesehen wurde. Eine Aneignung aus der Natur heraus ist nicht möglich. Entsprechende Theorien, die so etwas formulieren, stimmen einfach nicht mit der Praxis überein. Ganz kurios wird es, wenn das Eigentum dann argumentativ für das Wirtschaften und die Konkurrenz sowie den Egoismus verantwortlich gemacht wird. Das Problem all dieser Theorien ist, dass der ursprüngliche Charakter von Geld und Macht sich dermaßen stark gewandelt hatte, dass in der Folge die wahren Zusammenhänge nicht mehr oder nur ganz schwer zu erkennen sind. Wir sollten überlegen, ob es vielleicht im Interesse der Machthaber lag und liegt, dass ihre Macht zunehmend verschleiert wurde und wird. Vielleicht ist das Wissen um die Zusammenhänge aber auch tatsächlich über die Jahrhunderte nur immer weiter geschrumpft und heute einfach nicht mehr vorhanden.

Eigentum definiert ein Bündel von Rechten und Pflichten für Rechtsobjektklassen, deren Einhaltung vom Machthaber garantiert werden. Gegen einmalige oder wiederkehrende Geldforderungen wird dann vom Machthaber Eigentum an den konkreten Rechtsobjekten der Klasse gewährt.

Eigentum entsteht durch das Interesse, Abgaben zu generieren. Es folgt eine möglichst geschickte Definition von Rechten und Pflichten durch den Machthaber, deren Einhaltung selbiger dann garantiert, indem er sie mit seiner Macht durchsetzt. Ganz allgemein sind das heute im wesentlichen folgende Punkte:

- Das Recht auf Verkauf
- Das Recht auf Gebrauch
- Das Recht auf Ertrag
- Das Recht auf Verbrauch
- Das Recht auf Vererbung
- Das Recht auf Veränderung
- Ein Verzicht auf Enteignung
- Das Recht auf Verwaltung
- Das Verbot absichtlich schädlicher oder schädigender Nutzung
- Die Pfändbarkeit

Je nach Rechtsobjektklasse werden die Rechte und Pflichten zwangsläufig leicht anders ausfallen. Jeder Machthaber wird sie in seinem Gebiet etwas anders festlegen. Die Abgabepflicht entsteht aus der absoluten Macht des Machthabers über die Rechtsobjekte. Wenn es seitens des Machthabers gewünscht ist, können je nach Klasse die Ausprägungen der Rechtsobjekte weitergegeben oder vererbt werden. In solchen Fällen nehmen sich Machthaber oft erneut das Recht, Abgaben zu verlangen.

Eigentum ist ein Verfügungsrecht, überwiegend über Gegenstände, aber auch über Menschen.

Vergleichbare Rechte oder Berechtigungen gab und gibt es viele und diese wurden und werden stets und ständig gegen Abgaben gewährt. Um ein paar Beispiele zu nennen: das Braurecht, das Fischereirecht, das Schankrecht, das Weiderecht, das Holzrecht, das Mühlenrecht usw.

Eigentum gibt es nur, damit der Machthaber profitiert

Eigentum wird vom Machthaber gewährt und hat einen doppelten Charakter. Implizit dokumentiert es für jedes Objekt das Ober-Eigentum des Machthabers, das in das Eigentum eines Unter-Machthabers oder Untertanen weitergegeben wird. Das erfolgt gegen einmalige und/oder dauerhafte Abgaben in Geld. Explizit erlaubt es dem Eigentümer, über sein Eigentum zu verfügen, zum Beispiel um damit seinerseits Geldforderungen zu erzielen. Je nachdem, wie es für den Machthaber günstiger ist, werden seine Abgaben absolut oder in Relation zu den Geldforderungen des Eigentümers festgesetzt.

Wie sieht das heute aus mit den Steuern auf Eigentum? Welche Rechtsobjektklassen kennen wir denn heute?

Wenn wir eine Ware kaufen und so das Eigentum erwerben, was zahlen wir? Die Mehrwertsteuer – 19% als relative Abgabe zum Kaufpreis. Weil es so schön ist, zahlt man die auch auf immaterielle Waren und auf beanspruchte Dienstleistungen.

Wenn wir ein Grundstück oder eine Immobilie kaufen und so das Eigentum erwerben, was zahlen wir? Die Grunderwerbsteuer – 3,5 bis 6,5% als relative Abgabe zum Kaufpreis.

Beim Grundstück ist es besonders schön. Das ist so ein schönes Eigentum, da muss man gleich dauerhaft eine Miete beim Machthaber zahlen. Wie heißt diese? Grundsteuer. Sie wird absolut festgelegt und ist auch unabhängig vom Nutzungsumfang zu zahlen. Und es wird festgelegt, dass der Nutzer oder Besitzer sie zahlen muss, nicht der ertragsberechtigte Eigentümer.

Beim Auto ist das nicht anders. Wie heißt die Mietzahlung für das Eigentum dort? Kraftfahrzeugsteuer. Auch diese wird absolut festgelegt und ist unabhängig vom Nutzungsumfang zu zahlen, sofern das Auto nicht ganz abgemeldet wird. Und natürlich zahlt auch hier wieder der Nutzer/Besitzer die regelmäßige Abgabe, nicht der ertragsberechtigte Eigentümer. Beim Kauf musste der Eigentümer allerdings schon die oben genannten 19% Mehrwertsteuer zahlen.

Keinesfalls gibt es nur Abgaben zum Vorteil des Machthabers, wenn man Eigentum erwirbt oder nutzt. Wenn es für den Machthaber taktisch günstiger ist, gibt es auch Abgaben, wenn man Eigentum vernichtet. Das sind heute die sogenannten Verbrauchssteuern.

Wer Sekt trinkt, zahlt Schaumwein-Steuer. Wer raucht, zahlt Tabaksteuer.

Wer Energie verbraucht, zahlt Energie-Steuer. Eben nicht der, der sie aus der Natur gewinnt und nutzbar macht. Und zumindest bei Kraftstoffen kommt die Mehrwertsteuer auch noch dazu. Dabei wird sogar die Energiesteuer zusätzlich mit der Mehrwertsteuer belegt. Wir zahlen also eine Steuer für eine andere Steuer.

Selbstverständlich hat der Machthaber auch das Ober-Eigentum und die Herrschaft über die Menschen. Da hat sich seit der Kopfsteuer der Römer auch mit den Demokraten nichts geändert. Denn auch auf die Leistungen von Menschen werden Abgaben erhoben. Wir Untertanen sind Eigentum unserer Obrigkeit.

Wer ein Gewerbe betreibt, der zahlt Gewerbesteuer. Wer Einkommen erzielt, der zahlt Einkommensteuer.

Wer Arbeiternehmer beschäftigt, zahlt Lohnsteuer. Arbeiternehmer werden sogar wie Objekte behandelt. Hier entsteht die Steuerpflicht beim Arbeitgeber, wie bei der Mehrwertsteuer. Von einer Würde ist da nichts zu spüren. Wer Einkommen erzielt oder Gewerbe betreibt, wird aus Sicht der Obrigkeit zumindest als Subjekt behandelt.

Zu gerne würde man auch noch die Luft besteuern. Deshalb der ganze Aufwand mit dem Klima-Wandel. Soll die Bevölkerung doch darum bitten, dass auch das Kohlendioxid noch zusätzlich besteuert wird. Außerdem sollte eine Sache auffallen: Unternehmen zahlen keine Mehrwertsteuer. Auch die Verbrauchssteuern zahlen stets nur die Bürger/Untertanen. Warum ist das so? Weil das alles zum Wohle der Obrigkeit geschieht, um Unter-Machthaber als Helfer der Obrigkeit nicht zu belasten. Deshalb gibt es auch ein Eigentum an Produktionsmitteln. Produktionsmittel helfen den Unter-Machthabern, die von der Obrigkeit gewünschten Abgaben zu erwirtschaften. Wenn sie dafür Arbeiter beschäftigen, ist dies seitens der Obrigkeit implizit so gewünscht, weil auch diese helfen, Abgaben zu erhalten. Unter-Machthaber, die ihre Arbeitnehmer ausbeuten, machen dies im Sinne und Auftrag der Obrigkeit, die ihrerseits ihre Abgaben erhalten will. Sinnvoll ist das natürlich nur, solange die Untertanen nicht rebellieren und in der Folge der Abgabenstrom versiegt. Spätestens dann muss die Obrigkeit im Sinne der Untertanen gegen die Ausbeutung vorgehen, um weiterhin möglichst viele Abgaben zu erhalten. Die Demokraten haben genau hier für eine wichtige, neue Balance gesorgt, die die Gesamtleistungsfähigkeit der Gesellschaft enorm gesteigert hat. Damals haben die Demokraten noch wirklich für die Bevölkerung gearbeitet. Das ist eine historische Leistung, die nicht kleingeredet werden soll und darf. Bei den heutigen Demokraten erleben wir aber etwas ganz anderes. Es werden Ziele angestrebt, die die Bevölkerung nicht kennt und nicht kennen soll, und die offensichtlich auch gegen die Bevölkerung durchgesetzt werden sollen. Das zeigt die Corona-Pandemie extrem deutlich. Das war und ist aber auch bei der massenhaften Aufnahme von Flüchtlingen und bei der Kriegs- und Sanktionsrhetorik gegen Russland und China bereits sichtbar. Wir werden in Teil drei des Buches sehen, warum das so passieren kann.

Als wichtige Stütze für die Erkenntnis, dass Eigentum nur existiert, um dem Machthaber Abgaben einzubringen, können wir den Import und Export von Waren etwas genauer betrachten. Wird eine Ware exportiert, verlangt der Machthaber keine Gebühr in Form der Mehrwert- bzw. Umsatzsteuer. Es wird ja in diesem Fall kein Eigentum in seinem Herrschaftsgebiet und mit seinem Ober-Eigentum ausgebildet. Wird aber ein Artikel aus dem Ausland importiert, dann ist es genau umgekehrt. Es ist die sogenannte Einfuhr-Umsatzsteuer zu zahlen, denn jetzt wird Eigentum im Gebiet des Machthabers angelegt und dementsprechend ist die Abgabe fällig.

Unser Recht ist nur entstanden, um Abgaben zu generieren

Unser gesamtes Recht ist ursprünglich entstanden, damit Abgaben (neu) gefordert und weiterhin generiert werden können. Auch heute werden sehr viele Gesetze und ganze Rechtsbereiche um die Abgabenforderungen herum geschaffen und regelmäßig optimiert. Dabei gilt es, legal und illegal genutzte Schlupflöcher zu stopfen. Das geht heute bis hin zu einem intensiven, internationalen Datenaustausch, der nur einen einzigen Zweck verfolgt: die Abgabevermeidung der Untertanen aufzudecken.

Aus Sicht der Obrigkeit ist es völlig klar, dass alle Gesetze, die für Abgaben sorgen, absolute Priorität genießen. Das hat sich seit tausenden Jahren nicht geändert. Eines der ältesten und sehr gut dokumentierten Rechte sind die jüdischen Speisegesetze. Die werden heute immer noch so gelebt wie vor zweitausend Jahren. Damit Juden Fleisch essen dürfen, muss es koscher sein. Andere Lebensmittel müssen das ebenfalls, aber bleiben wir beim Fleisch. Um koscher zu sein, müssen Tiere geschächtet und nicht geschlachtet werden. Natürlich von einem Rabbi, also einem Vertreter der Gruppe, die genau diese Gesetze vor ca. zweitausend Jahren erlassen hatte. Wer glaubt, dass das Schächten durch den Rabbi keinen Preis hat, der muss sehr naiv sein. Das schlimmste dabei ist, dass diese Tötungsform auch heute noch zugelassen ist. Angeblich gibt es Gutachten, die beweisen, dass die Tiere dabei nicht mehr leiden, als dies bei den herkömmlichen Tötungen der Fall ist. Allerdings glaube ich nicht, dass dieses Gutachten die Praxis in Schlachtbetrieben widerspiegelt. Ich musste das Verfahren einmal an meinen Kühen miterleben. Sie kamen in einer Gasse vor dem Schlachtraum an. Am Ende werden sie dort normalerweise mit Bolzenschuss getötet und dann an beiden Hinterläufen aufgehängt zur Weiterverarbeitung in die Schlachthalle gezogen. Beim Schächten kamen die Rinder bei lebendigem Leib hereingeschwebt, aufgehängt an den Hinterläufen. Dann wurde schnell ein Vorderfuß von einem der Mitarbeiter des Schlachtbetrieb an einem seitlich am Boden befindlichen Pflock befestigt, damit der Hals des Rinds gut erreichbar frei lag. An der Seite saßen drei Rabbis. Einer der drei war parallel zum Festmachen des Vorderfußes aufgestanden und durchtrennte, sobald der Hals frei lag, mit dem vorgeschriebenen Messer die Kehle, die Schlagadern und wichtige Nerven. Das Ganze dauert pro Tier vielleicht 15 Sekunden, bis es tot ist. Mir kam es jedoch vor wie eine Ewigkeit. Schlachten ist immer grausam, aber das war einfach nur unbeschreiblich traurig. Und alles nur, damit Rabbiner auch heute noch eine Einnahmequelle haben. Denn keiner der drei Rabbis wird seine Aufgabe aus reiner Tier- oder Menschenliebe ausgeführt haben. Jeder von ihnen hat mit Sicherheit mehr verdient als drei Mitarbeiter im nachgelagerten Schlachtbetrieb zusammen. Etwa alle zwei Minuten musste einer der drei einen Schnitt setzen, während die nachgelagerten Mitarbeiter im Akkord arbeiteten. Ich verkaufe meine Rinder nicht mehr, wenn Rabbis das Töten übernehmen. Das bringe ich nicht übers Herz, obwohl die Preise zu dieser Zeit oft am besten sind.

Wie hat die Einführung dieses Systems funktioniert? Die Rabbiner haben zuerst festgelegt, dass Nahrung, also auch Fleisch, koscher sein muss. Im nächsten Schritt sorgten sie dafür, dass es bei jeder Schlachtung koscher zugehen muss und dass sie selbst diejenigen sind, die die Schächtung vornehmen müssen. So kassieren sie ganz nebenbei ihren Anteil, weil sie das Fleisch, „im Dienst an der Allgemeinheit", koscher machen. Abstrakt gesehen, passiert folgendes: Definiere einen Zielzustand, sorge für seine Einhaltung und kassiere Abgaben. Genau dieses Prinzip kann man immer und immer wieder beobachten.

Gesetze, Rechte, Konzessionen, Monopole und Eigentum haben sich in vielen Kulturen gleichartig entwickelt. Und wenn bzw. weil die Obrigkeit in diesem Zusammenhang gewisse Leistungen garantiert, so unter anderem auch die Sicherheit, dann braucht sie natürlich Einnahmen dafür. Es sieht so aus, als würden die Abgaben deshalb zum Wohle der Allgemeinheit erhoben. Aber ist das wirklich so? Betrachten wir hierzu das Marktrecht. Selbiges wurde Städten gegen eine Abgabe gewährt. Das konnte ein Jahres-, ein Monats- oder ein Wochenmarkt sein. Die Obrigkeit garantierte an den Markttagen den Marktfrieden, also „Ruhe und Ordnung". Kann eine Stadt ein Marktrecht günstiger ohne Marktfrieden bekommen und die Sicherheit selbst organisieren? Nein. Marktrechte gibt es nur nach einem einheitlichen Verfahren, so, wie es vom Machthaber vorgesehen ist. Darf eine Stadt Märkte abhalten, ohne ein Marktrecht zu haben? Natürlich nicht, zumindest nicht legal. Der Machthaber wird einschreiten und die Veranstalter von illegalen Märkten bestrafen. Beim Verfügungsrecht über Sachen, also beim Eigentum, ist das nicht anders. Eigentum mit seinen Verfügungsrechten kann man nur legal erhalten, wenn man die zugehörige Steuer gezahlt hat.

So zahlen wir also Abgaben, weil wir unser Leben leben. Wir müssen essen, wohnen und arbeiten, und überall zahlen wir Abgaben. Alles scheinbar zum Wohle der Allgemeinheit. Aber in Wirklichkeit, weil es die Obrigkeit zu ihrem Vorteil so festgelegt hat. Denn Abgaben bleiben Zwang und sind eben nicht freiwillig, weil es keine Gegenleistungen gibt und die Verwendung der erzwungenen Einnahmen in der Hand der Obrigkeit und deren Willkür liegt. Natürlich verwendet die Obrigkeit einen guten Teil der Abgaben, um die ihrerseits mit dem Eigentum und mit anderen Berechtigungen eingegangenen Verpflichtungen zu erfüllen. Das sieht dann teilweise so aus, als kämen die Abgaben der Allgemeinheit zugute. Das ist auch nicht falsch, denn natürlich liegt der Erhalt der „Allgemeinheit" im Interesse der Obrigkeit – solange diese denn Abgaben erwirtschaftet. Aber ganz klar hat die

Obrigkeit ein Privileg, das die Untertanen nicht haben. Untertanen bekommen Geld nur gegen Leistung. Obrigkeit dagegen fast immer ohne selbige.

Nur Gewalt und Zwang führen dazu, dass die Obrigkeit Geld ohne definierte Gegenleistung erhält.

Recht und Rechtstaatlichkeit, was uns immer seitens der Obrigkeit als große Errungenschaften vorgehalten werden, verfolgen primär nur ein einziges Ziel: Abgaben auf unterschiedlichste Berechtigungsformen in möglichst großer Höhe zu erhalten. Der Gestaltungsmacht und dem Willen der Obrigkeit sind dabei keine Grenzen gesetzt und wenn sie es will, kann sie einmal gewährte Rechte jederzeit entziehen oder außer Kraft setzen.

Berechtigungsformen sind abstrakte Mittel, um Abgaben zu generieren.

Mit Gesetzen wurden und werden (neue) Rechtsobjektklassen geschaffen, um aus deren Nutzung (möglichst viele) Abgaben generieren zu können. Seit jeher achten geschickte Führer auf eine Mindest-Gerechtigkeit und auch auf die Sinnhaftigkeit der Gesetze für die Untertanen. Die Willkür, die in den Abgaben liegt, soll ja nicht allzu offensichtlich zutage treten. So enthalten sogar die sehr alten, oben beschriebenen jüdischen Speisegesetze natürlich auch viele sinnvolle Regeln, die zum Beispiel der Hygiene und damit der Gesundheit dienen. Wer die Motivation von Gesetzen nicht hinterfragt, wird den Eigennutz der Rabbis nicht erkennen. Aber auch die Gesundheit der Bevölkerung liegt im Interesse der Obrigkeit. Eine gesunde und große Anzahl an Untertanen kann mehr Abgaben erwirtschaften als eine kleine Anzahl an kranken Untertanen. Gesetze sind für ein effizientes Funktionieren von Gesellschaften notwendig. Auch bekommen wir Untertanen Rechte, wenn und solange es für die Obrigkeit nützlich ist. Wenn es der Obrigkeit nicht mehr passt, werden die Rechte eingeschränkt oder zur Not ganz entzogen. Die Macht dazu ist im vollen Umfang vorhanden. Wir Untertanen sind dem Willen dieser Macht völlig ausgeliefert. Wie das funktioniert, werden wir in Teil drei des Buches sehen.

Abschließend sei noch angemerkt, dass die dargestellte Sicht auf Eigentum nicht dem Stand der Wissenschaft entspricht. Dort wird Eigentum niemals zusammen mit Abgaben betrachtet, sondern stets isoliert und ohne Zusammenhang mit Abgaben. Was in der Praxis natürlich nicht vorkommt und weshalb es bisher sehr viele unterschiedliche Erklärungsversuche für Eigentum gibt, die aber alle daran kranken, keine Motivation oder Ursache für die Existenz von Eigentum zu präsentieren. Als weiterer Aspekt soll angeführt werden, dass die Römische Republik von vielen Wissenschaftlern und Historikern als eine frühe Form des Rechtsstaates gesehen wird, und dass dies als eine historische Leistung beschrieben wird. Dies stützt jedoch insbesondere die hier vertretene Theorie, der zufolge Recht überwiegend entstanden ist, um Abgaben zu generieren . Denn die Römer sind dafür bekannt, dass sie ihre Eroberungsfeldzüge durch Abgaben seitens der besiegten Regionen finanzierten. Sie führten in Verhandlungen nach einem Sieg in Übereinstimmung mit den lokalen Eliten differenzierte und keinesfalls übermäßige Abgaben ein. Diese Abgaben wurden dann auch wie verhandelt eingetrieben und erlaubten es zwischenzeitlich, die römische Bevölkerung komplett abgabenfrei zu stellen. Das aus den besetzten Gebieten strömende Geld reichte völlig aus, um alle öffentlichen Aufgaben inklusive weiterer Eroberungskriege zu finanzieren. Natürlich wurden die Forderungen dafür schriftlich niedergelegt, denn man wollte keine mündlichen und/oder mehrdeutigen Absprachen haben. Alle Forderungen mussten klar und nachvollziehbar, ja einklagbar, formuliert werden. Alles, was für Gesetze eben gilt und gelten muss, und alles, was Recht ausmacht, insbesondere wenn Geldforderungen damit verbunden sind. Wir sehen: Damals wie heute ist die primäre Aufgabe des Rechts, die Forderungen der Obrigkeit gegenüber den Untertanen zu kommunizieren.

Dort, wo die Machthaber nicht in der Lage oder nicht willens sind, über Eigentum Abgaben zu generieren, muss die Mehrheit der Bevölkerung ohne Eigentums-Absicherung auskommen. So, wie es früher immer war. Das führt aber im heutigen Wettbewerb der Kulturen durchaus zu Nachteilen für breite Teile der betroffenen Bevölkerung. Denn die Aufwärtsspirale durch Sacheigentum, wie wir sie kennengelernt hatten, bleibt dann natürlich aus. Für Machthaber sieht die Situation aber durchaus unterschiedlich aus. Die Organisation von Eigentum ist eben nicht einfach und erfordert viel organisatorisches und rechtliches Wissen und entsprechende Erfahrung. Außerdem erfordert sie auch eine hinreichend gebildete Bevölkerung. Oft fehlen alle diese Voraussetzungen, und der Verzicht auf Eigentum ist eine logische Folge.

Unter-Machthaber gegen Abgaben gibt es viele

Ganz am Anfang gab es nur die Unter-Machthaber, die an ein Territorium gebunden waren. Zum Beispiel: Unterhalb der Kaiser und Könige gab es Fürsten. Unterhalb der Fürsten gab es Bauern. Bauern hatten Knechte und Mägde unter sich. Die Menschen ernährten sich nach wir vor fast ausschließlich von der Landwirtschaft in Subsistenzwirtschaft.

Mit dem Handwerk gab es weitere Formen der Erwerbs-Wirtschaft, die nicht mehr an ein Stück Land gebunden waren. Dann gab es die Marktrechte, die in die Stadtrechte übergingen. Stets und ständig waren alle Rechte mit der Pflicht verbunden,

Abgaben zu zahlen. Manchmal gab es Abgabe-Befreiungen gegen Einmalzahlungen. Die Bedürfnisse der vielen verschiedenen Machthaber waren ja keinesfalls immer gleich. Das geht bis heute so weiter. Alle Unternehmer sind heute Unter-Machthaber des Staates. Sie bekommen das Recht zu wirtschaften, wenn sie dafür Abgaben zahlen. Je mehr Unter-Machthaber ein Machthaber einsetzt, desto sicherer ist seine Position, desto mehr Abgaben wird er erhalten, desto mehr Aufgaben kann er finanzieren und desto legitimer kann er seine Macht darstellen. Die Demokraten haben diese Dezentralisierung optimiert. Deshalb sind die Demokratien heute die erfolgreichsten Staatswesen der Welt. Das liegt nicht an der Demokratie an sich, sondern nur an der Anzahl der Unter-Machthaber und an dem verwendeten Geld.

Banken, die mächtigsten aller Unter-Machthaber

Der wichtigste aller Unter-Machthaber sind seit ihrem Entstehen die Banken. Banken verwalten das Geld für den Machthaber. Geld ist die Grundlage der Macht. Deshalb haben Banken eine absolut herausragende Stellung. Nur zu leicht kann es passieren, dass die Banken mächtiger werden als der Machthaber selbst. Denn zu oft verstehen die Machthaber weniger gut als die Banken, wie Geld funktioniert. Dann können die Banken den Machthaber übervorteilen und für sich Gewinne herausholen, die eigentlich dem Machthaber zustehen würden. Nur merkt dieser davon nichts, weil ihm die Kompetenz dafür fehlt.

Die Banken begannen ihre Arbeit mit Dienstleistungen rund um das Geld. Weil sie spezialisiert waren auf den Umgang mit Geld, konnten sie Schritt für Schritt die Schwierigkeiten, die Geld für den Machthaber erzeugte, lösen.

Wir rekapitulieren noch einmal, welche Schwierigkeiten das waren:

1. Fälschungssicherheit
2. Haltbarkeit
3. Teilbarkeit
4. Sicherheitskosten
5. Transportkosten
6. Unterversorgung

Gehen wir das im Einzelnen durch.

Münzen verwahren

Als Machthaber den Nutzen exklusiven Geldes erkannt hatten, entstanden die Münzen. Münzen waren aufwändig in der Herstellung, sodass nicht jeder beliebige Schmied sie einfach so nachahmen konnte. Münzen wurden vorwiegend aus edlen Metallen hergestellt. Das hatte zwei Gründe:

1. Die Haltbarkeit
2. Die Fälschungssicherheit

Metalle, die stark oxidieren, also wie Eisen rosten, sind nicht sonderlich geeignet für die Herstellung von Münzen. Außerdem – und das war der viel wichtigere Grund, –war sehr viel Eisen im Umlauf, und das hätten Fälscher leicht ausnutzen können, um ihre eigenen Münzen in großen Mengen herzustellen. Edelmetalle waren immer knapp, weil sie in der Erdkruste nur in geringen Mengen vorhanden sind. Ihre Gewinnung war somit viel leichter zu kontrollieren.

Denn Geld wurde ja seit dieser Zeit vom jeweils herrschenden Machthaber in Umlauf gebracht. Die Fälschung von Geld stand und steht seit der Einführung von exklusivem Geld immer unter Strafe.

Die Arbeit der Banken begann, als die Münzen genutzt wurden. Es kamen immer mehr Münzen in Umlauf und diese Münzen mussten sicher aufbewahrt werden, denn für Geld gibt es ein hohes Diebstahlrisiko. Banken boten als erstes nur an, die Münzen sicher zu verwahren, was aber bereits ein erheblicher Gewinn war.

Buchgeld entsteht

Für die Verwahrung von Geld wurden Konten genutzt, wie man sie schon von den Krediten her kannte, so, wie sie Banken heute immer noch nutzen. Jedes Konto ist eine dreispaltige Tabelle. In der ersten Spalte stehen Datum und Uhrzeit, in der zweiten Spalte die Eingänge und in der letzten Spalte die Abgänge. Der Saldo des Kontos ergibt sich ganz einfach aus der Summe aller Eingänge minus der Summe aller Abgänge. Dieser Saldo stellte den Wert dar, für den der Einleger/Bankkunde Münzen verlangen konnte. Buchgeld wie wir es bei heutigen Banken kennen, ist der Anspruch auf Geld. Und Geld ist nach wie vor Bargeld, weil Geld eben eine Ware ist und eine Repräsentanz haben muss. Obwohl deutsche Finanzämter schon seit Jahren nur noch bargeldlose Zahlungen akzeptieren.

Angefangen hatte Buchgeld wahrscheinlich nur mit Ein- und Auszahlungen an den Konto-Inhaber.

Banknoten übernehmen den Transfer von Geld

Eine Bezahlung erfolgte damals durch die Übergabe von Münzen. Viele Münzen mitzuführen, um größere Geschäfte zu tätigen, war unpraktisch und unsicher. Man konnte Münzen verlieren oder bestohlen werden. Aus denselben Gründen wie wir heute auf Bargeld verzichten und mit Plastikkarten bezahlen, hat man früher von Münzen auf Papierzettel umgestellt.

Der Kunde lieferte seine Münzen bei der Bank ab, die diese Münzen für den Kunden sicher verwahrte. Dafür stellte die Bank dem Kunden einen Zettel aus, gegen dessen Einreichung die Bank alle oder einen Teil der Münzen wieder herausgeben würde. Wollte der Kunde jetzt mit Münzen bezahlen, reichte es aus, wenn er dem Verkäufer statt den Münzen den Zettel der Bank übergab. Dieser konnte dann mit dem Zettel zur Bank gehen und sich dort die Münzen, die ihm durch den Verkauf zustanden, abholen. Der Käufer musste sie nicht mehr persönlich mitbringen. Banken, die Münzen entgegennahmen und Zettel ausstellten, wurden auch als Zettelbanken bezeichnet und die Zettel als Bancozettel. Anfangs wurden die Zettel mit individuellen Beträgen einzeln ausgestellt, sodass für einen größeren Kauf nur ein Zettel verwendet wurde. Später wurden die Zettel mit gerundeten Werten standardisiert, und man bezahlte größere Summen mit mehreren Zetteln, wie es auch heute üblich ist. Diese standardisierten Zettel bezeichnete man als Banknoten. Die Zettel konnten wiederverwendet werden und besser gegen Fälschungen geschützt werden, was natürlich sehr schnell nötig wurde. Denn dort, wo etwas einen Wert hat, sind Diebe und Betrüger schnell zur Stelle. Und wir erinnern uns: Was zu Geld erklärt wird, hat immer einen hohen Wert.

Banknoten und ihre Akzeptanz

Die ersten Banknoten waren nur sehr eingeschränkt zu verwenden. Man konnte den Zettel nur bei der ausstellenden Bank gegen Münzen oder Edelmetalle eintauschen. Das änderte sich nur allmählich. Wenn eine ausstellende Bank erst einmal Vertrauen aufgebaut hatte, lösten die Banknoten auch andere Banken oder selbst Kaufleute ein, das heißt sie tauschten die Noten anstelle der ausstellenden Bank gegen Münzen. Jeder, der eine Banknote so stellvertretend annahm, konnte seinerseits später selbst zur Bank gehen und sich jederzeit die Münzen wiederholen, solange die Bank flüssig oder in der Sprache der damaligen Epoche liquide war. Was nichts anderes meint als: solange die Bank ihre Noten auch wirklich einlösen konnte und dem Überbringer Münzen aushändigen konnte.

Banken schaffen den Übergang vom Geldverleih zum Kredit

Wenn ein Kunde zur Bank kam, der kein Geld hatte, konnte die Bank diesem Kunden trotzdem eine Banknote ausstellen. Auch wenn der Kunde vorher kein Geld eingezahlt hatte. Diese Banknote war ein Kredit der Bank. Anfangs hatte sich die Bank dafür die Münzen der Anleger gesichert. Sie hatte den „Sparern" einen Sparzins gezahlt, dafür, dass sie ihr Geld für einen gewissen Zeitraum nicht verwenden würden. In dieser Zeit konnte die Bank dieses Geld anderweitig und zwar gegen höhere Kreditzinsen an den Schuldner ausleihen. Dafür stellte sie nach der Kreditbewilligung dem Schuldner eine Banknote aus, mit der dieser dann zahlen konnte. Der Geldverleih war für die Bank ein sehr profitables Geschäft. Einige Banken merkten sehr schnell, dass sie mehr Geld verleihen konnten als sie gemessen an Münzen überhaupt hatten. Das Geschäft wurde damit noch profitabler, allerdings auch riskanter.

Wenn wir bisher in diesem Kapitel von Kredit gesprochen haben, war damit eigentlich die Geld-Leihe gemeint. Jemand, der Geld besaß, borgte es jemandem, der nicht ausreichend Geld hatte. Wir erinnern uns an Gold und Baumwolle bei Columbus: Leihe und Kredit unterscheiden sich nur dadurch, dass bei der Leihe Geld bereits vorhanden ist und beim Kredit Geld erst mit der Vergabe erschaffen wird. Für beide Formen gilt, dass sie nur gegen Sicherheiten vergeben werden und eine Tilgung sowie Zinszahlung zu vereinbarten Terminen erfolgen muss. Historisch muss bis zur Einführung von Krediten durch Banken im heutigen Sinn nicht zwischen beiden Verfahren unterschieden werden. Denn zunächst war Geld ja immer ein reales Gut und es konnte nur die Geld-Leihe geben. Um aber von Anfang an den einheitlichen Effekt darzustellen, wurde zur Vereinfachung stets nur einheitlich die Bezeichnung „Kredit" verwendet.

Leihen ist die Weitergabe von bestehendem Geld. Kredit ist die Schaffung von neuem, zuvor nicht existierendem Geld. Beide erfordern Tilgung und Zinsen zum Termin.

Sicherheiten sind nur bei Kredit zwingend. Bei der Geldleihe kann auf eine Sicherheit verzichtet werden, wenn der Zins hoch genug ist. Eine Geldleihe kann jeder Mensch durchführen. Er nimmt sein Erspartes und leiht es einem Freund. Kann der die Anleihe nicht zurückzahlen, geht der Verleiher leer aus. Er bekommt sein Geld nicht mehr zurück. Sein Geld hat jetzt dauerhaft jemand anderes. Bei einem Zinssatz von 25% wird man sich an solch einem Verleih ohne Sicherheit vielleicht beteiligen, denn nach vier Jahren hätte man seinen Einsatz ja bereits wieder raus. Wenn die Anleihe danach ausfällt, wäre es nicht mehr so schlimm, weil es ja kein echter Verlust mehr wäre. Bei geringeren Zinsen wird man jedoch auch beim Verleihen nach einer Sicherheit fragen.

Banken nehmen sich das Privileg der Geldschöpfung

Wenn eine Bank einen Kredit bewilligte und Banknoten zur Bezahlung an den Schuldner übergab, für das sie gar kein Geld erhalten hatte, gab sie ein Geld-Äquivalent für Geld in Umlauf: eine Note, die genauso gut war wie bares Geld. Die Bank hatte sich damit ein Privileg genommen, das vorher nur dem Machthaber zugestanden hatte. Dieses Privileg war einerseits sehr profitabel, andererseits aber auch sehr riskant. Denn wenn eine Bank zu viel von solchen Noten ausstellte, konnte sie ihre Liquidität gefährden und zahlungsunfähig werden, sollten einmal zu viele Einzahler ihr Geld zurückfordern.

Ob dieses Privileg mit Wissen und Billigung des Machthabers entstanden ist, wird schwer zu klären sein. Beide Varianten sind denkbar. Es könnte nämlich durchaus so gewesen sein, dass der Machthaber selbst zur Bank ging und sich eine Note ausstellen ließ, ohne dass er zuvor eingezahlt hatte. Vielleicht hat die Bank erst nach einer erstmaligen Nutzung durch den Machthaber dieses Verfahren auch auf andere Kunden ausgedehnt.

Banken haften bei Kreditausfällen

Hat eine Bank eine Banknote an jemanden ausgegeben, der vorher gar kein Geld eingezahlt hatte, hatte sie Geld aus dem Nichts geschöpft. In diesem Fall haftet die Bank aus technischen Gründen für den Ausfall. Denn der Schuldner lässt sich die Münzen nach der Kreditbewilligung auszahlen und kauft damit beispielsweise eine Kutsche. Kämen jetzt alle Anleger, die Münzen eingezahlt haben, zu dieser Bank, würden die Münzen fehlen, die an den Kreditschuldner für die Kutsche gezahlt wurden. Die letzten Abholer würden ihr Geld also nicht zurückerhalten können. Es sei denn, die Bank hatte bereits einen Gewinn erzielt oder Einlagen aus ihrem Eigenkapital in der Münzkasse. Diese könnte sie verwenden, um den Abholern das Geld zu übergeben. Das wäre ein Vorschuss auf die spätere Kredittilgung durch den Schuldner, solange dieser das Geld noch nicht zurückgezahlt hat. Solange der Schuldner regelmäßig zahlt, bekommt die Bank das Geld vom Schuldner wieder ausgezahlt. Geht der Schuldner pleite, entfallen weitere Zahlungen. Wenn es jetzt keine ausreichende Sicherheit gibt, aus deren Verkauf die Bank ihre Vorschüsse finanzieren kann, muss sie auf ihre Gewinne bzw. ihr Eigenkapital dauerhaft verzichten. Und zwar in der Höhe der verbleibenden Restschuld. Die Bank haftet dadurch für den Kreditrest.

Der Wert des Kreditgeldes ist auch bei einer Pleite des Schuldners abgesichert und zwar durch die Bank. Solange die Bank Gewinne erzielt oder noch Eigenkapital hatte, musste sie die Verluste ausgleichen. Hatte die Bank nichts von beiden, war sie pleite und konnte Teile der Einzahler nicht mehr bedienen.

Damit das möglichst nicht passiert, werden die Banken gezwungen, Sicherheiten zu verlangen. Kein Machthaber möchte, dass Banken pleite gehen. Das hat zu oft in der Vergangenheit zu Revolten geführt.

Vertrauen in die Bank war und ist essentiell

Vertrauen in die Bank ist essentiell, wenn man ihr sein Geld anvertraut. Und Geld ist immer nur das, was jeweils bares Geld ist. *Nur Bares ist Wahres.* Und dieses Bargeld waren zur Zeit der ersten Banknoten nur die Münzen und eben nicht die Banknoten, wie wir sie heute kennen und ebenfalls zum Bargeld rechnen.

Als Banknoten neu eingeführt wurden, waren es diese Banknoten, welche die Liquidität der Bank gefährdeten. Selbst wenn die Bank nur Münzen in Empfang nahm und für diese empfangenen Münzen dann Noten ausstellte, waren die Banken und die Halter ihrer Noten gewissen Risiken ausgesetzt, Banküberfällen zum Beispiel oder Betrug mit gefälschten Noten. Es konnte nur zu leicht passieren, dass jemand eine gefälschte Note einreichte und die Bank die Münzen an den falschen Empfänger auszahlte. Für den ehrlichen Einzahler waren dann später keine Münzen mehr vorhanden.

Als die Banken anfingen, Noten als Kredite auszustellen, wuchsen die Risiken jedoch stark an. Der Vorteil der Bank war, dass in der Regel nicht alle Einleger von Münzen selbige zur gleichen Zeit abholen würden. Wenigstens solange, wie Vertrauen in die Bank bestand, dachten die Einleger gar nicht daran, ihr sicher gewähntes Geld abzuholen. Die Banken förderten dieses Verhalten, indem sie den Einlegern Zinsen auf ihre Münzen zahlten. So hatte der Einleger ohne Arbeit einen Gewinn, wenn er seine Münzen der Bank „zum Arbeiten" gab. Solange die Bank vorsichtig blieb und genug Einlagen hatte oder genug an Kreditzinsen verdiente, war es unwahrscheinlich, dass Liquiditätsprobleme auftreten würden. Konnte jedoch ein größerer Schuldner seine Schulden wider Erwarten nicht tilgen, war dies natürlich möglich. Auch dann, wenn es viele kleine Schuldner gleichzeitig traf. Kam auch nur der Verdacht einer Illiquidität auf, rannten alle Einleger zur Bank und versuchten, ihre Einlagen, die jetzt nicht mehr sicher waren, möglichst noch zurückzubekommen. Wenn das passierte, gingen die letzten Anleger immer leer aus, denn die Bank hatte ja mit voller Absicht mehr Noten ausgegeben als Einlagen vorhanden waren. Die Bank war pleite.

Bankpleiten gefährden die Machthaber

Diese Form von Bankpleiten stellten sich in der Praxis sicher sehr oft ein, denn es dauerte, bis Banken und Machthaber verstanden hatten, wie solche Pleiten in der Praxis entstanden. Die Geldschöpfung durch Banken aus dem Nichts war in dieser Zeit eine Innovation, die, wie so oft bei Innovationen, anfangs in ihren Konsequenzen nicht vollständig verstanden war.

Spätestens nach den Bankpleiten zu Beginn der Weltwirtschaftskrise war den Regierungen klar, dass sie die Geldschöpfung der Banken genau regulieren mussten, damit es möglichst keine Bankpleiten mehr gibt. Technisch lässt sich die Geldschöpfung aus dem Nichts seit der Verwendung von Buchgeld nämlich nicht verhindern. Die Banken können das jederzeit machen und es fällt immer nur dann auf, wenn alle Einleger kommen und ihr Geld gleichzeitig zurückfordern.

Aus dieser Erkenntnis heraus wurde die Geldschöpfung gesetzlich an ausreichende Sicherheiten und ggf. an eine zusätzliche Absicherung mit Eigenkapital geknüpft. Die Banken wurden Aufsichtsbehörden unterstellt, sodass nur Kredite vergeben wurden, die die Bank nicht gefährden konnten. Das beschränkte klar die Kreditvergabe- und die Gewinnmöglichkeiten der Banken und gefiel selbigen natürlich nicht.

Wie das mit Gesetzen immer so ist, sie haben einen Gültigkeitsbereich, nämlich das Territorium des Machthabers. Dort waren die Banken jetzt durch Gesetze eingeschränkt, an welche sich die Banken natürlich halten mussten. Weil jedoch Banken heute international arbeiten, konnten sie das alte, unsichere Verfahren in Territorien außerhalb der jeweils ausgebenden Staaten, in denen Banken eben nicht gesetzlich reguliert und beaufsichtigt waren, sehr wohl wieder genauso durchführen wie sie es vor der Weltwirtschaftskrise gemacht hatten. Die Banken vergaben so wieder zu viele falsch strukturierte Kredite. Ein Teil der Finanzkrise 2008 spielte sich deshalb im Bereich der sogenannten „Offshore"-Banken ab. Die Notenbanken konnten damals nach der Lehmann-Pleite nur mit massiven Geldspritzen für Auslandstöchter der Banken eine Kernschmelze des Bankensystems verhindern.

Ein anderer Teil der gefährlichen Kreditausfälle lag aber vor den Augen der Aufsichtsbehörden auch im Inland. Wie diese Ausfälle entstehen, betrachten wir im Kapitel „Geldmengensteuerung" (ab Seite 76).

Zentralbanknoten

Kommen wir jetzt noch einmal auf die Banknoten zurück, wie sie in der Zeit nach der Einführung dieser neuen Geldvariante genutzt wurden. Damals wurden Banknoten noch von Einzelbanken herausgegeben. Solche Banknoten, die (nur) von einer Bank abhingen, waren

- unpraktisch,
- unsicher und
- teuer.

Unpraktisch, weil man sie nur bei einer Bank einlösen konnte. Unsicher, weil die Note wertlos war, wenn die Bank pleite war. Aber auch teuer, weil die Fälschungssicherheit hergestellt werden musste, was bei kleinen Auflagen sehr teuer ist. Ohne Fälschungssicherheit sind die Banknoten für die Bank unsicher. Zu leicht konnte auf eine gefälschte Note Geld an jemanden ausgezahlt werden, der nichts eingezahlt hatte, so, wie wir es alle aus dem bekannten Film „Catch me if you can" mit Leonardo DiCaprio in der Hauptrolle kennen. In dem Film wurden Schecks benutzt, die in den 1960iger Jahren nach wie vor von einzelnen Banken individuell ausgegeben wurden. Genau wie die alten Banknoten reichte deren Fälschungssicherheit eben nicht aus, was die Banken Millionen kostete.

Um die Nachteile von Banknoten aufzuheben, wurden auf Betreiben der Banken Zentralbanknoten eingeführt und diese Zentralbanknoten wurden zu gesetzlichen Zahlungsmitteln erklärt.[1] Der Name „Banknote" blieb dabei der gleiche, obwohl unsere heutigen Noten nicht mehr von Geschäftsbanken ausgestellt werden, wie es früher üblich war. Wie die Geschäftsbanken zu den Zentralbanknoten kommen, hatten wir ja schon am Anfang erklärt.

Das Pfand, das die Geschäftsbank in Form von Wertpapieren an die Zentralbank weitergibt, damit diese die Zentralbanknoten zur Weitergabe an die Kunden herausgibt, entspricht dabei der früheren Deckung der ursprünglichen (Geschäfts-)Banknoten durch Münzen oder Edelmetalle. Durch diese Deckung der

---

[1] Man versteht eigentlich gut, dass die Banken für die Einführung von Zentralbanknoten eingetreten sind. Warum Zentralbanken nach wie vor in vielen Publikationen als „böse" dargestellt werden, erschließt sich nur schwer. Es könnte wirklich eine Verschwörungstheorie sein.
Würde man die gefestigte Macht der Banken als Unter-Machthaber der Obrigkeit ablehnen, dann wäre die Sichtweise der Kritiker verständlich und konsistent. Solange man jedoch die Obrigkeit stützt und deren wichtiges Werkzeug zur Machterhaltung, die Zentralbank, kritisiert, geht irgendetwas bei der Argumentation durcheinander.

Zentralbanknoten und die Erklärung zum gesetzlichen Zahlungsmittel werden auch Papiernoten zu Bargeld. So, wie es früher nur Münzen waren. Denn der Wert der früheren Münzen steckt in dem Pfand, das die Zentralbank einbehält und an jeden weiterreicht, der eine von ihr ausgegebene Zentralbanknote an sie zurückgibt.

Banker sind die Freunde der Regierungen

Heute verzichten die Regierungen darauf, eigenes Geld in Umlauf zu bringen. Sie überlassen diese Aufgabe voll und ganz den Banken. Die Regierungen leihen sich sogar das Geld, das sie ausgeben, vorher bei den Banken oder deren Kunden und zahlen den Haltern der Anleihen dafür Zinsen.

Solange Staaten nur Geld von Sparern verwendeten, konnte dieses geborgte Geld die Geldmenge nicht erhöhen. So wurde die Bevölkerung vor einer Inflation geschützt. Allerdings hatte dieser Schutz einen Preis, der sich in den Zinszahlungen an die Halter der Staatsanleihen manifestierte. Mit diesen Zinsen wird seit Jahrzehnten Geld von den Untertanen in die Taschen der Vermögenden umgeleitet. Außerdem bekommen die Banken nette Provisionen für das Platzieren von Anleihen.

Seitdem infolge der Finanzkrise 2008 Staatsanleihen direkt von den Zentralbanken aufgekauft werden, wird der Anstieg der Geldmenge durch den Staat wieder bewusst erzeugt. Warum ausgerechnet demokratische Staaten auf ihr Recht verzichten, selbst Geld in Umlauf zu bringen, ist eine wirklich spannende Frage. Vielleicht sind ja die Regierungen in Wirklichkeit nur Schauspieler, die so tun, als würden sie regieren, die tatsächlich aber tun müssen, was einige Banker ihnen befehlen. Bis uns ein maßgebliches Regierungsmitglied dafür Beweise vorlegt, würde ich allerdings nicht davon ausgehen.

Unternehmen haben kein Kapital, nur Schulden

Sind Unternehmer alles böse Kapitalisten? Wer das denkt, hat nicht richtig hingeschaut. Denn die Bilanzen der Unternehmen zeigen es ganz klar: Fast kein Unternehmer oder Unternehmen hat wirklich eigenes Kapital. Das Kapital, das Betriebe benötigen, um zu wirtschaften, müssen sie sich vorher leihen. Sie haben es nämlich nicht. Denn auch das Eigenkapital ist in den meisten Fällen nur eine Einlage von außen, die nur im Verhältnis zu den Kunden und den Banken so behandelt wird, als wäre es Eigenkapital der Firma. In der Praxis ist es nur dann echtes Eigenkapital, wenn Gewinne der Firma nicht ausgeschüttet oder sogar direkt in Eigenkapital umgewandelt wurden. Aber wie sollen Gewinne erzielt werden, wenn nicht vorher schon etwas verkauft wurde?

Bevor ein Unternehmen irgendetwas verkaufen kann, muss es dieses Etwas produzieren. Und damit besteht ein Vorfinanzierungsbedarf. Im günstigsten Fall kann ein Unternehmer die Schulden seines Unternehmens bei sich selbst aufnehmen, indem er seine privaten Ersparnisse oder ererbtes Geld einsetzt. Es ändert aber nichts daran, dass das Kapital des Unternehmens nicht da war, sondern am Anfang immer Schulden stehen.

Paul C. Martin hat das als erster erkannt und wollte das System des Kapitalismus deshalb in Debitismus umbenennen, weil diese Bezeichnung zutreffender ist.

Heutige Unternehmer sind Helden

Also sind heutige Unternehmer keine privilegierten Kapitalisten, jedenfalls in 95% der Fälle. Unternehmer verschulden sich freiwillig. Wir haben eben gelernt, wie ein Kredit, einmal aufgenommen, einen strafbewehrten Leistungszwang erzeugt. Wer einmal als Unternehmer angefangen hat, muss sich diesem strafbewehrten Leistungszwang dauerhaft unterordnen. Ständig ist er einem Risiko ausgesetzt, denn jeder größere Fehler kostet ihn die Existenz. Dazu muss man wissen, dass die meisten kleinen Unternehmer mit ihrem gesamten persönlichen Vermögen haften. Ohne diese Klausel zu unterschreiben, bekommt man keine Bank-Kredite.

Dann hatten wir gerade das Steuer-Thema. Neben dem Kredit, der den Unternehmer unter Druck setzt, ist es auch der Machthaber namens „Staat", der verlangt, dass Steuern abzuliefern sind. Stets und ständig pünktlich zum Termin. Auch da gibt es nur eine Haftung. Da kennt der Machthaber kein Pardon. Die Gesetze sind da völlig eindeutig. Auch an dieser Stelle haftet der Unternehmer mit seinem gesamten privaten Vermögen.

Als nächstes sind da noch die Kunden, die nur dann zahlen, wenn die Leistung wirklich erfolgreich erbracht wurde und auch die Garantie-Zeit abgelaufen ist. Die wenigsten Unternehmer werden nach Zeit bezahlt, fast immer schulden sie den Erfolg, also die Lieferung eines genau definierten Werkes. Wehe es hat einen Kratzer oder einen anderen Mangel. Dann gibt es weniger oder gar kein Geld. Wenigstens in Richtung der Kunden (Untertanen) bekommen die Unternehmer die ausdrückliche Möglichkeit, sich gegen existenzbedrohende Forderungen zu schützen. Dafür richtet die Obrigkeit auch heute noch entsprechende Schutz-Möglichkeiten ein. Möglich wird das durch die Einrichtung von Gesellschaften, die als juristische

Personen getrennt vom Privateigentum des Unternehmers existieren. Teile dieser Firmen führen die begrenzte Haftung mit dem Kürzel GmbH direkt im Namen.

Der Unternehmer setzt sich den oben genannten Zwängen freiwillig aus. Er hatte in der Regel kein Kapital, so, wie fast alle anderen auch kein Kapital hatten. Kaum ein Unternehmer denkt wirklich darüber nach, wie lang anhaltend seine Risiken sind. Fast alle sind Idealisten, mit einer Idee, viel Energie und Begeisterung. Sie benötigen extrem viel Kraft und Durchhaltevermögen sowie die Bereitschaft Rückschläge einzustecken und weiterzumachen. Sobald ein Unternehmer Mitarbeiter anstellt, was oft unvermeidbar ist, wird es noch viel schwieriger. Die Zwänge des Mitarbeiters sind nämlich im Verhältnis viel kleiner als die des Unternehmers. Der Mitarbeiter muss zwar auch Geld verdienen, um zu überleben, aber er kann sich jederzeit einen anderen Unternehmer suchen, für den er arbeitet. Ein Unternehmer kann nicht so einfach aussteigen. Er müsste mit dem Ausstieg alle Kredite tilgen oder mit seinem persönlichen Vermögen ausgleichen. Wer kann oder will das schon?

Angestellte Mitarbeiter schulden auch keinen Erfolg bei der Arbeitsleistung, wie es der Unternehmer gegenüber seinen Kunden tut. Er muss nur seine Arbeitskraft für eine definierte Zeit zur Verfügung stellen. Es ist Aufgabe des Unternehmers, die Mitarbeiter so zu motivieren, dass ihr Engagement ausreicht, um seine Leistungsverpflichtungen gegenüber den Kunden zu erfüllen.

Der Unternehmer als Unter-Machthaber ist heute von drei Seiten Zwängen ausgesetzt:

1. Vonseiten der Bank (Kredit)
2. Vonseiten des Staats (Steuer)
3. Vonseiten der Kunden (Erfolg)

Und für die Erledigung der Aufgaben stehen ihm hoffentlich Menschen zur Seite, die ihm freiwillig und mit Engagement folgen. Diese Freiwilligkeit zu organisieren, ist die schwierigste und wichtigste Leistung, die ein Unternehmer erbringen muss. Denn er kann keine Ordnungsgelder oder Geldstrafen kassieren oder gar mit Gefängnis drohen, wie die staatlichen Stellen das dürfen. Denn die Rechte, die man früheren Unter-Machthaber einräumte, um die Untertanen zum Arbeiten zu zwingen, hat man aus guten Gründen verworfen. Sie waren einfach nicht sonderlich effektiv.

Wer jetzt noch keine Achtung vor Unternehmern hat, der wird nicht viel verstehen in seinem Leben.

Vor allem muss festgehalten werden: Jeder kann sich selbständig machen. Wer das nicht macht, weil er sich das nicht zutraut, der macht das völlig richtig. Es hilft niemandem, wenn Menschen sich in Gefahr begeben und darin umkommen. Wer sich deshalb für ein Dasein als Arbeitnehmer/Untertan entscheidet, sollte den Unternehmern, die ihm Arbeit geben und dabei bei allem Stress einigermaßen vernünftig behandeln, den Respekt zollen, den sie verdienen und gut und engagiert mitarbeiten, so wie er es gerade kann. Denn wenn unser sehr hoch entwickeltes System einmal nicht mehr existieren sollte, würde die Freiwilligkeit schnell wieder in Zwang umgewandelt werden, wie es früher immer war. Da mussten die Untertanen dem (Unter-)Machthaber gehorchen. Der Leistungszwang lag früher immer bei den Untertanen, nicht beim Unter-Machthaber. Arbeitnehmer müssen verstehen, dass es ihnen im aktuellen System trotz allen Belastungen relativ gut geht. Das vernünftige Verhalten, was wir hier in Deutschland eigentlich überall erleben, trägt ganz erheblich zur Leistungsfähigkeit unserer Unternehmen bei.

Natürlich gibt es schlechte Unternehmer, die für Gewinne über Leichen gehen, und es gibt auch anonyme Konzerne, die von angestellten Managern geleitet werden. Diese Top-Manager sind keinesfalls mit Unternehmern gleichgestellt, solange sie kein Kapital investiert und keine persönliche Haftung haben. Solche Top-Manager sind heute oft völlig überbezahlt. Besonders schlimm wird es, wenn Manager eine Firma quasi ruiniert haben. Anstatt sie zur Rechenschaft zu ziehen, müssen sie mit sehr viel Geld abgefunden werden, weil die Verträge schlecht gestaltet waren. Aber das ist ein anderes Thema.

Beenden wir diesen kurzen Ausflug.

Steuern wirken auch heute noch als Zwang

Genau wie in Haiti müssen wir auch heute noch Zwangsabgaben – Steuern – zum Termin abliefern. Das heißt, man muss sich Geld beschaffen, um seine Steuern begleichen zu können. Wer seine Steuern nicht zahlt, wird auch heute noch bestraft, und zwar in der Regel sehr hart.

Und ganz wichtig: **Mehr Steuern bedeutet mehr Arbeitszwang.**

Keinesfalls muss man Steuern nur abliefern, wenn man bereits gearbeitet oder Einkommen bzw. Gewinne erwirtschaftet hat. Es gibt eine Reihe von Steuern, die sich nicht vermeiden lassen, wenn man in einem Steuerzahlungsgebiet, heute Staat genannt, lebt.

Als erstes ist hier die Grundsteuer zu nennen, die elementarste aller Steuern. Sie war ursprünglich mit der Sicherheitsgarantie verknüpft. Der Machthaber garantierte die Sicherheit des Grundeigentums. Dafür musste der Untertan zahlen. Ein Grundstück zu besitzen, ist ein Privileg. Dieses Privileg muss man, wenn es nicht schon die Vorfahren für einen getan haben, erwerben. Beim Erwerb von Grundeigentum verlangt der Staat die sogenannte Grunderwerbsteuer. Der Grunderwerb gibt dem Grundeigentümer das Recht, das Grundstück wirtschaftlich zu nutzen. Die Grundsteuer ist *nicht* vom Grundstückseigentümer zu zahlen, sondern vom Grundstücksnutzer. Wenn das Grundstück vermietet wird, zahlt das der Mieter. Und so muss quasi jeder Bürger mindestens eine Steuer zahlen, es sei denn, er ist obdachlos.

Alle Bürger, die nicht obdachlos sind, müssen sich also Geld beschaffen, um entweder die Miete mit der enthaltenen Grundsteuer oder nur die Grundsteuer zu zahlen. Damit sind alle nicht obdachlosen Bürger gezwungen zu wirtschaften, das heißt, sich regelmäßig Geld zu beschaffen, um es zum Zahlungstermin abzugeben. Wer seine Grundsteuer nicht zahlen kann, aber Eigentümer des Hauses ist, muss entweder das Haus verkaufen, um die Steuern zu zahlen, oder es wird eine Zwangshypothek auf das Haus eingetragen. Dann muss der Eigentümer nicht nur das Steuergeld beschaffen, sondern auch noch einen Kredit tilgen.

Wer sich die Grundsteuer erarbeiten will, der muss mindestens noch Lohn- oder Einkommensteuer zahlen, wenn nicht gleich noch Energiesteuern. Und Mehrwertsteuer, falls man etwas essen möchte, was man nicht selbst angepflanzt oder aufgezogen hat. Einmal reingerutscht in den Abgabensauger, zieht er uns überall das Geld aus den Taschen. Stets zum Nutzen der Obrigkeit und ihrer Freunde. Aber zu unserem großen Glück werden uns heute nicht mehr die Ohren oder Nasen abgeschnitten. Der Staat ist großzügiger geworden beim Eintreiben seiner Zwangsabgaben.

Der Staat ist die Ursache des Kapitalismus

Es gibt sehr viele Menschen, die sich über den Kapitalismus aufregen. Sie verurteilen den ungerechten und ungerechtfertigten Zwang, den Kapitalisten auf die Menschen und die Gesellschaft ausüben. Das ist verständlich.

Nur wird es dann schwierig, wenn dieselben Menschen, die sich über die Kapitalisten aufregen, den Staat, also die Obrigkeit, als Mittel zur Lösung einsetzen wollen. Da muss offensichtlich ein schwerer Denkfehler vorliegen.

Alle Kapitalisten sind nur Unter-Machthaber, die ausdrücklich für den Staat arbeiten. Und je mehr Abgaben der Staat fordert, desto mehr müssen die Unter-Machthaber uns Untertanen antreiben, damit die Obrigkeit ihre Abgaben auch bekommen kann. Wer soll die Abgaben denn sonst erarbeiten? Das waren und sind immer die Untertanen. Oder anders ausgedrückt, je mehr Steuern eingenommen werden sollen, desto mehr müssen die Bürger schuften und desto mehr muss die Umwelt leiden. Dass die Unter-Machthaber dabei ihre Gewinne bekommen sollen, ist von der Obrigkeit als Motivation ganz bewusst so eingeplant. Es ist notwendig, damit das System funktioniert.

Wer die Umwelt und den Planeten schützen will, muss auch berücksichtigen, dass der Leistungszwang ausschließlich vom Staat ausgeht. Jede zusätzliche Steuer wird uns alle zu noch mehr Arbeit zwingen und wir werden dafür noch mehr Ressourcen verbrauchen. Wer also jetzt für eine CO_2-Steuer ist, sorgt dafür, dass Menschen oder die Umwelt noch stärker ausgebeutet werden müssen. Wenn es uns nicht gelingt durch Mehrleistung, die Abgaben zu erarbeiten, dann müssen wir Untertanen halt zugunsten unserer Obrigkeit auf das Geld verzichten. So wie Macron es von den Franzosen verlangt hatte, als er im Jahr 2018 neue Energie-Steuern einführte. Da gerade den Ärmsten dann aber nicht mehr genug zum Leben blieb, kam es zu den Gelb-Westen-Protesten. Alles, was die Obrigkeit mehr verlangt, muss woanders abgezwackt werden. Wenn wir Untertanen und die Unter-Machthaber nicht verzichten wollen oder können, muss halt mehr geleistet werden und das geht unweigerlich zulasten der Umwelt.

Die demokratischen Staaten und die demokratischen Führer haben es geschafft, durch ihre Scheinlegitimität den Planeten in eine fatale Richtung zu zwingen. Sie konnten die Steuern auf ein nie erlebtes Maß hochtreiben und haben damit ganz direkt die Zerstörung unserer natürlichen Lebensgrundlage erzwungen. Wir können heute gar nicht aufhören zu arbeiten, ohne ein Aussterben der Bevölkerung zu riskieren. Teil zwei des Buchs erklärt, warum wir zunächst unbedingt weiterarbeiten müssen, wie bisher. In Teil drei erkennen wir, warum Demokraten keine Legitimität besitzen. Und in Teil vier sehen wir dann, wie wir das ganze Problem langsam einer Auflösung zuführen können.

Geldmengensteuerung

Einen letzten wichtigen Aspekt hat das Geld-Thema noch, bevor wir diesen sehr theoretischen Teil des Buches abschließen können. Wir erinnern uns an das Kapitel „Exklusives Geld ist nicht unbegrenztes Geld" (ab Seite 43). Dort und in den beiden Folgekapiteln hatten wir die Geldmengen erstmals angesprochen. Allerdings fehlte uns damals für eine vollständige Erörterung noch das Verständnis zum

Thema Kredit. Jetzt, wo wir Geld und Kredit in der Gesamtheit verstanden haben, müssen wir noch einmal auf die Geldmengen zurückkommen. Denn diese Geldmengen sind für den Erfolg einer Machtausübung extrem wichtig. Nur wenn der Machthaber die Geldmengen richtig steuert, wird er an der Macht bleiben. Fehler bei der Geldmengen-Steuerung führen unvermeidbar zum Machtverlust. In der Demokratie kann so etwas nur zur Abwahl einer demokratischen Regierung und zur Ersetzung derselben durch eine andere demokratisch gewählte Regierung führen. Man kann aber auch die demokratische Regierungsform als solche beenden und zu einer anders strukturierten Regierungsform übergehen, wie dies beispielsweise in Deutschland 1933 der Fall war.

Bei der Geldmenge läuft das ganze Thema Geld zusammen. Hier geht es um den wichtigsten Aspekt des Regierens überhaupt. Allerdings wissen das die wenigsten Machthaber und erst heute gibt es einige wenige Teile der Macht-Elite, die Geld diejenige Aufmerksamkeit schenken, die es benötigt. Allerdings wird dieses Wissen über Geld quasi geheim gehalten. Mehr dazu steht im Unterkapitel „Die kreative Geldverteilung in der Corona-Pandemie" (Seite 92). In der Vergangenheit waren Machthaber fast immer daran gescheitert, weil sie dem Geld keinesfalls die Aufmerksamkeit schenkten, die notwendig gewesen wäre.

Fassen wir noch einmal die Ausgangssituation zusammen: Es gibt fünf Parameter, die die Geldmenge beeinflussen. Die beiden ersten und wichtigsten Parameter sind die, welche die Geld-Nachfrage erzwingen:

1) Zwangsabgaben an den Machthaber, wiederholend zu vorgegebenen Terminen.
2) Kredit-Tilgungszwang, wiederholend zu vereinbarten Terminen.

Die Zwangsabgabe an den Machthaber ist der Motor jeder Wirtschaft und die Kredite sind der Turbolader, der die Leistung des Motors vervielfachen kann. Beide sind mit Strafen versehen, wenn Termine und Zahlungen nicht eingehalten werden.

Geld entsteht, je nach Art des ausgewählten Geldes, anders. Wie wichtig es ist, Geld sinnvoll auszuwählen, haben wir ausführlich besprochen.

Aus den ersten Ausführungen zu Geld wissen wir noch, dass, sobald Banknoten ins Spiel kommen, Geld beliebig vermehrbar ist. Dann haben die Banken die Möglichkeit, anders als bei reinem Warengeld zusätzliches Geld in Form dieser Noten in Umlauf zu bringen. Ob und wie den Banken das gestattet wird, ist eine Sache des Machthabers. In den Anfängen hatten die Banken das einfach gemacht, ohne dass der Machthaber davon wusste. Aber nach den ersten Bankpleiten waren alle folgenden Machthaber bezüglich dieses Themas natürlich sensibilisiert. Seitdem wird der Bankensektor stark reglementiert und kontrolliert.

Der dritte Aspekt der Geldmengensteuerung ist das In-den-Verkehr-Bringen von Buchgeld sowie Papiernoten durch Banken. Beide Geldformen sind beliebig vermehrbar. Buchgeld wird kostenlos hergestellt, transportiert und gelagert. Bei Banknoten sind diese Aspekte etwas schlechter, aber keinesfalls schlecht. Papiernoten sind relativ kostengünstig herzustellen, zu transportieren und zu lagern.

Außerdem war uns als viertes klar geworden, dass der Machthaber selbst Geld in den Kreislauf einspeisen kann.

Der fünfte und letzte Aspekt war, dass es zwar eine Nachfrage nach Geld gibt, aber kein Angebot. Wir erinnern uns, dass dieser wichtige Aspekt dazu führen kann, dass bestimmte Gebiete des Machthabers mit Geld unterversorgt sind oder sogar unversorgt bleiben. Als dieser Aspekt eingeführt wurde, hatten wir den Kredit noch nicht behandelt. Deshalb müssen wir diesen Aspekt jetzt nachholen.

Die Unterversorgung mit Geld ist ein kritischer Faktor

Wenn Kredite von Banken vergeben werden und dabei Geld entsteht, kann damit das gesamte Gebiet des Machthabers einheitlich mit Geld versorgt werden. Das ist ein wichtiger und positiver Aspekt der Geldschöpfung durch Banken. Und gerade dieser Aspekt war sicher ein wichtiges Motiv für die Einführung des heute genutzten Kreditgeldes. Allerdings wissen wir auch, dass die Kredittilgung genau dem gegenteiligen Aspekt der Geldschöpfung, nämlich der Vernichtung von Geld, gegenübersteht. Letztlich ist unausweichlich, dass jeder Geldschöpfung durch Kredit auch wieder die Zerstörung des selbigen Geldes gegenübersteht und gegenüberstehen muss.

Am Anfang finden sich mit dem Kreditgeld überall Schuldner, die Kredite aufnehmen und so die Menschen mit Geld versorgen. Wenn man das Geld jetzt regional betrachtet, kann das trotz einer gleichmäßigen Erstversorgung mit Geld im späteren Kreditzyklus, insbesondere im Kondratjew-Herbst, zu schweren Verwerfungen führen. Wenn Regionen keine überregionalen Einnahmen haben, aber sehr wohl Waren aus anderen Bereichen importieren, dann fließt Geld aus der Region ab. Weiteres Geld geht verloren, wenn Steuern gezahlt werden, und bei Kredittilgungen wird ebenfalls Geld vernichtet. Am Ende können die Kredite, die einmal für die Erstversorgung genutzt wurden, in solchen Regionen von der Bevölkerung beim besten Willen nicht mehr getilgt werden. Es ist einfach regional zu wenig

Geld vorhanden, dass die Schuldner sich erarbeiten könnten. Dementsprechend werden die Kredite notleidend und am Ende kommen die Banken in Schwierigkeiten und gehen entweder pleite oder müssen mit Steuergeldern gerettet werden.

Dezentrale Verteilung von Macht ist ein Vorteil

Was Machthaber machen können, um unterversorgte Gebiete zu stützen, ist eigentlich ganz einfach herauszufinden: Sie müssen nur entsprechende Schergen in solchen Regionen postieren und mit gutem Sold ausstatten. Um es in die heutige Sprache zu übersetzen: Sie müssen eine Regierungsbehörde ansiedeln, deren Mitarbeiter relativ gut bezahlt sind. So kann man einfach und dauerhaft Geld in Regionen bringen, die sonst unterversorgt wären. So wird Monat für Monat Geld in eine Region injiziert, die sonst absterben würde.

Besonders zentralistische Staaten wie Frankreich haben größere Schwierigkeiten als eher föderal organisierte Staaten wie Deutschland. Nach dem zweiten Weltkrieg hatten die Alliierten darauf bestanden, in Deutschland eine zentrale Macht mit einer mächtigen Hauptstadt zu verhindern. In der Absicht, Deutschland zu schwächen, wurde der Föderalismus eingeführt. Es gibt wenige Bundessteuern und die personalintensiven Behörden sind den Bundesländern unterstellt. Wichtige Bundesbehörden sind über ganz Deutschland verteilt worden. Weil die Alliierten Regierungen Geld nicht verstanden hatten, haben sie Deutschland mit dieser Entscheidung gestärkt und nicht geschwächt.

Innerhalb von Deutschland und der EU gibt es regelmäßige Programme, um einzelne Regionen mit sogenannten Strukturhilfen zu fördern. Viele diese Programme verteilen Geld über einen mittleren Zeitraum. Das mildert die Unterversorgung mit Geld natürlich für einen begrenzten Zeitraum. Wirklich dauerhaft nützt das aber selten. Nur wenn es gelingt, wichtige Unter-Machthaber anzusiedeln, die immer indirekt für die Regierung arbeiten, kann dies gelingen. Unternehmen können Waren oder Dienstleistungen auch außerhalb der Region verkaufen und so Geld dauerhaft in die Region umleiten. Ansonsten ist die Zentralisierung der Regierungsaufgaben in Brüssel für die entfernten Regionen eher negativ.

Die Geldmengensteuerung ist komplex

Der Machthaber steht permanent vor der Aufgabe, sein Gebiet angemessen mit Geld zu versorgen. Es darf nicht zu viel Geld im Kreislauf sein, weil dann der Arbeitsdruck absinkt und die Preise steigen. Aber es darf auch nicht zu wenig Geld im Kreislauf sein, weil sonst kein Geld vorhanden ist, um Waren zu kaufen, Kredite zu tilgen und Zwangsabgaben zu zahlen.

Was unbedingt zu vermeiden ist, sind fallende Preise, weil in der Folge die Kreditsicherheiten unter den Wert der Kredite fallen könnten, was fatale Auswirkungen auf die Banken und den Machthaber haben würde. Denn letzterer würde ja auch eingeplante Einnahmen verlieren, weil sie oft an den Preis der verkauften Waren gekoppelt sind.

Zur Wiederholung noch einmal einen Absatz von weiter oben: Wenn zu viel Geld im Kreislauf ist, und das Geld zum Termin schon im Überfluss unter den Matratzen der Untertanen lagert, dann entfällt der Arbeitsdruck. Niemand ist mehr gezwungen, sich Geld zu beschaffen, weil alle bereits zum kommenden Termin genug davon haben. Übrigens ein Zustand, den die Bürger der ehemaligen DDR sehr gut kannten. Sie hatten sehr viel Geld, aber keine Waren, weil eben niemand gezwungen war, ihnen selbige anzubieten. Die Obrigkeit, die nicht für einen Arbeitszwang sorgt, verhindert damit die Versorgung der Bevölkerung. Auch dieser Zustand muss vermieden werden.

Jetzt wollen wir das Thema an zwei Fällen konkreter behandeln, denn es gibt tausende Möglichkeiten, um Fehler zu machen, die man alle in der Historie der Mächtigen aufarbeiten könnte. Uns geht es aber um das Hier und Jetzt.

Zentralbanken sind mit der Geldsteuerung beauftragt

Heute sind Zentralbanken von den Regierungen mit der Geldmengensteuerung beauftragt. Die Aufgaben der Zentralbanken sind recht umfangreich. Sie führen die Geldflüsse zwischen Banken und Staaten aus, sorgen für die Bereitstellung von Bargeld und übernehmen die Geldmengensteuerung. Schauen wir uns einmal genauer an, was die Zentralbanken da so messen. Da gibt es die Menge M0, die das von der Zentralbank an die Geschäftsbanken ausgelieferte Bargeld in Form von Scheinen und Münzen beziffert. Dann die Menge M1, die von M0 das Geld abzieht, was gerade bei den Banken im Tresor lagert und nicht an Kunden weitergereicht wurde. Das sind historische Relikte aus der Zeit, als ausschließlich mit Bargeld gearbeitet wurde. Diese Werte sind heute völlig belanglos. Aber sie sind bei allen Zentralbanken gleichartig definiert. Ab der Menge M2 gibt es ein paar Unterschiede. M2 ist in Europa M1 plus die Menge der Einlagen mit einer Frist von bis zu zwei Jahren oder einer gesetzlichen Kündigungsfrist von bis zu drei Monaten. M3 ist in Europa M2 plus Anteile an Geldmarktfonds, Repo-Verbindlichkeiten, Geldmarktpapieren und Bankschuldverschreibungen mit einer Laufzeit von bis zu zwei Jahren.

Die europäischen Zentralbanken messen auch die Menge der vergebenen Kredite, die aber bewusst von den Geldmengen getrennt werden. Logisch erscheint das nicht, weil wir doch alle wissen, das Geld heute nur bei der Kreditvergabe entsteht.

Die Zentralbanken in anderen Kontinenten machen es geringfügig anders.

Der Zins steuert das Wachstum der Geldmenge

Neue Kredite bringen mehr Geld in Umlauf, also muss man nur die Kreditvergabe steuern und kann so das Wachstum der Geldmenge steuern. Wenn die Wirtschaft zu überhitzen droht, die Preise zu stark anziehen, wird einfach der Zinssatz erhöht. Die Kosten für die Kreditnehmer steigen, es werden weniger Kredite nachgefragt, es entsteht weniger neues Geld, damit wird die Wirtschaft gebremst und die Preise steigen nicht mehr so stark an. Den Zins, den Geschäftsbanken für Kredite verlangen, regulieren die Zentralbanken unter anderem über den sogenannten Leitzins. Wie genau die Zentralbanken auf die Zinsen der Geschäftsbanken einwirken, ist für ein Verständnis von Geld nicht so wichtig, deshalb ersparen wir uns die Details. Wir halten nur fest: Der Zins regelt die Menge der vergebenen Kredite und somit die Menge von „neuem" Geld, das in Umlauf gelangt.

Wenn die Wirtschaft nicht genug wächst und Geld im Wirtschaftskreislauf fehlt, dann wird der Zins gesenkt. Die Kosten für Kredite sinken. Investitionen rentieren sich schneller und neue Projekte werden realisiert. Für diese Projekte werden neue Kredite aufgenommen und in der Folge steigt die Geldmenge.

Eine wachsende Wirtschaft braucht mehr Geld, und damit die Wirtschaft wachsen kann, ist mehr Geld erforderlich. Denn nur mit mehr Geld lassen sich mehr Produkte und Dienstleistungen bezahlen. So wurde die Geldmenge bis zur Finanzkrise 2008 gesteuert.

Neben der Geldmenge gibt es noch das magische Viereck

Die Preise und die Geldmenge waren bei der EZB der wichtigste Aspekt. Bei der Bundesbank zu Zeiten der DM sah das noch etwas anders aus. Es gab[2]/gibt das sogenannte „Gesetz zur Förderung der Stabilität der Wirtschaft" von 1967. Es nannte in seiner ursprünglichen Form vier Eckpunkte, die als Konkretisierung des

---

[2] Heute ist die EZB zuständig und vonseiten der EZB wird der Geldwert-Stabilität eine höhere Priorität beigemessen als den restlichen Zielen. Die EZB ist natürlich nicht an deutsches, sondern an europäisches Recht gebunden.

Staatsziels eine Richtlinie für die Bundesbank waren. Das Gesetz lieferte die vier Kriterien

1) Preisniveaustabilität,
2) hoher Beschäftigungsstand,
3) außenwirtschaftliches Gleichgewicht sowie
4) stetiges und angemessenes Wirtschaftswachstum,

die zukünftig als „magisches Viereck" bekannt waren. Vier gute Ziele, die das Staatsziel für die Wirtschaftspolitik und damit für die Geldsteuerung nicht schlecht festlegen. Der erste Punkt „Preisniveaustabilität" betrifft sowohl die Über- als auch die Unterversorgung mit Geld. Die drei letzten sollen insbesondere die Unterversorgung mit Geld vermeiden.

Man muss den Zeitpunkt der Verabschiedung des Gesetzes im Kreditzyklus betrachten. Dieses Gesetz wurde 1967, also zu Beginn des Kondratjew-Sommers formuliert, einer Jahreszeit im langwelligen Kreditzyklus, in der die Wirtschaft von sich aus gut wächst und die Arbeitslosigkeit niedrig ist. Ein Gesetz, das in diesem Moment keine Schwierigkeiten mit sich bringt. Zu gerne würde man diesen Zustand per Gesetz festschreiben. Leider geht das aber nicht. Mit der Verschuldung des Sommers kommen die Probleme der Preisstabilität. Am Ende des Sommers beginnen die Probleme der Arbeitslosigkeit, die sich bis zur Mitte des Herbstes ständig verstärken. Deutschland hatte mitten im Herbst durch die Wiedervereinigung allerdings eine sehr spezielle Situation, die von 1990 bis 1996 für eine Sonderkonjunktur sorgte. Ansonsten gab es bis zur Finanzkrise 2007/8 eigentlich eine permanente Stagnation der Real-Wirtschaft, unterbrochen von kurzen wirtschaftlichen Lichtblicken. Man sieht leicht: Die Ziele, die man sich gesteckt hatte, ließen sich nicht erreichen – und der Winter, in dem es ganz schlimm wird, hat uns bisher noch nicht einmal erreicht. Ein Gesetz zu erlassen ist einfach. Es einzuhalten, kann schwer bis unmöglich werden. Deutschland exportiert seit Jahrzehnten zu viel.

Keine 50 Jahre, bevor das Stabilitätsgesetz verabschiedet wurde, hatte es in Deutschland zwei schwere Geldkrisen gegeben. Die erste war die Hyper-Inflation von 1923/24. Die zweite Geldkrise war das Gegenteil, eine Deflationskrise ab 1929, verbunden mit dem Kondratjew-Winter.

Hyper-Inflation, was war passiert?

Die Hyper-Inflation hat sich tief in das kollektive Gedächtnis der Deutschen eingebrannt, weil damals fast die gesamte Bevölkerung um sämtliche Ersparnisse gebracht wurde und ein normales Leben fast unmöglich war. Die Regierung war infolge des ersten Weltkriegs schwach. Sie musste enorme Reparationsleistungen zahlen, ohne dass es eine wirtschaftliche Grundlage dafür gab. Als es dann zur Besetzung des Ruhrgebiets kam, fing die Regierung an, die streikenden Arbeiter mit gedrucktem Geld zu versorgen. Diesem Geld stand keine erzwungene Nachfrage durch Steuern oder Kredite gegenüber. Im Gegenteil, es war viel Geld vorhanden, was den Schuldnern erlaubte, ihre Kredite zu tilgen und damit die erzwungene Nachfrage nach Geld noch weiter zu senken. Damit passierte das, was wir auch aus der DDR kennen: Es gab viel Geld und zu wenig Waren für das vorhandene Geld. Im Kommunismus gab es Planwirtschaft und die Preise wurden zentral festgelegt. Deshalb gab es keine allzu starken Preiserhöhungen. Viele Leute, die das Geld dafür hatten, kauften ein Auto, mit dem Erfolg, dass eine Warteschlange entstand. Die gekauften Autos wurden in den 1980iger Jahren erst weit über zehn Jahre nach dem Kauf produziert und geliefert. Wenn es keine Preisfestschreibungen gegeben hätte, wäre der Preis entsprechend angestiegen. Welcher DDR-Bürger hätte nicht gerne den doppelten Preis gezahlt, wenn er dafür sein Auto sofort bekommen hätte?

So passierte es ab 1922 in Deutschland. Das Geld staute sich in der Bevölkerung, es gab zu wenige Waren und die Verkäufer merkten, dass sie die Waren auch zu höheren Preisen verkaufen konnten. Die Käufer waren zunehmend froh, noch Waren zu finden, die käuflich zu bekommen waren. Denn ständig stiegen die Preise weiter an, obwohl die Einkommen gar nicht weiter anstiegen. Die Menschen merkten nur, dass ihr gespartes Geld an Wert verlor und versuchten es deshalb, in Waren zu tauschen. Dadurch stieg die Umlaufgeschwindigkeit des Geldes stark an. Denn der Verkäufer der Ware hatte jetzt ebenfalls wieder Geld in der Tasche, was an Wert zu verlieren drohte. Auch er suchte darum seinerseits eine Ware, die er unbedingt kaufen wollte.

Das ist eine typische, sich selbst verstärkende Spirale und die Regierung förderte das Ganze auch noch, indem sie über lange Zeit weiterhin zusätzliches Geld in den Kreislauf gab. Dabei hätte man durchaus Möglichkeiten gehabt, die Lage zu stabilisieren, wenn man die Natur des Geldes verstanden hätte. Die Regierung hätte die Steuern stark erhöhen können, um so Geld aus dem Kreislauf abzusaugen. Das wäre politisch sicher schwer zu vermitteln gewesen, aber theoretisch eine mögliche Maßnahme. Die bessere Möglichkeit wäre eine Inflationsklausel für Kredite zu schaffen, um wenigstens die Nachfrage durch Kredit-Tilgung aufrechtzuerhalten. Weil das nicht geschah, konnten sich Schuldner in dieser Phase ungerechtfertigt schnell entschulden, was man dann nach der Währungsreform durch die Hauszinssteuer, auch Gebäudeentschuldungssteuer genannt, versuchte, wieder auszugleichen. Das Problem war nur: Zu dem Zeitpunkt hatten unzählige Sparer bereits alles verloren und die Steuer konnte dieses Problem auch nicht mehr korrigieren. Hätte die Regierung damals die Natur des Geldes verstanden, hätte sie Kreditsalden, Tilgungsraten und Zinszahlungen Monat für Monat an die Inflation angepasst. So hätte sie wenigstens eine Säule der erzwungenen Geld-Nachfrage zu festen Terminen aufrechterhalten und der Warenüberhang wäre deutlich kleiner ausgefallen.

Nun gibt es immer wieder Anhänger einer Geld-Theorie, die besagt, mit einer goldgedeckten Währung wäre das nicht passiert, weil die Regierung eben gar nicht genug Geld hätte einspeisen können, um diese Inflation auszulösen.

Die Goldbindung bestand ja ursprünglich durchaus. Nur war sie bereits während des Krieges aufgehoben worden, weil die Begrenzung des Geldes zu einer Begrenzung des Krieges geführt hätte. Was man natürlich nicht zulassen durfte, denn die Machthaber wollten ihre Macht natürlich behalten.

Was war denn der Unterschied zwischen der Kriegsfinanzierung und der Finanzierung gegen die Ruhrbesetzung? Anhand unserer Geldtheorie ist der Unterschied einfach zu erklären: Während des Krieges floss das Geld überwiegend an die Unter-Machthaber der Regierung, die damit Kriegsgüter bereitstellten. Sicher floss auch ein Teil zu den Untertanen, aber es kam bei selbigen eben nicht zu einem Kaufkraft-Überhang. Denn man führte 1916 eine Stempelsteuer auf Warenlieferungen ein, die 1918 in eine Allphasen-Umsatzsteuer überführt wurde. So sorgten die Steuern und die notwendigen Kredit-Tilgungen bei den Untertanen nach wie vor für eine angemessene, erzwungene Geld-Nachfrage. Bei einzelnen Unternehmen und auch bei den Rohstoffen generell war das so zwar sicher nicht der Fall, es reichte aber nicht aus, um eine Hyper-Inflation zu starten.

Das Problem der Hyper-Inflation ist der sich selbst verstärkende Effekt, wenn durch den Geld-Überhang die erzwungene Nachfrage zur Tilgung von Krediten zusammenbricht. Was immer dann passiert, wenn die Einnahmen der Schuldner plötzlich stark ansteigen. Es ist letztlich eine Kette von Fehlern, die zum Kollaps führt.

Die Geldmenge war aber in beiden Fällen – während des ersten Weltkrieges und 1922/23 – gleichermaßen angestiegen. Allerdings mit unterschiedlichen Ergebnissen, die keine der gängigen Geld-Theorien bisher richtig erklärt.

Weltwirtschaftskrise und Deflation, wie war das?

Mit dem schwarzen Donnerstag 1929 wurde der Kondratjew-Herbst beendet und es begann weltweit der Kondratjew-Winter mit fallenden Preisen, ausfallenden Krediten, Bankpleiten, Unternehmenspleiten und Arbeitslosigkeit auf niemals gekanntem Niveau. Was war passiert?

Genau das, was wir auch in der heutigen Welt ab dem Jahr 1980 erleben durften. Die Kreditmenge war stark angestiegen und es waren Kredite an schlechte Schuldner vergeben worden. Irgendwann kamen keine neuen Kreditverträge mehr zustande. Das hatte zwei Gründe.

1. Die Banken hatten bereits viele Kredite vergeben und die Menschen und Unternehmen, die nach Krediten fragten, hatten bereits zu viele. Es bestanden wachsende Zweifel an der Rückzahlungsfähigkeit.
2. Neue Kreditschuldner fanden sich nicht ein, weil der Wettbewerb und die Einkommens-Unsicherheit hoch, die Ertragssicherheit hingegen niedrig war. Es gab also keine Möglichkeiten mehr, sich sinnvoll zu verschulden.

Nun wuchs die Kreditmenge nicht mehr an und die Wirtschaft stagnierte in der Folge. An der Börse in New York waren die Aktienkurse auf Rekordniveau gestiegen. Nicht zuletzt deshalb, weil damals wie heute Aktienrückkäufe von Unternehmen die Aktienkurse in immer neue Höhen trieben. Aber auch das im Kondratjew-Herbst stets in großen Mengen umlaufende Geld hatte seinen Anteil daran. Genau wie das heute auch wieder der Fall ist. Es gab viele Aktien-Spekulationen auf Kredit und somit Kredite, die mit Aktien besichert waren. Als am 24. Oktober 1929, dem „schwarzen Donnerstag", die Aktienkurse wegen einer Panik stark einbrachen, konnte der Absturz mit Stützungskäufen noch einmal knapp vermieden werden. Fünf Tage später allerdings, am 29. Oktober 1929, dem „schwarzen Dienstag", war es dann soweit: Der Markt brach stark ein. Ursache dafür war, dass die Banken ihre Wertpapier-Kredite kündigten, weil die als Sicherheiten überlassenen Aktien die Kredite nicht mehr deckten. Das führte dazu, dass die Aktien zu jedem Preis verkauft werden mussten, was wiederum dazu führte, dass die Aktienkurse fielen, was wiederum zu mehr Kreditkündigungen führte. Eine typische, sich selbst verstärkende Abwärtsspirale eben.

Wir erinnern uns: Kredite führen zu einer Ausweitung der Geldmenge. Kredit-Tilgungen oder Ausbuchungen bei der Insolvenz des Kreditnehmers führen zu einer Geld-Vernichtung. In diesen Tagen wurde also enorm viel Geld, das sich im Umlauf befand, vernichtet. Das zu verstehen, ist sehr wichtig, aber nicht so einfach. Wir erinnern uns an das Kapitel „Kredit-Tilgung bedeutet weniger Geld im Umlauf" (Seite 8). Weil Geldscheine sich natürlich nicht auflösen, sondern wie im Kapitel „Die Schulden des Einen sind das Vermögen des Anderen" (Seite 9) dargestellt, verschwinden mit den auszubuchenden Krediten die zugehörigen Guthaben. Diese Guthaben stellten vor dem Crash eben noch eine Kaufkraft dar, aber mit jedem Kredit, der ausgebucht wurde, fiel die Kaufkraft weiter ab. Und damit konnten die Anbieter in der realen Wirtschaft ihre Waren nicht mehr verkaufen und ihrerseits kein Geld mehr für die Bedienung ihrer Kredite zusammenbekommen. Also mussten die Banken auch hier mehr und mehr Kredite kündigen, wenn sie nicht schon längst selber komplett pleite waren. Auch hier sieht man wieder die sich selbst verstärkende Abwärtsspirale, die immer dann eintritt, wenn es vom Kondratjew-Herbst in den Winter übergeht.

Wie reagierten nun die Regierungen auf die Situation? Die Wirtschaft brach ein und damit auch die zu erwartenden Steuer-Einnahmen. Die Regierung Brünning setzte auf einen strikten Sparkurs und verschärfte dadurch die Krise natürlich nur noch weiter. Es kam zu einem massiven Fall der Preise, Kredit-Ausfällen, Bankenpleiten und Massenarbeitslosigkeit. Innerhalb von nur sieben Jahren wurden zweimal geldpolitische Entscheidungen getroffen, die fatal falsch waren, weil es kein Verständnis von Geld gab.

Haben unsere heutigen Regierungen Geld verstanden?

Diese Frage muss man sich ja jetzt wohl stellen. Es gibt Menschen, die behaupten, nein, das wäre nicht der Fall und wieder andere behaupten, doch, Regierungen haben das Problem verstanden. Begründet wird letzteres damit, dass die Finanzkrise 2007/8/9 ja schließlich überwunden wurde.

Ich behaupte, die Regierungen haben spätestens mit der Finanzkrise das Problem sehr wohl verstanden. Es gibt für sie nur leider keine Möglichkeit, das Problem zu lösen. Betrachten wir einmal etwas genauer, was nach dem zweiten Weltkrieg passiert ist. Damals hatte man die Weltwirtschaftskrise hinter sich gelassen und die Wissenschaft hatte die Lehren aus der Krise bereits gezogen. Der wichtigste Vertreter dieser neuen Wirtschaftslehre und einer der bedeutendsten Ökonomen des 20. Jahrhunderts, John Maynard Keynes, hatte erkannt, dass eine aktive Steuerung der Geldmenge einen wichtigen Einfluss auf die Entwicklung der Wirtschaft hatte. Vor Keynes hatten die Regierungen das Geld festgelegt und auch Geld in Umlauf gebracht sowie Steuern erhoben. Außerdem hatten die Banken Kredite vergeben und die Schuldner solche Kredite wieder getilgt. Alles passierte offensichtlich dezentral und alle Teilnehmer an dieser großen Veranstaltung wussten nichts über die jeweils anderen. Wichtige Informationen zur Kredit- und Geldmenge waren nur einzeln erfasst, wurden aber nicht zwecks Steuerung irgendwo zusammengeführt.

Keynes war bereits 1919 klar, welche Folgen der Friedensvertrag von Versailles für die internationale Wirtschaft haben würde. Er hatte deshalb die britische Verhandlungskommission unter Protest verlassen. Außerdem bezeichnete er bereits 1923 Gold als „barbarisches Relikt". Seit 1920 war er beim King's College der Universität von Cambridge als Dozent beschäftigt. Seine „Allgemeine Theorie der Beschäftigung, des Zinses und des Geldes", veröffentlicht 1936, wurde von den Politikern der demokratischen Welt mit offenen Armen begrüßt und ist mit einigen Veränderungen heute noch immer die Grundlage der meisten politischen Entscheidungen. Denn Keynes sprach sich für eine Makro-Steuerung der Wirtschaft durch die Regierung aus. Tja, eigentlich verwunderlich, die Regierungen hatten die Wirtschaft zuvor nicht aktiv gesteuert. Obwohl die Macht doch gerade vom Geld so abhängig ist. Das Problem beim Steuern ist eben: wie steuern? Wenn man nicht weiß wohin, kann man auch nicht steuern. Keynes gab jetzt eine Richtung vor, die angeblich die Lehren aus der Weltwirtschaftskrise berücksichtigen sollte.

Von Milton Friedman und einigen anderen US-Wissenschaftlern wurde der Monetarismus geprägt, der auf Steuersenkungen, Privatisierungen und freie Märkte setzt und den Wohlfahrtsstaat ablehnt. Der Monetarismus ist im Wesentlichen die Grundlage für den Neoliberalismus. Auch diese Theorie lieferte wichtige Grundlagen für die Entscheidungen von Politikern.

Seit 1997 gibt es noch die Modern Monetary Theory, die zumindest die Geldentstehung durch Kredite und die staatliche Geldschöpfung und Besteuerung als wesentlich betrachtet.

Die Geld-Theorie von Keynes kommt hingegen fast ganz ohne die Erwähnung von Steuern oder Krediten aus. Auch der Monetarismus betrachtet nur die Geldmengen und Steuern werden allenfalls als staatlicher Eingriff in den freien Markt abgelehnt. Wirklich freie Märkte, wie sie die Vertreter der liberalen Wirtschaftstheorie betonen, gibt es aber leider gar nicht. Wir haben gelernt, dass quasi unser ganzes Zusammenleben auf dem Zwang der Abgabe beruht. Was allerdings auch nicht heißen muss, dass es bei realen Waren keine Preisbildung anhand von Angebot und Nachfrage gibt.

Allen diesen Theorien ist gemein, dass sie anders als wir hier den Zwang, Abgaben zu zahlen und den Terminzwang, Kredite zu tilgen, nicht als Motor ansehen. Die waren nicht auf Haiti, als Columbus den Ureinwohnern die Nasen abschneiden ließ, falls sie nicht rechtzeitig ihre Abgaben leisteten. Sonst hätten sie den wirklichen Motor des Wirtschaftens wohl auch erkannt.

Denn alle von den Zentralbanken gemessenen Geldmengen haben eben nichts mit den unter Terminzwang stehenden Kredit- und Steuer-Schuldnern zu tun. Alles, was die Ökonomen behandeln, ist die Normalität des Wirtschaftens und die Phase der Ausweitung der Geldmenge. Vom Frühling bis in den Herbst hinein sind deren Betrachtungen alle richtig. Nur für die entscheidende Phase des Spätherbstes und den Wintereinbruch gibt es keinerlei Erklärung. Dabei ist es eigentlich ganz einfach: Es kann Meere aus Geld geben, aber in der Wüste verdursten die Schuldner trotzdem. Die Geldmengen sind zwar für das Warenangebot insgesamt relevant. Aber die Warenangebote lösen keine Deflationskrise aus. Das liegt nur an dem fehlenden Geldangebot für Teile der Schuldner und den auf die Kreditausfälle folgenden Bankpleiten. Genau wie es in der Finanzkrise am 15.08.2008 mit der plötzlichen Pleite von Lehman Brothers geschehen war.

Das allerwichtigste ist deshalb eine gute Verteilung des Geldes, die aber in zu großen Gebieten nicht gut funktionieren kann.

Wir können also zum Stand der Wissenschaft festhalten: Es gibt zumindest offiziell keine zutreffenden Vorstellungen von Geld. Die Experten der amerikanischen Notenbank scheinen es jedoch seit Jahren sehr gut verstanden zu haben. Und auch die Europäer zaubern in der Corona-Krise die geldpolitischen Tricks der Amerikaner aus dem Hut.

Nur: Vor zwei Dutzend Jahren hat man in Europa noch einen riesigen Fehler gemacht.

Wie erfolgreich war denn die Einführung des Euro?

Die letzte große Änderung beim Geld war für die meisten Europäer die Einführung des Euro. Mit dem Euro bekamen verschiedene Länder Europas eine gemeinsame Währung. Ein Projekt, das aus Sicht der politischen Elite vorangetrieben wurde, weil man mit den Machtblöcken VSA und China mithalten wollten.

Was ist in der Folge passiert?

Etwas weiter oben hatten wir festgestellt, dass die regionale Unterversorgung mit Geld sich als kritisch herausstellen könnte. Genau das war in Griechenland geschehen und so wird es immer wieder geschehen. Wenn ein Gebiet, in dem dasselbe exklusive Geld verwendet wird, zu groß ist, werden Unterversorgungen wahrscheinlich. Die anfängliche Nachfrage wird über Kredite befriedigt. Damit kann einige Zeit überbrückt werden, aber am Ende reicht es für die Tilgung in unterversorgten Regionen einfach nicht aus. Aus der Krise der Schuldner wird dann eine Krise der Banken. Und um Bankpleiten zu vermeiden, springen die Steuerzahler ein.

Ein Problem dabei ist die Exportstärke der deutschen Wirtschaft. Diese Wirtschaft ist es seit Jahrzehnten gewohnt, mit einer harten Währung zu existieren. Sie schafft es, qualitativ hochwertige Waren zu wettbewerbsfähigen Preisen anzubieten und saugt so mit jedem Verkauf Geld aus anderen Regionen ab.

Es ist einfach schwierig, wirtschaftlich so unterschiedliche Regionen innerhalb eines Währungsraums zu halten. Es gab und gibt genug Expertenmeinungen, die den Euro als Fehlkonstruktion beschreiben. Aber er entspricht dem Machtstreben der Machthaber in Europa, die meinen, sie müssten sich mit Blöcken wie den VSA oder China messen. Und als diese Politiker die Unterschiede zwischen den Staaten betrachteten, meinten sie, ein großer, gemeinsamer Währungsraum wäre von Vorteil. Dabei ist genau das Gegenteil der Fall. Je kleiner das Gebiet, desto stabiler und einfacher ist die Geldmengen-Steuerung. Sobald man unterschiedliche Währungen hat, greifen beim Abfließen von Kaufkraft Selbstregulierungskräfte, die den weiteren Abfluss durch Abwertung der regionalen Währung bremsen.

Das Privileg des US-Dollars

Beim US-Dollar sah die Lage lange Zeit nicht besser aus als beim Euro. Die VSA genießen allerdings die Vorteile eines gigantischen Privilegs: Der US-Dollar ist die Welthandelswährung. Fast alle Rohstoffe werden ausschließlich in US-Dollar gehandelt. Auch Exportgeschäfte von Industriegütern werden über internationale Grenzen fast immer in US-Dollar abgewickelt. Dadurch gibt es eine dritte Säule der Zwangsnachfrage. Nicht nur Steuern und Kredittilgungen zwingen die Menschen, den US-Dollar nachzufragen, sondern auch der internationale Einkauf von Waren und Rohstoffen. Jeder, der Ware einkaufen will, tauscht seine lokale Währung zunächst in US-Dollar, um dann bei dem ausländischen Verkäufer mit diesen US-Dollar zu bezahlen. So stauten sich sowohl bei den Öl-Exporteuren als auch in China Billionen an US-Dollar, die dann überwiegend in US-Staatsanleihen angelegt wurden. So flossen die US-Dollar wieder in die VSA zurück.

Durch diese hohe Nachfrage, insbesondere aus dem Ausland, ist der US-Dollar sehr hoch bewertet. Das hat den Vorteil, dass die US-Bürger überall auf der Welt Waren im Verhältnis zu billig einkaufen können. So hatten sie über Jahrzehnte einen künstlich erhöhten Lebensstandard.

Allerdings gibt es auch mehrere Kehrseiten des Privilegs. Das gesamte produzierende Gewerbe kann seine Produkte auf dem Weltmarkt nicht zu Preisen anbieten, die konkurrenzfähig sind. Also ist fast die gesamte US-Industrie ins Ausland abgewandert. Der zweite große Nachteil ist: Die VSA müssen einen Militär-Apparat finanzieren, der das Dollar-Privileg absichert. Länder, die den Dollar als Handelswährung in Frage stellten, wurden im Fall des Irak sowie Libyens vom US-Militär angegriffen. Die Kriege der VSA sind sehr kostspielig. Außer den Kriegen unterhält das US-Militär unzählige Basen weltweit, die ebenfalls große Kosten verursachen. All diese Auslandsausgaben führten zu einem durchschnittlichen monatlichen Leistungsbilanzdefizit der VSA von 50 Milliarden Dollar seit dem Jahr 2000. Dieses Geld fehlt natürlich im Inland für die Tilgung der extrem verbreiteten Kredite. Wobei auch für die VSA das gilt, was wir zu den „mit Geld unterversorgten Regionen" festgestellt hatten. Nur die Küstenstädte im Westen und Osten sowie in Texas und Florida stehen noch relativ gut da. Viele Teile im Zentrum der VSA sind jedoch stark unterversorgt mit Geld.

Die US-Bevölkerung schöpft seit Jahrzehnten alle Mittel aus

Kein Land der Erde hat so viele Schulden von Privathaushalten und Firmen wie die VSA. Das so erzeugte Geld-Angebot (Liquidität) trug lange Jahre dazu bei, dass der Lebensstandard sehr hoch und auch die Volkswirtschaft die größte der Welt war. So wurde bestehendes Eigentum, was schon einmal weitgehend entschuldet war, erneut beliehen, nur um die so gewonnene Liquidität für den Konsum im Moment zu nutzen. Die amerikanische Notenbank unter Alan Greenspan hatte dieses durch niedrige Zinsen ganz bewusst unterstützt. Dementsprechend konnte man in allen Ecken der VSA Hauskredite aufnehmen. Niemand stellte die Frage, wie die Schuldner das jemals wieder tilgen sollten, wenn das Gesamteinkommen der Region dafür niemals ausreichte. Es gab bereits jede Menge Geld-Wüsten, in die kam dann ein großer Tankwagen mit Geld-Wasser und hat die Menschen mit Geld-Wasser versorgt. Heute ist der Wagen leer und die Menschen verdursten. Denn dieses zusätzliche Geld-Angebot konnte natürlich nicht beliebig lange aufrechterhalten werden. Denn irgendwann fehlt es an weiteren beleihbaren Sicherheiten und an Menschen mit sicherem Einkommen.

Die US-Banken haben deshalb auch diejenigen Menschen mit Geld ausgestattet, bei denen absehbar war, dass sie es nicht zurückzahlen können – die durch die

Finanzkrise berühmt gewordenen „Subprime-Kredite". Damit die Banken eben nicht gefährdet sind, hatte die US-Zentralbank den Verkauf von Krediten an (ahnungslose) Dritte explizit als Absicherungsstrategie empfohlen. Offensichtlich hat es nur teilweise funktioniert, denn sonst wäre Lehman Brothers ja nicht pleite gegangen. Was war passiert?

Die US-Banken hatten ihre Risiken gut verteilt

Aus ihrer Sicht waren die US-Banken besonders clever. Aus der Sicht anderer könnte man hingegen sagen, sie waren kriminell. Nur müsste man ein Gericht finden, das kriminelle Handlungen auch als solche beurteilt.

Was hatten die US-Banken grob gemacht? Sie hatten Kredite vergeben, an Leute in den Geld-Wüsten, die diese Kredite sehr wahrscheinlich nicht würden zurückzahlen können. Sie haben diese Kredite in Wertpapiere verpackt. Die Verpackung war sehr geschickt gewählt. So konnten die Rating-Agenturen gegen eine Gebühr den Wertpapieren eine viel zu gute Bonitätsbewertung geben. Eine Bonitätsbewertung ist ein Gütesiegel, das besagt, mit welcher Sicherheit ein Wertpapier seinen Wert bis zur Einlösung behalten wird. Eine zu gute Bewertung täuschte die Käufer darüber, dass es eben nicht so war. Ein Großteil der Papiere wurde nämlich in der Finanzkrise 2007/8 nahezu wertlos. Diese Wertpapiere hatten die US-Banken nun nicht bei der FED als Pfand für Zentralbankguthaben hinterlegt. Nein, sie wurden an Kunden in aller Welt verkauft. Auch an viele deutsche Banken, die sich von der zu guten Bewertung täuschen ließen und nun die Verluste aus den schlechten Krediten der US-Banken tragen mussten.

Das Ziel des Kreditverkaufs, die Banken durch Aufteilung des Risikos sicherer zu machen, hatte funktioniert. Die Zentralbank, welche die Absicherungsstrategie vorschlug, hatte jedoch übersehen – oder bewusst in Kauf genommen –, dass ein moralischer Konflikt entstehen konnte. So konnten die US-Banken die (angebliche) Verteilung der Risiken auf andere Marktteilnehmer sehr gut zum eigenen Vorteil ausnutzen. Sie haben ganz bewusst zu riskante, ungesicherte Kredite in Geld-Wüsten vergeben, um diese Risiken anschließend Dritten versteckt zu verkaufen. So würden die US-Banken die Gewinne einstreichen und die Käufer die Verluste zu tragen haben.

In jedem Fall gelang es den VSA auf diese Weise, ihr Land stets mit dem notwendigen Geld zu versorgen. Es ist sehr wahrscheinlich, dass die US-Eliten sehr gut verstanden haben, wie Geld funktioniert.

Die US-Regierung verteilt seit Jahren großflächig Geld

Seit dem Jahr 2000 werden in den VSA die Staatsschulden massiv ausgeweitet. Als Folge der Angriffe vom 11. September 2001 wurden in den VSA die staatlichen Sicherheitsapparate massiv ausgebaut. Wir haben gelernt, dass der Sold staatlicher Schergen das einfachste Mittel ist, um Gelder dezentral in den Kreislauf einzuschleusen. Auch Rüstungsprojekte und die vielen Dienstleister der US-Kriegsmaschinerie profitieren von den in dieser Weise auf die Realwirtschaft verteilten Staatsgeldern.

Frankreich zieht ganz aktuell nach, indem auch dort nach den islamischen Terror-Anschlägen im Oktober 2020 die Sicherheitsbehörden aufgestockt werden sollen. Weitere Terror-Anschläge werden vermutlich folgen, und als Reaktion werden auch weitere Länder zusätzliche Sicherheitsbehörden aufbauen.

Der andere Weg, Geld über die Zentralbank in den Finanzsektor mittels QE (engl. quantitative easing, dt. finanzielle Erleichterung) einzuschleusen, hat dazu geführt, dass die US-Finanzwerte seit der Überwindung der Finanzkrise 2008 kontinuierlich angestiegen sind. Nur hat dieser Mechanismus eben nicht dazu geführt, dass die Unterversorgung der Realwirtschaft sich gebessert hat. Im Gegenteil, viele Unternehmen konnten in der Realwirtschaft keine sinnvollen Investitionsmöglichkeiten mehr finden und nutzen ihr überschüssiges Kapital, um Aktienrückkäufe zu starten. Einen Effekt, den man auch schon aus den zwanziger Jahren in der Zeit vor der Weltwirtschaftskrise kennt. Diese Maßnahme höhlt die Unternehmen finanziell aus und macht sie für Deflationskrisen anfälliger. Aber für Manager, die nur am kurzfristigen Erfolg gemessen werden, ist langfristige Sicherheit der ihnen anvertrauten Unternehmen eben kein Kriterium.

Die kreative Geldverteilung in der Corona-Pandemie

Eine der gelungensten Formen der Geldversorgung konnten wir während der Corona-Pandemie in den VSA beobachten. Dort wurden 3,1 Billionen Dollar, das sind 3.100 Milliarden, neue Schulden seitens der Zentralregierung in Washington D.C. aufgenommen. Von diesen neuen Schulden wurden ca. 2.000 Milliarden Dollar an die breite Bevölkerung ausgezahlt. Das war eine der effizientesten Geldverteilungs-Aktionen der Herrschaftsgeschichte. Denn so wurden ca. 10% des normalen US-Brutto-Inlandsprodukts auf das ganze Land verteilt. Es wurde so auf direkte Weise der lokale Geld-Umlauf gestärkt. Es ist zusätzliches Geld im Kreislauf, was sonst dort nicht über zusätzliche Verschuldung entstanden wäre. In Deutschland ist das mit dem Kurzarbeiter-Geld und den Überbrückungshilfen nicht anders. Nur waren die Dimensionen zunächst nicht so atemberaubend wie in den VSA. Aber auch Europa zeigt sich extrem spendabel, um unterversorgte Regionen mit Geld auszustatten. Die EU schnürt Anfang November 2020 ein zweites Rettungspaket von 750 Milliarden Euro. Das sind unvorstellbare Summen, die aber nötig sind, um die Schäden durch den Lockdown irgendwie zu reparieren.

Außerdem werden unzählige Unternehmen und Selbständige gezwungen, zusätzliche Kredite aufzunehmen. Kredite, die sie freiwillig niemals aufgenommen hätten. All das stärkt die Geldversorgung. Denn zur Erinnerung sei noch einmal wiederholt: Die Geldversorgung steigt nur durch

- neue Kredite, die in der Krise seitens der Unternehmen/Selbständigen erzwungen wurden und
- durch den Aufkauf von Staatsanleihen durch die Zentralbanken, die auf diesem Weg staatliches Geld in Umlauf bringen.

Geld, das bereits im Kreislauf war, bleibt erhalten, es sei denn, es wurden Kredite getilgt, was aber wegen der Einnahme-Ausfälle bei der Mehrzahl der Unternehmen und Menschen unmöglich der Fall gewesen sein kann. Also wurde ein wichtiges Ziel der Regierungen erreicht: Die Geldversorgung wurde deutlich erhöht und: Die so verteilten Gelder sind endlich in voller Breite des gesamten Regierungsgebiets in der Realwirtschaft angekommen (und nicht nur, wie stets zuvor, bloß in der Finanzwirtschaft sowie dem Rüstungs- und Sicherheitsbereich). Leider ist trotzdem keinesfalls sichergestellt, dass die Verteilung so optimal gelaufen ist, wie die Initiatoren sich das vorstellen. Es könnte nämlich sein, dass trotz des vielen Geldes größere Teile der Bevölkerung massiv unterversorgt bleiben und so doch massiv Kredite ausfallen. Das wird man dann wieder mit den bekannten Banken-Rettungen bekämpfen müssen. Sollten wir die Krise jetzt irgendwie überleben, dann können wir danach durchaus mit einem gewissen Aufschwung und dem notwendigen Wachstum rechnen. Ohne diese Regierungsgeschenke und die Kredite von Unternehmen und Selbständigen wäre die Unterversorgung der Realwirtschaft mit Geld jedenfalls nicht abgebaut worden.

Diese Möglichkeit, Gelder großflächig und in großen Mengen zu verteilen, könnte auch eine Motivation für das schwer erklärbare Verhalten fast aller Regierungen in der Corona-Krise sein. Denn auch die Deutschen und in der Folge die Europäer, bei den sonst stets eine strenge Sparpolitik gepredigt wurde, sind mit der Pandemie ebenfalls in einem Spendier-Modus übergegangen. Mit ziemlicher Sicherheit wollen die westlichen Regierungen mit dieser Pandemie und der zusätzlichen Geldversorgung einer erneuten Finanzkrise vorbeugen. Und zwar so, dass es der Bevölkerung nicht auffällt. Wenn man in diesem Zusammenhang dann auch noch eine Verschuldung sowie Steuern auf EU-Ebene einführen kann, ist eigentlich alles beisammen, was Machthaber brauchen können.

Es ist sehr wahrscheinlich, dass die Regierungen die Corona-Krise bewusst nutzen, um Geld in der Realwirtschaft zu verteilen.

Ohne eine gesellschaftliche Ausnahmesituation vorzutäuschen, könnten die Regierungen nämlich kein Geld „verschenken", um die regionalen Unterversorgungen auszugleichen. Wie will man einen Arbeitszwang aufrechterhalten, wenn Geld offensichtlich auch ohne Arbeit verteilt werden kann? Genau aus diesem Grund hatte man das von Ben Bernanke lange geforderte Helikopter-Geld bisher noch nicht eingesetzt.

Diese Form der Geldverteilung ist im Ergebnis, also auf den Ausgleich einer Unterversorgung mit Geld bezogen, deutlich besser als je zuvor gelungen. Allerdings ist diese Variante extrem ungerecht und zutiefst unmoralisch, weil primär die Interessen der Regierungen erfüllt werden. Denn damit werden die Leben und Lebensgrundlagen von vielen Unternehmen und Untertanen völlig willkürlich zerstört. Es darf nicht sein, dass die Betroffenen in der Darstellung der Regierung einfach nur Pech hatten, obwohl es ganz bewusst so gesteuert wurde.

Solche Willkür zum eigenen Nutzen ist das Kennzeichen jeder Obrigkeit. Als Marketing-Experten werden die Regierungen den Opfern einfach ein paar Almosen zukommen lassen. Und dann müssen die Betroffenen den Regierenden auch noch dankbar sein, obwohl sie ihnen die Verluste vorher mit voller Absicht zugefügt hatten.

Negativzinsen helfen, das Horten zu vermeiden

Negativzinsen, wie sie die EZB bereits für die Banken eingeführt hat, bestrafen das „Horten von Geld". Eine gute Maßnahme, um mehr Geld in Umlauf zu bringen. Dafür müssen diese negativen Zinsen jedoch bei den Bankkunden ankommen. Es ist auch dann keinesfalls gesagt, das selbige jetzt ihr Geld ausgeben oder in andere Anlageformen umschichten.

Solange es Bargeld gibt, können die Kunden einfach zur Bank gehen und ihr Geld abheben. Der abgehobene Teil ist nicht von den Negativzinsen betroffen. Deshalb lässt sich diese Maßnahme einfacher durchführen, wenn das Bargeld abgeschafft wurde. An dieser Aufgabe arbeiten die Regierungen derzeit weltweit. Auch hier hat die Corona-Krise deutlich weitergeholfen. Weil Bargeld angeblich die Viren transportiert, wurde es in vielen Bereichen aus dem Verkehr genommen.

Am Ende des Kondratjew-Herbstes können die Negativzinsen für Sparer billiger sein als drohende Kursverluste von Anleihen oder Aktien. Und sofern der Besitz von Edelmetallen nicht verboten wird, bleibt den Menschen die Alternative, Edelmetalle zu kaufen und zu lagern.

Eine Hyper-Inflation ist bislang ausgeblieben

Die von vielen Geld-Experten stets propagierte Hyper-Inflation ist bislang jedoch trotz der immensen Geldverteilung der US-Regierung ausgeblieben. Warum sollte sie auch entstehen? Wir wissen ja genau, was die Nachfrage nach Geld wirklich ausmacht: Schulden und Steuern. Beide sind in der Krise bislang nicht weniger geworden, sondern mehr. Natürlich hilft das zusätzliche Geld bei der Tilgung, denn nur durch zusätzliches Geld entstehen auch wieder Ausgabespielräume und Zusatznachfrage und damit Wirtschaftswachstum. Einen tiefen Einbruch konnte die Wirtschaft auch im Jahr 2008/9 durchaus verkraften. Dafür ging es dann 2010 wieder steil aufwärts.

Hoffen wir also das Beste für 2021.

Der Wintereinbruch ist unvermeidlich

Wir müssen aber im Hinterkopf behalten, dass der Wintereinbruch stets und ständig nur verschoben wird, weil immer wieder zusätzliche Schulden dazu kommen. Das eigentliche Problem wird damit größer und nicht kleiner. Die Nachfrage nach Geld steigt. Das Angebot aber nicht. Denn wer verschuldet sich in einem solch unsicheren Umfeld freiwillig?

Das „Deficit-Spending", wie es Keynes vorgeschlagen hatte, ohne Geld verstanden zu haben, muss Ausmaße annehmen, die für ihn unvorstellbar waren. Das Defizit auf Bundesebene der VSA lag in 2020 in etwa so hoch wie deren gesamte Steuereinnahmen. So viel Geld richtig zu verteilen, damit alle Unterversorgungen ausgeglichen werden, ist schwierig. Denn wie kann man einen Teil der Bevölkerung „beschenken" und den anderen Teil zur Arbeit zwingen? Das geht vielleicht einmal, wie in der durch Covid-19 geschaffenen Sondersituation. Es kann aber nicht dauerhaft funktionieren.

Europa hat noch deutlich mehr Spielraum als die VSA, die durch den Ausgang beider Weltkriege zur aktuellen imperialen Macht geworden waren. Der Abfluss von Geld ins Ausland war extrem. Die Verschuldung, um die Geldversorgung auszugleichen, ist dort extrem hoch, was in der Folge eine entsprechend hohe Nachfrage zwecks Tilgung und Zinsen bedeutet. Eine Nachfrage, die dann zu regionaler Unterversorgung führt und damit wieder Geldverteilungen erforderlich macht. Ständig droht die Deflationsspirale, die sich jederzeit mit der Pleite von ein oder mehreren Banken manifestieren würde. Oder am Ende steht doch die Hyper-Inflation, weil die Regierung, wie in Deutschland 1923, lieber zu viel Geld in den Kreislauf gibt.

Das System des Geldes ist schlicht und einfach in beide Richtungen (Über- und Unterversorgung) instabil und die Unterversorgung ist einfach nicht dauerhaft zu vermeiden. Da kann ein Punkt kommen, wo man lieber mit zu viel Geld den Untergang erzeugt.

Beide Varianten zerstören die Möglichkeit der Bevölkerung zu wirtschaften komplett und wir werden gleich sehen, was das in der realen Wirtschaft oder im realen Leben der Menschen bedeuten kann.

Fazit zum Wert des Geldes

Jeder Euro/Dollar/Yen/Peso muss aus zwei Gründen zu ständig wiederholenden Terminen immer wieder erarbeitet, also beschafft werden:

1. Weil der Staat es als Steuern fordert und es beim Staat abgeliefert werden muss (Forderung aus dem Nichts und ohne Gegenleistung) und
2. weil die Schuldner es zur Tilgung beschaffen müssen (Forderung aus dem Kreditgeschäft).

Der Wert des Geldes entsteht stets dadurch, dass die Menschen (Steuerzahler) und Schuldner gezwungen sind, dieses Geld zum Termin zu beschaffen, um es beim Finanzamt oder der Bank abzuliefern. Um dieses Geld dort abliefern zu können, muss es ihnen jemand anderes überlassen und das geschieht nur gegen entsprechende Leistung. Dadurch bekommt Geld seinen Wert. Der Wert entsteht, weil die Kredit- und die Steuerschuldner dafür arbeiten (müssen!).

Die tatsächlich vom Schuldner zu erbringenden Leistungen liegen dabei sogar deutlich über dem Kreditbetrag. Bei deutschen Privatpersonen müssen Tilgung und Zinsen aus dem Nettogehalt erfolgen, das heißt, nachdem Einkommensteuern und Sozialabgaben abgezogen wurden.

Wir haben kein wertloses Papier- oder Fiatgeld

Wir haben also keinesfalls ein wertloses Papier- oder Fiatgeld, sondern ein Geld, das Steuerzahler und Kreditschuldner stets zu absehbaren Terminen aufs Neue benötigen. Deshalb müssen sie es vorher durch Leistungsangebote besorgen. Wer dennoch von wertlosem Papier- oder Fiatgeld redet, hat das Kreditgeldsystem nicht verstanden. Allerdings kann jedes gute System durch Unwissenheit oder Gedankenlosigkeit falsch eingesetzt werden.

Gold war einmal Geld, aber Bitcoins werden es nie sein

Früher war der Wert des Geldes einmal identisch mit Gold und Gold hatte deshalb seinen Wert. Das ist heute aber vorbei und Gold hat keinen wirklichen Wert mehr. Niemand ist gezwungen, Gold zu beschaffen und abzuliefern, was bei Euros und Dollars etc. aber ganz anders ist. Dies übersehen die Anhänger von Edelmetallen leider immer wieder. Gold war einmal Geld, weil die Regierungen in Europa es zu Geld gemacht hatten, weil es knapp und fälschungssicher war. Keine vernünftige Regierung wird heute unter normalen Umständen noch Gold als Geld verwenden wollen. Warum sollte sie sich solche unnötigen Selbstbeschränkungen auferlegen?

Gold hatte in der Vergangenheit einen wesentlichen Vorteil. Es war fälschungssicher. Die Regierungen hatten damals noch nicht die Möglichkeiten, ihr Geld vor Fälschung zu schützen, wie sie sie heute haben. Deshalb war Gold früher Geld, weil es fälschungssicher und extrem beständig war. Denn anders als Eisen rosteten Edelmetalle wie Gold und Silber eben nicht. Wie alle Metalle, lassen sie sich mit recht einfacher Technologie gut portionieren und formen. So konnte man einfach und kostengünstig große und kleine und sehr haltbare Münzen herstellen, die nicht einfach zu vermehren waren. Deshalb wurden Gold und Silber als Geld verwendet. Nicht, weil es irgendeinen inneren Wert hatte oder hat. Wer das denkt oder sagt, hat einfach nicht nachgedacht oder nachgeforscht. Gold hat einen rein praktischen Wert. Dieser praktische Wert kann natürlich jederzeit wieder relevant werden.

Gold hatte noch den anderen wesentlichen Vorteil, dass es so begrenzt vorhanden war. Es hinderte die Obrigkeit daran, unbegrenzt zusätzliches Geld in den Kreislauf zu bringen. Denn schon immer hatten Machthaber zu viel Geld in Umlauf gebracht. Man wusste eben nicht, dass damit bereits vorhandenes Geld entwertet wurde. Nutzten Machthaber Geld, was reichlich vorhanden war, verloren diese wegen Überversorgung recht schnell ihre Macht. Deshalb war Gold so beliebt als Geld, weil die Machthaber sich damit länger an der Macht halten konnten. Keinesfalls ist Gold als Geld für die Untertanen günstig, weil sie damit etwas von tatsächlichem Wert erhalten haben. Gold hat seinen praktischen Vorteil. Wenn unser System kollabiert, werden Machthaber wegen der kurzfristigen, praktischen Vorteile des Goldes gar keine andere Wahl haben, als zu einer Goldwährung zurückzukehren.. Nicht aber wegen seiner Zweckmäßigkeit als Geld.

Die natürliche Begrenzung des Geldes kennt unser beliebig wachsendes Schuldgeldsystem leider nicht. Es ist auf die Vernunft der Obrigkeit angewiesen. Und wie es mit dieser Vernunft aussieht, werden wir am Ende von Teil zwei betrachten.

Prinzipiell bringt das Schuldgeldsystem ein Geld mit Leistungszwang in die Welt. Und die Vorteile dieses Systems sind in dem übergroßen Warenangebot wohl deutlich zu erkennen.

Was für Gold gilt, gilt natürlich auch für Bitcoins. Die haben natürlich erst recht keinen Wert, außer dass es sich um eine andere Form von digitalem Banknoten-Papier handelt. Das Mining ist dabei nichts anders als das Bedrucken der Banknoten und das Ausstatten mit Hologrammen, Sicherheitsstreifen, Wasserzeichen etc. Gold hat(te) diese Form der „Fälschungssicherheit" durch sein begrenztes natürliches Vorkommen. Bei Bitcoins wird dies durch ein zeit- und energieaufwändiges Herstellungsverfahren begrenzt. Die Technologie hat klare Vorteile, denn man kann so digitale Geldscheine herstellen. Man kann Fälschungssicherheit in den Computer einbauen. Es hat enorme Vorteile, wenn die Obrigkeit solche Systeme einführt und als zusätzliche Form von Bargeld in Umlauf bringt. Aber keine Regierung wird dafür Bitcoins oder eine andere vorhandene Währung verwenden. Allenfalls wird die zugrunde liegende Technologie genutzt. Es ist nichts anderes als komplexes, fälschungssicheres Drucken in die Computerwelt zu überführen.

Der Vorteil von Gold kehrt automatisch zurück, wenn die Menschheit die Technologie verliert, Geld anderweitig fälschungssicher herzustellen. Dann werden Gold und Silber fast automatisch wieder zu Geld werden. Dass dieser Verlust an Fähigkeiten keinesfalls unmöglich, sondern sogar wahrscheinlich ist, werden wir später noch verstehen. Bitcoins werden in so einem Moment völlig wertlos werden, weil Computer dann nicht mehr existieren.

Wer Bitcoins heute als Gold 2.0 bezeichnet, hat Geld nicht verstanden. **Mit Geld haben aber weder Gold noch Bitcoins heute irgendetwas zu tun.**

Aus demselben Grund ist auch Regional- oder Freigeld[3] ein völliger Unsinn. Ohne die Kredit- und Steuerschuldner kommen keine Leistungserbringer mit Zwang ins Spiel, denen eine Strafe droht, wenn sie nicht jeweils pünktlich zum Termin leisten.

Warum Kommunismus nicht funktioniert

Jetzt sollte auch klar werden, warum Kommunismus nicht oder nur sehr schlecht funktioniert. Im Sozialismus und Kommunismus mit wenig oder gar keinem Privateigentum gibt es keine Kreditsicherheiten, damit keine Verschuldungsmöglichkeiten und somit keine strafbewehrte Selbstverpflichtung zu (Mehr-)Leistung. Diese strafbewehrte Selbstverpflichtung zu (Mehr-)Leistung gibt es nur im Kapitalismus. Anders ausgedrückt, weil es kein Privateigentum gibt, gibt es keine Kreditsicherheiten, gibt es weniger oder gar keine Verschuldung und die Menschen sind nicht zur Mehrleistung gezwungen, wie es Schuldner im Kapitalismus sind.

Das Leben in sozialistischen Gesellschaften ist aus diesem Grund viel ruhiger, ja geradezu gemütlich. Allerdings auch sehr arm an Waren-Angeboten. Was in kapitalistischen Systemen auch immer dann der Fall war, wenn der allgemeine Schuldenstand nach einer Depression sehr niedrig war, im Kondratjew-Frühling.

Ganz anders als derzeit in der gesamten westlichen Welt. Dort streiten sich viel zu viele Schuldner um immer weniger im Umlauf befindliches Geld. Dafür haben wir dort extrem viel Stress und Hektik, aber auch ein Überangebot an Waren und Dienstleistungen jeglicher Art. Weil jeder Schuldner ständig seine gesamte Kreativität einsetzt, um an die nötigen Schulden-Tilgungsmittel (Geld) heranzukommen.

In der Folge mussten die Unternehmer im Kapitalismus immer größer werden, um immer mehr Schulden bedienen zu können. Sie müssen viele Menschen beschäftigen, die in den auf Kredit gebauten Fabriken arbeiten und haben über die Jahre ihre laufenden Verpflichtungen zum Termin ständig erhöht. Für all das gibt es im

---

[3] Regional- und Freigeld sind Formen von „Ersatzgeld", auf die ich an dieser Stelle nicht weiter eingehen möchte.
Ersatzgeld ist Geld, mit dem sich Leute helfen, die im Laufe des Herbstes/Winters mit dem Druck und dem im Umlauf fehlenden Geld nicht mehr klarkommen und eigenes Geld herausgeben. Diese Varianten schlafen entweder ein oder sterben an Hyperinflation. Am Ende bleiben stets einige Leute auf den dann wertlosen Zetteln sitzen. Ersatzgeld ist eine verständliche Reaktion auf die Unterversorgung mit Geld.

Kapitalismus den Zwang aus der anfänglichen Steuerschuld. Diese zieht dann eine ganz kleine Verschuldung nach sich, die über viele Jahre immer weiter ansteigt.

Das ist ein Zwang, der im Sozialismus so nicht vorhanden ist. Dementsprechend gemütlich ging es in sozialistischen Betrieben auch zu. Und mit Materialmangel hatten sie deshalb auch laufend zu kämpfen. Denn alles war freiwillig, was – wie man historisch sehen konnte – schlecht funktionierte.

Im Sozialismus/Kommunismus werden die Menschen deshalb am Ende immer verhungern, weil freiwillig in einer Gesellschaft niemand die notwendigen Lebensmittel produzieren wird. Sämtliche Produktion, auch die von Lebensmitteln, schrumpft deshalb bestenfalls langsam vor sich hin, bis zum finalen Kollaps.

Kommunismus wird dem Kapitalismus immer unterlegen sein, weil der strafbewehrte Leistungszwang fehlt.

Die Sowjetunion konnte sich überhaupt nur so lange halten, weil sie über viele Rohstoffe verfügte und diese auch sehr erfolgreich in den Kapitalismus exportierte. Genau wie die West-Exporte der DDR. So konnte man zu „werthaltigem Geld" kommen, das auch in der sozialistischen Welt seinen Wert behielt. – Behielt und seinen Wert gegen die sozialistischen Währungen sogar laufend weiter steigern konnte. Was aber natürlich daran lag, dass der Wert des rein staatlich gedruckten Geldes ohne strafbewehrten Leistungszwang immer weiter abgenommen hat. Was genau bei dem westlichen Geld nicht der Fall war.

Wer heute noch von Sozialismus oder gar Kommunismus träumt, soll bitte diese Theorie durchdenken und verinnerlichen. **Ein Gesellschaftssystem, das ohne strafbewehrten Leistungszwang auskommen soll, ist wie ein Auto ohne Motor.**

Solange es irgendwo auf der Welt Kapitalismus gibt, werden die Kapitalisten die Kommunisten irgendwann besiegen, zur Not mit Gewalt.

Warum auch der Kapitalismus kollabieren wird

Unser Geld hat eine enorm gute Struktur, die wirklich gut durchdacht und in der Praxis auch sehr erfolgreich war.

Freiwillige Selbstversklavung durch Kreditaufnahme und Eigentum ist millionenfach erfolgreicher als jegliche äußere Zwangsherrschaft.

Arbeitszwang durch Bestrafung, wie sie bei feudalistischen Systemen oder bei echten Sklavenhaltern vorkommt, ist dagegen aufwändig und teuer. Erlaubt man den Menschen aber privates Eigentum zu besitzen, das sie beleihen dürfen, und lässt man sie dafür „schaffen gehen", arbeiten sie (scheinbar) nur aus eigenem Interesse und in eigener Verantwortung. Besser kann ein System nicht funktionieren.

Damit die dezentrale Geldversorgung gesichert ist, muss die Macht-Elite für Wachstum sorgen. Nur so kann die Verschuldung gesteigert und der Wirtschaftskreislauf mit Geld versorgt werden.[4] Außerdem kann eine größere Wirtschaft mehr Verschuldung verkraften und dieses Zusatzgeld kann die Macht-Elite zur Festigung ihrer momentanen Macht einsetzen. Das ist ein Betrug der Regierungen an den Untertanen. Denn deren Ersparnisse und Lebensgrundlage lösen sich bei einer Staatspleite auf. Das ist in Argentinien gerade wieder gut zu beobachten. Staatsschulden nützen primär der Macht-Elite, um an der Macht zu bleiben. Natürlich auch, weil es als Geschenke an Teile der Bevölkerung weitergeleitet wird.

Gäbe es nicht unzählige andere natürliche Grenzen für das Wachstum, wäre das System perfekt. Bei wachsenden Systemen gibt es immer natürliche Grenzen. Werden diese Grenzen überschritten, führt das zum Kollaps. Dann geht der Kreditzyklus vom Herbst in den Winter über. Was in der Vergangenheit stets passiert ist und auch bei diesem Zyklus wieder passieren wird. Die Frage, die sich stellt, lautet:

Wie wird es diesmal ausgehen?

---

[4] Oder alternativ mit einem erzwungenen Schrumpfen und staatlicher Geldverteilung wie in der Corona-Pandemie, siehe Kapitel „Die kreative Geldverteilung in der Corona-Pandemie" (Seite 87).

Teil 2: Der laufende Kredit-Zyklus in der Realwirtschaft

Bisher haben wir die Welt aus dem Blickwinkel Geld und Kredit betrachtet. Jetzt wollen wir das aus Sicht der Realwirtschaft tun. Und zwar nehmen wir uns ganz konkret den laufenden Kreditzyklus vor und betrachten die Entwicklung, die sich in fast allen Ländern der Welt vergleichbar abspielt oder abgespielt hat.

Da wir am Ende des Kondratjew-Herbstes, also kurz vor dem Einbruch des nächsten Winters stehen, ist es wichtig zu analysieren, was uns wohl erwarten wird.

Was ist in der Vergangenheit bei so einem Kollaps passieren?

Früher gab es in diesen Zeiten Revolutionen oder größere Reformen. Ob die Französische Revolution 1789, die gescheiterten Revolutionen von 1848/49 in verschiedenen Teilen Europas oder die erste weltweite Depression im Rahmen der Weltwirtschaftskrise mit dem Entstehen der nationalsozialistischen Diktatur.

Oswald Spengler kam um 1920 in seinem Werk „Der Untergang des Abendlandes" zu der Erkenntnis, dass auch unsere Kultur untergehen wird. Dies hat er ausschließlich durch Vergleiche der damals bekannten Hochkulturen geschlossen. Eine von der NASA mitfinanzierte Studie hat das 2015 auch noch einmal ausdrücklich bestätigt. Wir werden sehen, wie und warum das genau so passieren kann, wenn wir nicht schnell, aber vorsichtig umsteuern.

Geld und der Zwang, der mit dem Geld unauflösbar verbunden ist, hat immer wieder fatale Auswirkungen. Machthabern und Untertanen ist das gleichermaßen nicht bewusst.

Hochkulturen scheitern an ihrer städtischen Infrastruktur

Der folgende Inhalt wurde in ähnlicher Form bereits am 19. Juli 2014 im „gelben Forum" unter dem Titel „Hochkulturen scheitern an ihrer städtischen Infrastruktur" zur Diskussion gestellt. Damals war der Blick auf das Geld nicht so klar, wie es hier im ersten Teil des Buches herausgearbeitet wurde.

Der Aufbau von städtischer Infrastruktur, die normale Zentren zur Versorgung der umliegenden ländlichen Bevölkerung übersteigt, führt am Ende zu einem gesellschaftlichen Kollaps. Die Ursache für den Kollaps ist die Auflösung der zum

Überleben stabilen, aber ineffizienten ländlichen Infrastruktur zu Gunsten der effizienten, aber zum Überleben instabilen städtischen Infrastruktur.

Zur städtischen Infrastruktur zählen die Städte selbst mit Häusern, Wohnungen, Büros, Fabriken und Handelsflächen, aber auch alle Elemente wie Verkehrswege, Logistikeinrichtungen und die Dienstleister, die zur laufenden Versorgung der Menschen in der Stadt erforderlich sind. Wichtig ist dabei, dass die Städte durch wesentliche Schrumpfung der Landbevölkerung stark anwachsen und nicht lediglich ländliche Versorgungszentren bilden.

Natürlich können Hochkulturen jederzeit kollabieren. Solche, stets auf Zwang[5] basierende Gesellschaftssysteme, sind ab einem bestimmten Niveau immer sehr instabil. Aber hier soll dargestellt werden, warum der Kollaps der gesamten Gesellschaft, nicht nur der Wirtschaft, an einem bestimmten Punkt in der geschichtlichen Entwicklung immer wieder kommen muss.

Ohne die städtische Infrastruktur konnten sich Gesellschaften stets auf dem niedrigsten Niveau einer dezentralen Selbstversorgung aus sich selbst heraus erneuern. Genau dies ist bei einer Verstädterung nicht mehr möglich. Im Folgenden soll aufgezeigt werden, warum die Verstädterung unabänderlich das letzte Aufblühen vor dem Kollaps einer Kultur ist.

Diese Aussicht ist ziemlich frustrierend und weil ich von der Entwicklung überzeugt bin, lebe ich auf dem Land in einer Region, die meiner Meinung nach ein Überleben erleichtern sollte.

Aber durch langes Nachdenken und nicht zuletzt durch die Entwicklungen in der Corona-Krise ist mir klar geworden, dass wir eventuell eine Möglichkeit hätten, den Kollaps zu vermeiden. Im vierten Teil des Buchs werden wir mehr darüber erfahren.

Warum laufen wir ohne Veränderungen auf den Kollaps zu?

Um diese Frage zu beantworten, kommen wir schnell wieder auf das zurück, was wir im ersten Teil über Geld und die Kreditzyklen gelernt haben. Diesmal betrachten wir es aber nicht aus Sicht des Geldes, sondern aus der Perspektive dessen, was speziell im aktuellen Kreditzyklus passiert ist.

---

[5] Gemeint ist der Abgabenzwang oder kurz Geld, wie es in Teil eins dargestellt wurde.

Städte sind durch kurze Wege und ganz neue Leistungsangebote besonders effizient. Sie ziehen deshalb Menschen an. Arbeitsleistung kann in der Stadt kontinuierlich erbracht werden. Sie ist nicht abhängig von Wetter und/oder Jahreszeiten. Dementsprechend sind die Wertschöpfung und die Einkommensmöglichkeiten in der Stadt höher. Die gemeinsame Nutzung von Ressourcen auf engem Raum verringert die Investitions-/Finanzierungskosten erheblich.

Ich möchte hier nicht die historische Entwicklung von Städten darstellen. Es soll nur das Prinzip dargestellt werden.

Die Entwicklung der Städte war zunächst sehr langsam und die Vorteile konnten sich über längere Zeiträume ganz in Ruhe entwickeln. Es reichte, wenn die Effizienz langsam, aber kontinuierlich anstieg. Parallel verbesserte sich die Lebenssituation der Menschen. Diese Steigerung der Effizienz erlaubte die Steigerung des Brutto-Sozialprodukts oft sogar, obwohl die Menschen deutlich weniger arbeiteten als zuvor. An den heutigen „Endzuständen" lässt sich der Effekt aber besonders deutlich ablesen. Deshalb werden wir den heutigen Endzustand für die Darstellung verwenden.

Gemeinsame Infrastruktur führt zu Automatisierbarkeit

Betrachten wir das jetzt am Beispiel von Heizungsanlagen.

Ein Mietshaus in Deutschland mit 30 Mietparteien benötigt nur eine Heizungsanlage. Bei dezentraler Lebensweise auf dem Land wären derer 30 erforderlich gewesen. Warum so eine gemeinsam finanzierte Anlage heute eine ganz andere Qualität hat als 30 einfache Feuerstellen auf dem Land, werden wir gleich genauer ansehen.

Noch viel deutlicher wird das, wenn man ganze Stadtviertel mit Fernwärme beheizt. Nicht nur, dass die Abwärme eines Kraftwerks quasi kostenlos abfallende Wärme-Energie bereitstellt, nein, tausende Häuser und zehntausende Wohnungen benötigen gar keine Heizungsanlagen mehr.

Solche gemeinsamen Finanzierungen ergeben sich auch für viele andere Teile der Infrastruktur, zum Beispiel für das öffentliche Transportwesen oder für Einkaufsmöglichkeiten. Auf dem Land müssen 50 Haushalte die Fixkosten eines kleinen Einkaufsladens finanzieren, der noch dazu durch die entfernte Lage hohe Transportkosten für die Belieferung hat. In der Stadt kann ein Supermarkt viel mehr Leute versorgen und wenn es dann noch Ladenketten gibt, können diese, durch die gleichartige Struktur aller Läden, die Kosten noch weiter senken. Die niedrigen Kosten kommen der Allgemeinheit durch niedrige Preise und damit durch die Schaffung von Ausgabespielräumen zu Gute.

Das obige Fernwärme-Angebot zeigt aber noch etwas anderes auf, was Städte so effizient macht: Die Heizungsanlagen müssen von den Mietern auch nicht mehr persönlich betrieben werden. Was für eine Einsparung an Arbeitszeit, wenn man nicht mehr mit Holz oder Kohle seine lokale Heizung betreiben muss!

Wie kam es zu der heute erlebten Effizienz?

Noch bis kurz nach dem zweiten Weltkrieg war es üblich, dass in jeder Wohnung Öfen standen und die Menschen, genau wie auf dem Land, einzelne Zimmer mit Holz oder Kohle beheizten. Damals gab es aber bereits wenige große, meist öffentliche Gebäude, die mit einer einfachen Zentralheizung beheizt wurden. In diesen Gebäuden mussten viele Zimmer beheizt werden, deren dezentrale Beheizung durch den damit verbundenen Aufwand schlicht nicht möglich gewesen wäre. Also gab es schlaue Techniker, die sich eine Lösung für das Problem des Frierens überlegten.

Diese Gebäude bekamen den sogenannten Heizungskeller. Da stand eine große Heizungsanlage, die mit Holz oder Kohle beheizt wurde und die Wärme wurde dann entweder über warmes Wasser oder warme Luft auf die Räumlichkeiten verteilt. Um diese ersten Anlagen zu befeuern, wurde ein Heizer beschäftigt, der Kohlen schippen musste und die anfangs noch recht komplizierte Technik instand zu halten hatte. Heizer kosten Geld, und so war es nur folgerichtig, dass schlaue Techniker auf die Idee kamen, diese Heizungsanlagen so zu verbessern, dass die Heizer nicht mehr nötig waren. Jeder Betreiber einer solchen Anlage konnte sich ausrechnen, wie lange es dauern würde, bis sich eine Investition in solch moderne Heizungsanlagen amortisieren würde. Und weil es sich für die Betreiber lohnte, wurden mehr und mehr solche Anlagen verkauft. Aber die Automatisierung hatte einen Seiteneffekt: Es sanken die Betriebskosten. So wurden die Anlagen auch für Gebäude interessant, die bislang gar nicht oder nur dezentral beheizt wurden. Denn die zentrale, automatische Anlage erforderte einmalige Investitionen, aber zog nur geringe laufende Kosten nach sich. So konnten sich mehr Menschen beheizte Räumlichkeiten leisten. Denn mit der Investition ergab sich auch eine qualitative Verbesserung. Mit der zentralen Heizung wurden nicht nur einzelne Räume, sondern ganze Wohnungen und ganze Gebäude beheizt. Das brachte den Menschen im kalten Deutschland eine ganz neue, bis dahin unbekannte Lebensqualität. Anfangs waren diese Anlagen nach wie vor recht groß und teuer. Aber der Wettbewerb führt dazu, dass die Unternehmen versuchten, ihren Absatz zu erweitern. Dafür mussten die Anlagen kleiner werden. Kleiner bedeutet günstiger, weil sie weniger Material enthalten, weil sie weniger Raum beanspruchen und weil sie dadurch für alle Häuser von groß bis klein angeboten werden können. So kann die Firma, die solche günstigen Produkte anbietet, viel mehr davon absetzen und so größer werden. Dadurch kann sie Wettbewerber, die nicht mithalten konnten, schlucken oder nur ihre Produkte in deren Regionen verkaufen.

Mit viel Forschung und Entwicklung wurden die Heizungen immer effizienter. Heute haben moderne Gasbrennwert-Heizungen Wirkungsgrade von über 100%, weil sogar die Abwärme der Verbrennung mit genutzt wird.

Früher konnte jeder eine einfache Heizung zusammenbauen, der etwas vom Metallschweißen verstand. Heute darf so eine Heizung nicht mehr betrieben werden. Die staatlichen Auflagen verlangen eine nach Abgasen technisch hoch optimierte Lösung, die nur durch jahrzehntelange kontinuierliche Verbesserungen zu erreichen war. Heute kann kein Unternehmen neu in diesen Markt einsteigen, ohne Millionen in die Entwicklung eigener Geräte zu stecken. Gut für die etablierten Unternehmen, könnte man jetzt denken. Aber nein, Kapitalismus funktioniert anders. Denn auch der Hausbau hat sich gewandelt. Häuser werden heute so gebaut, dass sie selbst in Deutschland eigentlich gar keine Heizung mehr brauchen. Nur noch für ganz wenige Tage im Jahr. So sieht technischer Fortschritt aus. Angetrieben durch den Wettbewerbsdruck und staatliche Vorgaben. Wenn die Heizungsbetriebe weiter Heizungen verkaufen wollen, dürfen diese nicht zu teuer sein, denn sonst könnten die Hauseigentümer sich sagen, die durchschnittlich acht Tage im Jahr muss ich halt etwas frieren.

Auslöser dieser Entwicklung war die Konzentration von vielen Menschen auf engem Raum. Weil es viele Häuser mit einer Möglichkeit der gemeinsamen Finanzierung gab, konnten die anfänglich als Unikate gebauten Zentralheizungen Schritt für Schritt in einen Prozess der industriellen Massenproduktion in preiswerte Geräte höchster Qualität überführt werden.

Verallgemeinert man das Beispiel, sieht die Lage so aus

Diese Qualitätsverbesserungen durch gemeinsame Finanzierungen führen ganz oft zu direkten Automatisierungen oder zunächst zur Verlagerung auf spezialisierte Dienstleister. Diese übernehmen wesentliche Teile der Arbeit für die Stadtbewohner. Die Spezialisierung erlaubt dann im nächsten Schritt eine teilweise oder vollständige Automatisierung durch Skalen-Effekte und Mengenbündelung.

Stets und ständig profitiert man dabei von hohem Angebot (an Arbeitskräften, Mietflächen, (Sub-)Lieferanten) und hoher Nachfrage (viele Verbraucher) auf engem Raum. Die Zentralisierung fördert die Arbeitsteilung und eliminiert die Redundanz der dezentralen ländlichen Lebensweise. Die Finanzierung der spezialisierten Sublieferanten, die jeder Stadtbewohner ständig in Anspruch nimmt, ist kein Problem. Er kann sie einerseits aus den effizienzbedingten Einsparungen bezahlen und andererseits hat er ja selbst eine Arbeit mit hoher Wertschöpfung, die entsprechend gut bezahlt ist.

In der Praxis ist jeder zusätzliche Dienstleister und jede weitere gemeinsame Finanzierung für alle Beteiligten nur positiv. Sie bekommen gemeinsam einerseits mehr Arbeit (Leistungsanbieter) und andererseits mehr Qualität und mehr Freizeit (Leistungsabnehmer). Und der Staat profitiert auch, weil bei allen Leistungen natürlich auch brav die Abgaben wie z.B. die Mehrwertsteuer gezahlt werden.

Bei der Mehrwertsteuer wird die enorme Steigerung der Effizienz besonders deutlich, denn auf alle zwischengeschalteten Dienstleistungen muss anders als bei der Selbstversorgung auch noch eine Zusatzabgabe an die Staatsgewalt geleistet werden. Auch diese Abgabe lässt sich problemlos mitfinanzieren und konnte über die Jahre in Deutschland sogar auf knapp 19 Prozent angehoben werden.

Zentralisierung schafft Spielräume für zusätzliche Nachfrage

Die Zentralisierung in den Städten schafft zeitliche und finanzielle Spielräume für zusätzliche Nachfrage und nachfolgend zusätzliche Angebote. Diese Angebote werden von dem Überschuss erzwingenden System immer wieder in sich selbst optimierender Form entwickelt und erbracht.

Mit der Wachstumsspirale fängt es an

Die vom Land in die Städte strömenden Menschen müssen untergebracht und versorgt werden. Dafür muss Infrastruktur geschaffen werden, was Arbeitsleistung erfordert, die weiterer Menschen bedarf und diese deshalb anzieht. Das ist ab einem bestimmten Punkt eine sich selbst verstärkende Aufwärtsspirale. Diese Aufwärtsspirale haben die VSA unmittelbar nach dem zweiten Weltkrieg erlebt und in Deutschland begann sie gegenüber den VSA etwas verzögert Ende der fünfziger Jahre. China hat diese Phase in den letzten Jahren durchlebt und hat für 2025 das Ende dieser Entwicklung eingeplant.

Am meisten wachsen die Städte im Kondratjew-Sommer

Diese Wachstumsspirale bedeutet ein enormes Wachstum der Volkswirtschaften über einen relativ langen Zeitraum hinweg. In dieser Zeit steigt auch die Verschuldung kräftig an. Sie ist jedoch durch entsprechende sinnvolle Investitionen gedeckt. Es ist enorm viel Geld im Umlauf. Die Staatseinnahmen steigen sprunghaft an und die Staatsausgaben können generös ausgeweitet werden. Wir erinnern uns, die Inflation brummte. Es geht bei steigenden Löhnen vielen Menschen deutlich besser als jemals zuvor. Ein breiter Mittelstand kann entstehen. Alte Schulden können leicht getilgt werden.

Die gemeinsame Finanzierung von Infrastruktur ermöglicht durch die geringe räumliche Ausdehnung der Städte eine extreme Arbeitsteilung. In Folge dieser Arbeitsteilung konnten Aufgaben Stück für Stück automatisiert werden, und weil immer mehr Menschen in die Städte zogen, wurden Skalen-Effekte möglich, wie sie ohne Städte in der Realwirtschaft nicht zu realisieren wären.

Weil sich so viele Menschen an der gemeinsamen Finanzierung beteiligten, konnte man zum Beispiel einen hocheffizienten öffentlichen Nahverkehr einrichten. Der öffentliche Nahverkehr transportiert täglich weltweit hunderte Millionen von Menschen preiswert, schnell und über relativ große Strecken hinweg zur Arbeit. Diese Verkehrsnetze sind die Blutadern der Städte, die es erlauben, dass Fabriken und Büros wie Organe eines riesigen Körpers mit Menschen und Materialien versorgt werden. Tag für Tag können die Organe des Körpers so ihren wichtigen Beitrag zum allgemeinen Wohlbefinden leisten. Durch die hohe Geschwindigkeit bei hohem Durchsatzvolumen wirken die neuen Verkehrsnetze wie ein weiterer Konzentrator. Es können in den Randbereichen mehr Menschen aufgenommen werden und trotz der Zunahme an Menschen lassen sich alle schneller und besser über noch weitere Strecken transportieren.

Die Baukapazitäten im Bereich Verkehrsinfrastruktur sind im Kondratjew-Sommer hoch. Neue Strecken zu erstellen, ist vergleichsweise preiswert. Die technischen Anforderungen sind bei der Neu-Einrichtung noch vergleichsweise niedrig, und mit der Fertigstellung bringt jede neue Verkehrsader sofort erhebliche Gewinne für die ganze Stadt. Am Ende des Sommers sind die meisten Städte mit einem akzeptablen Verkehrsnetz ausgestattet.

Der Ausbau der Städte festigt abgabebasierte Systeme

Das Problem von abgabebasierten Systemen, insbesondere von demokratischen, abgabebasierten Systemen, ist die zeitliche Perspektive der Machtausübung. Jeder Machthaber ist ständig bestrebt, seine Macht im aktuellen Moment möglichst auszubauen und abzusichern. Wenn es dafür Spielraum gibt, wird er diesen Spielraum nutzen, um seine Macht zu festigen.

Das Wachstum der Volkswirtschaften beim Aufbau städtischer Infrastruktur liefert scheinbar auch für diese Festigung der Macht große Spielräume. Dass die Spielräume von den Machthabern aber deutlich überschätzt wurden, werden wir gleich sehen.

2020 gab es in China zig Millionen von Bauarbeitern. Diese stampften in nur 15 Jahren neben hunderten Millionen-Städten auch eine Hochgeschwindigkeits-Eisenbahn-Infrastruktur von 16.000 km Länge aus dem Boden, davon allein von 2011 bis 2015 gut 7.000 km. Eine wirklich respektable Leistung. Allerdings nähert sich der Bau-Boom auch in China langsam dem Ende. Es gibt einfach immer weniger zu bauen, was vernünftige Renditen erwarten lässt.

Am Ende der Aufwärtsspirale musste sich die Wirtschaft umstellen

Am Ende der Aufwärtsspirale musste eine massive Anpassung der Wirtschaft erfolgen. Diese ist durch die Größe des Problems in jedem Fall schmerzlich. Spürbar wurde das in West-Deutschland Ende der 70iger sowie in Ost-Deutschland um 1996. Was passierte aber genau?

Die Anzahl der Arbeitsplätze im Bausektor musste drastisch reduziert werden. Erstmals stieg die Arbeitslosigkeit wieder signifikant an. Die Menschen mussten in anderen Bereichen der Wirtschaft untergebracht werden. Dieser Prozess war schwierig, nicht selten wurden zum Ende der Aufwärtsspirale Überkapazitäten (Immobilien-Blasen) geschaffen, die einen umso schärferen Rückgang jeglicher Bau-Nachfrage und damit auch der Beschäftigungsmöglichkeiten bedeuteten. Viele Menschen mussten sich umorientieren und waren zumindest vorübergehend arbeitslos. Dieser Prozess ist relativ irreversibel. Menschen, die in der Folge der Umorientierung leichtere Arbeiten durchgeführt haben oder längere Zeit arbeitslos waren, sind danach nicht mehr in der Lage oder willens, die schwere Arbeit im Bausektor zu ertragen. So werden dort statt Menschen immer mehr Maschinen eingesetzt, was die Arbeit zwar teurer, aber dafür mit wenig Menschen realisierbar macht. Parallel steigen die Löhne am Bau im Verhältnis zur Anfangsphase der Aufwärtsspirale stark an. Insgesamt pendeln sich die Anzahl der Menschen und Maschinen, die im Bausektor arbeiten, auf ein neues, niedriges Niveau ein.

China ist dieses Umstellungsproblem ebenfalls sehr bewusst, denn dort wird langfristig zentral geplant. Die chinesische Führung plant deshalb Bauleistungen im Rahmen der neuen Seidenstraße zu exportieren. Das kann allerdings keine dauerhafte Lösung des Problems werden, sondern nur die übliche Verschiebung in die Zukunft und damit wahrscheinlich in der Verantwortung eines anderen Machthabers.

Die Ablösung der Bauwirtschaft als Wirtschaftsmotor stellt trotzdem einen Effizienzgewinn dar, der in allgemeinen Wohlstand umgemünzt werden kann. Die Menschen arbeiten jetzt in anderen Bereichen und müssen/können dort mehr Sozialprodukt generieren, weil die Bauwirtschaft, vergleichbar mit der Landwirtschaft, ein von Wetter und Jahreszeiten abhängiger Wirtschaftszweig ist.

Nach der Aufwärtsspirale beginnen Jahre der Stagnation

Nach der Aufwärtsspirale folgen die Jahrzehnte des Kondratjew-Herbstes. Die Dynamik des Wachstums änderte sich mit dem Ende der Aufwärtsspirale im Sommer. Jetzt sind die Effizienzgewinne bei weitem nicht mehr so groß. Sinnvolle, lohnende Investitionsziele werden langsam, aber sicher immer weniger. Der Staat greift immer mehr steuernd und leitend in die Wirtschaft ein.

Weiteres Wachstum erzwingen

Ständig muss das Sozialprodukt wachsen, ständig müssen die Steuereinnahmen wachsen, ständig muss mehr aus den Bürgern herausgepresst werden und deshalb müssen diese unter ständig höherem Druck mehr leisten. Dies geht natürlich nur, wenn man diese zwangsläufige Entwicklung seitens der Machthaber gut versteckt. Dazu gehört, dass der höhere Zwang mit immer komplizierteren Gesetzen immer feiner verteilt wird. Sehr wohl sind die Herrscher dabei auf eine geheuchelte Gerechtigkeit bedacht. Schließlich wollen sie, dass die Sklaven arbeiten und nicht rebellieren. Die ständig komplizierteren Gesetze erfordern mehr spezielle Beratungsleistungen. Kurz vor der Abwärtsspirale braucht die Regierung schon ganze Heere von Rechtsberatern, die die Gesetze überhaupt erst formulieren. Auf Seiten der Wirtschaft, die sich nach den Gesetzen richten muss, sieht es nicht anders aus. Ständig steigen die vorgeschriebenen Anforderungen, z.B. bei der Sicherheit. Damit gelingt es den Produkt-Anbietern, sinkende Preise zu vermeiden, denn stets wird zum selben Preis mehr Leistung (mehr Sicherheit) geboten. Das Gute dabei ist: Das Sozialprodukt fällt nicht, die Einnahmen des Betriebes fallen nicht, die Steuereinnahmen fallen ebenfalls nicht. Außerdem werden laufend neue Überwachungszwänge geschaffen. Neben Schornsteinen und Abgasen der Heizungen werden jetzt z.B. auch noch Rauchmelder und Hauswasser-Anlagen auf Legionellen kontrolliert. Natürlich müssen all diese Prüfungen bezahlt werden. Aber sie sorgen auch für zusätzliche Arbeit und zusätzliches Sozialprodukt und natürlich für zusätzliche Steuereinnahmen.

Deshalb mögen die Machthaber solche Gesetze. Alle diese Gesetze führen zu einem ständigen Wachsen der Wirtschaft, um so den Start der Abwärtsspirale zu vermeiden. Auch Umwelt-Auflagen wie gesteigerte Abgasnormen für Kfz und Heizungen, Dämmvorschriften für Gebäude oder Lärmvorschriften für Flugzeuge können die Wirtschaft am Laufen halten. Stets und ständig werden die Bürger direkt oder indirekt gezwungen, mehr zu bezahlen, also auch vorher mehr zu leisten. Wer dem Druck nicht standhält, wird aussortiert und alimentiert, um die Ruhe zu gewährleisten. Solange die Verhältnisse von Arbeitenden zu Aussortierten stimmen, lässt sich das System betreiben. Im Zweifelsfall wird die Zuwendung für die Aussortierten reduziert.

Anfangs begrüßen die Unternehmen die ständig steigenden Anforderungen noch, können sie dadurch doch ihre Leistungen steigern und die Preise erhöhen oder zumindest gleich halten. Außerdem werden die Hürden für potentiell in den Markt einsteigende Wettbewerber höher und damit die Stellung des Unternehmens im Markt zunächst gefestigt. Wir erinnern uns an das Beispiel oben mit der Zentralheizung, die zunächst immer kleiner und besser wurde, dann aber plötzlich fast nicht mehr gebraucht wird, weil die Isolierung so gut geworden war. Je länger die Zeit läuft und je größer die Abgabenlast wird, desto weniger können die Menschen für gewisse Produkte bezahlen. An diesem Punkt reichen weitere Zwänge nicht mehr aus, um mehr aus der Bevölkerung herauszupressen. Ab diesem Punkt verkehrt sich der frühere Vorteil in das Gegenteil. Die Produkte müssen sehr aufwendig produziert werden, aber der Preis muss trotzdem gesenkt werden, damit bei schwindender Kaufkraft überhaupt noch etwas verkauft wird. Der einfachste Weg ist hier zunächst der Zukauf von Komponenten aus dem billiger produzierenden Ausland. Später wird dort dann die gesamte Fertigung vorgenommen. Am Ende sinkt die Qualität der Produkte und es werden bewusst Schwachstellen in die Produkte eingebaut, damit sie nicht zu lange halten. Nur so kann man in einigen Jahren neue Produkte verkaufen. Auch hier gibt es ein stilles Einverständnis mit den Machthabern. Sie wollen auch weiter Steuern einnehmen. Leidtragender ist dabei die Umwelt, denn es werden unnötig wertvolle natürliche Ressourcen verbraucht.

Wirtschaftswachstum dient dem Machterhalt

Staaten sind nicht in der Lage, sinnvoll zu sparen. Der demokratische Staat schon gar nicht. Hier sind die Machthaber noch ganz anderen Risiken ausgesetzt, als dies bei Diktaturen der Fall ist. Deshalb sind sie ständig darauf bedacht, das Sozialprodukt zu steigern. Was auf der anderen Seite nur heißt, dass sie noch mehr Geld aus der Bevölkerung herauspressen können. Weil das Sozialprodukt steigt, kann auch die Verschuldung der Staaten steigen und so können die Machthaber noch mehr Geld im Moment verwenden.

Regierungen pressen also mehr Geld aus der Bevölkerung heraus, um sich selbst das Geschenk zu machen, zusätzliche Kredite aufnehmen zu dürfen. Die zusätzlich mögliche Verschuldung ist aus Sicht der Machthaber ein Multiplikator für Machtwachstum. Sie können damit auf Pump mehr Geld für den eigenen Machtausbau erhalten und nutzen, was erst später andere Machthaber werden erarbeiten müssen. Man erkennt klar den Egoismus.

Staatsverschuldung manifestiert den Egoismus der Obrigkeit

Umweltschutz ist eine hervorragende Tarnung

Immer wieder gibt es die Forderungen von Umweltschützern oder anderen Nachhaltigkeits-Aposteln, die Wirtschaft zugunsten der Umwelt zu schrumpfen. Stets und ständig ist die Politik für den Umweltschutz, aber immer nur so, dass die Wirtschaft weiter wächst. Die Politiker wollen schließlich an der Macht bleiben. Die meisten haben zwar das System nicht verstanden, aber sie haben einen sicheren Instinkt, was ihre Macht gefährdet.

Umweltschutz hat aus Sicht der Politik immer nur das Ziel, noch mehr Wirtschaftswachstum zu erzwingen. Wir wissen aus dem Kapitel „Steuern wirken auch heute noch als Zwang" (Seite 74), dass mehr Steuern den Arbeitsdruck erhöhen.

Der Umweltschutz ist aber eine hervorragende moralische Tarnung, denn kein Politiker wird gerne zugeben, dass er Wirtschaftswachstum braucht, um seine Macht zu festigen. Da lässt man sich besser mit Greta fotografieren. Dann kann man sie bei der Bevölkerung auch noch für die negativen Effekte des zusätzlichen Arbeitsdrucks verantwortlich machen.

Und im Ergebnis freut sich die Politik an dem erzwungenen Wachstum und mehr Steuereinnahmen. Alles erlaubt eine weitere Verschuldung und so kann man ganz sicher länger an der Macht bleiben.

Die armen Untertanen müssen noch mehr arbeiten und die Umwelt wird bei einer wachsenden Wirtschaft natürlich keinesfalls geschützt.

Infrastruktur verfällt mit der Zeit

Im Kondratjew-Herbst wird nach und nach erster Erneuerungsbedarf bei der Infrastruktur festgestellt. Dieser lässt sich anfangs noch gut bewältigen. Denn es sind zunächst nur wenige Elemente der inzwischen lange zurückliegenden Wachstumsspirale, die selektiv erneuert werden müssen. Diese Kosten lassen sich noch gut durch Einsparungen oder weniger Neu-Investitionen decken.

Dezentrale Infrastruktur von geringer Wichtigkeit (wie Büchereien oder Schwimmbäder) wird dabei in der Fläche wieder etwas reduziert und das Heil in einer weiteren Konzentration an weniger Orten als zuvor gesucht. Anfänglich werden die Einsparungen mit qualitativen Verbesserungen kombiniert, um so die eigentliche Einsparung zu verschleiern.

Die notwendige Erneuerung wird nicht durchgeführt

Die Unlösbarkeit der Aufgabe wird deutlich, wenn weite Bereiche der städtischen Infrastruktur umfangreichen Erneuerungen bedürfen. Jetzt bemerken aufmerksame Beobachter den Verfall der Infrastruktur. Lange zuvor haben Experten die Machthaber auf die kommenden Aufgaben bzw. Probleme hingewiesen. Aber diese haben selbstverständlich nach wie vor eher Neubauten favorisiert, um die mit diesen Objekten verbundenen Effizienz- (und Image-)gewinne zu realisieren. Anfangs sind die Probleme eher optischer Natur und es ergeben sich funktionale Mängel im Vergleich zu Staaten, die ihre Wachstumsspirale später hatten. Ostdeutsche Städte sind moderner als westdeutsche, und asiatische Städte moderner als europäische. Die Probleme der nicht mehr finanzierbaren Infrastruktur erreichen die letzte Stufe, wenn es zu den ersten physischen Ausfällen kommt, weil notwendige Erneuerungen zu lange verschoben wurden.

Ich stelle hier die folgende These auf: Die Erneuerung der Infrastruktur wäre möglich, wenn man von Anfang an etwa 1,5% des GBP pro Jahr in Rücklagen investiert, um sich auf den Reparatur-Stau vorzubereiten. Diese Rücklage hätte sogar doppelte Vorteile:

1) Es wäre Geld da, um die Reparaturen durchzuführen.
2) Es wäre in den Jahren zuvor schon deutlich weniger gebaut worden, weil ein Teil der vorhandenen Mittel in die Rücklagen geflossen und so nicht für Investitionen verfügbar gewesen wäre.

Aber das läuft natürlich dem Machtstreben demokratischer Politiker entgegen.

Warum ist die Erneuerung der Infrastruktur so schwer?

Was passiert, wenn jetzt aber der Erneuerungsstau im Bereich der städtischen Infrastruktur so stark wird, dass er nicht mehr zu ignorieren ist und auch nicht mehr durch einfache, kleine Reparaturen zu beheben ist? Kleine Reparaturen hatten die Politiker über viele frühere Jahre immer verschoben, weil derart eingesetztes Geld keinen Beitrag zum eigenen Machterhalt leistet.

Erst wenn der Verfallszustand nicht mehr ignoriert werden kann, muss der Machthaber reagieren.

Dann stellt man als erstes fest, dass eine Erneuerung viel teurer ist als die erstmalige Errichtung der Infrastruktur. Das hat zwei Gründe. Den ersten hatten wir im Kapitel „Weiteres Wachstum erzwingen" (Seite 110) besprochen. Die Politik hat mit voller Absicht die technischen Anforderungen in allen Bereichen schrittweise erhöht, um so zusätzliches Wachstum zu generieren. Damit ist jetzt jegliche Infrastruktur viel teurer herzustellen als das beim ersten Mal der Fall war. Beim ersten Mal wurde die Infrastruktur neu geschaffen, und das Umfeld konnte gut ohne die Nutzung der jeweiligen Komponente auskommen. Bei der Erneuerung ist das nicht der Fall. Diese muss parallel zur Nutzung organisiert werden. Das potenziert die Kosten leider ganz schnell. Einerseits für das Bau-Unternehmen, aber genauso auch für die vielen Nutzer der Infrastruktur. Um die Kosten einigermaßen im Rahmen zu halten, müssen in der Regel den Nutzern der betroffenen Einrichtungen nicht unerhebliche Einschränkungen zugemutet werden.

Man steht vor der Wahl,

a) entweder Teile der erneuerungsbedürftigen Infrastruktur still zu legen und damit auf sie zu verzichten oder

b) Ressourcen aus anderen Wirtschaftsbereichen abziehen zu müssen, um sie für die Erneuerung bereitzustellen.

In der Praxis wird man sicher eine Mischung aus beiden Komponenten realisieren. Der Verzicht auf Teile der Infrastruktur führt zu Effizienz- und Arbeitsplatzverlusten, welche die vormaligen Effizienz- und Arbeitsplatzgewinne aus der Zeit der Aufwärtsspirale teilweise wieder neutralisieren. Das auf diesen Effizienzgewinnen beruhende Sozialprodukt kann damit nicht mehr erwirtschaftet werden. Es kommt zu einer Schrumpfung des Sozialprodukts.

Wo kommen die nötigen Ressourcen her?

Nötige Ressourcen wären

1. Finanzielle Ressourcen
2. Maschinen
3. Menschen

Die finanziellen Ressourcen sind im Kondratjew-Herbst seit langer Zeit knapp. Was jedoch kein Hinderungsgrund wäre, denn die kann bzw. könnte man über die Zentralbanken in Umlauf bringen, wie wir im Kapitel „Geldmengensteuerung" (Seite 76) gesehen hatten. Die Maschinen sind dabei noch das geringere Problem, die Hersteller würden gerne produzieren und liefern. Woher aber soll man die Menschen nehmen, die das Fachwissen haben, um die Maschinen in den nötigen Quantitäten zu bedienen? Das Problem wird unlösbar bei den Menschen, die im Bausektor fehlen. Wie soll es funktionieren, die bisherige Wirtschaftsleistung zu steigern, wenn plötzlich zusätzlich viele Menschen und Ressourcen für die Erneuerung der alten, bestehenden Infrastruktur benötigt werden, die in den letzten Jahrzehnten einfach mit minimalem Ressourceneinsatz genutzt wurde? Anders als zu Zeiten der beginnenden Aufwärtsspirale können nicht Menschen aus ineffizienten Berufen im ländlichen Sektor abgezogen werden. Sie müssen aus Bereichen kommen, deren Produktivität bereits einen notwendigen Beitrag zum bestehenden Sozialprodukt leistet, der nach der Umschichtung fehlen muss. Verschärfend kommt hinzu, dass bereits in vielen entwickelten Ländern die Bevölkerung nicht mehr wächst. Gerade der Anteil der arbeitenden Bevölkerung steht durch das altersbedingte Ausscheiden der geburtenstarken Jahrgänge aus der Wachstumsphase vor einem deutlichen Rückgang. Hätte man künstliche Kosten in Form einer Rücklage erzeugt, wäre das Problem beherrschbar. Weil Machthaber auf Zeit aber niemals Geld ungenutzt lassen, um ihre momentane Macht zu festigen, kommt man jetzt in große Schwierigkeiten. Wie können die Machthaber das Problem lösen, ohne ein Schrumpfen der Wirtschaft auszulösen, das in einer Abwärtsspirale mündet?

Menschliche Ressourcen beschaffen

Eine Möglichkeit wäre, die Arbeitslosen der Industrieländer wieder auf den Bau zu zwingen. Eine Variante, die jedoch nicht funktionieren wird. Ein paar Reserven lassen sich dort vielleicht mobilisieren, aber wirkliche Erfolge wird man nicht haben. Eine andere Lösung (für den Westen) wäre, vorübergehend Bauarbeiter aus China zu importieren, die die Ressourcen-Probleme im Bausektor lösen könnten, und die China die Möglichkeit geben würden, seinen Bausektor langsam(er) an den zukünftigen Inlandbedarf anzupassen. In diese Richtung ging das international in Verhandlungen steckende TISA-Projekt, welches von Trump allerdings gestoppt wurde. China könnte die geliehenen Bauarbeiter sogar selbst bezahlen und danach für die Vermietung der Infrastruktur Miete kassieren, was den Abstieg des Westens verzögern und den Wohlstand Asiens nachhaltiger machen würde. Aufgrund der aktuellen US-Politik wird eine solche Lösung politisch allerdings nicht mehr durchsetzbar sein.

Vielleicht kann man das Problem auch mit der Aufnahme von Menschen aus aller Welt lösen. Könnte es sein, dass Frau Merkel diese Idee hatte, als sie die Tore für Migranten im Jahr 2015 so schnell und so weit öffnete?

Ob sich das Ressourcen-Problem mit Migration lösen lässt, wird die nahe Zukunft zeigen. Aber selbst wenn es gut gehen würde mit dem Arbeitskräfte-Import und dem Bereitstellen des notwendigen Geldes durch die Zentralbanken, hätte man allenfalls wieder nur Zeit gekauft. Denn die Welt wird spätestens dann erneut vor dem gleichen Wachstums-Problem stehen, wenn Chinas Infrastruktur die Phase erreicht, in der der Westen heute feststeckt. Nach all dem, was man zur Qualität der chinesischen Bauten lesen kann, liefert es vermutlich nicht so viel Zeit wie erhofft.

Was passiert beim Schrumpfen des Sozialprodukts?

Im Kondratjew-Herbst sind Regierungen immer wieder von einem Schrumpfen des Sozialprodukts bedroht. Was passiert da genau?

Jetzt kommt uns zu Gute, dass wir im Teil eins unser Geld verstanden haben.

Wenn die Wirtschaft aufhört zu wachsen, werden in der Regel keine oder kaum neue Kredite vergeben und so stoppt die Versorgung mit neuem Geld. Es gibt nur noch Geld-Nachfrage, aber kein Angebot mehr. Es gibt also Schuldner, die Waren produziert haben, für die sich keine Käufer finden. Es gibt Dienstleister, die Angebote machen, aber keine Kunden, die sie abnehmen wollen oder können. Es gibt Arbeitnehmer, die arbeiten wollen, aber keinen Arbeitgeber finden. Wenn dieser Zustand länger anhält, können Zinsen nicht gezahlt und Kredite nicht getilgt werden. Zumindest nicht, wie es beim Kreditabschluss einmal vereinbart wurde. Oft sind die Banken durchaus flexibel, die Konditionen anzupassen, wenn ein Kreditnehmer nur weiter bereit ist, seine Schulden zu tilgen. Wenn die Wirtschaft schrumpf, kommt es zu einer Unterversorgung mit Geld und Kredit-Zinsen und - Tilgungen können nicht mehr geleistet werden.

Wirtschaftswachstum darf nicht fehlen

Oft springen Staaten in solchen Situationen ein und betreiben aktive Wirtschaftspolitik nach Keynes. So sollen temporäre Wachstums-Dellen so schnell wie möglich beendet und die Wirtschaft auf Wachstumskurs zurückgeführt werden.

Allerdings sind viele Staaten inzwischen so verschuldet, dass eine weitere Verschuldung die Zinsen nach oben treiben würde, weil die Rückzahlbarkeit der Schulden in Frage gestellt wird. Was bezogen für die sogenannten PIGS-Länder (Portugal, Italien, Griechenland und Spanien) dazu führt, dass immer wieder ein Ausscheiden aus der Eurozone prophezeit wird. Wie im ersten Teil beschrieben, werden die Notenbanken eingesetzt, um die Staaten trotz aller Schwierigkeiten mit Geld zu versorgen. Außerdem soll die Verschuldung zukünftig über die EU durchgeführt werden. So kann die Verschuldungsfähigkeit der PIGS-Länder von den Kapitalmärkten nicht länger angezweifelt werden. Und das ist besonders wichtig für den Machterhalt der herrschenden Parteien.

Allerdings hatten wir beim Thema „Geldmengensteuerung" (Seite 76) festgestellt, dass eine regionale Unterversorgung mit Geld trotzdem schwer auszugleichen bleibt. Weil Staaten zwar Geld in Umlauf bringen können, aber die Verteilung in die Realwirtschaft nicht so einfach ist.

Betrachten wir, was passiert.

Wie entwickelt sich die gemeinsame Finanzierung in der Stadt?

In der Aufwärtsspirale hatte die gemeinsame Finanzierung von Infrastruktur durch die Begrenzung auf die engen Räume in den Städten zu einer extremen Arbeitsteilung geführt. Infolgedessen konnten zuvor manuell ausgeführte Aufgaben Stück für Stück automatisiert werden, und weil immer mehr Menschen in die Städte zogen, wurden Skalen-Effekte möglich. Weil sich so viele Menschen an der gemeinsamen Finanzierung beteiligten, konnte man zum Beispiel einen hocheffizienten öffentliche Nahverkehr einrichten. Dieser öffentliche Nahverkehr kann täglich weltweit Millionen von Menschen preiswert und schnell und über große Strecken zur Arbeit transportieren. Genau dieser Vorteil wird sich im Rahmen der Abwärtsspiralen wieder auflösen. So kann in einem Mietshaus kein Öl mehr gekauft werden, wenn 40% der Mieter nicht mehr zahlen. Die Verbleibenden können die Differenz i.d.R. nicht ausgleichen, zumal der Verbrauch nicht um 40% sinkt, selbst wenn man die Heizungen in den Wohnungen der Nichtzahler komplett abdrehen würde. Nach diesem Prinzip entwickelt es sich überall. Die früheren Effizienzgewinne durch Zentralisierung und Teilung der reduzierten Kosten lösen sich auf. Natürlich kann in dem obigen Mietshaus auch der Vermieter den Kredit für seine Investition nicht mehr bedienen oder eine Rendite für sein im Mietobjekt angelegtes Geld erwirtschaften. Im Falle eines Verkaufs fällt der Verkaufspreis damit niedriger aus.

Auch der gemeinsam finanzierte Nahverkehr funktioniert nicht mehr, wenn es zwanzig Prozent weniger zahlende Kunden gibt. Ein Teil der verbleibenden Kunden kann in so schlechten Zeiten die Erhöhung um die fehlenden zwanzig Prozent einfach nicht verkraften. Dieser Teil nutzt den Nahverkehr in der Folge von Erhöhungen ebenfalls nicht mehr. So werden aus zwanzig Prozent an fehlenden Kunden ganz schnell dreißig Prozent, und aus dreißig Prozent vierzig. Es entsteht offensichtlich eine sich selbst verstärkende Abwärtsspirale. Wir werden sehen, wie sehr die Nahverkehrsbetriebe in aller Welt durch die Corona-Maßnahmen gefährdet sind. Was die Regierenden derzeit mit dem Virus-Lockdown und der Wirtschaftsbehinderung machen, ist mit schweren Risiken verbunden. Weil natürlich trotz der massiven Geldverteilung gefährliche Unterversorgungen mit Geld auftreten. Ein Lockdown, aus welcher Motivation heraus auch immer, kann jederzeit eine gefährliche deflationäre Abwärtsspirale auslösen. Wir können nur beten, dass die Zentralbanken die Wirtschaft mit viel Geld stabilisieren können. Quantitativ verblasst das Thema Infrastruktur hinter den Virus-Risiken völlig. Die Theorie der Abwärtsspirale bleibt aber die gleiche. Egal was der Auslöser letztlich ist, Infrastruktur oder die Regierungspolitik bezüglich des Corona-Virus.

Abwärtsspirale, was ist das überhaupt?

Das Gegenstück zur Wachstumsspirale ist die Abwärtsspirale. Sie kündigt sich lange an, um dann urplötzlich mit voller Härte und irreversibel einzusetzen. Die Verschuldung hat sich dann bis zu einem Maximum erhöht. Die Schulden wachsen zum Schluss aber kaum noch an oder gehen sogar kurzfristig in Summe immer mal wieder etwas zurück. Der Staat kann seine Ausgaben schon lange nicht mehr decken und hat ebenfalls viele Schulden gemacht. Viele Staaten haben bei den Schulden zu dieser Zeit kritische Grenzen erreicht, bei denen die Rückzahlung in Frage steht.[6] In den Unternehmen hat sich verbunden mit einer enormen Konzentration auf immer weniger, immer größere Betriebe die Verschuldung ebenfalls extrem gesteigert. Viele Bilanzen von Großunternehmen verschleiern die Unmöglichkeit der Rückzahlung ihrer Schulden ebenfalls. Eine Steigerung der Löhne liegt lange zurück, vielfach mussten selbige sogar gekürzt werden, damit die Betriebe im internationalen Wettbewerb überhaupt überleben konnten. Oft findet die Senkung der Personalkosten indirekt statt, indem neue Mitarbeiter eingestellt werden, die nur weniger verdienen als bisherige Mitarbeiter.

Der Übergang zum Kondratjew-Winter

Irgendwann in dieser Zeit passiert es, dass einige Regionen mit Geld unterversorgt werden, wie wir es in Kapitel „Geldmengensteuerung" (Seite 76) gelernt haben. Das passiert, weil die Wirtschaft und die Kredite nicht mehr wachsen. Die Versorgung mit neuem Geld bleibt aus. Dann können die Schuldner nicht mehr zahlen und ganz plötzlich und unerwartet brechen ein oder zwei Banken zusammen.

Jetzt geraten alle in Schockstarre. Hoffentlich gelingt es den Zentralbanken und Regierungen, das Vertrauen möglichst schnell wiederherzustellen. Dann kann der Kollaps wieder einige Zeit verschoben und der Herbst verlängert werden.

Mit Einsetzen des Kondratjew-Winters führen die ersten Bankenpleiten zu einem echten Schrumpfen von Wirtschaft und Beschäftigung, was zu einem weiteren Schrumpfen von Löhnen (in der Summe) und Steuern führt und in der Summe weitere Ausgabekürzungen bedeutet und damit eine weitere Schrumpfung des Sozialprodukts.

---

[6] Die Unsinnigkeit von Staatsschulden hatten wir im ersten Teil erörtert. Warum sich Staaten überhaupt verschulden, um Geld in den Kreislauf einzuschleusen, ist unklar.

Die Leistungsanbieter reagieren mit Preissenkungen, die anfangs noch zu einer Kompensation der Absatzeinbußen bei geringeren Gewinnen führen. Ab einem gewissen Punkt hilft auch das nicht mehr. Immer mehr Betriebe müssen die Produktion ganz einstellen. Der Preisverfall führt außerdem zu einer Wartestellung der potentiellen Käufer, weil sie berechtigterweise annehmen, die Produkte nach einer weiteren Wartezeit noch billiger zu erhalten.

Wenn der Staat viel Geld in die Wirtschaft pumpt, fangen die Kosten für Energie und Nahrungsmittel an, weiter zu steigen. Insgesamt sind in der Gesellschaft zwar sehr viel Wohlstand und Geld vorhanden. Das zeigt sich an dem Ansteigen der Finanzwerte. Aktien-Indizes erstürmen einen Rekordwert nach dem andern. Aber kaum etwas von diesem vielen Geld ist noch in der Realwirtschaft sowie bei einer Mehrheit der Menschen im Umlauf. Die immer wieder festgestellte Spaltung der Gesellschaft macht sich jetzt auch für die Reichen negativ bemerkbar. Denn bei der großen Menge der Armen gibt es eine Unterversorgung mit Geld. Und selbstverständlich hat ein großer Teil der Armen heutzutage sehr wohl Kredite aufgenommen. Deren Schulden können immer weniger bedient werden und fallen aus. Entweder werden die Wertpapiere wertlos, in die solche Kredite von den Banken (in betrügerischer Absicht) ausgelagert wurden, oder es erwischt gleich die ganzen Banken. Dann werden auch die Spareinlagen der vermeintlich Reichen wertlos. In beiden Varianten beginnt ein Schrumpfen der Guthaben.

Die Schuldenkrise in der Realwirtschaft

Was dann passiert, ist leicht erklärt: Schuldner, die merken, dass sie Schwierigkeiten beim Tilgen bekommen, versuchen, ihre Sicherheiten zu verkaufen, solange deren Wert noch über den Schulden liegt. Es entsteht ein Überangebot und die Preise fallen, was mehr Schuldner dazu motiviert, ihr verschuldetes Eigentum besser rechtzeitig zu verkaufen. Was wiederum dazu führt, dass die Preise noch weiter fallen.

Wenn sich jetzt ein Käufer findet, dann ist das einer, der genug Geld hat, ein Sparer. Er will Finanzwerte wie Aktien, Anleihen oder sogar Geld besser rechtzeitig in sichere Sachwerte umschichten. Das führt zu einem Fallen der Finanzwerte, was wiederum weitere Sparer auf den Plan ruft, es diesem ersten Sachwertkäufer gleich zu tun. Anders als bislang werden die Sachwerte aber nicht mehr mit geliehenem Geld gekauft, sondern mit gespartem Geld. Der Verkäufer war jedoch zum großen Teil verschuldet und erhält jetzt gespartes Geld, mit dem er seinen Kredit tilgt.

Wir erinnern uns nun an das Kapitel „Kredit-Tilgung bedeutet weniger Geld im Umlauf" (Seite 8). Genau dieser Prozess führt dazu, dass einer bereits unterversorgten Wirtschaft weiteres Geld entzogen wird. Für die anderen Schuldner wird es in der Folge noch schwerer, an Geld heranzukommen. Die verbleibenden Schuldner spüren den stärker werdenden Druck und versuchen deshalb ihrerseits, ebenfalls Sicherheiten möglichst zu verkaufen. Damit kommt zusätzliches Angebot auf den Markt und die Preise fallen. Falls überhaupt, findet sich wieder nur ein Käufer mit Finanzwerten, welche er in Sachwerte umschichten möchte. Wieder wird dem Kreislauf Geld entzogen. Diese sich selbst verstärkende Abwärtsspirale sollte jedem klar werden.

Parallel gibt es auch die Schuldner, die so oder so gar nicht mehr zahlen können. Und dann die Sicherheiten, deren Wert zwischenzeitlich unter den des Kreditsaldos gefallen ist. Selbst wenn Banken gezwungen sind, Sicherheiten zu verkaufen, werden sich wieder nur Käufer mit gespartem Geld finden. Und in der Folge wird auch dann Geld in Höhe der gesamten Restschuld aus dem Geldkreislauf entfernt.

Die Banken sind nicht nur von den Kreditausfällen belastet. Sie können auch keine Finanzprodukte mehr verkaufen, weil diese in dieser Zeit auch nur noch im Wert fallen. Und die Provisionen aus dem Verkauf von Finanzanlagen sind eine Haupt-Einnahmequelle der Banken. Ein perfektes Szenario für weitere Bankpleiten.

Irgendwann gerät der gesamte Banksektor in unbeherrschbare Schwierigkeiten. Er verliert grundsätzlich die Fähigkeit, neue Kredite zu vergeben, die für ein erneutes Wachstum der Geldmenge und somit für die Geldversorgung der Bevölkerung erforderlich wären. Bleibt nur noch der Machthaber, der das Problem ausgleichen kann. Hierfür wird schon lange das sogenannte Helikopter-Geld gefordert. Ganz am Ende des Kapitels „Geldmengensteuerung" (ab Seite 76) hatten wir dieses im Abschnitt „Der Wintereinbruch ist unvermeidlich" (Seite 95) bereits dargestellt. Mit den bisherigen Strategien gibt es keinen Ausweg.

Betrachten wir, was das für die Städte bedeutet.

Was bedeutet die Abwärtsspirale für die städtische Bevölkerung?

Was passiert bei einer Abwärtsspirale mit der städtischen Bevölkerung? Ständig zunehmende Teile der Bevölkerung haben keine bezahlte Arbeit mehr. Damit fällt die Nachfrage ständig weiter ab. Auf die sinkende Nachfrage reagieren die Anbieter mit einer Senkung des Angebots, was wiederum Arbeitskräfte freisetzt. Händler, die nicht aus wirtschaftlichen Gründen schließen müssen, sehen sich zunehmender Gewaltanwendung und Plünderungen gegenüber. Wer Hunger hat und nichts mehr verlieren kann, holt sich das, was verfügbar ist, zur Not mit Gewalt. Die Kosten für die Sicherheit steigen damit rapide an und steigern so die Fixkosten. Man kann das in diversen Städten der VSA bereits deutlich sehen.

Drogenkonsum ist ein großes Problem

Drogenkonsum ist ein großes Problem, gerade in den VSA. Das menschliche Leid ist fürchterlich, doch die politische Reaktion darauf ist fatal. Die Kriminalisierung der Betroffenen ist ein schwerer Fehler. Städte mit hohem Drogenkonsum sind von der Abwärtsentwicklung besonders betroffen. Drogenkonsum sorgt für einen massiven Abfluss von Geld.

An der Drogenpolitik kann man wieder gut die Dummheit der Machthaber ablesen. Sie haben Geld einfach nicht verstanden. Sonst würden sie diesen Sektor anders steuern.

Gesunde Menschen verringern ihren Konsum, wenn ihnen das Geld fehlt, um Waren einzukaufen. Drogenabhängige können das nicht. Die Sucht zwingt sie mit extremen körperlichen Schmerzen, den Konsum aufrechtzuhalten. Die persönliche finanzielle Unterfinanzierung gleichen sie mit Diebstählen aus. Aber mit den Drogengeldern verlassen ständig Millionen an Dollar die ohnehin unterversorgten Städte. Es strömt viel mehr Geld aus der Stadt heraus, als der Machthaber mit der Bezahlung seiner zusätzlichen Schergen für die Drogenkontrolle verteilen kann.

Jeder Machthaber, der Verstand hat, würde für die Drogenabhängigen zügig Angebote schaffen, um sie aus der Sucht herauszuführen, um so den Abfluss von Geld zu reduzieren. Der Einsatz von staatlichen Sozialarbeitern wäre zig Mal effizienter als jener der Polizei. Warum Drogen nach wie vor verboten werden, müssen die Historiker aufarbeiten. Die Antworten werden sicher interessant ausfallen. Aber wir können sehen, dass unsere Machthaber bei weitem nicht so allmächtig und schlau sind, wie sie uns gerne glauben lassen.

Warum ist die Abwärtsspirale dieses Mal besonders gravierend?

Früher konnte jeder Einzelne sich einen Teil der notwendigen Lebensmittel dezentral im Garten hinter dem ländlichen Haus selbst erzeugen. Feuerholz konnte im Sommer gesammelt und im Winter genutzt werden. Das war die dezentrale Redundanz. Sie ist in den Städten nicht mehr erforderlich. Hier hat man gemeinsame Einrichtungen und Dienstleister für alle, die gemeinsam finanziert werden und damit bei hoher Qualität besonders günstig sind.

Oben hatten wir an den Beispielen Ölheizung und Nahverkehr bereits gelernt, wie sich eine abnehmende gemeinsame Finanzierung auswirkt. Wie sieht es für die gesamte Stadt aus?

Der Effekt der Unterfinanzierung von gemeinschaftlich genutzter Infrastruktur zieht sich sehr schnell in weiten Bereichen. Anders als in der Wachstumsphase wird die Abwärtsspirale leider nicht geordnet oder langsam ablaufen. Nein, sie kommt schnell und ungesteuert, sogar unsteuerbar. Es werden nämlich – massenhaft und plötzlich – stets eingehaltene (Zahlungs-)Verpflichtungen oder langjährige (Einkaufs-)Gewohnheiten nicht mehr eingehalten. Die Leistungsanbieter (Vermieter/Betriebe) werden von der Entwicklung komplett überrollt und es würde Kapital und Investitionen erfordern, um die jeweils bestehende Infrastruktur an die neue Lage anzupassen. Genau dieses Kapital fehlt und selbst wenn es da wäre, würde die Bereitschaft fehlen, es sofort einzusetzen. Jeder vernünftige Investor muss zunächst eine Stabilisierung der Lage abwarten, bevor er etwas Neues unternimmt und investiert. Das Risiko, sein Geld zu verlieren, wäre sonst einfach zu groß. Die breite und gleichmäßige Verteilung der Ausfälle macht das Problem unheilbar. Würden sich Kaufkraftverluste und Zahlungsausfälle pro Stadt nur auf ein einzelnes Stadtviertel konzentrieren, wäre es ein beherrschbares Problem. Dieses eine Viertel würde absterben. Wenn stattdessen aber 25% Zahlungsausfälle in allen Vierteln (in jedem Haus und für jeden Betrieb) zu verzeichnen sind, gibt es keine Stabilisierung und es stirbt daran die ganze Stadt. Man müsste rasant durch Umzüge für eine neue Konzentration der Zahlungsfähigen sorgen. Damit könnte man ein Überleben sichern. Nur ist das in solchen Zeiten völlig illusorisch. Wer soll das „wie" festlegen? Was stirbt, was überlebt? Letztlich sind alle Städte zu groß; zu viele Wohnungen, jeweils für die neue Situation zu groß; die Büroflächen: zu viele, zu groß; die Einzelhandelsflächen: zu viele, zu groß. Man kann es nur nicht schnell genug schrumpfen. Für eine notwendige Übergangszeit müss(t)en die viel zu hohen Betriebskosten gemeinschaftlich weiter finanziert werden. Hinzu kämen die Umzugs- und die Umbaukosten. Das könnte nur schwer gelingen, selbst wenn es dafür ein fertiges, ausgefeiltes Konzept gäbe. Es gibt aber gar kein Konzept und deshalb verfallen alle in berechtigte Panik. Der Prozess lässt sich nicht steuern oder stabilisieren.

In dem Moment, in dem der Staat die vielen Ausfälle nicht mehr durch Ausgleichszahlungen (wie Sozialhilfe/Wohngeld etc.) kompensieren kann und so keine Zeit für einen halbwegs geordneten Umbau gewonnen werden kann, wird der Kollaps der Städte ausgelöst. Bislang gab es seit vielen Jahrzehnten keinen solchen Kollaps. Stets erfolgten notwendige Kompensations-Zahlungen durch den Staat selbst oder, wenn er das Geld nicht aufbringen konnte, durch Kredite der EU, des IWF, der US-Bundesregierung oder der Weltbank. Irgendeine größere Einrichtung kam immer, um die instabilen, aber effizienten Städte zu retten.

Geht die Ordnung in den Städten jedoch absehbar verloren, strömt ein noch größer werdender Teil der städtischen Bevölkerung wieder zurück aufs Land. Wer in den Städten verbleibt und noch zahlungskräftig ist, egal ob betrieblich oder privat, wird mit dem Problem weiter steigender Kosten konfrontiert. Die Verteilung der unveränderten Gesamtkosten muss auf permanent weniger Zahlungsfähige umgestellt werden. Gelingt diese neue Verteilung der Fixkosten nicht oder nicht schnell genug, kommt es zu einem Kollaps des Angebots. Es lohnt sich nicht mehr, Waren, Zeit, Geld oder sogar Leben (wegen der fehlenden Sicherheit) zu investieren, weil kein Überschuss mehr erzielbar ist, sondern nur Verluste entstehen. Damit ist der Kollaps der Stadt insgesamt besiegelt und es muss eine Flucht auf das Land einsetzen, um irgendwie überleben zu können.

Würde die Streichung aller Schulden etwas bringen?

Wie von Kondratjew festgestellt, gab es diese Zusammenbrüche auch in der Vergangenheit. Warum wird es diesmal besonders schlimm? Was ist dieses Mal anders und warum gibt es keine Heilung mit einem Schulden-Guthaben-Schnitt, der in der Vergangenheit so oft bereinigend gewirkt hat? Immerhin bleibt die Infrastruktur ja zum großen Teil erhalten und das ist auf den ersten Blick doch eine sehr positive Sache.

Könnte durch eine schnelle Streichung aller Schulden sowie die Streichung der dazugehörigen Guthaben eine Heilung der Situation erreicht werden? Einige angeblich sehr schlaue Berater/Beratungsunternehmen schlagen den Regierungen selbiges vor. Offensichtlich würden damit die Banken gerettet werden und die Besitzer von Gold könnten zwischenzeitlich triumphieren. Es sei denn, man würde Gold verbieten sowie andere Vermögenswerte ebenfalls in die Enteignungen einbeziehen. Es nützt aber anders als in früheren Zyklen diesmal trotzdem nichts. Zur Erklärung müssen wir etwas ausholen und einen Blick auf frühere Phasen werfen: Mit dem Schulden-Guthaben-Schnitt verschwindet fast alles im Umlauf befindliche Geld. Wenn mit dem wenigen Geld noch etwas gekauft werden soll, dann fallen die Preise. Das war immer so, in jeder Deflationskrise. Und in allen bisherigen Zyklen schrumpfte auch stets in einem erheblichen Umfang das Brutto-Sozial-Produkt. Obwohl die Preise im Keller waren, kaufte niemand mehr als unbedingt nötig. Selbst die Machthaber mit ihrem Apparat fielen als Abnehmer von

Waren aus. Die Menschen hungerten, froren und brachten sich dezentral mit Selbstversorgung und Familienhilfe irgendwie über die Runden. In dieser Situation hungerten alle, auch den Machthabern erging es relativ schlecht – bis hin zum Tod durch Revolten. In dieser Zeit gab es nichts, was man den Menschen noch abpressen konnte und Schulden ließen sich auch keine mehr machen. Die Schergen konnten nicht oder nur sehr schlecht bezahlt werden und waren entsprechend wenig motiviert zu handeln. Es nützte außerdem niemandem, wenn die Bauern nicht über den Winter gekommen oder das Saatgut komplett aufgegessen worden wäre. Alle kannten sich (mehr oder weniger) und wussten, dass sie auch in den nächsten Jahren (mehr oder weniger) aufeinander angewiesen sein würden. Man konnte und musste sich dynamisch und schnell auf die schwierige Sonder-Situation einstellen.

Damals auf dem Land hatten die Menschen Betriebsmittel und Wissen für die autarke Lebensmittelproduktion. Ihre Unterkünfte erlaubten es, diese Betriebsmittel ohne Fahrtzeiten zu erreichen und zu nutzen. Sowohl Betriebsmittel als auch dieses Wissen wurden angewendet, gepflegt und ausgebaut. Man war nicht dauerhaft auf eine Versorgung durch Dritte angewiesen. Das konnte damals keiner bezahlen und schon gar nicht in einer akuten Deflationskrise am Ende einer Abwärtsspirale. Selbst wenn man für die Unterkunft Miete gezahlt hat, konnte man sich mit dem Vermieter über eine sinnvolle Anpassung der Miete verständigen. Er hätte i.d.R. keinen anderen Mieter gefunden, der zu dieser Zeit an diesem Ort mehr hätte zahlen können.

Genau dies sieht in der heutigen Stadt gänzlich anders aus. Hier gibt es zwar auch unzählige Menschen, die kein Einkommen mehr haben werden. Sie besitzen ihre Möbel, ihre sonstigen Habseligkeiten, ihr Wissen, ihre Erfahrung und das war es. Wissen und Erfahrung haben sie in Bereichen, für die es in den meisten Fällen keine Nachfrage mehr gibt. Keinesfalls existiert noch Wissen zur Produktion von Lebensmitteln. Und selbst wenn sie dieses Wissen hätten, haben sie keinen Zugriff auf die notwendigen Betriebsmittel und schon gar nicht in direkter Umgebung, die also ohne Fahrtzeiten und -kosten erreichbar und plünderungssicher wären. Die ursprünglichen Betriebsmittel der Städte werden zu diesem Zeitpunkt nahezu völlig wertlos. Und diese Wertlosigkeit lässt sich auch durch eine Streichung der Schulden und Guthaben nicht aufheben. Zins und Tilgung sind nur ein Teil der Kosten für die die Städter laufend aufkommen müssen und in der Vergangenheit (seit Beginn der Aufwärtsspirale) stets und ständig besser aufkommen konnten.

Die Betriebskosten der Stadt bleiben erhalten

Die vielen arbeitslosen Menschen müss(t)en nach wie vor eine Kette von Lieferanten beschäftigen, damit sie ihre Lebensmittel bekommen, die sie nicht selbst erzeugen können. Da sie diese Lieferanten aber eben nicht mehr bezahlen können, werden diese natürlich nichts liefern und auch der Staat wird mit den Mengen der Arbeitslosen absolut überfordert sein. Staatliche Sozialhilfe wird es, wenn überhaupt, in marginalem Umfang im Verhältnis zu den tatsächlichen Lebenshaltungskosten geben.

Früher wurden sehr einfache Lebensmittel aus den regional produzierten Basisstoffen erzeugt. Vielfach wurde selbst das Brot von den Bauern selbst gebacken und nicht in der Stadt gekauft. Der Besuch in der Stadt war durch die Reisezeiten und den damit verbundenen Transportkosten viel zu hoch. Der Anteil der Transportkosten in den Lebensmittelpreisen war minimal.

Heute werden Lebensmittel aus sehr speziellen Basisstoffen in wenigen Fabriken konzentriert produziert. Dafür müssen die speziellen Basisstoffe in einem verzweigten Netzwerk großflächig eingekauft werden. Dann werden mit viel Wissen und speziellen Maschinen qualitativ sehr hochwertige Lebensmittel produziert. Diese werden danach auf riesige Gebiete verteilt. Diese Verteilung ist in den Städten durch die hohe Konzentration sehr kostengünstig möglich, insbesondere weil viele Wege über Verteilzentren geschickt gebündelt werden. Nur enthalten all diese Produkte trotzdem enorme Transportkosten, die es so früher nicht gab. Solche überregional produzierten Güter können von mittellosen Menschen nicht gekauft werden. Sie können weder die spezielle Veredlung noch die Transportkosten zahlen. Sie bräuchten regional produzierte, einfache Basisstoffe, um daraus selbst einfache Lebensmittel produzieren zu können. Dann und nur dann wären die Kosten minimal und in/nach solchen Abwärtsspiralen überhaupt tragbar.

Aber die Transportkosten sind ebenfalls nur ein Teil der Gesamtbetriebskosten. Die vielen Gesetze und Regelungen, die von Leistungsanbietern inzwischen einzuhalten sind, sowie die inzwischen sehr hohe Mehrwertsteuer, die als Abgabe an den Staat abgeführt werden muss, machen das ganze System extrem teuer.

In der Zeit vor der Abwärtsspirale konnte man, wie oben dargestellt, mit solchen Regelungen stets noch etwas mehr Geld aus den Untertanen herauspressen. Alle mussten sich noch ein klein wenig mehr anstrengen. Jetzt, in der Abwärtsspirale, steigern genau diese Regelung die ohnehin zu hohen Kosten zusätzlich und machen es den Leistungsanbietern unmöglich, ihre Leistungen (rechtskonform) zu bezahlbaren Preisen zu liefern. Anders als in früheren Zyklen läuft es diesmal nicht regional und persönlich, wo Anpassungen und Ausnahmen schneller möglich waren, sondern zentral und deshalb unpersönlich.

Heutige Städte sind in den Zeiten massiver Abgaben und damit riesiger erzwungener Überschussproduktion solche filigran konstruierten, komplexen Gebilde geworden, die grundsätzlich nur auf Wachstum ausgelegt sind. Die komplexen Regeln lassen sich allenfalls minimal zurückbauen, denn jeder Rückbau bedeutet ein Verzicht auf erzwungene Produktion/Leistungen und damit auf erzwungenes Sozialprodukt. Wenn das gesamte System gut wächst, kann auf ein Teil des Sozialprodukts natürlich schon verzichtet werden. Dafür gibt es ja eine Kompensation an anderer Stelle. Zu guten Zeiten ist das System durchaus reformfähig. Man merkt leider erst viel zu spät, in welche Sackgasse man sich manövriert hat. Denn erst, wenn das gesamte System am oberen Maximum angekommen ist und kurz vor der Abwärtsspirale steht oder sich bereits in der Abwärtsspirale befindet, muss jeder Anteil am Sozialprodukt unbedingt gehalten werden. Kurz vor oder in der Krise stellt man fest, dass das gesamte, so schön gewachsene System nicht reformierbar ist. Weil jede Entlastung der Wirtschaft, jeder Verzicht auf eine noch so unsinnige Regelung stets nur noch weniger Arbeit und Sozialprodukt bedeutet und damit die ohnehin bereits drohende/laufende Abwärtsspirale nur noch weiter verschärft.

Weil Reformen ab einem bestimmten Punkt ausgeschlossen sind, bleibt nur der Kollaps. Wir sehen hier das erste Mal, dass wir vor einem System-Problem stehen und unser System grundsätzlich ändern müssen.

Wenn der Zwang und damit der Staat seinen Sinn verliert

Städter sind dauerhaft auf gut funktionierende Versorgungsleistungen angewiesen, ohne die sie eben nicht so konzentriert auf engem Raum (über-)leben können. Trotz Schuldenschnitt bleiben laufende Kosten, die durch einen Schuldenschnitt zwar reduziert werden, aber keinesfalls auf null zurückgehen. Diese kontinuierlich zu bezahlenden Leistungen erfordern kontinuierliche Einnahmen oder Ersparnisse. Menschen, die Geld für diese Kosten nicht aufbringen können, leisten auch keinen Beitrag mehr zum Staatswesen. Sie werden aus staatlicher Sicht wertlos.

Werden diese wertlosen Menschen, die absehbar keinen Beitrag zum Staatswesen mehr leisten können, zu viele, werden sie lästig und gefährlich. Ab diesem Moment fängt der Staat an, sie zu bekämpfen. So verbieten z.B. immer mehr US-

Städte die Speisung von Obdachlosen.[7] Der US-Präsident muss die Nationalgarde schicken, um Plünderungen einzudämmen.

Ab diesem Moment wird der Staat für die Betroffenen zunächst wertlos und dann zum Feind. Sie besitzen nichts mehr, was sie irgendwie verlieren könnten und der Staat entzieht ihnen das, was ihn im Kern rechtfertigt: den Schutz.

So und nur so löst sich die Symbiose von Regierung und Untertanen, von heutigen Herrschern und heutigen (sich freiwillig unterwerfenden) Sklaven auf.

In dem Moment, wo jeder Zwang sinnlos wird, weil ohnehin nichts mehr zu holen ist, in dem Moment also, in dem die Gewalt nicht mehr zum Schutz der Untertanen, sondern zu ihrer Bekämpfung eingesetzt wird, in dem Moment, in dem das System mit der Gewalt, die es stets erfolgreich ausgeübt hat, nichts mehr erreichen kann, in dem Moment kommt es zum vollständigen Kollaps.

Die Macht der Situation ist stärker als der Staat. Sie zwingt die Menschen, die noch einen Überlebenswillen haben, aufs Land. Nur hier können sie irgendwie die erforderlichen Lebensmittel bekommen. Ab einem bestimmten Punkt wird diese Entwicklung fluchtartig und panisch. Denn jeder, der geht, verschärft die Probleme der Bleibenden. Eine Stabilisierung ist nicht mehr möglich.

Diese Stabilisierung tritt erst dann ein, wenn die Leute sich wieder dezentral auf dem Land selbst versorgen können. Das werden dann allerdings viel weniger Menschen sein, als vorher in den Städten gelebt haben. Große Teile der Bevölkerung werden schlicht und einfach verhungern oder der Gewalt erliegen, die parallel zu massenhaftem Hunger entsteht.

Warum wird der Kollaps dieses Mal so überraschend kommen

.... und besonders schlimm ausfallen?

Weil wir die Effizienzvorteile der Städte und die Verteilung der Finanzierung/Kosten niemals zuvor in der Geschichte der Menschheit so weit vorangetrieben hatten. Niemals war die Konzentration so hoch wie heute und die stabilisierende, dezentrale Redundanz so weitgehend, ja so extrem abgebaut worden. Niemals hat die Menschheit so viel spezialisiertes Wissen aufgebaut wie in diesem

---

[7] Diese Verbote gab es vor der Covid-Krise; aktuell halten die sogenannten Foodbanks die hungerleidende Bevölkerung am Leben.

Zyklus. Niemals gab es im Gegenzug so wenig Basiswissen, wie man dezentral und eigenständig überleben kann. Deutschland ist Effizienz-Weltmeister. Hier wird es besonders schlimm.

Die meisten Menschen können sich, selbst wenn sie es wollten, gar nicht mehr dezentral selbst versorgen. Es gibt dafür weder das erforderliche Wissen noch die erforderliche Infrastruktur. Ohne Öl geht nichts. Pferde sind so gut wie nicht vorhanden. Hätte ein Ochse die Hungersnot überlebt, wer könnte ihn vor einen Pflug spannen? Niemand weiß mehr, wie er das machen sollte. Niemand hat so einen Pflug je gesehen, niemand kann ihn bauen. Saatgut, wo bekommt man das her? In welcher Tiefe muss es in die Erde? Korn muss gedroschen und gemahlen werden, bevor man mit Mehl Brot backen kann. Wie finden Menschen zusammen, die all diese Schritte beherrschen? Und Brot backen kann auch nur noch die Backfabrik. Die normalen Menschen können vielfach nicht einmal mehr kochen.

Kaum jemandem ist bewusst, in welch kritischer Lage sich die Städter befinden. Die meisten denken, sie hätten mehr Sicherheit als je zu vor. Das Vertrauen in den Staat, der alles toll organisiert und organisieren kann, ist nahezu unerschütterlich und wird von den Machthabern auch stets so verkauft. Dass es in der Wirklichkeit ganz anders aussieht, wird einigen wenigen bekannt sein. Nicht umsonst boomt in aller Welt das Geschäft mit Luxus-Bunkern für Super-Reiche. Auch gibt es auf dem Land unzählige Prepper-Gruppen, die sich genau auf diesen absehbaren Kollaps vorbereiten und die sehr darum bemüht sind, wieder autark zu werden. Von Medien und Staat werden diese Menschen allerdings als Verschwörungstheoretiker diffamiert. Und zu gerne glauben die Städter, was ihnen von den Machthabern präsentiert wird.

Betrachten wir das Problem der „entwickelten Staaten" quantitativ

Wie groß ist die Stadtbevölkerung heute und wie hat sie sich über die letzten zwei Jahrhunderte entwickelt? Wikipedia stellt es gut dar und ich zitiere hier ohne weiteren Zusammenhang aus dem Beitrag zur Urbanisierung:

Um 1800 lebten nur etwa 25% der deutschen Bevölkerung in Städten und rund 75% auf dem Land.

Seit dem Jahr 2007 wohnt mehr als die Hälfte der Weltbevölkerung in Städten, während 1950 noch 70% auf dem Land lebten. Nach Prognosen der UNO wird der weltweite Anteil der städtischen Bevölkerung bis 2030 auf über 60% steigen und im Jahr 2050 rund 70% erreichen. Weltweit gibt es über 63 Städte mit mehr als drei Millionen Einwohnern.

Der Urbanisierungsgrad in den USA ist von 2001 bis 2011 von 79,4% auf 82,4% gestiegen.

In China hat in den letzten Jahrzehnten ein rapider Urbanisierungsprozess stattgefunden, der sich fortsetzen und zentral geplant noch beschleunigen soll. 1980 lebten etwa 20% der Chinesen in Städten, 2001 waren es 37,7%, 2012 bereits 52,6%, und 2025 sollen es 70% sein, also mehr als 900 Millionen Menschen. China hat allein in den Jahren 2010 bis 2013 so viel Beton verbaut wie die VSA im gesamten zwanzigsten Jahrhundert. In den nächsten zwölf Jahren sollen 250 Millionen Menschen das Land verlassen und gezielt in Städten angesiedelt werden. Ein Fehler gigantischen Ausmaßes, der aber die Macht der kommunistischen Partei kurzfristig sehr gut stabilisieren konnte. Und ein Fehler, der die Welt gerettet hat, weil so die Nachfrage weltweit massiv gestiegen ist.

Im 19. Jahrhundert war wenigstens die teilweise Selbstversorgung in den Städten noch normal. Reichten doch die Löhne oft nicht aus, um das Existenzminimum abzusichern. Also musste eine Gelegenheit bestehen, zusätzlich Lebensmittel herzustellen. Bis hinein in die 1920iger Jahre der Weimarer Republik hat man, wie bei Wikipedia nachzulesen ist, bei der Entwicklung der Städte noch sehr bewusst auf eine wenigstens teilweise Selbstversorgung geachtet.

Der Gartengestalter und Siedlungsplaner Leberecht Migge entwickelte während und nach dem Ersten Weltkrieg das Konzept der Selbstversorgung für jedermann. Dieses Konzept verlangt, dass jeder über ausreichend Gartenland verfügen soll, um die für die eigene Ernährung notwendigen Lebensmittel anbauen zu können.

In den 1920er Jahren sind zudem von Siedlungsgenossenschaften und durch staatliche Wohnungsbauförderprogramme der Weimarer Republik sogenannte Selbstversorgersiedlungen mit straßenorientierten Siedlerhäusern auf großen, langgestreckten Gartenparzellen errichtet worden. Ziel dieser Siedlungen war die eigenständige Produktion von Lebensmitteln auf der eigenen Parzelle innerhalb einer (klein)städtischen Siedlungsform.

Wenn man das Ganze noch etwas konkreter bezogen auf die Ernährung anschaut, dann kommt man zu folgender Entwicklung, die bei Wikipedia zum Thema Geschichte der Landwirtschaft für Deutschland dargestellt wird:

Um 1900 erzeugte ein Landwirt im deutschen Kaiserreich Nahrungsmittel für vier weitere Personen; im Vergleich dazu ernährte er 1950 in der Bundesrepublik Deutschland zehn Personen. Anfang des 21. Jahrhunderts (2004) waren es bereits 143.

Zu Zeiten der letzten Depression waren von dem Versorgungsproblem viel weniger Menschen betroffen. Damit wird ganz klar, warum das Problem heute in den entwickelten Ländern nicht mehr zu lösen ist und es mit einer riesigen Welle des Verhungerns einhergehen wird. Entgegen dem, was auf verschiedenen Internet-Seiten immer wieder zu lesen ist, wird Gold dieses Mal keine wirkliche Hilfe sein. Es geht nicht mehr um die Sicherung von Vermögen. Bei der letzten Depression gab es noch einen neuen Anfang, auf stark abgesenktem Schuldenniveau. Gold war damals, anders als heute, Geld. **Es konnte aber nur so weiterlaufen, weil sich damals für 75% der Bevölkerung nichts Wesentliches änderte.**

Heute würde sich für 99% der Bevölkerung alles sehr stark ändern. Denn selbst ein deutscher Bauer kann heute kaum autark überleben.

Kann ich das für mich beurteilen?

Die Frage, die sich jeder Leser stellt, der bis hierhin durchgehalten hat, lautet: Ist diese Theorie überhaupt richtig? Dafür muss man sich seine persönliche Situation in solch einer Krise vorstellen. Was werde ich kaufen, wenn mein Arbeitsplatz bereits verloren ist oder in Kürze wahrscheinlich verloren geht und alternative Arbeitsplätze schwer bis unmöglich zu finden sein werden? Antwort: Lebensmittel werden gekauft und eventuell Waffen zwecks Verteidigung, die man in Deutschland allerdings schwer bekommt. Aber in den VSA sind sie derzeit der absolute Verkaufsschlager. Reparaturdienstleistungen für das, was kaputt gegangen ist, Zigaretten oder Alkohol, wenn man ein Suchtproblem hat. Miete oder Hypotheken werden gezahlt, damit wir das Dach über dem Kopf nicht verlieren, Strom und Wasser.

Einfacher gefragt: Was werden wir alles nicht (mehr) kaufen? Antwort: Kleidung, Schuhe, Autos, Möbel, Reisen, Computerprogramme, jegliche Dienstleistungen außer für Sicherheit und Reparaturen, Restaurant-Essen, Kulturveranstaltungen, Elektrogeräte (wenn nicht ein Ersatz wegen Totalausfall zwingend wäre), Immobilien in der Stadt, die meisten Bücher, Medienprodukte, Beratungsleistungen, Bankdienstleistungen, usw.

Bedenken wir, welche Folgen dieses Verhalten für die Arbeitsplätze hat, im Handel, in der Industrie, im Handwerk. Drastisch weniger Einnahmen und alle Investitionen werden zurückgestellt. Kosten gedrückt, wo es nur geht. Personal entlassen.

Wer hat mittelfristig noch Arbeit?

Fast niemand, denn in unserer Überflussgesellschaft haben wir von fast allem stets zu viel zu Hause, zumindest mittelfristig. Wir könnten uns die ein oder andere Sache gönnen. Aber das einzige, was wir zwingenderweise kurzfristig kaufen müssen, sind seit Jahrzehnten fast ausschließlich Lebensmittel. Alles andere lässt sich fast immer aufschieben, wenn nicht gerade ein Gerät wie Kühlschrank, Herd, Heizung oder Waschmaschine unreparierbar kaputt gegangen ist.

Wenn jemand aufzeigen kann, wo in obiger Darstellung ein Denkfehler liegt und wie man das dargestellte Krisenszenario dauerhaft vermeiden kann, ohne grundlegende Änderungen vorzunehmen, der möge es bitte öffentlich erklären.

Allerdings habe ich diese Frage immer wieder und sehr vielen Menschen gestellt. Es gab keine anderen Antworten als die obigen und jeder kann die Folgen unter „Weltwirtschaftskrise" bei Wikipedia nachlesen. Während der Weltwirtschaftskrise waren 75% der Menschen in der Lebensmittelproduktion und Verteilung beschäftigt, für die durch Unterstützung der Regierungen viele Härten abgewehrt wurden. Der Agrarsektor stand damals unter dem besonderen Schutz der Regierungen. Es wurde viel Geld für Stützungskäufe ausgegeben. Außerdem wurden Zölle verabschiedet, die den Agrarsektor schützten. Dass diese Zölle die Wirtschaftskrise insgesamt verschärft hatten, ist eine unbestrittene Tatsache.

Die historische Arbeitslosigkeit zu Zeiten der großen Depression lag bei zwanzig bis fünfundzwanzig Prozent. Dieses Mal wird sie auf über achtzig Prozent ansteigen, weil die über Jahrhunderte entwickelte Spezialisierung auf bestimmte Berufsgruppen sich erübrigt. Fast alle Spezialisten werden mit dem Wintereinbruch nicht mehr benötigt oder zumindest vorübergehend einfach unbezahlbar. Überleben werden nur Generalisten auf dem Land, die weitgehend unabhängig von jeglicher externen Versorgung durch Spezialisten sind.

Als weiterer Beweis für die Richtigkeit meiner Thesen möchte ich den Untergang der Maya-Kultur anführen. Die Historiker haben ermittelt, dass die Maya ihre Städte kurz vor dem Untergang urplötzlich verlassen hatten, und dass gerade der Adel zuerst geflohen war. Die These von der Klimaveränderung ist lange vom

Tisch. Jetzt wird eine politische Rivalität vermutet. Der Grund wird jetzt im Zusammenbruch der beiden großen Machtzentren gesehen. Die kleineren Städte konnten sich besser halten. Und die Flucht des Adels wird mit Rivalitäten untereinander begründet. Ich behaupte, auch bei den Maya ist eine deflationäre Abwärtsspirale eingetreten. Es könnte durchaus zu Revolutionen gegen die obersten Machthaber gekommen sein. Aber ohne deflationäre Abwärtsspirale hätte ein neuer Herrscher übernehmen können. Genau das ist jedoch nicht passiert. Auch waren eben gerade die größten und mächtigsten Städte als erstes und am stärksten betroffen. Dort, wo die Verstädterung am stärksten ist, sind Abwärtsspiralen am schlimmsten. Die verbliebenen Adligen merkten schnell, dass in der Stadt etwas Grundsätzliches nicht mehr stimmte. Und sie hatten die wirtschaftliche Möglichkeit, schnell umzusiedeln. Die Mehrheit der normalen Untertanen braucht immer deutlich länger. Vom Verlassen der Hauptstädte profitierten zunächst die umliegenden Städte, als sie Flüchtende aufnahmen. Das konnte in der Folge zu einem kurzen Aufschwung führen, weil Flüchtlinge untergebracht werden müssen. Solch ein Aufschwung fällt dann aber nach kurzer Zeit ebenfalls in einer deflationären Abwärtsspirale zusammen. Wer möchte, kann die Details prüfen.

Noch ein Beweis ist die Auswirkung der Corona-Krise auf indische Städte. Hier erleben wir bislang noch keine generelle deflationäre Abwärtsspirale, in Teilgebieten aber sehr wohl. Dort hat die Flucht aus der Stadt bereits eingesetzt. Die Tagelöhner, die in der Stadt keine Arbeit mehr finden, verlassen ihre Slums zu Tausenden und suchen ihr Heil in der alten Heimat auf dem Land. Oft verhungern sie, bevor sie dort ankommen. Denn in den Slums können sie keine Lebensmittel produzieren. Auf dem Land, wo sie herkamen, ging das sehr wohl. Deshalb wollen sie unbedingt dorthin zurückkehren.

In den Slums lebende Inder sind Überlebenskünstler aus Stahl. Wir Deutschen sind dagegen aus Papier, die Stärkeren von uns vielleicht aus Pappe. Unter den Lebensbedingungen der Slum-Bewohner würde kein Deutscher länger als zwei Wochen überleben. Wenn diese Menschen aus den Städten flüchten und verhungern, dann sollte das eine ernste Warnung sein. Noch hat die deflationäre Abwärtsspirale die Slums nicht verlassen. Das kann jedoch ganz schnell passieren. Auch diese Fakten lassen sich prüfen. Und die meisten Deutschen hätten nicht mal mehr einen Ort, wohin sie überhaupt zurückkehren könnten.

Deutschland ist gegen eine Abwärtsspirale keinesfalls besser gewappnet.

Fazit: Wir stehen kurz vor dem Selbstmord

Durch unser Unverständnis der Mechanismen von Gesellschaftssystemen und durch das blinde Vertrauen in Technik und Machthaber haben wir uns, ohne es zu bemerken, in eine ganz gefährliche Sackgasse manövriert. Es gibt in Deutschland und fast allen anderen entwickelten Ländern sowie in den Städten der gesamten Welt zu viele Menschen, deren Lebensgrundlage quasi nicht mehr existiert. Wenn man sich das bildlich vorstellen möchte, sind Städte große Inseln, die aus der Luft mit Waren versorgt werden. So wie Berlin zu Zeiten der russischen Blockade. Eine größere Störung im Flugbetrieb und die Berliner wären verhungert oder erfroren. Die Berliner und die Menschen in den Städten weltweit hängen vom Funktionieren des kapitalistischen Systems ab. Wenn es in diesem System zu Störungen kommt, wird die oben beschriebene Abwärtsspirale ausgelöst und die Menschen werden verhungern.

Die Städter haben keine lokalen Produktionsmittel und kein lokales Wissen zur Lebensmittelversorgung mehr. Sämtliche stabilisierende Redundanz des einfachen Lebens auf dem Land wurde in den Städten eliminiert. Wenn die Versorgung aus der Luft ausbleibt, könnte man versuchen, die Insel zu verlassen, nur was dann? Selbst wenn man ein sicheres Festland erreichen würde, kein Städter könnte sich dort ernähren. Niemals. Er hat nichts. Kein Dach über dem Kopf, keine Samen, keine Tiere, keine Erfahrung, keine Werkzeuge, nichts. Es würde in der „entwickelten Welt" völlig zurückgehen, auf Jäger und Sammler. Selbst für den Ackerbau wird es anfangs nicht reichen und Tiere für eine bäuerliche Haltung, die die Hungerkrise überlebt haben, wird es fast keine geben.

Kultur war gestern. Ab sofort herrscht Idylle: kein Chef, kein Gläubiger, keine Steuern, keine Zinsen, nur nacktes Überleben. Wilde Tiere werden eine größere Bedrohung sein, als andere Menschen. Von denen gibt es einfach zu wenig. Die Verbleibenden werden sich eher unterstützen.

Das Schlimmste kommt jetzt noch. In dieser Situation dieser dramatischen Krise müss(t)en die Menschen immer noch die Überreste der Atomkraft sorgfältig aufbewahren. Denn Atomkraftwerke kann man nicht abschalten wie Kohle- oder Gaskraftwerke und dann einfach sich selbst überlassen. Brennstäbe müssen über Jahrzehnte gekühlt und sicher aufbewahrt werden. Dafür müssen Teile der Anlagen in Betrieb gehalten werden. Wenn sich keine Freiwilligen finden, die das machen, und die Technik (ohne Ersatzteilproduktion!) am Laufen halten, dann wird der kleine Rest der Menschen auch noch von den Überresten der Atomkraftwerke und Atomwaffen verstrahlt. Und was das bedeutet, wissen wir alle. Die Atom-Technologie war und ist unverantwortlich. Und es nützt den Deutschen nichts, dass

Deutschland die Atomkraftwerke abgebaut hat, wenn die atomare Strahlung mit dem Westwind aus Frankreich nach Deutschland geblasen wird.

Wer jetzt nicht erkennt, dass wir einen sehr hohen Handlungsbedarf haben, der muss mir bitte erklären, wie er den geschilderten Problemstau auflösen will. Und zwar schnell und dauerhaft. Die Klima-Katastrophe, die die Politik heraufbeschwört, um neue Kohlendioxid-Steuern zu rechtfertigen, ist lächerlich dagegen. Und die ganze Covid-Panik kann uns leicht in größte Schwierigkeiten bringen. Leider wissen wir nicht, was die Regierungen zu diesen extremen Lockdowns veranlasst. Die Öffentlichkeit wird offensichtlich nur mit ausgewählten Informationen versorgt. Und so weiß man nicht, welche Motive es wirklich dafür gibt. Es wäre fatal, wenn die Regierung hunderttausend Tote unter den Alten und Schwachen vermeiden will und dabei irrtümlich achtzig Millionen Tote schafft, weil eine deflationäre Abwärtsspirale alle dahinrafft.

Könnte der Kollaps heute noch abgewendet werden?

Diese zentrale Frage hat mich sehr lange beschäftigt und lange Zeit sah ich eigentlich kein Chance dafür. Deshalb lebe ich heute in Südamerika in einem Land, das eine ge Besiedlungsdichte hat und Lebensmittel im Überfluss herstellt. Auch eil die Südhalbkugel nur sehr wenige Atomkraftwerke und quasi keine At waffen beherbergt und der Luftaustausch zwischen beiden Halbkugeln sehr g g ist.

er inzwischen denke ich, dass es für Deutschland vielleicht doch noch eine eine Chance gibt, um eine Veränderung zu erreichen und mit einem neuen Gellschaftssystem durchzustarten. Die Corona-Krise und das Aufbegehren der Belkerung haben meinen Blick verändert. Die Deutschen sind gut im Organisieren nd könnten es schaffen, wenn sie alle vorhandenen Reserven ausschöpfen und och einen Wachstumsmarkt entdecken. Allerdings bleibt sehr ungewiss, ob eine Mehrheit der Menschen die hier vorgestellten Gedanken überhaupt richtig und laubwürdig findet und ob die Menschen wirklich gewillt sind, nach einer Alternative zur heutigen Gesellschaftsform zu suchen.

ch hatte angefangen, dieses Buch zu schreiben, weil viele andere, ebenfalls Suhende stets nicht erkannt hatten, dass Geld der Motor dieser fatalen Entwicklung t. Oft wurde Geld sogar völlig falsch behandelt. Im ersten Teil haben wir vertanden, warum Geld der Motor unserer Entwicklung ist.

Die Machthaber wollen ihre Macht nicht verlieren

Wenn wir den zweiten Teil genauer analysieren, wird eine zweite, genauso wichtige Erkenntnis klar: Die Machthaber steuern das Auto auf den Abgrund zu. Und zwar nicht freiwillig, sondern aus ihrer Sicht gezwungenermaßen. Sie können weder anhalten noch bremsen. Sie müssen ständig weiter beschleunigen. Würden sie das nicht tun, würden sie ihre Macht in einem Kollaps verlieren. Und wenn Machthaber in der Vergangenheit ihre Macht verloren haben, ging das sehr häufig mit dem Verlust von Leben, nämlich dem Leben der Machthaber, einher. Denn die Französische Revolution war genau wie die gescheiterte Deutsche Revolution von 1848 die Folge einer Deflationskrise.

Der Plan der Machthaber ist aber genau verkehrt

Die Regierenden haben deshalb sehr wohl einen Plan, der den Kollaps weiter aufschiebt. Nur macht das Aufschieben unser eigentliches Problem nur schlimmer. Wir sehen es ganz deutlich: Jetzt, wo die Verschuldung der Nationalstaaten des europäischen Südens nicht mehr funktioniert, werden Schulden bei der EU aufgenommen. Außerdem sind direkte EU-Steuern im Gespräch, damit die EU-Schulden mit einer glaubwürdigen Tilgung hinterlegt werden. Rein finanztechnisch ist das völlig richtig. So können mehr Schulden gemacht werden und das ganze System mit der Wirtschaft kann weiterlaufen. Man kann es an Stelle der Regierenden derzeit nicht anders machen. Nach der EU gibt es dann noch die globale Ebene, auf der man dasselbe Verfahren auch noch einmal anwenden kann. Nur dann gibt es keine weitere Ebene mehr.

Aber was passiert bei dieser Form der Verschiebung? Die ganze Welt wird synchronisiert und ihr werden maximale Schulden aufgeladen. In der Folge kommt der Kollaps für alle gleichzeitig und wir alle verhungern gemeinsam.

In der Natur wächst der Wald auch ständig. Einzelne Bäume werden zu groß, werden krank und sterben ab. Sie fallen um, reißen eine Lücke und neue Bäume können nachwachsen und die Lücke füllen. Fatal wäre auch da, wenn alle Bäume gleichzeitig umfallen. Dann ist der Wald insgesamt in Gefahr, weil das Wald-Ökosystem dann komplett stirbt. Die Tiere haben keine alternative Zone, um auszuweichen. Es können keine Samen von noch stehenden Bäumen fallen, die in der Lücke wieder auskeimen. Genau das streben die Regierungen an: Sie schaffen eine Monokultur. Dann retten sie alle einzelnen Bäume, bis alle gemeinsam morsch sind und alle gemeinsam umfallen. Vorher sind sie persönlich schon lange im Ruhestand.

Die Initiative „The Great Reset" des World Economic Forum geht genau in diese Richtung. Alles soll ein bisschen besser werden, aber im Wesentlichen soll alles so weiter gehen wie bisher. Nur so, dass unbedingt zentraler gelenkt werden soll, am besten mit einer Weltregierung.

Was wir Untertanen wirklich bräuchten, wäre aber ein System, in dem einzelne Regionen sich individuell entwickeln können und zur Not einzeln kollabieren, um sich danach mit Hilfe der noch funktionstüchtigen Nachbarn wieder zu erholen. Das wollen die betroffenen Macht-Eliten zwar nicht haben. Wir Untertanen aber sehr wohl, denn so könnten wir weiterleben. Wie stets in den vergangenen Zyklen und seit Tausenden von Jahren.

Wir Untertanen sollten also genau überlegen, wessen Interessen wir wirklich verfolgen möchten: Unser eigenes Interesse zu überleben oder die Interessen der Regierenden, an der Macht zu bleiben.

Selbstmord aus Angst vor dem Tod vermeiden

Nun muss klar dazu gesagt werden: Wir können keine Revolution brauchen. Jede Revolution wäre aktuell Selbstmord aus Angst vor dem Tod.

Zu gerne wird in solchen Situationen der Abwärtsspirale versucht, durch Enteignungen eine Form von Kommunismus einzuführen. Ich hoffe, der erste Teil des Buches konnte klar darstellen, warum Kommunismus zum Verhungern führt. Noch viel schneller, wenn er in einer derartigen Krisen-Situation eingeführt würde. Wer die Folgen solcher Enteignungen sehen will, kann sich das südliche Afrika anschauen.

Auch sind die großen Konzerne nicht von sich aus böse, kriminell und schlecht. Ich hoffe auch hier, im ersten Teil aufgezeigt zu haben, warum sich aus mittleren Unternehmen Weltkonzerne entwickeln mussten und warum diese Konzentrationsprozesse unvermeidbar waren. Wir müssen dabei bedenken, dass z.B. Milliarden von Hochleistungscomputern[8], wie jeder sie heute in Form eines Mobiltelefons in der Tasche trägt, eben nicht in einem Kleinbetrieb an der Ecke gefertigt werden können. Wer Großbetriebe generell verteufelt, macht einen schweren Fehler.

---

[8] Im Vergleich zu Computern des Jahres 1990 sind heutige Mobiltelefone Hochleistungscomputer.

Bevor wir unser Gesellschaftssystem verändern, müssen wir lernen und verinnerlichen, warum gewisse gesellschaftliche Entwicklungen ablaufen, was notwendig ist, damit Wirtschaft funktioniert, aber auch, warum Großkonzerne – obwohl sie notwendig sind – einen extrem schlechten Einfluss haben. Wenn wir wirklich verstanden haben, wie unsere Wirtschaft funktioniert, können wir die Schwachstelle(n) gezielt herausarbeiten und das System umstellen. Die ersten notwendigen Schritte hierzu werden im vierten Teil des Buchs aufgezeigt.

Leider drängt die Zeit extrem und mir ist sehr wohl bewusst, dass die Betonung eines Zeitdrucks nicht günstig ist, um eine komplexe Änderung zu vermarkten. Jede Drohung mit einem Zeitdruck schadet der Glaubwürdigkeit jeglicher Darstellungen, denn man könnte meinen, der Autor möchte dadurch umfassendes Nachdenken unterbinden und seine Gedanken ungeprüft „durchdrücken". Gute Verkäufer arbeiten oft mit diesem kleinen Trick. Das ist bei mir nicht der Fall. Ich meine, dass ich in Südamerika gut untergebracht bin. Mir könnten die Städter in Deutschland relativ egal sein. Dass dem nicht so ist, sieht man an dem Buch, aber für mich persönlich existiert kein Zeitdruck.

Wir haben zwar nur eine geringe Chance, uns schnell auf ein höheres Niveau zu entwickeln. Ein Versuch würde sich trotzdem lohnen. Denn wenn dieser Versuch nicht gelingt, werden geschätzte 80% der heutigen Weltbevölkerung nicht überleben. Und in den entwickelten Ländern wie Deutschland wird die Bevölkerung nach meiner Schätzung auf unter eine Million schrumpfen.

Wir müssten unsere Veränderungen sehr vorsichtig wählen und konsequent vorantreiben. Denn wir müssen einen Umbau unserer Gesellschaft vornehmen, ohne eine Abwärtsspirale auszulösen. Alle Menschen müssen wieder ihre natürliche Lebensgrundlage zurückgewinnen. Ohne Anstrengungen und viel guten Willen wird das nicht funktionieren. Ich habe aber noch einen kleinen Hoffnungsschimmer, dass dies vielleicht gelingen kann. Dieser Hoffnungsschimmer entstand aus der Beobachtung der Corona-Krise. Da wurde mir klar, dass wir offensichtlich noch ein paar Reserven haben, die wir nutzen könnten, um einen Umbau zu gestalten. Und dass es eine recht große Anzahl an kritisch denkenden Menschen gibt, die bereit wären, Veränderungen zu unterstützen.

Warum wir unser System zur Steuerung verbessern müssen, möchte ich im dritten Teil darstellen. Wir müssen verstehen, wie es zu der Misere kam.

Teil3: Machtsysteme

Seit Jahrtausenden leben die Menschen in Gemeinschaften und immer gab es Regeln, nach denen die Menschen gemeinsam zusammenlebten. Regeln müssen sein, wenn mehrere Wesen ohne reine Gewaltherrschaft miteinander auf einem begrenzten Raum existieren wollen.

Kleine Gruppen brauchen weniger, größere Gruppen mehr Regeln. Wenn der Raum, den eine Gruppe gemeinsam nutzt, bezogen auf die Anzahl der Teilnehmer sehr beengt ist, müssen es mehr und bessere Regeln sein, als wenn alles sehr weiträumig ist und allein durch eine räumliche Trennung Konflikte eher unwahrscheinlich sind. Neben den Regeln ergeben sich Strukturen, die das Zusammenleben organisieren helfen. Die wohl einfachste dieser Strukturen ist die Institution des Häuptlings.

Heutige Gesellschaften haben so viele Regeln und Strukturen, dass man beim Betrachten und Analysieren gar nicht weiß, wo man anfangen soll und wo man aufhören könnte. Heute leben aber auch extrem viele Menschen auf extrem begrenztem Raum zusammen, und das in der Regel recht friedlich. Außerdem haben wir über Jahrtausende Wissen angesammelt und dokumentiert, wie Gemeinschaften zusammenlebten. Wir konnten analysieren, was erfolgreich war und welche Arten von Gemeinschaften aus welchen Gründen gescheitert sind.

Tausch von Schutz gegen Abgaben

Wie wir in Teil eins des Buches gelernt haben, hat sich mit der neolithischen Revolution eine „Symbiose" von Untertanen und Obrigkeit ergeben, um eine gemeinsame Sicherheit gegen Abgaben zu gewährleisten. Sicherheit ist nach der Ernährung für viele Menschen das wichtigste Gut überhaupt. Denn was nützt eine normale Behausung, wenn man keine Sicherheit hat? Dann müsste man schon Besitzer einer Burg sein, die sich gegen Angriffe selbst verteidigen kann. Denn ansonsten läuft man ständig Gefahr, dass einem sein Hab und Gut gestohlen wird.

Deshalb ist die Organisation von Sicherheit aus der Sicht Vieler auch heute noch das wichtigste Thema, wenn es um menschliche Gemeinschaften geht. In den westlichen Staaten ist das leider etwas in Vergessenheit geraten, weil dort die Sicherheit seit quasi 75 Jahren durchgängig und ohne jeden Zweifel sichergestellt werden konnte. Die Mehrheit der in diesen Staaten aufgewachsenen Menschen kannte Unsicherheit vor dem Corona-Virus nur aus den Medien und nahm Sicherheit deshalb als selbstverständlich war. Eine Sichtweise, die sich noch als schwerer

Irrtum herausstellen kann, wie man im zweiten Teil zur Verstädterung nachlesen kann.

Versuchen wir uns dem Thema langsam zu nähern und betrachten wir es dort, wo wir unvoreingenommen an die Sache herangehen können.

Mafia

Die klassische Form der Mafia verkauft Sicherheit, Ruhe und Ordnung gegen Abgaben. Daran hat sich seit zehntausend Jahren nichts geändert. So hatten wir es im Kapitel „Aus dem Schutzbedürfnis entstehen Abgaben zum Termin" (ab Seite 32) gelernt. Heute kann die Mafia in diesem Bereich kein Geld mehr verdienen, weil die Staaten dieses Geschäftsfeld für sich beanspruchen. Deshalb liegt das Mafia-Geschäftsfeld aktuell eher im Bereich Drogen und Glücksspiel. Was wir aber außer Acht lassen wollen, um stattdessen das originäre Mafia-Thema, den Verkauf von Sicherheit, Ruhe und Ordnung zu betrachten. Und zwar unter der Prämisse, dass es keinen konkurrierenden Staat als Sicherheitsanbieter gibt.

Diese Leistung bietet die Mafia den Gewerbetreibenden ihres Einzugsbereichs an. Wer den Schutz in Anspruch nehmen möchte, zahlt dafür das sogenannte Schutzgeld. Wer auf den Schutz verzichten möchte, kann dies tun, er riskiert dann allerdings die volle Härte der Unsicherheit, für die die Mafia in allen modernen Darstellungen natürlich gleich selbst sorgt.

Die Höhe des Schutzgeldes wird jeweils individuell nach der Leistungsfähigkeit des Gewerbetreibenden festgelegt. Wer ein gut gehendes Geschäft betreibt, hat mehr zu verlieren und kann mehr zahlen; wer weniger gut verdient, braucht weniger zu zahlen.

Wenn die Mafia tatsächlich für die Sicherheit sorgen würde, dann könnte so eine Abgabe durchaus ihren Sinn erfüllen und zur Überlebensfähigkeit der Gewerbebetriebe beitragen. Nur wenn die Sicherheit bereits anderweitig hergestellt wird und die Mafia selbst für Unsicherheit sorgt, um ungerechtfertigte Schutzgelder abzupressen, wäre das Gegenteil der Fall. Die zusätzliche, unnötige Abgabe würde dann das Überleben der Gewerbetreibenden gefährden.

Wie sieht es mit den Zahlungsströmen genauer aus? Die Eintreiber machen wöchentlich ihre Runde, und sammeln bei den Gewerbetreibenden die Schutzgelder ein. Die Eintreiber geben das Geld abends mit dem Zahlungsbericht zusammen beim Boss ab. Der Boss bezahlt von diesem Geld seine Leute. Neben den Eintreibern sind das noch seine Sicherheitsleute, die bei Unruhen oder tatsächlichen Verbrechen für die verkaufte Sicherheit sorgen. Diese Sicherheitstruppe muss dauerhaft vorgehalten werden. Sie kommt auch zum Einsatz, wenn andere Banden sich im Schutzbereich betätigen wollen, um ihrerseits Schutz zu verkaufen.

Warum ist die Mafia abzulehnen?

Warum betrachten wir heute mafiöse Organisationen als illegitim? Warum werden sie verfolgt und aufgelöst und warum wandern die Bosse und Killer ins Gefängnis?

Einfach gesagt: Die Mafia arbeitet nicht sehr zimperlich. Sie setzt durchaus Spezialkräfte (Killer) ein, die andere im Auftrag des Bosses Körperverletzungen zufügen oder sogar Morde ausführen. Trotzdem sind die Bosse häufig schwer mit juristischen Mitteln zu greifen, weil sie selbst möglichst nie oder nie belegbares Unrecht begehen. Sollte es doch Zeugen geben, werden diese eingeschüchtert oder ausgeschaltet, sprich, getötet.

Was wäre jetzt, wenn die Mafia geschickter vorgehen und auf diese Art von Gewalttätigkeit verzichten würde? Das Geschäftsmodell würde zusammenbrechen. Ohne die Möglichkeit, Zwang auszuüben, würde das System Mafia nicht funktionieren. Betrachten wir das Geschäftsmodell aber trotzdem noch einmal etwas genauer.

Wie kann man die Leistungen der Mafia anderweitig bekommen?

Wenn man das Leistungsangebot der Mafia anderweitig einkaufen wollte, an wen würde man sich wenden? An den Staat natürlich. Das werden wir gleich genauer betrachten. Aber wie würde es denn aussehen, wenn man den Staat ebenfalls nicht nutzen will oder kann?

Sicherheit ohne Staat

Man müsste sich an eine Sicherheitsfirma wenden. Man würde mit dieser Firma einen Leistungskatalog vereinbaren und die Sicherheitsfirma würde ein Angebot erstellen. Man könnte auch eine zweite und dritte Sicherheitsfirma befragen und ihrerseits um Angebote bitten. In jedem Fall kann man als zahlender Auftraggeber Art und Umfang der Leistungsvereinbarung sowie die Kosten beeinflussen und sich am Ende den am besten geeigneten Anbieter frei auswählen. Irgendwann, wenn sich zwei Parteien aus Sicherheits-Nachfrager und Sicherheits-Anbieter geeinigt haben, schließen sie einen Vertrag, in dem die zu erbringenden Leistungen sowie die Zahlungen festgehalten sind.

Sollte dem Auftraggeber das Angebot nicht mehr gefallen, weil zum Beispiel das Sicherheitspersonal äußerst unfreundlich zu den Kunden des Gewerbetreibenden ist, kann der Nachfrager unter Einhaltung gewisser Fristen Veränderungen der Leistungen herbeiführen und dann ggf. mehr oder weniger dafür zahlen. Wenn die Veränderungen nicht ausreichend wirken, kann der Auftraggeber die Leistungen der Sicherheitsfirma sogar gänzlich kündigen. Das kann an einem verschlechterten Preis-Leistungsverhältnis liegen oder an einer Konkurrenz, die sympathischer ist oder an noch ganz anderen Gründen. In keinem Fall muss der Auftraggeber irgendeine Form von Begründung geben. Es ist stets sein gutes Recht, unter Einhaltung gewisser Fristen oder Abstandszahlungen, aber ohne Angabe von Gründen den Anbieter zu wechseln. Wenn eine Sicherheitsfirma schlechte Leistungen erbringt, können die Auftraggeber ihre Zahlungen kürzen. Wenn durch Fehler der Sicherheitsfirma Schäden entstehen, muss diese dafür haften. Als Auftraggeber ist man stets derjenige, der unter Wahrung vereinbarter Fristen das Recht zu handeln auf seiner Seite hat. Man kann kündigen und ist dann wieder völlig frei.

Mafia bietet keine Freiheit

Bei der Mafia hatte man weder die freie Auswahl des Anbieters noch konnte man den Leistungsumfang festlegen. Auch die Kosten für die Sicherheit wurden vom Anbieter festgelegt und ein späterer Wechsel des Anbieters ist nicht möglich. Auf die Freundlichkeit des ihm zur Seite gestellten Sicherheitspersonals hat er keinen Einfluss. Der Gewerbetreibende befindet sich in der Hand der Mafia. Als freier Auftraggeber wird er sich nicht fühlen, wie dies bei der Sicherheitsfirma der Fall wäre. Die Eintreiber und auch das sonstige Mafia-Personal sind nicht unbedingt für ihre Freundlichkeit bekannt. Deshalb die Zahlungen zu kürzen, wäre undenkbar. Wenn es wegen Minderleistungen zu Schäden kommt, kann man zwar in der Regel mit einer Wiedergutmachung rechnen; soweit ging das Ehrgefühl der Mafiosi in den meisten Fällen schon. Nur einen Anspruch auf Schadenersatz hatte man natürlich nicht.

Wie sieht es denn beim Staat aus?

Kommen wir nun zum Staat zurück. Er garantiert auch für die Sicherheit. Er geht zwar nicht mehr zu den Menschen oder Unternehmen, um Schutzgelder einzufordern. Dafür erhebt er aber andere Beiträge, Steuern genannt, die er genauso willkürlich erhöht wie die Mafia ihre Beiträge. Sie haben keinen Bezug zur erbrachten Leistung. Sie können bei Minderleistungen nicht gekürzt werden. In erster Linie, weil ja nicht einmal eine Leistungsvereinbarung abgeschlossen werden kann. Der Staat legt die Art und den Umfang seiner Leistungen in der gleichen Qualität wie die Mafia selbst fest. Er baut dieselbe Drohkulisse auf, wenn es um das Eintreiben der Beiträge geht. Wenn ich jetzt statt der staatlichen Sicherheit zusätzlich eine private Sicherheitsfirma in Anspruch nehme, darf ich im Gegenzug meine Beiträge zur staatlichen Sicherheit natürlich keinesfalls kürzen. Sollte ich das tun, dann kommt ganz schnell das Sicherheitspersonal des Staates, Polizei genannt, und übt gegen diesen Leistungsverweigerer Gewalt aus, Staatsgewalt. Der Staat ist da keineswegs zimperlicher als die Mafia selbst, wenn es zum Beispiel um die Bezahlung des Schutzgeldes geht.

Um ein anderes Beispiel zur Verdeutlichung zu bringen: Wenn man US-Bürger afrikanischen Ursprungs ist, und die Polizei überwiegend von Bürgern europäischer Abstammung gestellt wird, und wenn dann die afrikanisch-stämmigen Bürger bei Kontrollen und Gerichten benachteiligt werden, dann sagen einem die Machthabenden, sie könnten das nicht ändern. Wie bitte? Selbst wenn der Mehrheit der Bevölkerung das nicht passt, kann man es nicht ändern? Auch wenn in den Gesetzen die Gleichheit der Menschen geregelt ist, kann man das nicht ändern? Seit Jahren kann man das nicht ändern?

Staat und Mafia arbeiten vom Prinzip her völlig gleich. Wohlgemerkt vom Prinzip der Beherrschung, nicht von den Methoden der Bestrafung her. Da verhält sich der Staat zurückhaltender und geschickter, aber das Prinzip der Beherrschung bleibt gleich. Wir werden heute von einer Staats-Mafia beherrscht. Und wir sind nicht frei. Wir können nicht frei unseren Sicherheits-Dienstleister wählen. Wir müssen uns mit der Sicherheit begnügen, die der Staat uns zubilligt. Ohne jedes Mitspracherecht.

Könnte man als Fazit des Vergleichs Mafia/Staat also sagen?

Staatsgewalt ist gut, Mafiagewalt ist schlecht.

Ist das so? Natürlich nicht!

Denn diktatorisch regierte Staaten sind Mafia-Staaten. Da ist der böse Diktator, der oberste Boss der dortigen Mafia.

Also muss es heißen:

Demokratische Staatsgewalt ist gut, Mafiagewalt ist schlecht, und diktatorische Staatsgewalt ist auch schlecht.

Was werden die Vertreter der Demokratie vorbringen, warum sie (angeblich) besser ist als die klassische Mafia oder die diktatorische Mafia?

Die Argumente für die Demokratie

Demokrat: Das Volk ist doch der Souverän. Das Volk wählt die Regierung. Damit legitimiert das Volk die Regierung. Die Regierung dient damit dem Volk, denn sie ist vom Volk gewählt. Also dient sie dem Volk.

Leser: Ist diese Darstellung der Demokraten denn so korrekt?

Autor: Ja, sie ist so korrekt, zumindest korrekt dargestellt. So wird es uns immer erzählt. Und ehrlich gesagt, ich habe es auch lange geglaubt, dieses Märchen. Erst als ich mir im Rahmen der Finanzkrise die Zeit genommen habe, unser Geld und die daraus resultierende Macht zu verstehen, ist mir klar geworden, dass ich getäuscht wurde. Denn was dürfen wir vom Volk denn wählen? Die Mafia-Bosse. Nicht mehr und nicht weniger.

Leser: Ja hoppla, kann das denn sein?

Demokrat: Nein, nein, wir sind doch keine Mafia-Bosse. Wir kommen aus den demokratischen Parteien. Den Parteien kann jeder aus dem Volk beitreten, und damit kann jeder gewählt werden, jeder aus dem Volk.

Leser: Komisch, die normalen Mafia-Bosse kommen doch auch aus dem Volk, oder kommen die vom Mars?

Autor: Bei der Mafia haben die nicht so einen modernen Begriff wie „Partei", die nennen das noch ganz altmodisch „Familie".

Demokrat: Wenn ihr jetzt aus den verschiedenen Parteien jeweils Eure Vertreter in die Parlamente wählt, dann dienen die selbstverständlich Euch, dem Volk.

Autor: Glauben wir das?

Demokrat: Na ganz bestimmt, denn wenn Euch die eine Partei nicht mehr so gut gefällt, werdet Ihr doch eine andere Partei wählen und die wird Euch doch dann ganz bestimmt besser dienen. Die sind doch jetzt neu und viel motivierter und schließlich haben sie Euch doch versprochen, was sie Euch Gutes tun werden, vor der Wahl.

Leser: Glauben wir das wirklich? Da haben wir doch über Jahrzehnte etwas ganz anderes erlebt. Autor: Ich weiß nicht, wie die Mafia ihr Führungspersonal auswählt. Das mag sich zwischen den verschiedenen Parteien unterscheiden, und vielleicht herrscht bei den Parteien nicht so viel Gewalt. Aber ohne schmutzige Tricks kommt kein normaler Mensch aus dem Volk an die Spitze. Bis man sich in einer Partei so weit nach oben gedient hat, dass man etwas entscheiden darf, muss man nachgewiesen haben, dass man der Partei treu dienen wird. Denn sollte man das nicht wollen, wird man natürlich nicht nominiert. Das heißt, man darf innerhalb der Partei nicht aufsteigen.

Demokrat: Das mit der Nominierung machen wir von den Parteien doch ganz anders als die Mafia, viel transparenter. Schließlich sind unsere Parteitage öffentlich und sogar das Fernsehen ist dabei, wenn alle ihre Stimmkarten heben oder sogar geheim abstimmen.

Leser: Wie oft kommt es vor, dass Leute gewählt werden, die vorher nicht von den Bossen vorgesehen wurden?

Fernsehkommentator: So etwas darf in einer Regierungspartei gar nicht vorkommen. Parteien, deren Vorsitzende ihre Partei nicht im Griff haben, sind nicht wählbar. Sie sind nicht regierungsfähig. Sie haben doch nicht einmal den eigenen Laden im Griff. Wie wollen sie denn ohne Durchsetzungskraft unseren Staat führen und das Volk im Griff behalten, wenn sie noch nicht einmal ihren eigenen Parteitag im Griff haben? Das Volk ist ja wohl schwerer im Griff zu behalten, also zu führen, als ein Parteitag.

Leser: Hää, wo ist da nun der Unterschied zur Mafia? Ist da gar keiner?

Autor: Doch, wir dürfen jederzeit und nach Belieben eigene Mafia-Familien gründen.

Leser: Ist das bei der Mafia verboten?

Autor: Nein, auch nicht, die müssen sich nur gegen die etablierten Familien durchsetzen, bevor sie das große Geld kassieren und verteilen dürfen.

Autor: Immer noch kein Unterschied? Richtig. Kein Unterschied!

Leser: Aber die Parteien schicken doch nicht ihre Jungs vom Sicherheitsapparat los, um andere Familien, äh, Parteien zu schikanieren, die aus dem Volk gegründet wurden und noch nicht etabliert sind.

Autor: Doch, machen sie. Sie haben sogar eine Spezialtruppe dafür.

Leser: Quatsch, das sind die guten, die setzen doch keine Killer ein!

Autor: Stimmt. Killer nicht. Das würde doch beim Volk ganz schlecht aussehen. Da könnten sich die guten Demokraten ja nicht von bösen Diktatoren unterscheiden. Nein, das geht nicht.

Leser: Was machen sie denn dann?

Autor: Sie nutzen ihren Sicherheitsapparat.

Leser: Tolle Idee, die nehmen unseren Sicherheitsapparat fürs Volk: die Polizei.

Autor: Blöde Idee! Die wird ja nur tätig, wenn schon etwas passiert ist. Fürs Volk reicht das völlig aus, aber für die etablierten Familien wäre das ja ziemlich blöd.

Wenn da eine neue vom Volk gegründete Familie die bisherige Regierung vertreiben will, dann nützt es ja nichts, erst dann tätig zu werden, wenn die neue Partei schon gewählt wurde. Kein Diktator, kein Mafiaboss will morgens aufwachen und feststellen, dass er abgesetzt worden ist. Da sind die etablierten Parteien nicht anders.

Leser: Wie machen sie das denn dann?

Autor: Man richtet eine spezielle Sicherheitstruppe ein. Speziell nur für die etablierten Familien, ihre Freunde und wichtigsten Unterstützer sowie auch zum Schutz der wichtigen Infrastruktur. Nicht doch für das normale Volk! Nein, nur für die wichtige Obrigkeit. „Verfassungsschutz" heißt diese Truppe. Und sie müssen, damit alles demokratisch aussieht, natürlich genaustens kontrolliert werden. Damit sie keinen Blödsinn macht, die Truppe. Es gibt 17 dieser Behörden in Deutschland, denn etablierte Parteien gibt es sowohl beim Bund als auch bei den Ländern. Ihre Zusammenarbeit ist genaustens geregelt, insbesondere, wie sie welche Daten untereinander austauschen dürfen. Das ist ganz rechtsstaatlich und wirklich besser als bei Diktatoren und Mafia.

Leser: Sind die Truppen an Gesetze und Rechtsstaat gebunden?

Autor: Das ist unklar. Inhaltlich steht zur Arbeit wenig in den maßgeblichen Gesetzen. Was diesen Truppen erlaubt oder verboten ist, bleibt offen. Ordnungswidrigkeiten oder Strafen, wie sie für die Bevölkerung vorgesehen sind, stehen in keinem der Gesetze. Dass sie rechtsextreme Terroristen der NSU systematisch unterstützt haben, ist inzwischen öffentlich dokumentiert. In Celle wurde von zwei Kriminellen im Auftrag des Verfassungsschutzes ein Loch in die Gefängniswand gesprengt.

Leser: Wie läuft das nun ab, wenn gefährliche neue Parteien aufkommen?

Autor: Die regierenden Parteien kommen zusammen und wenn sie feststellen, dass ihnen eine neue Partei gefährlich werden könnte, weil sie die Ordnung des Bundes oder der Länder gefährdet, dann, ja dann wird entschieden, diese neue Partei zunächst erst einmal zu „beobachten".

Leser: Aber das ist doch bisher gar nicht vorgekommen?

Autor: Doch, ist alles vorgekommen. Die Linke, als sie im Osten noch sehr stark war. Die AfD und auch die NPD als rechtes Extrem werden vom Verfassungsschutz beobachtet. So eine Beobachtung hat drei positive Aspekte für die Etablierten:

1) Ein gewisser Teil der Bevölkerung wird eine Partei „unter Beobachtung" keinesfalls mehr wählen.

2) Die Regierung bekommt zusätzliche interne Informationen über den politischen Gegner.

3) Man kann V-Leute einschleusen, die z.B. rechtsextreme oder antisemitische Standpunkte vertreten oder andere Mitglieder dazu animieren, selbiges zu tun, um auf diese Weise Skandale zu produzieren. Oder man kann auf Demonstrationen der Partei Gewalt produzieren und die Partei

so diskreditieren. Alles, um die neue Partei zu schwächen, ohne jede Gewalt. Nur mit einfachen politischen Tricks.

Leser: Aber das ist doch nicht gerecht. So etwas macht doch keine demokratische Behörde!

Autor: Da täuschen Sie sich allerdings gewaltig. Nicht, dass ich jetzt irgendwie für die NPD wäre, aber selbst das Bundesverfassungsgericht hat sich geweigert, die NPD zu verbieten, weil nicht geklärt werden konnte, ob die extremistischen Standpunkte, die für das Verbot angeführt wurden, nicht doch von V-Leuten vertreten wurden, die der Verfassungsschutz in die Partei eingeschleust hatte. Also genau das passiert sein könnte, was ich gerade meinte.

Leser: Ach, es geht darum, die Konkurrenz zu verbieten?

Autor: Genau!

Leser: Ach jetzt verstehe ich. Nur wegen des Konkurrenzverbots bringt unser derzeitiger Chef der Innenministerkonferenz, Herr Maier von der SPD, aktuell ein Verbot der AfD ins Gespräch.

Autor: Ganz genau, ist alles viel einfacher als gedacht.

Solche satirischen Dialoge konnte man früher im Kabarett sehen und ganz selten auch im Fernsehen. Was konnte man lachen über solche entlarvenden Dialoge. „Richtig, richtig, richtig" hat man sich gesagt. Hatte etwas Dampf abgelassen und war beruhigt, dass die anderen, die mit einem gelacht hatten, das wohl genauso sehen würden. Und dann war der Beitrag vorbei, alles war beim Alten und es änderte sich nichts. Ich kann allen Lesern versprechen, dass wir beim Weiterlesen lernen werden, wie wir das abstellen können und abstellen werden. Doch hören wir auf, die Sache satirisch zu betrachten. Betrachten wir das eben Dargestellte lieber noch einmal systematisch, ernsthaft und sachlich. Damit wir wissen, gegen welches Monster wir kämpfen müssen.

Machtsysteme haben ihren eigenen Zyklus

In Teil eins des Buches haben wir gelernt, dass Macht auf Geld, Recht und Eigentum beruht und es eine „Symbiose" zwischen Obrigkeit und Untertanen gab und gibt. Im Laufe der Zeit wurde diese „Symbiose" von unterschiedlichen Herrschaftsformen geprägt. Herrscher kommen und gehen und so wandeln sich auch die Formen der Herrschaft. Anfangs waren es Tempel mit ihren Priestern. Dann ist zweimal etwas Herausragendes passiert: Sowohl in Athen als auch in Rom wurde die Macht dezentral verteilt. Das hatte beide Male enormen Erfolg. Gruppenentscheidungen sind stets besser als Einzelentscheidungen. Ein breiter Konsens über Ziele und Maßnahmen, um diese Ziele zu erreichen, macht es leichter, erfolgreich zu sein.

In Athen war der Einführung dieser ersten Bürgerbeteiligung eine Konzentrationskrise vorausgegangen, wie wir sie in den ersten beiden Kapiteln kennengelernt hatten. Kleinbauern verloren wegen Überschuldung ihr Land und wurden zu Schuldsklaven. Mit einem Schuldenschnitt und der Wiederherstellung des Kleinbauerntums sowie einer breiten Bürgerbeteiligung legte Solon den Grundstein für den Erfolg der attischen Demokratie. Athen konnte sich in der Folge klar als regionale Macht etablieren. Vergleichbares geschah in Rom. Auch dort wurde das Volk an der Regierung beteiligt und die Entscheidungsfindung auf eine breite Basis gestellt. Auch hier stellte sich der Erfolg relativ schnell ein, und von Rom aus wurde zum Höhepunkt das erste Weltreich regiert. Die Römer etablierten den ersten Rechtsstaat. Es kam zwar ein Zeitpunkt, an dem die Volksbeteiligung an der Regierung wieder beendet wurde. Das von den Römern etablierte System war aber so stabil, dass es mehrere Jahrhunderte dauerte, bis es sich aufgelöst hatte.

Nach den Römern schaffte es die katholische Kirche, sich die Macht mit Kaisern von Gottes Gnaden zu teilen. Es war ein totalitäres System, das am Ende seine Legitimität völlig verspielte und in der Folge ein neues Herrschaftskonzept zuließ. Woran konnte man den Endzustand erkennen? Das an der Macht befindliche Personal im Vatikan war nicht mehr in der Lage, die Untertanen zu führen. Es klammerte sich an die Formalien der göttlichen Macht. Es war die Zeit, in der die Wissenschaften begannen, massive Fortschritte zu machen und in der Nikolas Kopernikus entdeckte, dass die Erde um die Sonne kreist. Galileo Galilei vertrat diese Meinung im Einflussbereich des Vatikans. Das widersprach der kirchlichen Sichtweise, der zufolge alle Himmelsköper um die Erde kreisten. Anstatt den Irrtum einzugestehen, schlug man einen anderen Weg ein, der mit den folgenden Reaktionen der Machthaber beschrieben werden kann.

Nikolas Kopernikus und Galileo Galilei: Die Erde kreist um die Sonne.
Der Vatikan zu den Gläubigen: Die Sonne kreist um die Erde.
Nikolas Kopernikus und Galileo Galilei: Das widerspricht wissenschaftlichen Erkenntnissen.
Der Vatikan zu den Inquisitoren: Bringt diese Abweichler zum Schweigen, sie gefährden unsere Macht.
Die Inquisition: Wir drohen mit Folter und Scheiterhaufen, dann werden sie schweigen.
Vatikan zu den Priestern: Ihr dürft ausschließlich unsere Botschaft verbreiten: Die Sonne kreist um die Erde!
Vertreter der Priester: Wir werden ausschließlich berichten, was die Gläubigen hören sollen, Hochwürden.

Ein System, das vorher hunderte Jahre funktionierte, zerfiel, weil das Personal schlecht war. Das wiederholte sich mit den auf die Kirche folgenden absolutistischen Herrschern und führte in England zu der ersten Demokratie, wie wir sie heute kennen. In der Folge begann die Industrielle Revolution genau dort, wo die Entscheidungsfindung wie schon in Athen und bei den Römern auf deutlich mehr Köpfe verteilt wurde. Dieses Konzept der Demokratie verbreitete sich in der Folge über die ganze Welt und die Demokratien waren bis zum Ende des zwanzigsten Jahrhunderts unzweifelhaft die mächtigsten Herrscher, die die Welt jemals gesehen hat. Ursache dafür war eine bessere Ausbalancierung der Machtverhältnisse zwischen Unternehmern (Unter-Machthabern) und Untertanen, was die Lage der Untertanen stark verbessert und die Leistungsfähigkeit des Abgabensystems sowie der Volkswirtschaften als Ganzes extrem steigern konnte. Jeder Wechsel eines Machtsystems bringt am Anfang große Verbesserungen mit sich. Denn stets werden die Missstände, die zur Ablösung des alten Systems geführt hatten, bereinigt. Dann verbraucht sich das Verbesserungspotential des Machtsystems aber langsam. Die Entwicklung des Gemeinwesens stagniert. Am Ende kommen dann Anführer an die Macht, die sich nur noch arrogant und selbstherrlich auf den Errungenschaften aus den Anfängen des Machtsystems ausruhen. Fast immer grassiert die Korruption. Das war immer so und hat sich bis heute nicht geändert. Die Demokratien der westlichen Industrieländer sind um das Jahr 2000 in diese Phase eingetreten. Mit der Corona-Pandemie erreicht diese Entwicklung ihren vorläufigen Höhepunkt.

Die Demokratie ist am Ende ihres Zyklus angekommen

Die Demokratie ist zumindest in den westlichen Industrieländern am Ende ihres Zyklus angekommen. In anderen Staaten, die weniger entwickelt sind, mag das noch anders aussehen. Aber in den westlichen Industriestaaten wird der Pluralismus, der die Demokratien in ihren Anfängen so vorangebracht hat, plötzlich wieder eingeschränkt. Die demokratischen Abgeordneten müssen die Meinung der Regierung vertreten. Die demokratischen Regierungen stimmen sich in nicht-öffentlichen Zirkeln ab und Krisen werden seither einheitlich beantwortet. Das war lange Zeit jeweils nur auf Ebene der Bundesregierung der VSA in Washington D.C. und bei der EU in Brüssel der Fall. Erstmalig mit der Corona-Pandemie gibt es offensichtlich eine einheitliche Planung, die über alle Kontinente und Staaten hinweg einheitlich erfolgt. In deren Folge erleben diejenigen, die nicht auf die Priester der heutigen Zeit, die Leitmedien, hören, was die folgenden Anweisungen unserer Führung wiedergeben könnte:

Dr. Wolfgang Wodarg und Dr. Mike Yeadon: Covid-19 ist nicht schlimmer als eine Grippe, Masken nützen nichts, ein Lockdown ist unnötig.

Bundeskanzleramt zu den Bürgern: Covid-19 bringt uns alle um, Masken tragen ist notwendig, ein Lockdown ist nötig.

Dr. Wolfgang Wodarg und Dr. Mike Yeadon: Das widerspricht wissenschaftlichen Erkenntnissen.

Bundeskanzleramt zu Google, Facebook & Twitter: Bringt diese Abweichler zum Schweigen, sie gefährden unsere Macht.

Google, Facebook, Twitter: Wir sperren ihre Accounts, löschen ihre Daten und filtern die Suchergebnisse, dann schweigen sie.

Bundeskanzleramt zu den Leitmedien: Ihr dürft ausschließlich unsere Botschaft verbreiten: Covid-19 ist tödlich, Masken sind nötig, ein Lockdown muss sein.

Vertreter der Leitmedien: Wir werden ausschließlich berichten, was die Gläubigen hören sollen, Hochwürden.

Die Parallelität zur katholischen Kirche ist erschreckend. Damals wie heute wird nicht mehr inhaltlich reagiert, sondern nur die bestehende Machtposition genutzt und sich an selbige geklammert. Das Personal ist qualitativ so schlecht geworden und offensichtlich zu einem sinnvollen Umgang mit inhaltlichen Argumenten nicht mehr in der Lage oder so arrogant und selbstzentriert, dass Argumente nicht als nötig angesehen werden.

Wenn im Folgenden die Demokratie als Regierungsform bloßgestellt wird, soll das nicht bedeuten, dass autoritäre Systeme besser wären. Auch mir ist durchaus klar, dass die Methoden der Mafia in vielen Fällen schlechter sind als die der Demokraten. Aber was gezeigt werden soll, ist, dass die Struktur der Demokratie genau die gleiche Struktur ist wie die der Mafia. Das kann vom Prinzip her gar nicht anders sein. Denn es ist die Struktur und der Zyklus aller Formen von Beherrschung, und diese wiederholen sich immer wieder. Wir haben es in Teil eins gelernt: Beherrschung beruht auf Geld, Recht und Eigentum. Sie funktioniert immer gleich. Herrschaft führt deshalb am Ende zu arrogantem, unmoralischem und elitärem Verhalten. Genau das, was aktuell in der Corona-Krise auf den Gipfel getrieben wurde.

Demokraten rechtfertigen ihr arrogantes Verhalten gegenüber Demonstranten mit der angeblichen moralischen Überlegenheit ihres Systems. Sie machen uns Untertanen klein, mit Sätzen wie „Das war ein Angriff auf unsere (heilige[9]) demokratischen Institutionen", wenn ein paar versprengte Demonstranten die Treppen des Reichstagsgebäudes hochlaufen. Wir werden im Folgenden sehen, dass die Demokratie sowohl aus moralischer als auch aus praktischer Perspektive betrachtet eine schlechte Regierungsform ist, die nur anfangs gut funktioniert hat. Denn in den

---

[9] Einfügung in Klammern von mir, um die Denkweise und arrogante Selbstüberschätzung unserer derzeitigen Anführer deutlicher zu machen.

Anfängen der Demokratie kamen die Vertreter noch aus dem Bevölkerungsquerschnitt. Sie waren demütig und darum bemüht, ihre neue Aufgabe zum Wohle des Volkes mit Würde und Anstand zu erledigen. Sie haben zum Beispiel die Ausbeutung aus den Anfängen des Kapitalismus beendet. Aber nichts davon ist übriggeblieben und wir werden erkennen, warum es am System liegt, dass wir heute von einer arroganten, sich selbst überschätzenden, machtbesessenen Klicke korrupter Witzfiguren geführt werden. Unser Problem, das Machtsystem „Demokratie", schützt uns, anders als erwartet, eben nicht vor der Arroganz und Willkür dieser Personen. Wir sind ihnen genauso ausgeliefert wie jeder Mafia oder jedem Kaiser aus früheren Zeiten. Wir werden sehen, dass die Demokratie nichts Spezielles hat, was erhalten bleiben müsste, jedenfalls nicht aus Sicht der Bevölkerung. Natürlich hängt das gute und bequeme Leben der Regierenden sowie der von ihnen gefütterten Machtapparate und Medien davon ab. Für diese Elite und deren Freunde ist das System toll. Aber wir werden erkennen, dass wir der Willkür dieser Personen völlig ausgeliefert bleiben. Sie können unsere angeblichen Grundrechte offensichtlich beliebig einschränken. Wir werden sehen, warum das System schlecht ist und warum wir es ändern müssen. Und wir werden auch noch sehen, wie das geht.

Demokratische Parteien sind mafiöse Vereinigungen

Die Parteien haben sich in allen demokratischen Staaten westlicher Prägung zu mafiösen Vereinigungen entwickelt. Das hat systembedingte Ursachen, auf die wir später noch zurückkommen werden, aber betrachten wir erst einmal, was ich damit meine. Ich benutze die Begriffe „Partei" und „Familie" mal so, mal so. Das geschieht absichtlich. Wir werden dadurch nämlich merken, dass es völlig egal ist, ob ich von der Mafia oder einer Partei rede.

Parteien, die die Parlamente bevölkern und die Regierungen stellen, haben die Staaten gekapert und leiten sie wie Mafia-Familien. Im Einzelnen verfahren sie dabei wie folgt:

1. Parteien bekämpfen sich gegenseitig.
2. Parteien haben ungerechtfertigte Privilegien.
3. Parteien agieren gemeinsam gegen die Bevölkerung.
4. Parteien schulden niemandem Rechenschaft.
5. Parteien unterliegen keiner Kontrolle.
6. Parteien bestechen und sind bestechlich.
7. Parteien gefährden unsere Zukunft.
8. Parteien haben unsere Gesellschaft völlig zerstört.

Im folgenden Text werden wir alle Thesen im Detail betrachten.

Parteien bekämpfen sich gegenseitig

Wie Parteien neu aufkommende Parteien bekämpfen, hatte die Satire eben schon etwas dargestellt. Aber der Kampf geht noch darüber hinaus. Es geht auch um einen ständigen Kampf unter den Parteien. Dieser Kampf, der eigentlich dafür da sein sollte, dass die Interessen des Volkes berücksichtigt werden, ist schon lange völlig aus dem Ruder gelaufen. Das Volk interessiert nur noch wenig. Es geht nämlich nur noch darum, wer für eine Legislaturperiode die Regierungsparteien wird, oder anders gesprochen, wer für vier Jahre lang die führende Mafia-Familie wird.

Die führenden Familien bekommen die wichtigsten Posten, die Macht zu entscheiden und sie verdienen das meiste Geld. All das ist wichtig und alleine wichtig für die Parteien. Die berechtigten Interessen der Bevölkerung werden seitens der Mafia-Familien nur dafür benutzt, um sich vor der Wahl besonders gut darzustellen. Weil die Bevölkerung nur unter den bestehenden Parteien auswählen darf, muss sich keine Partei besonders anstrengen. Es reicht, unverbindliche Versprechungen zu machen, die nachher keinesfalls eingehalten werden müssen. Man kann den politischen Gegner inhaltlich und persönlich diffamieren. Alles, was hilft, ist erlaubt. Die Medien können genutzt werden und helfen je nach Vernetzung auch dabei, andere Parteien zu bekämpfen. Auf die Medien kommen wir gleich noch zu sprechen.

Die führenden Familien haben einen weiteren großen Vorteil. Sie können den gesamten Apparat der Mafia nutzen. Das Sicherheitspersonal (bei der Mafia Killer genannt) ist dabei nicht ganz so wichtig. Aber es gibt riesige Mitarbeiterstäbe, Ministerien genannt, die alles tun, um die Arbeit der führenden Familien positiv darzustellen.

Die Kern-Kompetenz von Parteien ist die Bekämpfung der Konkurrenz-Parteien. Das ist der einzige Bereich, in dem Demokratie einen freien Wettbewerb organisiert. Aber davon hat die Bevölkerung gar nichts. Denn Partei-Programme, also politische Inhalte, interessieren vor der Wahl überhaupt niemanden mehr. Warum auch, nach der Wahl werden die Versprechen so oder so nicht eingehalten. Also geht es nur um Personen, um kurze Slogans oder Tweets. Als Ergebnis dieses kuriosen Wettbewerbs kommen die Witzfiguren an die Macht, die wir alle derzeit beobachten dürfen.

Demokratie enthält keinen Wettbewerb zugunsten der Bevölkerung. Das einzige Ergebnis des Wählerwettbewerbs sind machtbesessene Witzfiguren an der Spitze.

Parteien haben ungerechtfertigte Privilegien

Stellen Sie sich vor, Sie sind Mieter einer Wohnung. Es klingelt an der Tür. Da steht ein unbestellter Maler und verlangt Einlass. Er geht alle Zimmer ab, sucht sich eins aus und, sagt „Das wird jetzt neu gestrichen!" Er komme morgen wieder und dann werde das erledigt, kündigt er an. Tatsächlich kommt er am nächsten Tag, schließt das Zimmer von innen ab und scheint zu arbeiten. Am frühen Nachmittag geht er wieder. „Morgen bekommen Sie die Rechnung", sagt er beim Verabschieden.

Sie betreten das Zimmer und sind schockiert. Die Farbe ist ein hässliches Schwarz, die Wände sind unvollständig gestrichen, nur die großen Flächen, Ränder und Ecken zeigen noch die alte Tapete. Der Teppich ist mit Farbe bekleckert, die Möbel sind beschmiert. Und die Wandlampen sind nicht wieder montiert und bei einer ist der Glasschirm kaputt. Vorher hatte ihnen ihr Zimmer gefallen. Jetzt ist es allenfalls eingeschränkt bewohnbar. Und tatsächlich, am nächsten Tag kommt auch noch die Rechnung. Ein Tag Arbeit, unvollendete Arbeit schlechter Qualität, 2.000€, Zahlungsfrist drei Tage.

Sie sollen für diese schlechte Leistung auch noch zahlen! Sie wollen sich wehren. Aber überall erklärt man ihnen, nein, wenn dieser Maler da war, dann müssen Sie zahlen. Sonst schickt der seine Sicherheitsleute vorbei. „Seid froh, dass bei Euch der Schwarz-Maler kam. Wenn der Grün-Maler kommt, der verhöhnt und beschimpft Euch noch die ganze Zeit, während er arbeitet."

So einfach Geld zu verdienen, davon kann jeder Maler nur träumen. Denn natürlich sieht seine Wirklichkeit ganz anders aus. Bevor er einen Auftrag bekommt, muss er Angebote schreiben und zwar meist mehrere. Ohne, dass er die Arbeitszeit den potentiellen Kunden berechnen kann. Die Angebote müssen sorgfältig erstellt sein. Macht er einen Fehler und ist er zu teuer, bekommt er den Auftrag nicht und die Arbeit der Angebotserstellung war umsonst. Vergisst er eine Leistung oder kalkuliert er zu wenig Zeit oder Material ein, muss er den Verlust tragen. Wird die Arbeit nicht vollständig oder nicht ordnungsgemäß ausgeführt, muss er kostenlos nachbessern. Wenn er bei seiner Arbeit etwas beschmutzt oder beschädigt, darf der Kunde es auf seine Kosten reinigen oder reparieren lassen. Und wenn die Farbe nach drei Jahren abblättert, muss er kommen und das Zimmer neu streichen, kostenlos, weil der Kunde einen Gewährleistungsanspruch hat.

Genau so hat es die jeweils führende Familie, die Regierungsparteien, mit ihren Stäben für den Maler und alle anderen Unternehmen festgesetzt. Nicht, dass alle diese vielen Schikanen auf einmal so festgesetzt wurden. Nein, nein, dann hätte der Maler die Arbeit sofort eingestellt. Es wurde so gemacht, dass alle paar Jahre eine Schikane dazu kam. So konnte der Maler sich anpassen. Und es hatte auch etwas Gutes, konnte er sich anfangs trösten. Selbständige Neueinsteiger in den Malerberuf, die gab es durch die vielen Schikanen immer weniger.

Soweit die Regelungen für die normale Bevölkerung. Wir leben in einem Rechtsstaat und da sind ja alle Menschen gleich. Nicht wie bei der Mafia, wo die Familien/Parteien permanent bevorzugt werden.

Gucken wir uns jetzt die Regelungen für die Parteien mal an.

Arbeiten die Parteien nur auf Wunsch der Bevölkerung? Nein, die suchen sich ihre Aufgaben selber aus. Welche Zimmer auch immer sie streichen wollen, sie haben die volle Auswahl.

Kann irgendjemand sagen, er will nicht, dass bei ihm gestrichen wird? Nein. Wenn die Mafia-Familien ein Gesetz verabschieden, gilt es. Und sie legen es so fest, dass es nur die normale Bevölkerung betrifft. Wenn ein Gesetz nicht so ganz vollständig ist, schlecht funktioniert oder Schäden erzeugt, müssen die Parteien dafür haften, auch noch nach ein paar Jahren? Nein, natürlich nicht. Müssen sie kostenlos nachbessern? Nein natürlich nicht. Selbst wenn Gesetze offensichtlich verfassungswidrig sind, werden diese Gesetze von den Parteien vielleicht nach einiger Zeit korrigiert, aber keinesfalls müssen die Mitglieder der Mafia-Familie/Parteien in dieser Zeit auf ihr Geld verzichten. Kann man als Bürger irgendwo reklamieren, dass ein Gesetz einen einschränkt oder einem schadet? Ja, können sie, aber das interessiert natürlich niemanden. Das ist halt so. Meist war und ist es genau der Zweck des Gesetzes, das zu tun. Es schadet mit voller Absicht. Zum Beispiel wenn mal wieder die Zwangsabgaben zum Nutzen der Obrigkeit erhöht werden.

Müssen die Bürger für die Werke der Parteien zahlen, ob fehlerhaft, schlecht und schikanös oder nicht? Ja, natürlich. Und sollten sie sich weigern, Steuern zu zahlen, dann kommen die Sicherheitsleute von der Familie schon bei Ihnen vorbei. Steuerhinterziehung ist genauso schlimm wie Körperverletzung.

Werden die Bürger Monat für Monat mit neuen Gesetzen traktiert? Ja, natürlich. Und die Bürger müssen jedes Gesetz kennen. Keinesfalls kann man sich vor den Sicherheitsleuten herausreden, dass man das Gesetz ja nie bekommen hat. Es wird im Gesetzblatt veröffentlicht und das hat man gefälligst zu lesen.

Wenn man sich die Mühe macht, die Gesetzblätter zu lesen, kann man dann verstehen, was da drinsteht? Natürlich nicht. Die meisten Gesetze sind so kompliziert, dass selbst Fachleute sie oft nicht mehr verstehen. Sind die Gesetze wenigstens so klar formuliert, dass sie eindeutig sind? Nein, natürlich nicht. Das hat Vorteile beim Marketing, denn dann müssen die ganz fiesen Maßnahmen nicht von der Familie festgesetzt werden. Das machen dann später die Richter, die das im Sinne der Familie auslegen. Dafür hat die Familie dann noch weniger Verantwortung als ohnehin schon keine. Insbesondere vor Wahlen ist so etwas günstig.

Wird die Lage besser, wenn die Bevölkerung nach der Wahl eine andere Familie mit der Führung beauftragt? Nein, natürlich nicht. Insbesondere nach der Wahl kommen die größten Schikanen, damit man sich zur nächsten Wahl vier Jahre später schon nicht mehr erinnern kann.

Das ist keine Satire. Das ist bitterer Ernst und Jahrzehnte lang erlebte Realität.

Aber wir, die Bevölkerung sind schuld, dass wir uns das gefallen lassen!

Es fällt uns nicht mal auf, weil von klein auf, bereits in der Schule, unser Gehirn mit falschen Informationen gefüttert wird. Informationen, die wir deshalb unser ganzes Leben lang nicht mehr hinterfragen. Und selbst wenn wir die Ungerechtigkeit erkennen, was sollten wir denn machen? Die Demokratie ist doch die beste Regierungsform der Welt.

Parteien agieren gemeinsam gegen die Bevölkerung

Die Parteien machen nichts für die gesamte Bevölkerung. Nichts! Sie machen viele Dinge, jeweils für einen Teil der Bevölkerung. Deshalb ja auch der Name Partei. Sie ergreifen Partei oder sie unterstützen einen Part, einen Teil, der Bevölkerung.

Fast jedes Mal, wenn die Parteien etwas tun, muss ein Teil oder sogar die ganze Bevölkerung dafür zahlen oder leiden oder sogar zahlen und leiden. Aber oft profitiert auch ein Teil der Bevölkerung von den Taten. Wenn das die Parteien selber sind, dann ist es am besten. Aber allein die Vorgehensweise hat immer Vorteile für die Parteien.

Jeder bekommt mal ein Geschenk. Damit kann man sich vor der Wahl brüsten, wenn man im Wahlkampf mal auf die Bevölkerung trifft. Je nach Zuhörerschaft hebt man die jeweiligen Geschenke hervor und verschweigt die unangenehmen Gesetze.

Geschenke, an wen auch immer, sind eine tolle Sache. Insbesondere, wenn man richtig große Geschenke verteilen kann, Milliarden. Und am allerschönsten, man muss gar nichts zahlen für die Geschenke, die man verteilt. Aber man kann trotzdem Dankbarkeit verlangen.

Demokratische Parteien denken sich permanent entweder Schikanen oder Geschenke aus, die die Bevölkerung dann anschließend so oder so zu bezahlen hat.

Kein Diktator und kein Mafioso würde seinen Untertanen so oft seinen Willen aufzwingen wie dies bei demokratischen Regierungen der Fall ist.

Wer Zweifel hat kann dazu den Unterschied von Gesetzen, Verordnungen, Normen und Gerichtsurteilen zwischen der DDR und der BRD bis zur Wiedervereinigung betrachten. Die Ausgangssituation war dieselbe. Der Unterschied am Ende ist in Quantität und Komplexität ein klarer Beweis für diese Aussage.

In diktatorischen Staaten ist der Arbeitsdruck in der Regel deutlich niedriger als in Demokratien. Die nackten Zahlen beweisen es. Die Steuereinnahmen von Diktaturen sind viel geringer als die der Demokratien. Und auch die Mafia würde niemals so hohe Abgaben verlangen, wie es die Demokraten tun. Diktatoren und Mafiosi wollen sich nicht wirklich unbeliebt machen. Sie wollen einigermaßen vernünftig davon leben können und ein, zwei Ober-Bosse vielleicht auch sehr gut; insgesamt versuchen Diktatoren und Mafiosi aber, ihre Fixkosten eher klein zu halten. Zu groß ist das Risiko, dass die Bevölkerung sonst rebelliert und einen anderen Diktator oder eine andere Mafia unterstützt. Demokraten leben nämlich viel sicherer als Diktatoren. Einmal gewählt bleiben sie recht sicher vier Jahre im Amt. Wenn sie ausscheiden, gibt es Übergangsgeld und eine Altersversorgung. Im Gegensatz dazu überleben die meisten Diktatoren eine Absetzung durch ihren Nachfolger nicht. Sie müssen sich deshalb vorsichtiger verhalten.

Das gesamte Absetzungsrisiko kennt man in demokratischen Parteien nur begrenzt. Denn die Demokraten wechseln sich brüderlich ab. Jeder kommt mal dran, und wer nicht drankommt, wird trotzdem üppig versorgt.

Die Bevölkerung in den demokratischen Ländern wird in unbeschreiblichem Maße von den demokratischen Parteien schikaniert[10] und finanziell ausgepresst.

---

[10] Mit schikaniert ist gemeint: ihrem (demokratischen) Willen mit abertausenden von strafbewährten Paragraphen unterworfen.

Freiheiten, die der Bevölkerung auf dem Papier in wolkigen Formulierungen zugesichert wurden, nützen gar nichts. Selbst Sklaven in Rom wurden nicht mit so vielen Gesetzen, Verordnungen, Erlassen, Gerichtsurteilen belegt.[11]

Aber es funktioniert. Wir alle in der Bevölkerung leisten ständig immer mehr und mehr. Die demokratischen Regierungen haben damit Mittel zur Verfügung, von denen die bösen Diktatoren nur träumen können. Das könnten „die angeblichen Bösen" ihren Bevölkerungen niemals abpressen.

Warum nicht? **Nur weil sie sich nicht durch eine Wahl legitimieren lassen!**

Parteien schulden niemandem Rechenschaft

Man erzählt uns stets, dass die Demokratie die beste Regierungsform ist, weil das System ja rechtsstaatlich und ausgewogen ist und auch noch so gut kontrolliert wird.

Es gibt das Grundgesetz und die Gewaltentrennung, also die Trennung von Regierung (Exekutive), Parlament (Legislative) und Justiz (Judikative), und dann noch die Medien, die sich jeweils alle gegenseitig kontrollieren sollen.

Wie sieht es denn aus mit den Kontrollen?

Kontrolle durch Gesetze

Da gibt es zum Beispiel die Kontrolle durch das Grundgesetz.

Doch was passiert, wenn die Parteien das Grundgesetz missachten? Nichts. Wenn sie dabei erwischt werden, muss es allenfalls korrigiert werden.

An dieser Stelle sollte das auch jedem klar werden, der nur die Leit-Medien konsumiert. Wir Untertanen zahlen für falsches Parken ohne Behinderung 20€ Buß-

---

[11] Die meisten Sklaven in Rom konnten sich frei bewegen. Oft waren es Lehrer und Menschen, die ganz normale Hausarbeiten durchgeführt haben. Sie wurden auch keinesfalls alle schlecht behandelt. Warum auch? Arbeitnehmer werden heute auch nicht generell schlecht behandelt. Dafür gibt es gute Gründe.

geld. Wenn ein Vertreter der Obrigkeit im Rahmen seiner von uns bezahlten Arbeit unser wichtigstes Gesetz, das Grundgesetz, willkürlich nicht beachtet, dann ist das nicht einmal eine Ordnungswidrigkeit.

Damit wir Untertanen uns an Gesetze halten, gibt es allein für den Verkehrsbereich einen Bußgeldkatalog,[12] der im Jahr 2020 einen Umfang von 59 DIN-A4 Seiten hat. Um Gesetzen eine Glaubwürdigkeit zu geben, wird deren Missachtung grundsätzlich geahndet, mindestens als Ordnungswidrigkeit mit einem Bußgeld. In der Regel fallen die Strafen für die Untertanen jedoch deutlich höher aus.

Wie kann es sein, dass die Glaubwürdigkeit des Grundgesetzes völlig unwichtig ist? Oder sind nur die Privilegien der Partei-Mafia wichtiger als unser Grundgesetz? Haben wir hier vielleicht ein prinzipielles Problem? Irgendetwas ist doch da nicht richtig. Nur was ist das eigentlich?

Ja, wir haben ein Systemproblem. Und wir können dieses Problem ganz einfach beseitigen, wenn wir das System ändern. Wir werden auch noch sehen, wie das geht.

Gucken wir uns vorher die Kontrolle der Partei-Mafia durch Gesetze noch etwas genauer an. Gibt es vielleicht doch irgendwo eine Strafe, wenn das Grundgesetz verletzt wird? Bei den wichtigen Sachen vielleicht? Wenn Grundrechte eingeschränkt werden oder wenn ein Angriffskrieg vorbereitet wird?

Artikel 26 Grundgesetz:

(1) Handlungen, die geeignet sind und in der Absicht vorgenommen werden, das friedliche Zusammenleben der Völker zu stören, insbesondere die Führung eines Angriffskrieges vorzubereiten, sind verfassungswidrig. Sie sind unter Strafe zu stellen.

(2) Zur Kriegführung bestimmte Waffen dürfen nur mit Genehmigung der Bundesregierung hergestellt, befördert und in Verkehr gebracht werden. Das Nähere regelt ein Bundesgesetz.

Tatsächlich, die „Vorbereitung von Angriffskriegen" war, und ich schreibe „war", tatsächlich eine Vorschrift, der mit einer Strafbewährung eine gewisse Kraft ver-

---

[12] https://www.bussgeldkatalog.org/bussgeldkatalog.pdf

liehen wurde. So wie es bei der normalen Bevölkerung schon bei kleineren Delikten als Angriffskriegs-Vorbereitung der Fall ist. „Versuchter Mord" wäre ein Beispiel.

Angriffskriege sind moralisch in keiner Weise vertretbar. Heute nicht, morgen nicht und unter besonderer Berücksichtigung der deutschen Geschichte schon gar nicht. Kein demokratischer Staat sollte andere Staaten angreifen, oder etwa doch?

Deshalb gab es im Strafgesetzbuch den §80.

Wer einen Angriffskrieg (Artikel 26 Abs. 1 des Grundgesetzes), an dem die Bundesrepublik Deutschland beteiligt sein soll, vorbereitet und dadurch die Gefahr eines Krieges für die Bundesrepublik Deutschland herbeiführt, wird mit lebenslanger Freiheitsstrafe oder mit Freiheitsstrafe nicht unter zehn Jahren bestraft.

Klingt gut. Nur seitdem sich die Bundesrepublik Deutschland an Angriffskriegen beteiligt hat, wurde der Paragraph schleunigst entfernt. Begründung: EU-Vereinheitlichung. Berücksichtigung der besonderen Lehren aus der deutschen Geschichte, die uns, der Bevölkerung, stets vorgehalten werden? Für die Obrigkeit kein Thema mehr. Obwohl da im Grundgesetz immer noch steht:

(1) Handlungen, die geeignet sind und in der Absicht vorgenommen werden, das friedliche Zusammenleben der Völker zu stören, insbesondere die Führung eines Angriffskrieges vorzubereiten, sind verfassungswidrig. **Sie sind unter Strafe zu stellen.**

Wo ist die Strafe denn nun hin, wenn der §80 StGB einfach aufgehoben wurde?

Regen wir uns nicht auf über die Abschaffung dieses einen Paragraphen. Auch nicht über die Verletzung des Grundgesetzes. Das ist ärgerlich, aber diese Änderung ist nicht unser Problem. Unser Problem ist Folgendes: Die Mafia/Parteien können ihre eigenen Regeln nach Belieben ändern. Das ist ein struktureller Fehler. Wenn die Demokratie so gut und richtig wäre, wie sie uns immer verkauft wird, dann wäre so etwas nicht möglich. Wir müssen uns an diesen Stellen immer wieder bewusst machen: Es ist ein System-Fehler, nicht eine falsche Einzelentscheidung. Das System muss solche falschen Einzelentscheidungen verhindern können. Das tut es nicht, also ist das System schlecht und wir müssen es ändern. Wir werden auch noch sehen, wie das geht.

Kontrolle durch Trennung von Gesetzgebung, Justiz und Regierung

Wir haben gesehen, die Gesetze schützen uns nicht, weil sie jederzeit geändert werden können. Es war ja auch so vorgesehen, dass die Regierung und der Gesetzgeber getrennt sein sollten. Das verkauft man uns auch als tolle Absicherung. Nur wo ist das denn der Fall? Die Parteien sitzen im Parlament und machen dort die Gesetze, und einige wichtige Vertreter der Parteien sitzen nicht nur im Parlament, sondern auch zusätzlich in der Regierung. Bei der CDU war es fast immer so, dass der Kanzler gleichzeitig auch Vorsitzender der Partei war, aus gutem Grund. Denn welche Partei hat die längste Zeit in Deutschland den Kanzler gestellt? Welche Mafia stellte den Ober-Boss? Die CDU in rund 51 von 71 Jahren. Das ist kein Zufall. Wie schafft es die Leitung der Mafia, den Laden im Griff zu haben? Es gibt da doch das Grundgesetz mit dem Artikel 38, der in Absatz (1) folgendes sagt:

(1) Die Abgeordneten des Deutschen Bundestages werden in allgemeiner, unmittelbarer, freier, gleicher und geheimer Wahl gewählt. Sie sind Vertreter des ganzen Volkes, an Aufträge und Weisungen nicht gebunden und nur ihrem Gewissen unterworfen.

Klingt doch toll. Allgemein, unmittelbar, frei, gleich und geheim vom ganzen Volk gewählte Abgeordnete, die nicht an Weisungen und Aufträge gebunden und nur ihrem Gewissen unterworfen sind. Wir sind beeindruckt und eingeschüchtert. Schwer in den Griff zu bekommen? Nein, natürlich nicht. Erst einmal stellen die Parteien die Kandidaten zusammen. Nur wer von der Partei abgesegnet ist, bekommt einen Listenplatz oder einen Wahlbezirk, wo er für die Partei kandidieren darf. Kaum ein Abgeordneter des Bundestages vertritt nicht eine Partei, die ihn vorher nominiert hat. Bei Chaos-Parteien, die nicht regierungsfähig sind, ist das vielleicht der Fall. Oder weil Parteien mal ein Mitglied verlieren. Diese Abgeordneten dürfen dann noch bis zur nächsten Wahl verbleiben und spätestens dann werden derart Aussätzige aussortiert. Sie haben nicht die Mittel, um wieder in das Parlament einzuziehen. Weil jeder Abgeordnete sein Brot mit Politik verdient, wird er es sehr wohl vermeiden, die Institution zu verärgern, die ihn ernährt.

Aber es gibt noch andere Mittel, die besser geeignet sind für die Mafia-Bosse/die Parteivorsitzenden, um die Parlamente im Griff zu behalten. Dazu bildet man, ganz legal und transparent, aus allen gewählten Abgeordneten jeder einzelnen im Parlament vertretenen Parteien einen Klub, so zumindest in Österreich, in Deutschland heißt das „Fraktion". Diese Fraktion oder dieser Klub heißen genauso wie die Partei. Solche wichtigen Details sind alle in der Geschäftsordnung und Gesetzen geregelt. Das ist noch nicht schlimm. Auch nicht, dass ein Unter-Boss der Partei-Mafia ein saftiges Extra-Gehalt bekommt. Aber das hat natürlich seinen Grund. Dieser Unter-Boss, genannt Fraktionsvorsitzender, hat die Aufgabe, die Abgeordneten für die Parteiführung in den Griff zu bekommen. Wie macht er das? Mit dem Fraktionszwang. Hmm, wer soll da denn gezwungen werden, von den Fraktionen? Nein, von den Fraktionen wird niemand gezwungen. Die Fraktionen beschließen, sich selbst zu zwingen. Das heißt, sie verabreden sich, sodass alle ganz freiwillig den Weisungen der Fraktionsleitung folgen. Uuups, war da nicht Artikel 38, der sagte, die Abgeordneten sind nicht an Weisungen gebunden? Klar doch, wir haben das nur nicht richtig verstanden.

Der Fraktionsvorsitzende hat und ist das Gewissen der Abgeordneten. Denn bereits vor der Wahl steht fest, dass sie ihr Gewissen abgeben müssen, bei der Partei, um nominiert zu werden. Die Partei reicht das vorher eingesammelte Gewissen dann einfach an den Vorsitzenden ihrer jeweiligen Fraktion weiter, und schon ist alles gut.

War jetzt wieder Satire. Fraktionszwang, ich kann es nicht erklären, deshalb betrachten wir, wie das Stand 08.09.2020 in Wikipedia unter „Gründe" verkauft wird:

Es wird heute überwiegend davon ausgegangen, dass eine gewisse Fraktionsdisziplin für ein parlamentarisches Regierungssystem nötig ist, um die erforderliche Stabilität und Zuverlässigkeit bei der Beschlussfassung zu gewährleisten. Als Gründe für die Fraktionsdisziplin werden genannt:

- Jede Partei muss sich, um ihre Interessen durchsetzen zu können, auf ihre Abgeordneten verlassen, und umgekehrt sind die Abgeordneten der Partei im Wahlkampf meist auf die Unterstützung der Partei angewiesen. Außerdem erwartet der Wähler für seine Wahlentscheidung meist ein klares Profil der Partei, das nur durch ein im Wesentlichen einheitliches Abstimmungsverhalten erreicht werden kann.
- Wenn Abgeordnete sich nicht an das Programm ihrer Partei (oder bei Koalitionsregierungen nicht an das Koalitionsprogramm) halten, so werden diese Entscheidungspakete wieder aufgeschnürt. Dies wird als problematisch gesehen, weil beim Mehrheitsprinzip durch die Bündelung der einzelnen Punkte in einem Programm eine unterschiedlich starke Betroffenheit der Wähler von den Einzelentscheidungen besser berücksichtigt werden kann.
- Kein Abgeordneter kann in allen Fachthemen ausreichende Sachkenntnis haben und muss sich daher an den Meinungen Anderer orientieren. So

kann ein Fraktionsmitglied in Teilbereichen die Fraktionsmeinung maßgeblich prägen, während es sich in anderen Teilbereichen darauf verlassen kann, dass die Entscheidungen der Fraktion von darauf spezialisierten Experten anhand von fundierten Argumenten gefällt werden.

- Ohne Fraktionsdisziplin wäre die Arbeitsfähigkeit der Regierung stark
eingeschränkt, da von Abweichlern aus der eigenen Fraktion und von der
Opposition (deren Abgeordnete der Meinung sind, die Regierung müsse
abgelöst werden) die Gesetzgebung blockiert werden würde.

- Es kann durchaus eine Gewissensentscheidung sein, Gesetzen zuzustim-
men, die nicht der eigenen Überzeugung entsprechen, da Alternativen
(Regierungswechsel) oder die Unterstützung durch die Fraktion bei einem anderen Thema schwerer wiegen. Innerparteiliche Diskussionen, die
durch viele von der Fraktionsmehrheit im Parlament abweichend Stim-
mende an die Öffentlichkeit gelangen, können dazu führen, dass die Partei als uneinig und zerstritten wahrgenommen wird. Ein solches Image
sehen manche als Grund schlechterer Wahlergebnisse.

Beurteilen Sie, lieber Leser, bitte selbst, ob ihnen diese Argumentation einleuch-
tet. In jedem Fall ist gut erklärt, warum es für den Unter-Boss/Fraktionsvorsitzen-
den sehr sinnvoll ist, seinen Laden im Griff zu haben. Damit er nämlich im Sinne
der obersten Mafia-Führung agiert und nicht etwa seinem Gewissen oder dem
Volk verpflichtet ist. Das Volk kann ihn wählen, aber darf ihm natürlich keine
Weisungen erteilen. Wäre ja furchtbar so ein Land. Nicht zu regieren.

Ich halte es für einen Skandal. Und ich weiß, dass dieser Fraktionszwang äußerst
umstritten ist. Aber, man beachte: Bei Wikipedia steht dazu kein Wort. Bei anderen Artikeln ist es durchaus üblich, dass es einen Abschnitt „Kritik" gibt, wo auch
kritische Stimmen zu einem Sachverhalt dargestellt werden. Aber nicht, wenn es
um unser Heiligtum, unsere Demokratie, geht.

Wir halten fest:

- Das Volk darf dem Abgeordneten keine Weisungen geben.
- Die Parteiführung/Mafia-Leitung erteilt den Abgeordneten über ihre Un-
ter-Bosse ständig Weisungen und darf dies ganz legal tun, weil die Abgeordneten bereits vor ihrer Nominierung ganz freiwillig erklärt haben,
dass sie diese Weisungen nach der Wahl so haben wollen werden. Ganz
freiwillig, diese Weisungen also.

Hier haben wir einen entscheidenden Punkt. Wir lassen uns von Worten wie Fraktion, Geschäftsordnung, Gesetzen, Freiwilligkeit und Gewissen täuschen. Das ist

ein System, das sich gegen das Volk richtet und was von der Mafia/den Parteien organisiert und beherrscht wird. Gesetze schützen uns nicht. Die kann man offensichtlich umgehen, wenn man es braucht. Wir müssen endlich verstehen, dass das gesamte System schlecht ist und wir dieses System ablösen müssen. Wir werden auch noch sehen, wie das geht.

Kontrolle durch die Justiz

Wie sieht es denn aus mit der Kontrolle durch die Justiz? Gibt es da Unterschiede zwischen der normalen Bevölkerung und den Parteien? Wie steht es um die Unabhängigkeit der Justiz, die uns bezogen auf Kontrolle mit der Gewaltentrennung ja stets unter die Nase gerieben wird?

Zu den Institutionen der Rechtspflege gehört die Staatsanwaltschaft. Die klagt stellvertretend für die Bevölkerung natürliche und juristische Personen an, wenn gegen Gesetze verstoßen wurde. Nur ist diese Behörde keinesfalls unabhängig, wie uns immer erzählt wird. Sie unterliegt der Weisungsbefugnis der jeweils führenden Mafiafamilie/Regierungspartei. Von hier werden wir keine Kontrolle der Regierung erwarten können.

Die Richter, die an den Gerichten Recht sprechen, wie unabhängig sind sie? Artikel 97 des Grundgesetzes regelt die Unabhängigkeit der Richter. Richter werden auf Lebenszeit mit Altersgrenze bestellt, und einmal angestellt, können sie nicht mehr aus dem Dienst entfernt werden. Wer bestellt einen Richter auf Lebenszeit? Die Richterwahlausschüsse. Wer sitzt in den Richterwahlausschüssen? Das regelt für den Bund Artikel 95 (2) Grundgesetz und da steht:

(2) Über die Berufung der Richter dieser Gerichte entscheidet der für das jeweilige Sachgebiet zuständige Bundesminister gemeinsam mit einem Richterwahlausschuß, der aus den für das jeweilige Sachgebiet zuständigen Ministern der Länder und einer gleichen Anzahl von Mitgliedern besteht, die vom Bundestage gewählt werden.

Also werden die Richter von den Stäben der Mafiafamilien/Parteien und den Mitgliedern der Mafiafamilien/Parteien berufen. Die wählen die Richter ja sicher nicht nach dem Losverfahren aus, sondern haben dafür eine ganze Reihe von Maßstäben, die sie anlegen, bevor sie einen Richter auf Lebenszeit bestellen. Das kann jeder nachvollziehen. Da wird es formale Kriterien geben, wie beispielsweise ein abgeschlossenes Jurastudium einer deutschen Universität. Das ist wohl auch völlig richtig. Nur wer sagt uns, dass nicht auch ein Kriterium bei der Auswahl ist, dass sie der Familie/Partei stets und sicher dienen werden? Sicher wird man dieses Kriterium nicht aufschreiben und der Bevölkerung so erzählen. Aber wer glaubt denn, dass die in den Parteien völlig dumm sind, wenn es um ihre eigenen Interessen geht? Natürlich werden die nur Richter berufen, die den Familien/Parteien dienen. Ist ja der Staat, ist ja die Demokratie. Sind wir doch alle. Ist alles toll. Ist es das?

Wir erinnern uns an den Artikel 26 Grundgesetz:

(1) Handlungen, die geeignet sind und in der Absicht vorgenommen werden, das friedliche Zusammenleben der Völker zu stören, insbesondere die Führung eines Angriffskrieges vorzubereiten, sind verfassungswidrig. Sie sind unter Strafe zu stellen.

(2) Zur Kriegführung bestimmte Waffen dürfen nur mit Genehmigung der Bundesregierung hergestellt, befördert und in Verkehr gebracht werden. Das Nähere regelt ein Bundesgesetz.

Als ich das in der Schule gelesen habe und erläutert bekam, sah das für mich immer so aus, und das wurde damals auch wörtlich immer so gesagt: **Von deutschem Boden darf nie wieder Krieg ausgehen.** Die damaligen Politiker sagten das mit voller Überzeugung und standen auch dazu. Heute sieht das leider deutlich anders aus. Zu meinem großen Bedauern ist Deutschland sehr wohl an Angriffskriegen beteiligt. Aber gucken wir mal an, wieso dass so sein kann. Es gibt doch den Artikel 26 Grundgesetz und es gab den §80 des Strafgesetzbuchs:

Wer einen Angriffskrieg (Artikel 26 Abs. 1 des Grundgesetzes), an dem die Bundesrepublik Deutschland beteiligt sein soll, vorbereitet und dadurch die Gefahr eines Krieges für die Bundesrepublik Deutschland herbeiführt, wird mit lebenslanger Freiheitsstrafe oder mit Freiheitsstrafe nicht unter zehn Jahren bestraft.

Dieser wurde am 1.1.2017 aufgehoben, aber die Bundesrepublik Deutschland hatte sich natürlich schon vorher an Angriffskriegen beteiligt. Also hatten sich ein paar wenige Menschen, die für den Frieden eintreten wollten, zusammengesetzt und das „Netzwerk Friedenskooperative" gegründet und Strafanzeige gegen den damaligen Bundeskanzler/Obermafioso gestellt, um solche Beteiligungen sofort abzubrechen und für die Zukunft zu vermeiden. Denn würde der Obermafioso jetzt eingesperrt werden, dann würden sich zukünftige Vertreter bestimmt raushalten aus solchen Kriegen.

Naja, wir erinnern uns genau an den Irak-Krieg. Da wurde natürlich niemand verhaftet aus der Regierung/Mafia. Die Klage wurde eingereicht und bearbeitet. Die

Generalbundesanwaltschaft beim Bundesgerichtshof in Karlsruhe hat unter Aktenzeichen „3 ARP 8/06-3" entschieden, dass das Führen eines Angriffskrieges nicht strafbar ist, wenn dieser von anderen vorbereitet wurde und die deutsche Regierung nur beim Beginn mit an diesem Krieg teilnimmt. Und wenn die Generalbundesanwaltschaft das so findet, dann interessiert das einen deutschen Richter natürlich überhaupt nicht mehr.

Also, in der Sache finde ich, bevor irgendein Land Krieg führt oder sich an diesem Krieg beteiligt, ist eine Vorbereitung notwendig. Auch wenn der Krieg schon läuft, muss Deutschland sich auf den Einstieg in den Krieg vorbereiten. Selbst die Mafia ist nicht so blöd und schickt ihre Killer einfach ohne Plan los, damit die dann sterben wie die Fliegen. Da wird unsere Super-Partei-Mafia solche Anfängerfehler erst recht nicht machen. Natürlich haben die sich intern vorbereitet.

Aber ich sage es wieder: Das ist eine fehlerhafte Einzelentscheidung. Die ist ärgerlich, und alle Menschen der Friedensbewegung regen sich zu Recht maßlos über diese Beurteilung auf. Aber es ist nicht unser Problem. Wie kann es sein, dass die sinnvolle Absicht „Von deutschem Boden soll nie wieder Krieg ausgehen" so ausgehebelt werden kann? Ganz einfach. Wir werden systematisch getäuscht und einer permanenten Gehirnwäsche unterzogen. Warum haben die Verfasser des Grundgesetzes denn nur die Vorbereitung an einem Angriffskrieg erwähnt und nicht die Beteiligung/Durchführung an einem Angriffskrieg? Soll doch niemand erklären, sie wussten nicht, was sie da machen. Bei Mord steht ja auch nicht nur die Vorbereitung unter Strafe, sondern auch die Beteiligung und Durchführung. Man hat das damals bei der Formulierung des Grundgesetzes ganz bewusst so formuliert, dass man sehr wohl Krieg führen kann, wenn man das will. Für den dummen Leser sah das natürlich ganz anders aus und in der Schule wurde es von den Lehrern auch anders dargestellt. Und natürlich übersieht der Generalbundesanwalt die notwendige Vorbereitung im eigenen Land. Und es gibt kein Gericht, das das irgendwie ändert. Unser Problem liegt nicht im Einzelfall. Unser Problem liegt im System. Die Gesetze schützen uns nicht und die angebliche Kontrolle des Systems kann die jahrelang propagierten und formulierten Absichten ebenfalls nicht schützen. Die von der Mafia zur Kontrolle eingesetzte Justiz legt die Sachen natürlich zugunsten der Mafia aus und schreitet gar nicht ein. Wen wundert das? Wir merken es nur nicht, weil man ständig behauptet, die eingebauten Kontrollen würden funktionieren. Das ist Gehirnwäsche. Ein System, das solche Fehler nicht verhindern kann, ist schlecht und muss abgelöst werden. Wir werden auch noch sehen, wie das geht.

Am 5. Dezember 2020 hat das Bundesverfassungsgericht unter dem Aktenzeichen „1 BvQ 145/20" einen Eilantrag der Querdenken-Bewegung abgewiesen, mit dem ein Demonstrationsverbot aufgehoben werden sollte. Begründet wurde dies seitens des Gerichts mit einer pauschalen Bevorzugung des Gesundheitsschutzes gegenüber dem Demonstrationsrecht. Würden die Todesfallzahlen oder zumindest ein kritischer Anstieg bei der Belegung der Intensivbetten die seitens der Regierung vorgetragene Gesundheitsgefährdung tatsächlich stützen, wäre eine solche Entscheidung verständlich und vertretbar. Wo sie aber ausschließlich auf positiven Fallzahlen des PCR-Tests, ohne Bezug zu tatsächlichen Erkrankungen beruht, hat das Gericht mit einer einseitigen Stützung der Regierung die hier vertretene Argumentationslinie voll und ganz bestätigt. Eine Kontrolle der Regierung durch die Justiz ist in Fragen, die für die Machtausübung wichtig sind, bei der aktuellen System-Konzeption nicht zu erwarten. Ein System, das solche Fehler nicht verhindern kann, ist schlecht und muss abgelöst werden. Wir werden auch noch sehen, wie das geht.

Kontrolle durch die Medien

Wie sieht es denn mit der Kontrolle durch die Medien aus? Die sind doch völlig unabhängig von den Parteien/der Mafia. Ist das so?

Warum lesen wir in letzter Zeit so viel über Lügenpresse, Lückenpresse, Fake-News? Warum gibt es inzwischen die Trennung von Leit-Medien, alternativen Medien und sozialen Medien? Warum beginnt in der freien Welt die Zensur von Medien und Meinungen, die man früher doch nur Diktaturen und Mafia-Staaten vorgeworfen hatte?

Komisch. Seitdem die Internet-Nutzung so ausgeweitet wurde und die breite Masse ohne die offiziellen Leit- oder Main-Stream-Medien kommunizieren kann, geraten plötzlich Themen in den Vordergrund, die vorher nur in privaten Gesprächen ausgetauscht wurden. Die Teilnehmer an solchen Gesprächen dachten stets, ich bin Teil einer ganz kleinen Minderheit. Ich liege vielleicht falsch mit meiner Sicht. Die anderen wissen es halt besser, haben mehr Geld, sind an der Macht. Ich bin es nicht. Mir geht es schlecht. Aber ich bin nur einer von ganz wenigen. Offensichtlich geht es der Mehrheit ja prächtig.

Im alten Rom hatte man überlegt, die Sklaven durch eine besondere Kleidung zu kennzeichnen, was zumindest in den Städten nicht der Fall war. Davon hatte man recht schnell wieder abgelassen, weil so die Sklaven hätten sehen können, dass sie bis zu einem Drittel der Bevölkerung stellten. So ähnlich ist es auch heute.

Deshalb lesen wir solche Überschriften wie „EU: Facebook, Twitter und Co müssen mehr gegen Falschinformationen tun". Oder: „Es muss mehr gegen Verschwörungstheorien unternommen werden". Die Medien und damit die Herrschaft über die öffentliche Meinung droht der Mafia zu entgleiten. Das ist gefährlich. Wenn einige von uns, die die Regierung und auch deren Maßnahmen besser kontrollieren wollen, dürfen sie ihre Argumente nicht vortragen. Damit wir nicht merken, wie viele genauso denken wie wir. Solche Worte wie Nazis, Antisemiten, Verschwörungstheoretiker, Linke, Rechte, Terroristen werden benutzt, um

1. die Bevölkerung zu teilen
2. Gruppen als gefährlich oder destruktiv darzustellen und um
3. einzelne Menschen abzustempeln und auszugrenzen

Diese Maßnahmen erleben wir jeden Tag. Das wichtigste bei alldem ist jedoch, Angst davor zu erzeugen, seine Meinung überhaupt noch vorzutragen. Denn wenn man etwas sagt, was nicht gewünscht ist, könnte man abgestempelt, ausgegrenzt, schikaniert, sanktioniert werden. Das klare Ziel dieser Maßnahmen ist:

Angstgetriebene Selbstzensur zu erzeugen.

Und diese Angst wirkt auch und besonders innerhalb der Medien, insbesondere innerhalb der Leit-Medien. Es gibt wenige kritische Stimmen, die durchaus noch aktiven, kritischen Journalismus betreiben und noch eine gewissen Kontrolle der Mafia leisten. Aber sie stehen unter permanenten Druck.

Regierungskritischen Stimmen der alternativen Medien wird über Google, Facebook und anderen Plattformen inzwischen auf Wunsch der Regierungen gezielt die Finanzierung entzogen. Den mafia-konformen Journalisten natürlich nicht.

Unser Grundgesetz und die Verfassungen aller demokratischen Staaten sichern der Bevölkerung Meinungsfreiheit zu. Da steht nichts davon, dass dies nicht für Verschwörungstheorien gilt. Mit solchen Worten versucht man nur, die Abweichler abzudrängen. Insbesondere dann, wenn diese die Lügen der Mafia aufdecken.

Und an dieser Stelle wird uns wieder klar: Das ist kein dummer Zufall. Da schießen nicht ein paar Minister über das Ziel hinaus. Was wir hier sehen, ist ein Systemfehler. Das darf nicht passieren. Wenn ein System so etwas zulässt, dann muss das System geändert werden. Wir werden noch sehen, wie das geht.

Doch bleiben wir noch etwas bei den Medien.

Die Mafia/die Parteien in Deutschland haben über ihre Stiftungen ca. eine Milliarde Euro für Öffentlichkeitsarbeit zur Verfügung. Die Regierung gibt weitere Milliarden aus. Damit sind sie für alle Medienunternehmen die wichtigsten Kunden. Medienunternehmen leben von zahlenden Kunden. Die Kunden zahlen für Anzeigen und für Inhalte. Wenn ein Wirtschaftsunternehmen eine Anzeige oder den Inhalt eines Medienbeitrages beeinflusst, wird er versuchen, ein Produkt oder eine Leistung besser zu verkaufen. Genau das machen die Mafia/Parteien auch. Sie verkaufen uns, den Untertanen, ihre Politik, ihre Ideen, ihre Wertvorstellungen, ihre Machtapparate, ihre aktuellen Ziele. Das wäre ja nicht weiter schlimm, wenn es Gegengewichte gäbe. Doch die Wirtschaftsunternehmen, die auch Kunden der Medienunternehmen sind, wollen Produkte verkaufen, vielleicht am Rande auch Meinungen beeinflussen, zum Beispiel über Konkurrenzunternehmen. Aber niemals werden Unternehmen öffentlich etwas gegen die Mafia sagen. Der Grund ist, dass auch sie von ihr abhängig sind. Denn die kauft ein und macht Gesetze. Also bezogen auf Politik gibt es keinen Anderen oder Dritten, der Meinungsbildung bezahlen könnte, nur die Mafia/Parteien. Niemand sonst.

Gibt es nun Menschen mit abweichender Meinung oder sogar berechtigter Kritik an der Mafia, könnten die Medien diese zu Wort kommen lassen. Wie wir erleben,[13] ist das selten und immer seltener der Fall. Denn sollte ein Medienunternehmen auf die dumme Idee kommen, solch abweichenden Stimmen zu veröffentlichen, fallen sie bei der Mafia in Ungnade. Die schicken natürlich keine Killer mehr, nein, nein. Das käme ja schlecht rüber bei der Bevölkerung, zu offensichtlich. Die drehen einfach den Geldhahn zu. Ein Medienunternehmen, das nur für kurze Zeit einen Kunden verliert, der Milliarden ausgibt, spürt das schmerzlich, sofort. Und das wird allen Mitarbeiter ganz schnell erklärt. Denn die Mitarbeiter verstehen es genauso schnell, weil ihre Arbeitsplätze davon abhängen.

Warum war das früher anders?

Das hat seinen Grund in der Konzentration, die es auch in der Medienbranche gab. Wir erinnern uns an das Kapitel „Konzentrationsprozess" (Seite 22). Früher gab es viele kleine Unternehmen und die Mafia konnte keinesfalls bei all diesen Unternehmen einen bedeutenden Part der Finanzierung übernehmen. Damit waren die kleinen Unternehmen unabhängig und konnten es sich leisten, die Mafia/Parteien zu kritisieren. Heute gibt es weniger Unternehmen, die haben hohe Fixkosten. Viel Geld, das sie Monat für Monat brauchen. Wenn da ein großer Kunde wegbricht, dann schmerzt das sehr. Der ist nicht zu ersetzen. Deshalb muss die

---

[13] Ganz extrem im Rahmen der Corona-Krise

Mafia/Partei nur damit drohen, den Geldhahn zuzudrehen, und schon werden die Medienunternehmen bereits vorauseilend für Gehorsamkeit sorgen.

Wir haben ein Problem, das nicht in Einzelfällen begründet ist. Wir haben ein Systemproblem. So, wie wir derzeit organisiert sind, lässt sich das nicht korrigieren. Das System muss geändert werden. Wir werden auch noch sehen, wie das geht.

Dazu kommt in Deutschland ein spezielles Thema, der öffentlich-rechtliche Rundfunk. Acht bis neun Milliarden Euro kommen aus der GEZ-Finanzierung dafür zusammen.

In der Schule hatte man uns erklärt, die öffentliche Finanzierung sei notwendig, damit Medien unabhängig sind, unabhängig von Konzerninteressen. Eine Idee, die eigentlich gut und richtig ist. Aber auch unabhängige, öffentliche Medien müssen natürlich kontrolliert werden. Und da hat man doch glatt einen großen Fehler gemacht und der Mafia die Kontrolle übergeben. Und jetzt brauchen wir uns nicht zu wundern. Die gut gemeinten öffentlich-rechtlichen Medien, die ganz toll und unabhängig sind, sagen niemals etwas gegen die Mafia. Weil diese Mafia sich selbst vorher als Kontrolleur eingesetzt hat.

Wie dumm sind wir denn alle (gewesen), solche offensichtlichen systematischen Fehler nicht zu entdecken? Natürlich wussten die Gründer der öffentlich-rechtlichen Medien ganz genau, was sie da machten, und haben diesen Fehler mit voller Absicht eingebaut. Die sind doch nicht blöd, die Mafiosi.

Wir sehen wieder, wir stehen nicht vor Einzelproblemen, die man irgendwie lösen könnte. Wir haben schwere Systemprobleme und wir müssen das System ändern. Wir werden auch noch sehen, wie das geht.

Kontroll-Theater

Ansonsten spielt man uns noch viel Kontroll-Theater vor. Da werden bei Fehlern, die man nicht unter den Teppich kehren konnte, Untersuchungsausschüsse eingesetzt. Das klingt gut und hat uns jahrzehntelang begleitet. Anfangs dachten wir noch, jetzt wird alles besser werden. Wenn wir es aufarbeiten und lernen, was falsch gelaufen ist, können wir es in Zukunft besser machen. Inzwischen weiß jeder von uns, da bessert sich gar nichts. Denn: Wer untersucht denn da was? Wer auf den letzten Seiten verstanden hat, wie das Prinzip funktioniert, weiß, warum das so ist. Ich schreibe es der Vollständigkeit halber noch einmal hin, obwohl es bereits klar ist: Da machen uns die Mafiosi glauben, dass sie die Fehler von anderen Mafiosi aufarbeiten. Machen sie auch. Klar, machen die das auch. Das ist bei jeder Mafia so. Wenn ein Killer erwischt wurde, dumm gelaufen. Dann muss er ins Gefängnis, wird selbst erschossen, was auch immer. Dieser Killer wird aussortiert. Ein Mafia-Boss, der zu dumm war, wird aussortiert.

Was bringt das der Bevölkerung? Gar nichts. Es kommt ein neuer Mafia-Boss und ein neuer Killer. Und das Leiden hat kein Ende.

Wir merken wieder, wir haben ein Systemproblem. Wir müssen eine ganz grundsätzliche Änderung vornehmen, damit die Fehler endlich dauerhaft verschwinden und das Leiden ein Ende hat. Das System muss geändert werden. Wir werden auch noch sehen, wie das geht.

Kontrolle durch den gesunden Menschenverstand

Früher, als Führung noch normal funktionierte, war der Häuptling der beliebteste Mann im Dorf.

Wenn heute der „Führer der freien Welt", der Präsident der Vereinigten Staaten von Amerika, mit seinem super gepanzerten Fahrzeug über eine Straße rollt, müssen vorher alle Gullideckel festgeschweißt werden. Die Menschen, die an den Rändern dieser Straßen leben, dürfen ihre Balkone nicht betreten, um zu gucken oder gar zu winken.

Wenn die Mafia-Bosse der Welt sich zu Gipfeln treffen, werden Kilometer von Hochsicherheitszäunen aufgestellt und Polizeikräfte riesigen Ausmaßes zusammengezogen. Flughäfen, Straßen, riesige Gebiete werden zu solchen Anlässen für uns, die Untertanen, gesperrt. Ein solcher „Gipfel" kostet mehr als hundert Millionen Euro für Sicherheit, Unterkunft und Verpflegung, obwohl sich nur zwanzig Häuptlinge treffen, die aber offensichtlich so unbeliebt sind auf der Welt, dass der Schutz so extrem hoch ausfallen muss.

Warum sind unsere Führer denn nach ihrer eigenen Einschätzung, oder der ihrer Sicherheitsapparate, so unbeliebt und deshalb so gefährdet? Könnte es sein, dass sie und ihre Vorgänger seit Jahrzehnten die normale Bevölkerung im In- und Ausland nur terrorisiert haben? Müssen sie Rache und Vergeltung fürchten? Ist ihnen die eigene Schlechtigkeit und Feigheit bewusst oder zelebrieren sie nur die eigene Wichtigkeit auf Kosten der Bevölkerung?

Wenn sich zwanzig Diktatoren oder Könige treffen würden, sie würden niemals so viel Geld ausgeben wie zwanzig Demokraten. Denn Diktatoren oder Könige brauchen keine derart großen Bühnen und müssen sich nicht so wichtigmachen. Diktatoren und Könige sind wichtig. Das wissen alle, nur bei Demokraten sieht das offensichtlich anders aus.[14]

Wenn Führer so auffällig eine Distanz zu den Beherrschten aufbauen, und einfache kurze Treffen so viel Geld verschlingen, dann kann etwas nicht stimmen. Das ist uns sicher allen aufgefallen. Nur haben wir unsere Schlüsse gezogen und Fragen gestellt. Die Medien sind ein wichtiger Teil des Theaters; auf Fragen von denen müssen wir nicht warten. Aber wir könnten doch wenigstens an solchen Stellen merken, dass wir ausgenutzt werden.

Partei-Kader bestechen und sind bestechlich und erpressbar

Abgesehen vom Wahlkampf haben Abgeordnete mit dem Volk nicht viel zu tun. Den ganzen Tag umschwirren sie Bürokraten und Lobbyisten. Alle verfolgen ihre jeweils eigenen Ziele. Viele haben Geld und gute Argumente. Bestechung ist eine komplexe Angelegenheit. Sie hat extrem viele Gesichter. Wir werden hier einige Beispiele kennenlernen. Das werden aber immer nur Beispiele sein. Es wird unendlich viele weitere Varianten geben, die wir nur verstehen werden, wenn wir uns später entscheiden, die Akten der Demokraten systematisch aufzuarbeiten.

Kauf von Wählerstimmen

Die Wähler mit ihrem eigenen Geld zu bestechen, ist das wesentliche Grundprinzip aller Demokratien. Das hatte Bismarck sofort erkannt und richtig vorhergesehen. Nur ist in den letzten ca. 100 Jahren zu diesem Thema wenig passiert. Im Gegenteil, es gibt eine sehr große und permanent wachsende Anzahl von Leuten, die nach diesem Grundsatz sehr gut oder immer besser leben kann. Ganz einfach, weil sie selbst davon profitieren.

---

[14] Denn die unterliegen dem unsinnigen Wettbewerb, der in Kapitel „Parteien bekämpfen sich gegenseitig" (Seite 139) beschrieben wurde. Diese Kosten sind Folgen des falsch organisierten Wettbewerbs.

Zunächst muss ich die Stimmen der Wähler bekommen, damit ich mich anschließend selbst bedienen kann oder meine Klientel bedenken kann, die mich dann ihrerseits wieder bedenken wird. Hier sollen einige aktuelle Beispiele aufgeführt werden, bei denen Wählerbestechung deutlich wird:

- Übermäßige Rentenerhöhungen
- Die Bankenrettungen verbunden mit der Einlagengarantie
- Mindestlöhne
- Die Rettung prominenter Großunternehmen

Die oben aufgeführten Formen des Stimmenkaufs sind relativ deutlich erkennbar, obwohl man sie deshalb heute kaum noch wahrnimmt und schon als geradezu selbstverständlich akzeptiert hat. Trotzdem sind alle diese Formen des Stimmenkaufs für die Gemeinschaft, in der wir alle leben, sehr schädlich. Stets nehmen sie den fleißigen Leuten das Geld weg. Alles nur, damit sich der Machthaber an der Macht halten kann.

Dieses Prinzip, Teile der Untertanen mit Geschenken zu versorgen, ist bei allen Mafia-Systemen gleich. In Demokratien mit ihren wechselnden und wechselbaren Machthabern, ist es aber besonders ausgeprägt. Trotzdem sind Demokratien besonders erfolgreich, weil sie es schaffen, die Untertanen von der Rechtmäßigkeit dieser Art der Korruption zu überzeugen. Ob Diktator, kommunistischer Herrscher, König oder Demokrat, jeder Regierende findet Argumente, warum diese oder jene momentanen Freunde gerade jetzt beschenkt werden müssen. Der Grund ist für alle stets der gleiche: Machterhalt oder Machtausbau.

Die Bevorzugung von Minderheiten

Die Bevorzugung von Minderheiten erfolgt im Rahmen der normalen Gesetzgebung. Es ist die einfachste Form der Korruption und führt zur Bevorzugung einer Minderheit, zulasten der Mehrheit.

Es gibt die generellen Aspekte und dann die Einzelfallbetrachtungen.

Generelle Aspekte sind

- Subventionen oder Abgabeermäßigungen
- Zölle
- Duldung von Monopolen oder Oligopolen
- Staatsbeteiligungen
- Haftungsfreistellungen

Zu den Einzelfallbetrachtungen gehören

- Prestigeprojekte wie zum Beispiel
    - die Raumfahrt-Industrie
    - der Krieg und die Rüstung, die nicht zur Verteidigung ausgelegt sind
    - die Solarsubventionen zur Klimarettung
- Vergangenheitskonservierung wie z.B.
    - in der Landwirtschaft
    - die Rettung von insolventen Unternehmen
    - die Rettung der Banken
    - früher die Steinkohleförderung
- Haftungsfreistellungen
    - Atomkraft
    - Impfstoffe

Subventionen sind direkte staatliche Zahlungen an die Empfänger. Sie fließen heute sehr zahlreich, ob in der Landwirtschaft, bei der Förderung von Ökostrom, oder im Rahmen von unzähligen Arbeitsplatzförderungen. Die etwas subtilere Form von Subvention liegt dann vor, wenn der Zielgruppe Steuern erlassen werden. Direkte Zahlungen werden ausgewiesen und sind damit sichtbar. Werden aber Teile der Steuerschuld erlassen und somit die Zwangsabgaben im Verhältnis zu anderen nur gekürzt, kann man das nur bei der Prüfung des Einzelfalls durch das Finanzamt erkennen. Aber solche Vorgänge unterliegen, anders als bei direkten Subventionen, dem Datenschutz des Steuerzahlers. In jedem Fall werden einzelne Gruppen mit gezielten Abgabekürzungen bevorteilt.

Zölle belegen ausländische Mitbewerber mit zusätzlichen Abgaben und bevorzugen so inländische Anbieter. Diese können so ihre höheren Preise leichter bei den Verbrauchern durchsetzen, weil der auswärtige Wettbewerber eben nicht mehr zu seinen bislang besseren Konditionen anbieten kann. Rechtfertigungen für solche Vorteile lassen sich immer irgendwie finden. Nur sollte jede Kaufentscheidung eben durch die Bevölkerung selbst getroffen werden. Wenn die Mehrheit freiwillig die höheren Preise zahlt, benötigt man keinen Zoll, um trotzdem den inländischen

Anbieter bevorzugt zu berücksichtigen. Hierfür müsste aber eine Überzeugung aller Verbraucher erfolgen. Beim Zoll reicht es aus, die wenigen Entscheider (also die Gesetzgeber) von dem Sinn der Zolleinführung zu überzeugen. Letztere haben eben persönlich kaum einen Nachteil von der Einführung des Zolls, sondern: Wenn der Firmensitz von Herstellern, deren Waren neu mit Zöllen geschützt werden, überwiegend in den Wahlkreisen der politischen Entscheider liegen, haben sie indirekte Vorteile von den Zöllen. Sie werden leichter wiedergewählt.

Monopole oder Oligopole gehören eigentlich aus Sicht der Abnehmer aufgelöst oder zerschlagen. Keinesfalls immer nimmt der Gesetzgeber solche Anliegen auf und setzt sie um. Wie lange hat es gedauert, bis das Monopol der Post gebrochen wurde und dann der Telekommunikationssektor liberalisiert wurde? Welche atemberaubenden Ergebnisse haben sich in der Zwischenzeit entwickelt? Was kann Wettbewerb an Qualitätsverbesserungen bewirken und wie grau sieht die Welt aus, wenn es kein Wirtschaften und keinen Wettbewerb gibt? Die DDR und alle anderen sozialistischen Staaten sind hierfür ideale Anschauungsobjekte.

Staatsbeteiligungen kommen aktuell im Rahmen der Weltwirtschaftskrise wieder in Mode. Sie sind die einzige Chance, um zu groß gewordene Banken oder andere bankrotte Firmen überhaupt zu retten. Letztlich sind auch das Subventionen, bei denen Kapital bereitgestellt wird, das in dieser Höhe oder zu diesen Konditionen nur der Staat bereitstellt. Als Gegenleistung für das Kapital bekommt der Staat manchmal Miteigentumsanteile am gekauften Unternehmen.
Wettbewerber, bei denen der Staat sich nicht beteiligt, müssen das Kapital selbst auftreiben und/oder sind in ihrer Existenz gefährdet. Das verzerrt den Wettbewerb. Wer gute Beziehungen pflegt und das Glück hat, gerade befreundete Mafiosi an der Regierung zu haben, kann so eine Pleite vermeiden. Die Bürger bezahlen, die Freunde in der Wirtschaft profitieren.

Hier liegt auch das Grundproblem bei jeglichen staatlichen Eingriffen. In der Regel werden schwache Firmen gestärkt und somit im Gegenzug starke, also wirtschaftlich gesunde bzw. erfolgreiche Firmen geschwächt. Damit wird wie bei jedem Parasitenbefall mittelfristig auch ein gesunder Körper geschwächt.

Haftungsfreistellungen

Haftungsfreistellungen sind eine besonders brutale Form der Korruption. Aber für die Beteiligten sicher die einträglichste. Jeder Gewerbetreibende muss dafür haften, wenn er materielle Schäden anrichtet oder gar Personenschäden oder Todesfälle zu verantworten hat. Wenn bestimmte Branchen jetzt von der Haftung entbunden werden, verzerrt das den Wettbewerb erheblich. Aber das schlimmste ist,

174

es kann die Bürger ganz brutal und unvorbereitet treffen. Es können unvorstellbare Dinge passieren, denn von den Haftungsfreistellungen wissen natürlich nur wenige Fachleute und die Medien spielen diese Probleme gezielt herunter, weil sie auch einen Teil vom Kuchen bekommen. Wenn ein Bürger neben einem Kernkraftwerk wohnt und sein Grundstück kontaminiert wird, dann hat er nicht nur die gesundheitlichen Schäden, nein, er ist auch noch finanziell ruiniert, denn er kann sein Grundstück mit Haus an niemanden mehr verkaufen. Wenn er meint, schlau zu sein und es an einen Dummen verkauft, kann dieser den Kaufvertrag nachträglich anfechten und dieser wird als unwirksam aufgehoben. Aber in der Regel wird er gar keinen Dummen finden. Bei den Impfstoffen kann es unbekannte Nebenwirkungen geben. So gibt es Berichte der Augenzeugin Eleanora McBean, dass in ihrer Stadt an der Spanischen Grippe nur „Geimpfte" gestorben sind.[15]

Warum funktioniert es denn nicht mit der Haftung wie in anderen Bereichen? Normale Unternehmen unterliegen alle dem Haftungsrisiko. Sie sichern sich deshalb mit dem Abschluss einer Haftpflichtversicherung gegen diese Risiken ab. Da kommen dann Versicherungsmathematiker zum Einsatz, die die Höhe der Risiken und deren Eintrittswahrscheinlichkeit ermitteln und dann eine Versicherungsprämie fordern, die mögliche Schäden im Durchschnitt abdeckt. Weder bei der Atom-Industrie, noch bei der Pharma-Industrie bieten die Versicherungen einen Schutz an, der für die Unternehmen wirtschaftlich wäre. Die Versicherungen sagen dabei ganz klar und deutlich: Das Risiko im Schadensfall ist so hoch, dass eine Versicherbarkeit für sie nicht gegeben ist. Aber weil die Risikowahrscheinlichkeit klein und die Gewinne hoch sind, kann man eben die Politiker überzeugen, dass es doch für alle schön wäre, auch für die Politiker, die Gewinne jetzt einzustreichen. Und wenn dann doch einmal in hundert Jahren etwas passieren sollte, kann man ja immer noch mal sehen. Und wer weiß schon, wer dann an der Regierung ist. Doch wahrscheinlich nicht die Regierung, die jetzt die Haftungsfreistellungen beschließen soll.

Würden heutige Politiker einzelne Haftungsfreistellungen durch die Empfänger der Impfungen vorschreiben, würde für die Pharmaunternehmen ein erhebliches Restrisiko bleiben. Denn die Patienten würden dann vorher nach den Risiken fragen. Würde man bei der „Belehrung" falsche Angaben machen, wäre die Haftungsfreistellung unwirksam.
Also geht man zu den Politikern und lässt sich eine generelle Freistellung geben. So braucht man keine einzelne Zustimmung mehr, muss keine Risiken dokumentieren, muss nicht zu ausführlich testen und geht trotzdem keinerlei Risiko ein.

---

[15] Wer wegen der Aktualität mehr wissen will, googelt bitte unter „Die spanische Grippe – Eine Jahrhundertlüge". Dort finden sich viele, gut dokumentierte Informationen.

Vielleicht eine schlechte Presse und man muss den Namen der Firma wechseln, aber verdienen tut man erst einmal sehr kräftig.

Anders als normale Gewerbetreibende haftet weder die Atom-Industrie noch die Impfmafia. Die Betroffenen erfahren das meist erst dann, wenn ein Schaden entstanden ist, der leider nicht ersetzt wird. Und mit Teilen der erzielten Gewinne kann man natürlich in Parteien, Regierung und Medien jeden bestechen.

Haftungsfreistellung ist die brutalste Form der Korruption. Wenn Sie als Bürger davon erfahren, müssen sie wirklich alarmiert sein. Sie zeigt auch, wie Lobbyismus funktioniert. Und das auch hier ein klares, strukturelles Problem vorliegt.

Die EU und die Regierung von Großbritannien haben den Impfstoffherstellern in den geschlossenen bzw. zu schließenden Verträgen eine Freistellung von der Haftung zugesagt. Damit ist der Nachweis der Korrumpierbarkeit unserer derzeit herrschenden Eliten erbracht.

Haftung mit dem Geld der Untertanen

Wo wir schon beim Thema Haftung sind, ist besonders hervorzuheben, dass die Mafia keinerlei Haftung kennt. Wenn der Staat haftet, dann sind es niemals die handelnden Personen, die persönlich in die Verantwortung genommen werden und mit ihrem persönlichen Vermögen haften müssen. Es haftet stets nur der Staat und damit wieder die Gemeinschaft der Untertanen. Die Vertreter der Regierung sorgen für Schäden und angeklagt wird später, falls Schäden entstanden sind, die Gemeinschaft der Untertanen. Und damit alles gerecht aussieht und die Geschädigten keinen Groll gegen den Staat hegen, werden die Richter der Mafia für eine großzügige Entschädigung der Betroffenen stimmen.

Diese Scheingerechtigkeit wird erzeugt, damit die eigentliche Ungerechtigkeit möglichst unentdeckt bleibt. Das ist die fehlende Verantwortlichkeit der Handelnden, die man den Untertanen umgekehrt nämlich keinesfalls zubilligt. Unternehmer und Untertanen kennen diese Haftungsfreistellung natürlich nicht. An dieser Stelle findet auch der sonst stets so betonte Rechtsstaat seine offensichtliche Grenze. Soweit geht die Gerechtigkeit dann doch nicht, dass die Obrigkeit irgendwie persönlich belangt werden könnte. Was natürlich nicht für die kleinen Beamten gilt. Die aber, wie wir in Teil eins gelernt hatten, so oder so zu den Untertanen zählen.

176

Dass wir hier ein besonders schweres systemisches Problem haben, zeigt uns gerade die Corona-Krise. Die Regelung der Haftungsfrage erlaubt es den Politikern, uns systematisch, vorsätzlich körperlich zu schädigen, zu belügen oder Teile der Wahrheit zu unterdrücken, weil sie keinerlei Risiko tragen. Sollten die Fehler am Ende offensichtlich werden, ist die einzige Strafe der Rücktritt unter Fortzahlung aller Bezüge wie Übergangsgeld und Altersruhegelder. Das ist ein schwerer Systemfehler. Das System ist schlecht und muss geändert werden. Wir werden auch noch sehen, wie das geht.

Selbstbedienung

Selbstbedienung ist eine Form der Korruption, bei der die Entscheidungsträger selbst oder eine ihnen besonders nahestehende Gruppe direkt von den Vorteilen der Korruption profitieren. Wenn man dafür sorgt, dass bestimmte Minderheiten mit Vorteilen versorgt werden, dann scheint es ja nur gerechtfertigt, dass man davon als „Beitragender" im öffentlichen Sektor auch profitiert.

Die ganz direkten Selbstbedienungen, bei denen man Gelder direkt auf das eigene Konto in der Schweiz einzahlen lässt, sind äußerst selten geworden. Die echte Mafia arbeitete früher nach solch einfachen Prinzipien, aber selbst dort sind diese Zeiten inzwischen weitgehend vorbei.

Diese Form der Korruption gibt es immer noch, aber sie wird allenfalls von sehr dummen Menschen wie zum Beispiel einem aus Niedersachsen stammenden Ex-Bundespräsidenten und seiner damaligen Ehefrau praktiziert. Es gibt schlauere Methoden, von der Korruption zu profitieren.

In den VSA ist die Korruption besonders ausgeprägt. Da wechselt man leicht zwischen Staat und Privatwirtschaft hin und her. Wer einem Unternehmen während seiner Laufbahn im öffentlichen System zu Diensten war, kann später mit einer lukrativen Stelle bei selbigen Unternehmen rechnen. Präsidenten oder Minister, für die solche Stellenangebote nur schwer zu schaffen sind, erhalten dann Vergütungen für erwiesene Gefälligkeiten auf anderen Wegen. So werden für einstündige Reden schon mal Gagen von 500.000 US-Dollar und mehr gezahlt. Alles ganz legal natürlich und jede Minute ist ihr Geld wert. Man sieht, es gibt stets Möglichkeiten, sich für Gefälligkeiten erkenntlich zu zeigen. Beratungstätigkeiten sind in diesem Zusammenhang ebenfalls zu erwähnen. Die natürlich oft auch an Angehörige vergeben werden, um die Nachweise von Korruption zu erschweren.

Leider wird stets erst sehr viel später, nämlich beim Kollaps des Systems deutlich, dass jede Form von Korruption zur Zerstörung der Finanzkraft und damit zum Kollaps beigetragen hat.

Parteien gefährden unsere Zukunft

Wir haben am Ende von Teil zwei verstanden, wie schlecht es um unsere Zukunft steht. Wir haben erlebt, wie die Regierungen weltweit auf die Corona-Pandemie reagiert haben.

Wir müssen verstehen, dass unsere Interessen als Bürger völlig andere sind als die der Parteien. Die Parteien und die jeweils führenden Parteien/Regierungen haben das Eigeninteresse, die Dinge so fortzuführen, wie sie gerade laufen. Sie verfolgen Pläne, die wir nicht kennen und nicht kennen sollen. Sie lassen uns über die Hintergründe im Dunkeln.

Über Flüchtlinge wurde im Rahmen der UN gesprochen und zwar vor dem Jahr 2015 und dem „Wir schaffen das" von Frau Merkel. Die Regierungen in Europa wollten die Flüchtlinge wahrscheinlich unbedingt haben, weil sie die von Herrn Adenauer produzierte, fatale Altersstruktur kennen. Es wird auf absehbare Zeit nicht genug Arbeitssklaven in Deutschland geben. Also musste etwas getan werden. Kinder für die deutsche Bevölkerung attraktiver zu machen, würde bedeuten, auf Einnahmen aus den Zwangsabgaben zu verzichten. Das liegt nicht im Interesse der Parteien/Mafia. Was die blöden Parteien erst einmal nicht bedacht haben, ist jedoch, dass da nicht nur ausgebildete Fachkräfte ankommen, sondern vielleicht auch ehemalige Terror-Kämpfer und viele völlig Ungebildete. Ungebildet zumindest, was unser hochspezialisiertes Umfeld in Deutschland betrifft. Wie die einen sinnvollen Beitrag für die Gemeinschaft leisten sollen, scheint nach wie vor fraglich.

Auch über Pandemien wird schon seit langem in der UN gesprochen, konkret bei dem Gesundheitsfachbereich genannt WHO. Die Grenzwerte, ab der eine Infektion als Pandemie gewertet wird, wurden gezielt abgesenkt. Wenn wir es bezogen auf die Impfungen betrachten wollen, reicht es aus, zu prüfen, ob Hersteller oder Lieferanten oder Ärzte für Impfschäden haften. Wenn niemand haften und der einzelne Bürger die Risiken tragen muss, dann sollten Sie wachsam werden.

Als Fazit kann man festhalten: Wenn man nur eine kleine Minderheit überzeugen muss, um etwas zu verändern, was eine viel größere Mehrheit finanziell betrifft, dann erlaubt das Korruption auf struktureller Ebene. Die Mehrheit der Abgeordneten sind zu wenige Menschen. Zusammen mit dem Fraktionszwang und ein paar geschickt formulierten Argumenten kann man so Dinge durchsetzen, die der Bevölkerung Schaden zufügen. Und das ist in der repräsentativen Demokratie sogar so beabsichtigt. Man könnte ja eine direkte Demokratie einführen oder in Teilbereichen Volksabstimmungen nutzen. Das wird natürlich nicht gemacht. Warum wohl? Weil wir ein Systemproblem haben, das wir abstellen müssen. Wir werden auch noch sehen, wie das geht.

Parteien haben unsere Gemeinschaft völlig zerstört

Das System der Parteien war ja ursprünglich nicht schlecht. Die Parteien sollten viele Menschen zusammenfassen und ihnen eine einheitliche Stimme geben. Damit konnte dem bisherigen Machthaber mehr entgegenstehen, als der einzelne Mensch. Dieser Ansatz der Balancierung ist richtig und wichtig. Wir werden an anderer Stelle sehen, dass dieses Anfangsprinzip der Demokratie nicht schlecht, sondern notwendig war. Damals waren die Vertreter schwach, oft ungebildet und neu in ihrer Aufgabe. Sie mussten ohne die Hilfe professioneller Ministerien und sie stützende Propaganda-Apparate in den Medien gegen die alte Ordnung ankämpfen. Nur: Wo sind wir inzwischen gelandet, wenn am 18. November 2020 eine Änderung des Infektionsschutzgesetzes an einem Tag von drei Verfassungsorganen durchgewinkt wird? Wobei der neue Paragraph 28a der Regierung erlaubt, die wenigen Grundrechte der Bevölkerung jederzeit ohne parlamentarische Kontrolle einzuschränken. Dieses arrogante, machtbesessene Verhalten wäre früheren Demokraten mit Sicherheit völlig unbegreiflich gewesen.

Macht zeitlich zu begrenzen, ist falsch

Das demokratische System mit einer zeitlichen Begrenzung und gewählten Vertretern führt zu verantwortungslosem Handeln. Kurzfristige Aufgabenstellungen lassen sich so bearbeiten. Aber langfristige Aspekte geraten völlig aus dem Blick und werden nach kurzfristigen Auswirkungen beurteilt.

Die im Kapitel „Gute und schlechte Zeiten für Kredite kommen in Wellen" (ab Seite 13) dargestellten Kreditzyklen erzeugen als Begleiterscheinung auch eine Geburtenverteilung. Im Winter werden Kinderwünsche wegen der schlechten Lage zurückgestellt. Im Frühling werden Kinder wegen der guten Perspektive und der aufgestauten Bedürfnisse der Menschen in großer Zahl in die Welt gesetzt. Kinder sind Hoffnungsträger und allein das Wachstum der Bevölkerung erzeugt dann auch wieder ein Wachstum der Wirtschaft, dieses wiederum mehr Hoffnung und mehr Bevölkerung, und das wiederum mehr Wirtschaft. Im Sommer denken alle, Wohlstand sei dauerhaft vorhanden und ohne Führung fängt man an, die Bevölkerungsentwicklung aus dem Blick zu verlieren. Es werden weniger Kinder in die Welt gesetzt. Im Herbst wird das noch viel schlimmer. Kinderwünsche werden wegen wirtschaftlicher Ängste zunehmend zurückgestellt. Das sorgt für eine Altersstruktur, die den Kollaps am Ende des Herbstes verstärkt.

Das Schlimmste ist jedoch der gezielte Betrug an den Menschen, den die zeitlich begrenzte Macht in der Demokratie gerade zu provoziert. Die Politiker organisieren eine Altersversorgung, die den Moment abdeckt. Diese Organisation berücksichtigt mit voller Absicht nicht die jederzeit bekannte Altersstruktur der Bevölkerung. Denn sonst müsste sie am Ende vom Frühling anfangen, Rücklagen für den Winter zu bilden. Was natürlich bei demokratischen Parteien nicht funktioniert. Das umlagenbasierte System funktioniert im Winter nicht, weil die Altersstruktur zu Beginn des Winters schlecht ist. Das kapitalbasierte System funktioniert zu Beginn des Winters genauso wenig, weil die Ersparnisse durch die Insolvenzen vernichtet werden. Egal ob Anleihen oder Aktien, in der Finanzkrise des Winters verschwinden beide Säulen. Eine auf Dauer angelegte Führung würde solche Aspekte berücksichtigen. Die Demokraten hatten daran kein Interesse und so stehen wir heute vor einem weiteren Abgrund.

Sobald die geburtenstarken Jahrgänge anfangen, in Rente zu gehen, wird das Rentensystem in Deutschland kollabieren. Die Alten sind zu viele und die Rentenansprüche zu hoch. Die Jungen sind zu wenige und die Gehälter viel zu niedrig. Das ganze System wurde stets auf Besitzstandswahrung ausgelegt, was für einen temporären Machthalter günstig ist. Für eine Beständigkeit der Gesellschaft wäre die Berücksichtigung langfristig absehbarer Entwicklungen notwendig. Man würde Anpassungen rechtzeitig vornehmen, um einem späteren Kollaps vorzubeugen. Eine Maßnahme, die Aufwand kostet und Ärger bedeutet. Welcher Führer auf Zeit möchte das schon in seiner Amtszeit erledigen? Stattdessen nehmen die Verbrecher lieber noch zusätzliche Schulden auf, um Probleme mit voller Absicht in die Zeit nach ihrer Amtszeit zu verschieben.

Eine Regierung, die zusätzliche Schulden aufnimmt, macht das, um ihre aktuelle Macht auf Kosten der Zukunft zu festigen. Alternativ könnte man ja die Steuern anheben oder einmalige Sonderumlagen verlangen. So dumm ist kein Politiker, wenn die Bevölkerung ihm gestattet zu schummeln. Zu schummeln, indem sie heute Geld nutzen,

- das unsere Kinder später erarbeiten müssen,
- das erst spätere Machthaber den Untertanen zusätzlich abpressen müssen, oder
- so, dass wir alle in einer großen Katastrophe verhungern, wie in Teil zwei dargestellt.

Kann man solches Handeln nur als Schummeln bezeichnen? Ist es nicht viel plausibler, dass Politiker mit voller Absicht und ausschließlich zum eigenen Vorteil so handeln? Wenn man bei klarem Verstand ist, muss man dieses Handeln unzweifelhaft als betrügerisch bezeichnen. Nur erzählt uns die staatlich verordnete Gehirnwäsche stets etwas anderes und vernebelt so unseren Verstand, und wir nehmen ihn hin, den Egoismus unserer Regierungen.

Die Umwelt wird stets mehr belastet

Wir haben in Teil eins gelernt, wie die Obrigkeit die Untertanen durch Geld zum Arbeiten zwingt. Das ist so und wird solange so bleiben, wie es eine Obrigkeit gibt.

Unsere natürlichen Ressourcen werden seit Jahrzehnten überstrapaziert. Gerade die demokratischen Staaten sind die größten Ressourcenverbraucher der Welt. Ganz klar und eindeutig, nur weil die Bevölkerung gezwungen ist, übermäßige Abgaben irgendwie zu erwirtschaften. Denn für das Erwirtschaften dieser Abgaben müssen eben auch riesige Mengen an Ressourcen eingesetzt werden. Jede neue Steuer erfordert mehr Anstrengungen und mehr Ressourcen. Wie soll es anders gehen? Mehr Abgaben können in der Summe nicht mit weniger Ressourcen erwirtschaftet werden. Das ist den Politikern völlig klar, aber sie tun seit Jahren alles dafür, um

1. ständig mehr Abgaben zu bekommen,
2. ohne dass die Wirtschaft schrumpft und
3. tun dann so, als würden sie die Umweltzerstörung bedauern.

Dabei haben sie diese zunehmende Umweltzerstörung durch das ständige Erhöhen der Abgaben direkt erzeugt. Allerdings wurde sie durch regionale Umweltnormen gerne in die Entwicklungsländer exportiert. Nur nützt das dem Planeten leider gar nichts. Er wird heruntergewirtschaftet, mit System. Denn unseren Konzernen wird es mit voller Rückendeckung der westlichen Politik gestattet, die Umwelt in der übrigen Welt zu zerstören. Auch die Kriege, Interventionen und Putschversuche, sogar gegen demokratische Regierungen, die kleine Verbesserungen für die lokalen Bevölkerungen durchsetzen wollen, dienen primär dem Nutzen und dem Machterhalt unserer Obrigkeit. Weil günstige Rohstoffe der Wirtschaft und den mächtigen Konzernen helfen, das Zwangsabgabensystem der Obrigkeit am Laufen zu halten.

Demokraten übernehmen nicht die Verantwortung für eine mittlere und fernere Zukunft. Oder anders: Demokratien sind, langfristig gesehen, zumindest verantwortungslos, wenn nicht gar kriminell und betrügerisch. Natürlich ist es für alle Bürger auch angenehmer, im Moment weniger zu zahlen und in einer fernen Zukunft vielleicht einmal mehr. Das Volk verlässt sich auf seine Führung und ist verlassen. Demokratische Führung ist nur auf den Moment ausgerichtet.

Wir müssen wieder feststellen, dass es ein Systemfehler ist und kein Einzelfall. Das System ist schlecht und es muss geändert werden. Wir werden auch noch sehen, wie das geht.

Zwangssysteme führen zu schlechten Ergebnissen

Egal welches Zwangssystem wir anschauen, es führt aus Prinzip zu schlechten Ergebnissen. In der DDR hatte man die Wahl unter zwei Autoherstellern und man musste sich Jahre vor der Auslieferung um eine Zuteilung bemühen. Wen wundert es, dass man das Lenkrad dann als Extra kaufen musste? Nein, man hatte nicht die Auswahl unter zwei unterschiedlichen Lenkradmodellen, sondern man hatte die Wahl, das Auto ganz ohne oder mit dem Standardlenkrad zu kaufen. Wenn man die freie Wahl hätte, würde man mit solchen Anbietern keine Geschäfte machen. Solche Anbieter würden vom Markt verschwinden oder schlauerweise ihre eigene blödsinnige Herangehensweise ändern. Der freie Markt verhindert solche negativen Auswirkungen.

Zwang hat immer Auswirkungen

Wenn unser System der Demokratie es schafft, abweichende Meinungen so zu unterdrücken wie wir das aktuell in der Corona-Krise erleben, dann haben wir ein riesiges systematisches und systemisches Problem. Und jedem Menschen ist bekannt, dass von Facebook und Google Inhalte gelöscht und gesperrt werden. Jedem von uns ist bekannt, dass Menschen für abweichende Meinungen diffamiert werden. Uns muss völlig klar sein, dass es gar nicht darauf ankommt, welche Meinungen da unterdrückt werden. Diese Meinungen können richtig oder falsch sein. Das können wir alle gemeinsam prüfen, wenn es denn nötig ist. Aber wir müssen verstehen, warum es möglich ist, überhaupt Meinungen zu unterdrücken. Und das, wo wir alle bisher dachten, in einer Demokratie wäre das unmöglich. Und wir hatten auch gelernt, dass diese Unterdrückung von Meinungen ein klares Kennzeichen von autoritären Systemen ist. Das hat man uns Jahrzehnte immer und immer vorgeführt, erzählt und beigebracht. Es war richtig. Es ist richtig!

Was wir bislang übersehen haben, ist, dass unsere Demokratie offensichtlich ebenfalls ein autoritäres System ist. Das ist schon von Anfang an so gewesen. Wir haben es in diesem dritten Teil des Buches an anderen Beispielen dargestellt. In der Vergangenheit hatten wir Führer, die am Wohl der Bevölkerung hinreichend interessiert waren. Einige mehr, andere weniger. Aber ein System, das so viel zentralisierte Macht hat wie die Demokratien, ist eben offensichtlich gefährlich. Die Witzfiguren, die wir an der Spitze haben, sind so arrogant und selbstgefällig, dass sie eine Unterdrückung von Meinungen zulassen und befördern. Das wäre vor einigen Jahren schlicht unmöglich gewesen. Man kann zu unseren Führern aus den vergangenen Jahrzehnten sicher unterschiedlicher Meinung sein, aber was wir aktuell erleben wäre mit Führern, die noch einen anderen Hintergrund und eine andere persönliche Geschichte hatten, undenkbar gewesen. Niemals hatten unsere demokratischen Führer es nötig, Meinungen zu unterdrücken. Immer konnten sie abweichende Meinungen mit Argumenten ausräumen oder zumindest relativieren, sodass wir ihren Standpunkt verstehen konnten. Selbst wenn wir unseren abweichenden Standpunkt deshalb nicht aufgegeben hatten, konnte man mit dem Ergebnis leben, weil es demokratisch, also aufgrund von einer Diskussion über abweichende Meinungen, entstanden war.

Was wir aktuell erleben, ist jedoch etwas ganz Entscheidendes. Die Regierungen in den Demokratien lassen die Unterdrückung von Meinungen nicht nur zu, sondern sie fordern und unterstützen diese Unterdrückung sogar. Damit kann keine Diskussion mehr stattfinden, weil abweichende Meinungen gar nicht mehr existieren dürfen. Wir müssen ganz klar feststellen: Es ist völlig egal, welche Meinungen unterdrückt werden und wie die Rechtfertigungen für diese Unterdrückung ausfallen. Wenn Meinungen unterdrückt werden, hört Pluralismus und Demokratie auf und unsere Freiheit ist weg. Sie existiert schlicht und einfach nicht mehr. Es kommt nicht darauf an, ob diese Meinungen die Gesundheit gefährden oder ob sie Ausdruck von Hass sind. Früher hatten wir Führer, die sich mit abweichenden Meinungen inhaltlich auseinandergesetzt haben. Sie konnten abweichende Überzeugungen mit ihren eigenen Argumenten so entkräften, dass wir, die Untertanen, am Ende von der Richtigkeit der Entscheidung unserer Führer überzeugt waren. Das war gelebte Demokratie. Was wir aktuell erleben, ist jedoch, dass Meinungen unterdrückt werden und notwendige Diskussionen nicht mehr stattfinden. Weil unsere Führer entweder nicht mehr in der Lage sind, diese Diskussionen zu führen oder weil sie diese Diskussionen nicht führen wollen. Nur deshalb werden abweichende Meinungen immer öfter mit Begriffen wie rechtsradikal, antisemitisch oder antidemokratisch unterdrückt. Das ist ein schwerer, systematischer Fehler. Jeder von uns hat erlebt, dass Meinungen unterdrückt wurden und werden. Das hätte niemals passieren dürfen. Egal ob diese abweichenden Meinungen richtig oder falsch sind. Wir erinnern uns an Galileo Galilei, der das kopernikanische Weltbild vertrat und behauptete, die Erde würde um die Sonne kreisen. Damals hatte die Kirche eine Diskussion verhindert. Galilei wurde als Abweichler bestraft, weil die Kirche um ihre Machtstellung fürchtete. Wir alle wissen, die Erde kreist um die Sonne und die Kirche hat ihre Macht verloren. Warum schafft die Obrigkeit es immer wieder, den Willen und oft schon das Nachdenken der Untertanen zu unterdrücken? Warum passiert uns das, obwohl wir wirklich gut gebildet sind?

Es passiert, weil Führer offensichtlich immer wieder keinerlei Angst haben, Meinungen und Freiheit zu unterdrücken. Weil sie behaupten, sie vertreten den demokratischen Willen. Bei Galilei behauptete die Kirche, Gottes Willen zu vertreten. Wieder lassen wir uns, verdammt noch mal, an der Nase herumführen. Nur weil es Demokraten sind, weil sie demokratisch gewählt wurden, müssen sie sich offensichtlich nicht demokratisch verhalten. Es ist doch sonnenklar, dass wir zurzeit genau das erleben, was wir früher nur von Diktaturen und der Kirche kannten. Freiheit wird mit Zwang unterdrückt.

1)   Zwang zu einer Meinung,
2)   Zwang, Masken zu tragen,
3)   Zwang, sich zu isolieren,
4)   Zwang, seine Familie und Freunde nicht sehen und erleben zu dürfen.

All diese Zwänge haben mit Freiheit kein bisschen zu tun. Für Punkt 1) ist völlig klar, dass er mit keiner Pandemie zu rechtfertigen ist. Das Schweigen der Demokraten außerhalb der Regierung ist armselig. Jede Beteiligung an der Unterdrückung von Meinungen ist peinlich. Jede aktive Diffamierung von Andersdenkenden ist widerlich. Aber damit wird abschließend klar, wie schwerwiegend unser systemisches Problem ist. Nichts, gar nichts, kann uns davor schützen, dass unsere wesentlichen Rechte außer Kraft gesetzt werden. Das darf nicht sein. Es kann etwas als Demokratie bezeichnet werden und es kann etwas als Demokratie (vor-)gelebt werden, was ganz offensichtlich nichts mehr mit Demokratie zu tun hat. Denn Demokratie basiert ohne jeglichen Diskussionsbedarf auf Meinungsvielfalt. Wenn ein System zulässt, dass Meinungsvielfalt manipuliert wird, ist das System schlecht und es muss geändert werden. Und wir werden gleich sehen, wie das geht.

Parteien sind auch Zwangssysteme

Deutsche Parteien sind ja noch vergleichsweise jung. Da ist der Schaden durch Inzucht und Korruption ja noch vergleichsweise gering. Schauen wir in die VSA: Die demokratische Partei wurde vor 1800 gegründet, die Republikaner 1854. Das primäre Ziel der Republikaner war, die Sklaverei abzuschaffen. Sie haben es erreicht. Wenn man sich das Führungspersonal, das Verhalten und die Ziele dieser beiden alten Parteien anschaut, bekommt man das Grausen. Aber auch in Deutschland sieht man, dass die älteste Partei, die SPD, die größten Schwierigkeiten hat. Die SPD hatte lange Zeit das Monopol auf die Arbeiterschaft. Und in den 1970iger Jahren ging es den Arbeitern in Deutschland richtig gut. Die SPD hatte ihr Ziel erreicht. Nur gab es später immer weniger Arbeiter, insbesondere in der SPD, und damit brauchte auch niemand mehr die SPD.

Parteien, die sich in einem Monopol-System entwickeln, müssen sich nicht verbessern. Sie verschlechtern sich, bis zum Kollaps.

Demokratische Staaten sind auch Zwangssysteme

Es folgt die Kernaussage des Buches. Wenn Sie die verstanden haben, haben Sie das Wichtigste verstanden. Alles andere folgt daraus.

- Demokratische Staaten sind Zwangssysteme.
- Zwangssysteme entwickeln sich schlecht bis zum Kollaps.

Alle Einnahmen des Staates beruhen auf Steuern, die uns Untertanen mit Zwang abgepresst werden. Es sind Zwangsabgaben, die wir als solche eben nicht freiwillig und aus Einsicht, sondern unter Zwang zahlen, wie es in Teil eins dargelegt wurde. Die Obrigkeit erhält die Mittel ohne jede Anstrengung. Heute genau wie zu Zeiten der adligen Herrscher. Sie müssen sich nicht anstrengen, um uns zu überzeugen. Sie fordern unter Strafandrohung, was sie wollen. Niemals wurde aus der Bevölkerung so viel herausgepresst wie von demokratischen Regierungen. Niemals war in der Folge der Verbrauch an natürlichen Ressourcen so hoch. Und es ist ganz klar sichtbar, dass die demokratischen Staaten, als Folge der hohen Abgabenquote, die größten Umweltzerstörer sind.

Alle Leistungen, die wir für abgepresste Zwangsgelder bekommen, alle Leistungen, auf die der Staat ein Monopol hat, sind mittel- bis langfristig schlecht. Und sie werden mit der Zeit immer schlechter. Das ist eine logische Folge. Gucken wir uns die Diskussionen in den Parlamenten doch an. Es sind die Diskussionen elitärer Zirkel, die sich nicht mehr um die Nöte der Bevölkerung kümmern. Wir spüren, da ist keine Verbundenheit mit uns Untertanen. Es geht nur darum, unser Verhalten so zu steuern, wie es gerade gewünscht wird.

Wenn die Parteien sich über Staatsgelder finanzieren, ist das für die Parteiführung bequem und sicher. Sie muss sich nicht mehr anstrengen. Nach und nach können sich immer dümmere Kandidaten auf jedem dieser Posten halten. Die Zwangsabgaben garantieren ihnen den Job.

Gucken wir uns die Witzfiguren in der westlichen Welt doch an. Unsere eigenen Minister: grauenvoll, seit Jahren immer schlechter. Die Nachbarländer nicht besser. Die VSA ein Alptraum. Immer öfter werden direkt Komiker an die Macht gewählt, weil sie scheinbar die beste Alternative sind.

Es gibt Ausnahmen: Putin, der Russland aus dem Zugriff der westlichen Mafia herausgeführt hat, ist ein Führer, der meinen ehrlichen Respekt hat. Trotz der Bedrohung durch den Westen und deren fast unbegrenzten Finanzmitteln ist es ihm gelungen, Russland unangreifbar zu machen. Eine unbeschreibliche Leistung. Aber Russland befindet sich noch im Kondratjew-Sommer. Da ist Führung einfacher.

Systeme, die auf Zwang basieren, verlieren ihre Moral, ihre Innovationsfähigkeit und das Führungspersonal ist schlecht. Bei uns ist das System inzwischen auch arrogant und selbstherrlich. Sonst würde es abweichende Meinungen mit Argumenten bekämpfen, nicht mit Unterdrückung oder Diffamierung. Arrogant und selbstherrlich, so wie Obrigkeit immer wird, ob Kirche, Kaiser oder Demokraten.

Welche Freiheit haben wir?

„Das Land der Freien", oder „die freie Welt" – was müssen wir uns für Sprüche von unseren Politikern gefallen lassen? Wir haben Grundrechte, die man uns zubilligt. Gucken wir mal, was Wikipedia unter „Grundrechte (Deutschland)" dazu sagt:

Grundrechte *sind grundlegende Freiheits- und Gleichheitsrechte, die Individuen gegenüber dem Staat zugestanden werden und Verfassungsrang genießen. Sie verpflichten einzig den Staat und berechtigen einzig Private.*

Wenn das kein tolles Marketing ist. Der Staat ist verpflichtet und die Privaten sind berechtigt. Erleben wir es nicht immer genau andersherum? Der Staat ist berechtigt, uns mit immer neuen Gesetzen, Strafen, Ordnungswidrigkeiten zu traktieren und einzuschränken und wir sind verpflichtet, zu gehorchen und zu bezahlen.

Aufwachen!

Wie frei wir wirklich sind, haben die Demonstrationen zu den Grundrechten in Berlin am 29. August 2020 gezeigt. Da hatten sich freie Bürger versammelt, um für ihre/unsere Freiheitsrechte zu demonstrieren. Ihnen gegenüber eine martialisch aufgerüstete Polizei in Uniformen, die perfekt geeignet ist, um gegen Bürger zu kämpfen.

Aber wen soll die Polizei denn schützen? Die Bürger oder den Staat? Die Vertreter des Staates sagen, die Polizei schütze die Bürger. Und sie verschweigen uns dabei den kleinen Nebensatz: „... aber erst nach dem Staat." Der Staat ist ja wichtiger! Das sind wir ja alle! Wir müssen geschützt werden.

Die Demo hat es gezeigt: Nicht wir, die Bürger, werden geschützt, auch nicht der Staat, denn das sind wir ja eigentlich alle selbst. Nein, die Witzfiguren, die uns führen, die und ihr Zwangssystem werden geschützt.

Warum wird dieses Zwangssystem geschützt? Weil es die Polizisten bezahlt. Weil die Witzfiguren die Polizisten bezahlen. Weil sie die Polizei bezahlen, dürfen sie den Polizisten die Befehle erteilen, denen diese natürlich folgen. Und wir müssen das Geld vorher zwangsweise bei den Witzfiguren abgeben, damit die dann die Polizisten bezahlen. Diese Polizisten bedrohen uns, wenn wir die wenigen Rechte einfordern, die man uns überhaupt gelassen hat.

Aufwachen!

Viele der armen Polizisten hätten bei den Demos sicher lieber die Bürger geschützt, aber sie müssen halt an ihre Familien denken. Wenn nur einige wenige Polizisten ausscheren und nicht gehorchen, werden sie aussortiert, entlassen und stehen ohne Arbeit und Einkommen da. Da können die Demonstranten so oft „Wir sind der Souverän" rufen, wie sie wollen. Es stimmt einfach nicht. Wenn wir der Souverän wären, würden wir die Polizei bezahlen, nicht die Witzfiguren.

Untertanen und Obrigkeit

Wir sind die Untertanen und müssen dienen. Die Obrigkeit billigt uns ein paar wenige Rechte zu. Aber oben stehen nur noch Witzfiguren und herrschen.

Wir müssen gegenüber den Witzfiguren das Recht auf Versammlung verteidigen? Wir müssen unsere freie Rede als Fake-News, rechtsradikal, antisemitisch und Verschwörungstheorien diffamieren lassen? Alles von den Witzfiguren? Die könnten sich niemals da oben halten, wenn sie nicht riesige Apparate hätten, die sie schützen und unterstützen. Finanziert mit dem Geld, das wir Monat für Monat unter Strafandrohung abliefern müssen. Die sogenannten Grundrechte auf Freiheit und Gleichheit sind Folge eines riesigen Irrtums. Unsere Vorfahren wollten etwas schaffen, was die Freiheit garantiert. Sie waren voller guter Absicht. Doch gucken wir uns an, was passiert ist.

Mit der Verfassung geben wir die Rechte ab

Normale Staaten haben eine Verfassung. Bei uns in Deutschland nennt man das Grundgesetz, aber es ist eine Verfassung. Es werden die Institutionen verfasst und diese dann ermächtigt, über uns zu herrschen. Die Verfassung ist die Geburt des ewigen Kaisers, dem wir Untertan zu sein haben.

In der Schule haben wir gelernt, wie Verfassungen entstanden sind: nach Kämpfen gegen die angeborene Herrschaft. Damals wurden neue Verfassungen von Freien formuliert und es sollten nicht mehr die herrschen, die dazu geboren waren. Es wäre „unsere Verfassung" und sie sei „demokratisch". Das war eine große Leistung, denn man hatte sich die Herrschaft genommen, so hieß es. In der Schule lernten wir auch, wie unsinnig die Verehrung des Kaisers war. Uns wurde klar gemacht, dass diese Verehrung einer Person, die nichts gemacht hat, als das Volk zu beherrschen, doch völlig lächerlich sei. Die Leute damals haben den Kaiser geliebt und geachtet, wir Menschen heute lieben und achten unsere Verfassung.

Historiker werden beweisen, dass die Demokratie die schlimmste aller Regierungsformen war, die jemals existiert hat. Jeder Kaiser hat „sein Land" besser geführt als die Demokraten. Denn er musste das Land bis zu seinem Tod regieren und danach, wusste er, würden seine Kinder ihm folgen. Er musste sich deshalb bei allen Maßnahmen und Gesetzen fragen, was das langfristig für Auswirkungen hat. Keinen demokratischen Führer interessieren die langfristigen Auswirkungen.

Konrad Adenauer hat die Rentenfinanzierung umgestellt und dadurch Wahlen gewonnen. Dass die Rentenkasse Jahre später kollabieren wird, konnte ihm mehr als egal sein. Weder er noch seine Nachfahren werden die Folgen direkt spüren.

Unser Kaiser ist keine Person. Nein, es sind ganz viele Kaiser und die haben tolle Namen: Bundesregierung, Länderregierung, Bundestag, Bundesrat, Bundesverfassungsgericht. Alle sind ganz wichtig. In der Verfassung nehmen sich diese Institutionen das Gewaltmonopol und die Finanz- oder Steuerhoheit. Sie nehmen sich das Recht, Gesetze zu verabschieden, nach denen wir, die Bürger, zu leben haben. Sie nehmen sich das Recht, uns zu bestrafen, wenn wir nicht gehorsam sind. Nur, weil es jetzt viel komplizierter ist als mit nur einem Kaiser, und weil da jetzt etwas demokratisch abgestimmt wird, ist da kein Unterschied.

Die Verfassung schafft und legitimiert die Mafia, die wir in Teil drei als solche identifiziert haben. Da ist die Obrigkeit, die herrscht und es sind wir, die Untertanen, die beherrscht werden.

Wir verehren auch „unseren heutigen Kaiser", geboren durch die „Verfassung" oder das „Grundgesetz". Das ist heute genauso lächerlich wie es früher lächerlich war, Fähnchen zu schwenken, als der Kaiser vorbeifuhr. Wenn wir in naher Zukunft wirklich jemals freie Menschen sein sollten, dann werden wir diese Verehrung der Demokratie genauso wenig verstehen wie das begeisterte Winken unserer Vorfahren beim vorbeifahrenden Kaiser.

Die Verfasser der ersten Verfassungen hatten sicher beste Absichten. Sie sind allerdings einem Paradoxon aufgesessen. Man kann nichts verfassen, was man nicht haben will.

Wenn man keine Knechtschaft haben will, darf es keine Obrigkeit geben!

Wir, die Bevölkerung, erklären unsere Verfassung zu einem Irrtum, der sie historisch auch war. Ob da ein paar Leute im Hintergrund geschickt nachgeholfen haben, werden neuere Untersuchungen zeigen. Aber klar ist, die Menschen, die seinerzeit die Herrschaft abschütteln wollten, haben nur eine noch viel schlimmere Herrschaft geschaffen.

Aber: Obrigkeit gibt es nur dann, wenn die Untertanen diese zulassen.

Warum lassen wir ihnen jeweils diese Rechte? Ja, warum?

„Teile und herrsche". Immer können die Herrschenden den Einzelnen leicht bekämpfen. Mit ihrer gebündelten Macht haben sie alle Fäden in der Hand. Wenn wir alle zusammenstehen und erklären, ihre Selbstermächtigung ist Unrecht, dann bricht alles zusammen.

Aber wollen wir das? Natürlich nicht!

Fazit zur Demokratie

Die Demokratie hat das Ende ihrer Daseinsberechtigung erreicht. Wir müssen an dieser Stelle endlich aufhören, uns von dieser „Wahl einer Regierung" als „heiligen Gral der Demokratie" täuschen, einschüchtern oder für dumm verkaufen zu lassen. „Die Wahl", mit der man meinte, Probleme zu lösen, hat selbige nur noch schlimmer gemacht. Kaiser wurden wenigstens noch zum Regieren erzogen (meistens jedenfalls). Demokraten sind Lehrer, Pharmavertreter, Immobilienmogule, die alle vom Regieren keine Ahnung haben.

Der Auswahlprozess, den unsere Vorfahren statt der Geburt eingesetzt haben, ist fatal schlechter, weil er eine Ausbildung der Elite quasi ausschließt. Und die zeitliche Begrenzung der Regierungszeit macht das Desaster perfekt. Sie entfernt jegliche langfristige Verantwortung aus dem System und fördert Egoisten. Für jeden Lehrer ist Abgeordneter zu sein ein Karrieresprung. Wenn ein Pharmavertreter zum Gesundheitsminister wird, ist das für ihn eine persönliche Verbesserung. Kein wirklich kompetenter Mensch, der in der Sache gut regieren will, wird sich diesem Irrenhaus, genannt Parlament, aussetzen. Er kann und wird in der freien Wirtschaft fachliche Inhalte mehr und besser beeinflussen. Und seine Verdienstmöglichkeiten sind dort ebenfalls besser. Wenn sich aber nur mittelmäßige, machtbesessene Egoisten versammeln, um uns zu regieren, was erwarten wir anderes als mäßige Ergebnisse. Demokratie ist dann nur für die Obrigkeit gut.

Alle westlichen Demokratien sind so ausgestaltet, dass die Parteien als legale Mafia mit ihren Apparaten und Freunden alle Vorteile haben und die normale Bevölkerung die Last zu tragen hat. Die Bevölkerung ist zum Arbeiten gezwungen, die Umwelt wird ausgeplündert und profitieren tun überwiegend die Mafiosi und ihre Freunde.

Wir haben ein System, das auf Zwang begründet ist. Ein System, das grob ungerecht ist und klar gewisse Gruppen bevorzugt. Wir haben eine arrogante Führung, die uns kurz vor einen Kollaps der Menschheit geführt hat. Wollen wir wirklich weitermachen wie bisher? Können wir uns das leisten?

Die Demokratie, wie wir sie derzeit im „Westen" praktizieren, ist zutiefst unmoralisch. Sie beruht auf einer Selbstermächtigung, die durch nichts zu rechtfertigen ist. Auch dann nicht, wenn man von der sich selbst genommenen Macht ein paar Brotkrumen, genannt Grund- oder Freiheits- und Gleichheitsrechte abgibt. Wenn wir nicht umsteuern, steht die Menschheit vor der Auslöschung (Teil zwei).

Demokratie ist die verantwortungslose und unmoralische Zwangs- herrschaft Weniger, getarnt mit Pseudowahlmöglichkeit und Rechts- staatlichkeit.

Nur, weil die Demokraten vorgeben, ihr System wäre moralisch einwandfrei, können sie uns mit einer Arroganz bevormunden, die inzwischen einfach unerträglich geworden ist. Allein weil wir diese moralische Rechtfertigung jetzt berechtigt in Frage stellen können, wird sich unsere Situation bereits bessern. Dann können wir unsere Regierungen fragen, welche inhaltlichen Verbesserungen wir denn zu erwarten haben. Eine weitere Einschränkung unserer Rechte kann wohl kaum in unserem Interesse liegen.

- Wenn wir von den Demokraten weiterhin keine inhaltlichen Diskussionen bekommen,
- wenn unsere berechtigten Fragen als gefährlich abgetan werden,
- wenn Meinungsäußerungen zensiert werden,
- wenn Medien gleichgeschaltet sind,
- wenn unsere Demonstrationen verboten werden,
- wenn Abweichler als rechtsextrem, antisemitisch und/oder als Anhänger von Verschwörungstheorien diffamiert werden,
- wenn wir Masken tragen müssen, obwohl es wissenschaftlich gesehen unsinnig ist,
- wenn wir unsere Verwandtschaft und unsere Freunde nicht mehr treffen dürfen,
- wenn wir in unseren Häusern eingesperrt werden,
- wenn unsere Gesundheit mit schlecht getesteten Impfstoffen gefährdet werden soll,

dann müssen wir uns wohl oder übel nach einem neuen System umschauen. Das ist nicht nur unser gutes Recht, das ist unsere Pflicht. Unserer Kinder wegen und weil wir es für uns brauchen, um unsere Umwelt zu erhalten und die Überlebensfähigkeit in Krisensituationen (siehe Teil zwei) wiederherzustellen. Und jetzt werden wir sehen, wie das geht.

Teil 4: Die Demokratie ablösen

Da wir verstanden haben, dass die Demokratie unmoralisch, gefährlich und am Ende ihres Lebenszyklus angekommen ist, müssen wir uns nun fragen, wie es denn weitergehen soll.

Anarchie, also der Verzicht auf jede Struktur, ist keine Lösung. Wir Menschen haben ein Bedürfnis nach Sicherheit und unsere von Städten geprägte Struktur, in der wir unser Leben derzeit organisiert haben, ist extrem verwundbar. Wir können uns ein System ohne Regeln einfach nicht leisten. Kommunismus funktioniert auch nicht. Das haben wir im ersten Teil des Buches gelernt. An dieser Stelle kann man sich fragen: Ist es richtig, die Demokratie abzulösen? Ist es nicht zu radikal? Die demokratische Willensbildung ist doch prinzipiell richtig. Reicht es nicht aus, die mafiösen Parteien abzuschaffen?

Demokratie reformieren oder ablösen – was ist sinnvoller?

Natürlich könnte man versuchen, die Demokratie zu reformieren, indem man die Parteien abschafft. Man würde eine direkte Demokratie einführen, bei der wichtige Entscheidungen durch das Volk direkt getroffen werden und man könnte ein imperatives Mandat einführen, bei dem die neuen Politiker an die Wünsche der Regierten gebunden wären. Das ist eine Maßnahme, die für den Übergang absolut sinnvoll und richtig ist. Diese Elemente müssen so eingeführt werden, aber es ist nur der erste Schritt. Es würde einen wesentlichen Teil der Ungerechtigkeit nicht aufheben. Der tiefe Staat, die Behörden und Sicherheitsapparate, würden so weiter existieren. Die Lobbyisten würden die Politiker nach wie vor umschwirren und sie beeinflussen, uns doch die Wahrheit vorzuenthalten.

Behörden und Lobbyisten sind ein großer Teil des Problems. Sie dienen nach wie vor der Politik und beeinflussen sie. Und sie werden wieder Mittel und Wege finden, die neuen Politiker in die Richtung zu bewegen, die für sie am günstigsten ist.

Ein Teil der Bevölkerung lebt unter den Bedingungen einer freien Wirtschaft und muss unvorstellbaren Druck aushalten; ein anderer, kleiner Teil der Bevölkerung lebt weiter, wie bei der Mafia, von Zwangsabgaben. Das ist eine strukturelle Ungleichheit, die aus moralischen Gründen und auch aus ganz praktischen Erwägungen abzulehnen ist.

Zwangsabgaben, die an eine zentrale Institution zu entrichten sind, wie auch immer diese zentrale Institution heißt – ob Staat, Kirche oder Mafia –, sind immer eine Herrschaft, die auf Gewalt basiert. Diese Formen von Regierung werden niemals langfristig gut funktionieren. Es bleibt das strukturelle Risiko von Korruption und Machtmissbrauch. Die Bevölkerung steht nämlich damit dauerhaft vor dem Dilemma, dass auch bei der einmaligen Ablösung der Demokratie das größte ist: Die Bevölkerung braucht den Zugriff auf die Exekutive (Polizei und Gerichte). Die Steuerung der Legislative reicht nicht aus, solange die gesamten Strukturen der Exekutive der Regierung uneingeschränkt dienen. Dieser Zugriff auf die Gemeinschaftsressourcen muss verändert werden.

In der freien Wirtschaft haben die Gründungsväter und Regierungsvertreter bis vor einiger Zeit Monopole stets abgelehnt und das aus gutem Grund. Monopole führen zu überteuerten und schlechten Leistungen. Nur Wettbewerb kann bessere Ergebnisse erzwingen. Wettbewerb an der richtigen Stelle und nicht nur als Schaukämpfe der Mafiosi untereinander, wie bei der Demokratie. Das Staatsmonopol muss weg.

Zwangsabgaben erzwingen die Arbeit der Untertanen und bei der Arbeit müssen natürliche Ressourcen genutzt werden. Wenn wir weniger Umweltzerstörung haben wollen, müssen die Zwangsabgaben gesenkt werden. Das werden wir besser schaffen, wenn es keine Obrigkeit mehr gibt, die ausschließlich von Zwangsabgaben lebt.

Wir haben in Teil drei gelernt, dass die Demokratie viele systembedingte Fehler enthält. Wegen dieser Systemfehler ist die Demokratie als solches nicht reformfähig. Wir haben festgestellt, dass aus vielfältigen Gründen das System grundsätzlich geändert werden muss.

Wir haben in dem Kapitel „Woher hat Geld seinen Wert" (ab Seite 30) gelernt, welchen extremen Einfluss Geld seit der neolithischen Revolution vor mehr als zehntausend Jahren auf die Menschheit hatte. Geld war und ist das zentrale Werkzeug der Obrigkeit. Aus diesem Grund müssen wir der Obrigkeit die Verwendung unseres Geldes verwehren. Wir müssen selbst souverän und damit zum Souverän werden. Deshalb brauchen wir eine neue Struktur:

Autokratie

Autokratie = Selbstregierung

In der Autokratie geht die Macht wirklich vom Volk aus. Obrigkeit und Untertanen werden strukturell vereint. Es gibt nur noch einheitliche Strukturen, die für alle auf dem Prinzip des freien Marktes beruhen. Alle privilegierten Strukturen der Obrigkeit werden abgeschafft. Statt Steuern an eine zentrale Regierung zu zahlen, verpflichten wir uns selbst, einen bestimmten Beitrag für das Gemeinwesen zu zahlen. Und wir verpflichten uns selbst, uns dabei gegenseitig zu unterstützen und zu kontrollieren. Wie das geht, werden wir gleich sehen.

Autokratie organisiert freiwillige und gutwillige Gefolgschaft in Selbstverantwortung auf Basis universeller Werte für die regionale Gemeinschaft sowie die Menschheit als Ganzes.

Wir geben keine Rechte mehr ab. Wir brauchen keine Institutionen, die uns beherrschen. Wir, die Menschen, behalten unsere Rechte und nehmen sie selber wahr. Gemeinsam und auf Dauer! Wir werden deshalb darauf achten, dass die langfristigen Aspekte des Wirtschaftens und die Altersstruktur der Bevölkerung stets berücksichtigt werden.

Wir wollen uns ab jetzt auch nicht mehr als Bürger bezeichnen, denn wir bürgen nicht mehr für einen Staat. Wir sind freie Menschen oder kurz Freie.

Als die Europäer ab dem 17. Jahrhundert nach Amerika strömten, gab es ein Zeitfenster, in dem die Menschen dort wirklich frei waren. Das hatte sich nur leider bloß zufällig so ergeben und es gab kein Bewusstsein dafür. Denn nur deshalb konnte man später ohne Probleme eine Verfassung formulieren und dann viel später zentrale Steuern einführen. Die Menschen waren nicht in der Lage, ihre Freiheit zu schützen. Aber die VSA waren wirklich „das Land der Freien". Lange, lange ist es her.

Versuchen wir einen neuen Anfang und prüfen wir, ob das funktionieren kann.

Universelle Werte

Unsere neue Autokratie soll moralisch einwandfrei funktionieren. Deshalb formulieren wir als erstes Maßstäbe, die wir zur Bewertung unseres zukünftigen Systems heranziehen wollen. Maßstäbe, an denen sich Strukturen, Gesetze, Verantwortungen, Handlungen, einfach alles, messen lassen müssen. Diese Maßstäbe wollen wir „universelle Werte" nennen.

Das Zusammenleben von Menschen muss ab einer bestimmten Anzahl auf engerem Raum auf gewissen Regeln basieren. Diese Regeln sollten nicht willkürlich sein. Die Maßstäbe, die man an ein Regelsystem stellt, sollten definiert sein. Die Machthaber des Abendlandes bezogen sich dabei stets und wolkig auf die „christlichen Werte". Diese Werte sind absichtlich völlig unkonkret. Sie wurden nicht geschaffen, um als Grundlage für den Aufbau von gesellschaftlichen Regelsystemen zu dienen. So agieren Regierungen bisher ohne jegliche Maßstäbe. Und das haben sie reichlich ausgenutzt.

Denn ohne Maßstäbe, und zwar einheitliche und immer geltende Maßstäbe, lässt sich niemals eine vergleichbare Bewertung von gesellschaftlichen Strukturen oder Maßnahmen vornehmen. Wenn man Werte von Fall zu Fall anders anlegt, lässt sich einfach alles positiv darstellen. So, wie man es im Moment gerade braucht. Diesen Fehler wollen wir bei der Autokratie vermeiden und an unsere Arbeit von Anfang an einen höheren Maßstab anlegen als unsere demokratischen Regierungen es derzeit (bewusst oder unbewusst) tun.

Die folgenden Werte sind ein Vorschlag und keine Festlegung. Wir können Autokratie nicht ohne vergleichbare Werte beschreiben oder begründen. Werte müssen ausführlich mit ihrem Sinn und Zweck sowie stets in Bezug auf die andere Werte beschrieben werden. Nur so werden die Werte einheitlich anwendbar.

Zunächst sollen hier folgende Werte als Grundlage formuliert werden.

1. Beständigkeit
2. Entwicklung
3. Wahrhaftigkeit
4. Transparenz
5. Solidarität
6. Gleichheit
7. Freiheit
8. Verantwortlichkeit
9. Sparsamkeit
10. Einfachheit

Diese Werte sind mir besonders wichtig und scheinen mir geeignet, das menschliche Zusammenleben zu organisieren. An dieser Stelle muss betont werden, dass diese Werte keinen Anspruch auf Vollständigkeit oder vollendete Weisheit haben. Wir werden sie hier, als Arbeitsgrundlage, für dieses Buch verwenden. Diese Liste muss später im Grundgesetz der Autokratie als Vorgabe für alle Strukturen festgelegt werden. Wie das passieren sollte, betrachten wir später noch einmal genauer.

Ein Vergleich der heutigen Regierungsform mit der Autokratie kann nach der Festlegung der „universellen Werte" starten. Diese „universellen Werte" können später über die Zeit hinweg angepasst, verfeinert und ergänzt werden. Abgeschafft werden dürfen sie nicht. Die hier dargestellten Werte sind also als erster Ausgangspunkt zu sehen. Ich messe die Strukturen und Verhaltensanweisungen unserer zukünftigen Regierungsform an diesen Werten. Und wenn wir Verbesserungen an diesen Strukturen betrachten, dann messen wir auch diese an den anderen universellen Werten. Sogar einzelne Wertmaßstäbe selbst messen wir dabei an den anderen Werten, die wir bereits formuliert haben.

Das immerwährende Messen an diesen Werten ist bei allen Gesellschaftsstrukturen, Handlungen und Entscheidungen unabdingbar.

Wir werden die Werte ausführlich begründen und auch ihr Zusammenspiel erläutern. Nur in ihrem Zusammenspiel wirken sich die Werte auch positiv aus. Einzelne Werte kann man stets benutzen, um Sachverhalte verzerrt oder falsch darzustellen. Deshalb müssen stets alle Werte als gemeinsamer Maßstab angewendet werden. Klar gibt es teilweise Widersprüche, weil z.B. zwei Werte nicht gleichzeitig zu einhundert Prozent realisiert werden können. Genau solche Wertekonflikte zu erkennen, ist ein wichtiger Prozess. Wurde der Konflikt erkannt, kann man eine bewusste Abwägung der Werte gegeneinander vornehmen und diese Abwägung genau begründen. So entsteht Transparenz und Glaubwürdigkeit.

Warum sind Werte als Maßstäbe so wichtig? Es kostet doch Zeit, sich mit Werten zu beschäftigen. Ist diese Zeit sinnvoll investiert? Aus meiner Sicht ist es ein Grundfehler des heutigen Systems, ohne derartige Werte zu arbeiten. Die Maßstäbe werden nach Belieben ausgewechselt. So, wie es für die jeweilige Durchsetzung der aktuellen Absichten am günstigsten ist. Damit bleibt erstens jede Glaubwürdigkeit auf der Strecke und zweitens erhält man kein in sich konsistentes und damit hochwertiges System. Stattdessen bekommt man ein schlechtes Flickwerk, ausgerichtet an egoistischen Interessen. Oft sind dies bisher die Interessen einflussreicher Gruppen, die sich durch Intransparenz Vorteile gegenüber der Allgemeinheit verschaffen.

Im Folgenden soll jeder dieser universellen Werte einzeln erläutert und jeweils zum Abschluss im Bezug zu den übrigen Werten betrachtet werden.

Beständigkeit

Die Beständigkeit des Lebens jedes einzelnen Menschen ist das höchste Gut. Beständigkeit gegenüber Veränderungen von außen, die der Mensch nicht selbst herbeigeführt oder beeinflusst hat und nicht in seiner Biologie begründet sind.

Ohne ein gegen äußere Bedrohungen abgesichertes Leben ist jede Betrachtung von Verhaltensnormen oder -werten völlig irrelevant. Das betrifft sowohl die Sicherheit des einzelnen Menschen als auch die Sicherung einer lebenswerten Umwelt, in der diese Menschen hoffentlich gerade zusammenleben.

Der stärkste Eingriff in die Beständigkeit eines Menschlebens ist Mord, gefolgt von Körperverletzungen jeglicher Art. Das setzt sich dann über Diebstahl und Betrug bis hinunter zu Diskriminierung, Mobbing und Bruch getroffener Vereinbarungen fort. Jeder Mensch hat den berechtigten Wunsch, sich vor solchen Eingriffen zu schützen bzw. geschützt zu werden. Deshalb haben fast alle menschlichen Gemeinschaften Regeln aufgestellt, die solche Taten verurteilen und Täter für gewollte oder ungewollte Verletzungen dieser Regeln zur Rechenschaft ziehen. Ob und wie eine Gemeinschaft pro-aktiv für den Schutz der Menschen sorgt oder nur Täter nachträglich zur Verantwortung zieht, ist unterschiedlich. Das hängt von Werten wie Solidarität, Gerechtigkeit und Transparenz ab.

Wenn es Regelungen zur Sanktionierung von Tätern gibt, kann man von einem Gesellschaftssystem sprechen. Gute Gesellschaftssysteme werden Täter bestrafen und versuchen, Opfer zumindest über die Strafandrohung und den Strafvollzug zu schützen. Sehr gute Gesellschaftssysteme gehen darüber hinaus.

Wenn es ein solches Gesellschaftssystem gibt, ist die Beständigkeit dieses Gesellschaftssystems selbst letztlich wohl der grundsätzlich wichtigste Wert für jegliches menschliche Zusammenleben. Die Beständigkeit des Gesellschaftssystems ist deshalb der einzige Wert, der noch über dem Wert der Beständigkeit für einzelne Menschen liegt.

Die Beständigkeit ist deshalb der optimale Ausgangspunkt für eine Betrachtung der Werte oder Maßstäbe.

Nichts ist schlimmer für die Menschen, als der totale Zusammenbruch ihres gesamten Ordnungsrahmens. Was ein totaler Zusammenbruch ist, sieht man, wenn man Bilder von zerstörten Ortschaften zum Beispiel nach einer Naturkatastrophe anschaut. Die totale Zerstörung eines Gesellschaftssystems hat für die Betroffenen vergleichbare Auswirkungen. Berufliche Karrieren sind zu Ende, ganze Berufsbilder und Ausbildungen völlig wertlos. Für die betroffenen Menschen ist auch das eine persönliche Katastrophe. Anders als bei Naturkatastrophen sind Hilfen hier schwierig und die Vereinzelung der Probleme macht es für die Betroffenen besonders schwer. Erleben konnte man solche Schicksale nach dem Zusammenbruch der DDR. Viele Menschen, gerade die jüngeren, konnten den Wandel gut bewältigen. Ein hoher Prozentsatz der älteren Menschen kam mit den Veränderungen aber nur schlecht zurecht und war auf dauerhafte Unterstützung angewiesen. Um derartig großflächige Tragödien zu vermeiden, sollte ein Gesellschaftssystem möglichst beständig sein.

Das gilt natürlich nur für „gute" Gesellschaftssysteme. Schlechte Systeme werden ohnehin nach einiger Zeit zerfallen. Es ist nur eine Frage der Zeit, bis die aus Unwahrheiten und Intransparenz entstehenden Kosten die im System erzielbaren Erträge überschreiten. Dann ist über kurz oder lang der Zerfall der Ordnung nicht mehr aufzuhalten. Vor diesem Hintergrund kann der Zusammenbruch der DDR trotz der obigen Nachteile durchaus auch positiv bewertet werden. Auch die Demokratie wird letztlich so zu Ende gehen.

Wenn ein System alle Merkmale eines für die Menschen hilfreichen und guten Systems hat, dann sollte dieses System auch von Dauer sein. Bei einem auf Dauer angelegten System müssen auch alle seine Teilsysteme auf Dauerhaftigkeit ausgerichtet werden. Das betrifft primär die oben angesprochene Beständigkeit für den einzelnen Menschen.

Je höher die Ansprüche an ein Gesellschaftssystem werden, für umso mehr Teilsysteme gilt dies, primär für Sicherheit, Geld und Gerichte sowie für die Vollstreckung der Einhaltung geschlossener Verträge. Danach für die Krankheits- und Altersversorgung, und später für die Verteidigung, die Energieversorgung und den Umweltschutz.

Kurzfristig sind sicher manchmal Abweichungen vom Pfad der Beständigkeit denkbar und sinnvoll. Zum Beispiel jetzt, wenn wir die Demokratie durch eine Autokratie ablösen. In diesem Fall wird die Entwicklung ausnahmsweise über die Beständigkeit erhoben. Das machen wir mit dem Ziel, um die Freiheit zu verbessern und die übrigen Werte überhaupt erst einzuführen. Aber es sollte stets das

Ziel der Menschen sein, die Beständigkeit ihres Ordnungsrahmens als wichtigen Wert und als Ziel zu berücksichtigen.

Dabei gilt das Recht auf Beständigkeit für alle Menschen. Mord, aber auch und besonders Krieg, bei dem das Recht auf Beständigkeit eines Teils der Menschen von anderen Menschen zerstört wird, ist nicht zulässig. Die Verteidigung der eigenen Beständigkeit ist notwendig, solange nicht alle Menschen das Recht auf Beständigkeit für alle Menschen akzeptieren.

Beständigkeit betrifft auch unsere Umwelt, ohne die wir nicht existieren können. Unsere Umwelt ist für die Beständigkeit der Menschheit erforderlich und wir benötigen dafür die Beständigkeit unserer Umwelt. Und zwar überall auf der Welt.

Entwicklung

Unter der Entwicklung eines Systems soll die aktive Veränderung des Systems mit dem Ziel der Verbesserung verstanden werden. Jedes bestehende System verkörpert eine Ansammlung von Menschen mit Wissen und Erfahrungen. Diese Erfahrungen werden im Rahmen der zeitlichen Entwicklung um neue Aspekte angereichert und somit verändert. Wenn die Veränderungen positiv bewertet werden, soll dies als Entwicklung bezeichnet werden. Bei negativen Veränderungen wird von einer Rückentwicklung gesprochen.

Die Entwicklung ist damit das eigentliche zentrale Ziel des Gesellschaftssystems, der Maßstab, das Ziel oder der Sinn schlechthin. Die weiteren Maßstäbe sind erforderlich um

1. der Entwicklung eine Richtung zu geben,
2. sie für die Menschen positiv zu gestalten und
3. die Entwicklung zu verstetigen.

Wenn das menschliche Leben hier auf der Erde irgendeinen übergreifenden Sinn haben soll, kann dieser eigentlich nur in der beständigen (Weiter-)Entwicklung des Gesellschaftssystems liegen. Deshalb beginnt jede Weiterentwicklung eines Gesellschaftssystems bei der Weiterentwicklung der Menschen selbst. Es geht darum, die Fähigkeiten und Fertigkeiten der einzelnen Menschen optimal auszubauen. Im Zusammenspiel und der wechselseitigen Ergänzung wird damit auch die Leistungsfähigkeit der gesamten Gesellschaft ausgebaut. Ein Gesellschaftssystem, das für diese Entwicklung ein optimales Umfeld bereitstellt, wird langfristig erfolgreich sein und den Menschen ein angenehmes, lebenswertes Umfeld bieten.

Dabei hat die Erfahrung gezeigt, dass im Zusammenspiel und aus der wechselseitigen Ergänzung vieler Menschen die Erträge aus den Fähigkeiten und Fertigkeiten noch deutlich höher liegen können, als es die einfache Addition selbiger erwarten lässt.

Für die Weiterentwicklung des Menschen selbst ist die Beständigkeit des Gesellschaftssystems sehr förderlich. Je stabiler das Gesamtsystem ist, desto mehr kann man sich auf die notwendigsten Weiterentwicklungen im Rahmen des Bestehenden konzentrieren. Wenn sich das gesamte Gesellschaftssystem ständig stark oder sogar umbruchartig oder vollständig verändert, werden die gesammelten Erfahrungen entwertet. Vorhandene Erfahrungen machen es aber wesentlich leichter, ein System positiv zu verändern, also zu optimieren. Die Veränderungen können kleiner ausfallen und werden an den richtigen Stellen vorgenommen. Wenn Erfahrungen verlorengehen, ist das eine Rückentwicklung. In der Folge werden mehr oder größere Fehler gemacht, die sich insgesamt oder im Einzelfall negativ auswirken.

Die Entwicklung von Systemen, das heißt jeder Aufbau von Erfahrung, kostet Zeit und damit eine sehr wertvolle Ressource. Je schneller Entwicklungen stattfinden, desto besser ist es. Denn umso mehr Menschen können umso länger von diesen Entwicklungen profitieren.

Natürlich ist die Entwicklung des Menschen nicht auf die Entwicklung im Gesellschaftssystem beschränkt. Es geht um die körperliche, geistige und seelische Entwicklung jedes einzelnen Menschen. Dieser Entwicklung soll das gesamte Gesellschaftssystem in erster Linie dienen und daran ist es auszurichten. Alle Ziele, Strategien und Maßnahmen sind an der Entwicklung der Menschen zu messen und auszurichten.

In der Summe ergibt sich dann daraus auch die Entwicklung des Gesellschaftssystems selbst. Auch die „universellen Werte" als Grundlage der Autokratie können weiterentwickelt werden.

Bezogen auf den bisher definierten Wert der Beständigkeit lässt sich sagen, dass jede Entwicklung (die per definitionem positiv ist) die Beständigkeit fördern wird.

Wahrhaftigkeit

Die Wahrhaftigkeit wird hier im Sinne von Kant als ausnahmslose Pflicht zur unbedingten Wahrheit verstanden. Ein System, das die Wahrheit nicht achtet, sondern auf Lügen aufsetzt, kann weder mittelfristig bestehen noch die Entwicklung der Menschen fördern. Ein System oder eine Entwicklung, die auf Lügen oder Irrtümern aufbaut, ist keine stabile Grundlage. Nur ein System, das zu jederzeit der Wahrheit verpflichtet ist, wird den Menschen optimal dienen. Natürlich muss die Frage gestellt werden, ob es aus der Sicht mehrerer Menschen immer nur eine Wahrheit geben kann. Ist es nicht vielmehr so, dass die Wahrheit stets vom Kenntnisstand und der Prägung und damit vom Entwicklungsstand der Menschen abhängig ist?

Deshalb ist es sicher eine Aufgabe der Entwicklung, für gemeinsame Wahrheiten zu sorgen. Wenn es gelingt, die Fähigkeiten und Kenntnisse auf ein gemeinsames, hohes Niveau zu steigern, wird eine gemeinsame Wahrheit leichter zu finden sein. Wenn man es zu einer gemeinsamen Wahrheit geschafft hat, kann es von dort mit der Entwicklung sehr viel schneller zu weiteren bahnbrechenden Erkenntnissen kommen. Natürlich nur dann, wenn man sich auch dabei stets von der Wahrheit leiten lässt.

In der Praxis ist die Wahrheit häufig sehr schwer zu ertragen. Sie anzuerkennen, müsste eigentlich eine sofortige Handlung nach sich ziehen, um gewisse Missstände abzustellen. Weil die Handlungen Kraft erfordern, die häufig nicht vorhanden ist, lebt man lieber mit der Lüge. Mit der Akzeptanz der Lüge wird ein kurzfristiges Glück gegen ein mittel- oder langfristiges Risiko eingetauscht. Es muss ein Ziel der Entwicklung der Menschen sein, ihnen diesen Aspekt zu erklären und seine Bedeutung zu erkennen und daraufhin entsprechend zu handeln. Es ist also eine Frage der Entwicklung der Menschheit, ob sie die Wahrhaftigkeit als wichtigen Wert erkennen.

Bezogen auf die gesellschaftlichen Ebenen der Einzelperson und der Familie ist es sinnvoll, die Pflicht zur Wahrhaftigkeit etwas einzuschränken. Bezogen auf sich selbst und die eigene Familie hat sich ein Recht zur Aussageverweigerung bewährt. Die Pflicht zur Wahrhaftigkeit darf nur bezogen auf einen sehr kleinen Teil des Systems bei polizeilichen oder juristischen Ermittlungen gegen Familienmitglieder ausgesetzt werden. Dieser kleine Teil betrifft natürlich nicht die Betrachtung der Familien insgesamt. Hier gilt selbstverständlich die Pflicht zur Wahrhaftigkeit. Die Möglichkeit zur Aussageverweigerung trägt als kleine Ausnahme aber wesentlich zur Entwicklung sowie zur Beständigkeit des Systems bei. Denn sie fördert die Stabilität dieser kleinsten und sehr fragilen Einheiten des Systems. Die

Sicherheit, dass man seitens der unmittelbaren Umgebung keinen Angriffen oder Belastungen ausgesetzt werden muss oder derartige Angriffe selber durchführen muss, schafft Vertrauen. Dieses Vertrauen und diese Vertrautheit ist eine wichtige Voraussetzung für die Entwicklungsfähigkeit der Menschen.

Über diese eine Einschränkung hinaus muss die Verpflichtung zur Wahrhaftigkeit ohne weitere Einschränkungen immer gelten.

Es ist unverkennbar, dass die Wahrhaftigkeit sowohl Beständigkeit als auch die Entwicklung von Menschen und Gesellschaftssystem fördern.

Transparenz

Der Begriff Transparenz wird hier im Sinne der optischen Eigenschaft Durchsichtigkeit verwendet. Wenn man die Durchsichtigkeit auf das Gesellschaftssystem überträgt, dann wird dieses System leicht verständlich. Nur ein System, das man verstehen kann und verstanden hat, kann weiterentwickelt werden. Nur ein System, das verständlich ist, wird deshalb Bestand haben und ohne Transparenz kann auch die Wahrheit nicht gedeihen. Nur wenn man sein Umfeld versteht, und es wirklich verständlich ist, sind Lügen oder Abweichungen von der Wahrheit auch als solche zu erkennen. Wenn das gesamte System unverständlich ist, kann eine bewusste oder unbewusste Falschaussage nicht mehr von einer richtigen Aussage, also von der Wahrheit unterschieden werden.

Transparenz bedeutet auch, dass nichts bewusst vor den Augen der potentiellen Betrachter versteckt werden darf. Transparenz ist deshalb auch eine Forderung nach Offenheit und damit nach dem Zugang zu allen systemrelevanten Informationen. Voraussetzung für Transparenz ist eine möglichst lückenlose Dokumentation. Heutzutage ist es viel leichter als noch vor fünfzehn Jahren, solche Dokumentationen im Rahmen einer übergreifenden Zusammenarbeit zu erstellen und auch kontinuierlich fortzuschreiben. Hier leistet, wie in vielen anderen Bereichen auch, das Internet und insbesondere die Technik der Wikis einen erheblichen Beitrag. Wikis erlauben die interaktive Zusammenarbeit im Rahmen von Dokumentation, verbunden mit einer Nachvollziehbarkeit aller Änderungen.

Zwei gesellschaftliche Ebenen werden bewusst von der Transparenz ausgenommen und im Unterschied zur Wahrhaftigkeit sogar explizit vor der vollständigen Transparenz geschützt. Dies sind der einzelne Mensch und die einzelne Familie. Diese haben in verschiedenen Bereichen sogar einen Anspruch auf Schutz vor Transparenz. Hier steht die Transparenz der Freiheit und Selbstbestimmung entgegen. Das Gesellschaftssystem beginnt aber eigentlich auch erst oberhalb der einzelnen Familie. Die Familie im Allgemeinen ist ein Baustein des Systems, der zwar in seiner Funktionalität verstanden sein soll und auch entwickelt werden soll. Das betrifft aber stets alle Familien in ihrer Gesamtheit und diesbezüglich wird die Transparenz natürlich nicht eingeschränkt, sondern weiter gefordert.

In Bezug auf die Entwicklung ist Transparenz förderlich, weil sie die Vorrausetzung jeglicher Entwicklung verbessert. Denn: Je durchsichtiger ein System ist, desto besser kann ein Mensch es verstehen. Das Verstehen des Systems ist die Voraussetzung für die Weiterentwicklung oder die Entwicklung.

Insofern ist bei jeder Entwicklung stets auf Transparenz oder mehr Transparenz des Gesellschaftssystems und all seiner Teilsysteme zu achten. Transparenz fördert dadurch die weitere Entwicklung. Umgekehrt ist allerdings eine Entwicklung der Menschen erforderlich, um einerseits die Notwendigkeit von Transparenz zu erkennen und andererseits auch transparente Prozesse und Systeme zu konzipieren und zu realisieren.

Bezogen auf die Beständigkeit ist offensichtlich, dass Offenheit und Verständlichkeit die Beständigkeit eines Systems fördern muss. Fehler lassen sich leichter erkennen und beseitigen, und damit wird die Stabilität direkt gefördert. Umgekehrt stützt ein beständiges System die Transparenz. Schließlich entsteht Transparenz nicht von allein. Sie muss bewusst geschaffen werden. Wenn ein System sich langsam und kontinuierlich als beständiges System weiterentwickelt, kann die Transparenz mit weiterentwickelt werden. Bei schlagartigen Umbrüchen hingegen verändert sich viel und die Transparenz geht dabei höchstwahrscheinlich zunächst einmal verloren. In der Regel geht es nach einem Umbruch zunächst darum, Prozesse überhaupt wieder zum Funktionieren zu bringen. Erst wenn alle wichtigen Prozesse insgesamt wieder zufriedenstellend funktionieren, kann man für eine Beachtung der Transparenz sorgen. Man erkennt an dieser Stelle noch einmal den hohen Wert der Beständigkeit.

Bezogen auf die Wahrhaftigkeit ist die Transparenz auch eine hilfreiche bis notwendige Eigenschaft. Nur wenn Transparenz herrscht, lässt sich Wahrhaftigkeit von Lügen oder Falschaussagen unterscheiden. Je größer die Transparenz, desto schwieriger sind Lügen durchzuhalten und ohne eine Liebe zur Wahrheit wird Transparenz nie entstehen können.

Solidarität

Unter Solidarität wird hier die Verbundenheit der Menschen verstanden, die sich gegenseitig unterstützen und helfen. Sie drückt in etwa das aus, was man auch Brüderlichkeit nennt, und überträgt so ein gewisses Maß an Zusammenhalt und Ausgleich auf die gesellschaftliche Ebene.

Unterstützen und Helfen sind Tätigkeiten, die wesentlich zur Beständigkeit und Entwicklung eines Systems beitragen. Deshalb haben sich entsprechende Eigenschaften im Rahmen der Evolution auch durchgesetzt und sind noch heute bei den Menschen weit verbreitet. Der Ausgleich zwischen unterstützender und unterstützter Einheit stabilisiert das System und verleiht den Menschen ihre Würde.

Innerhalb von Familien ist Solidarität in der Regel selbstverständlich. Sie sinnvoll und geschickt möglichst umfassend auf die gesamte Gesellschaft auszudehnen, ist eine der wichtigsten Aufgaben eines gerechten und an den Menschen sowie der Menschenwürde ausgerichteten Gesellschaftssystems. Hilfsbereitschaft ist eine der wichtigsten und evolutionär bedingt eine der befriedigendsten menschlichen Handlungsweisen. Systeme, in denen ein hohes Maß an praktizierter Hilfsbereitschaft existiert, werden als besonders lebenswert empfunden.

Betrachtet man die Solidarität bezogen auf den oben genannten Wertekanon, erkennt man schnell: Solidarität benötigt Transparenz und Wahrhaftigkeit, um ihre positiven Effekte zu erzielen. Ohne Transparenz und Wahrhaftigkeit lässt sich Hilfsbedürftigkeit nicht erkennen. Und ohne Transparenz und Wahrhaftigkeit bei der Hilfeleistung kann sich eine Befriedigung auf der Seite der Helfenden und auf der Seite derer, denen geholfen wird, nicht einstellen.

Freiwillig geleistete Hilfe, gerade wenn sie durch Transparenz gut wahrgenommen wird, hat einen ausgesprochen befriedigenden Effekt und gibt dem Hilfe Gewährenden seine Würde. Diese Befriedigung, wenn die Hilfe von Herzen kommt, reicht oft als Gegenleistung aus. Darüber hinaus gehende, z.B. materielle, Gegenleistungen sind deshalb oft gar nicht mehr nötig.

Die Solidarität gibt aber auch dem Hilfeempfänger Würde, weil er als würdig ausgewählt wurde, die ihm freiwillig geleistete Hilfe zu empfangen. So leistet gelebte Solidarität einen wichtigen Beitrag zur Entwicklung der Menschen.

Erzwungene Hilfe verhindert diesen positiven Effekt und erzwungene Hilfe lässt alle würdelos zurück. So, wie das bei einer Solidarität über Steuergelder der Fall ist.

Die Solidarität fördert die Transparenz und Wahrhaftigkeit jedoch auch, weil aus der Zusammengehörigkeit auch ein gleichgerichtetes, gemeinsames Interesse an Wahrhaftigkeit und Transparenz entsteht.

Natürlich fördert die Solidarität auch die Beständigkeit. Denn Solidarität gibt den beteiligten Menschen Macht. Wenn die Macht direkt bei den Menschen liegt, ist das System besonders beständig.

Durch Hilfsbereitschaft und Ausgleich kann die Gruppe mehr lernen, sich so besser entwickeln, würdevoller sein und mächtiger werden als dies ohne Solidarität der Fall wäre.

Gleichheit

Unter Gleichheit wird das Maß der Übereinstimmung im Gegensatz zur Vielfalt verstanden, welche die breite Verteilung von Unterschieden beschreibt.

Beides folgt dem Vergleichen, was stets eine Folge von Transparenz ist. Gute Ergebnisse beim Vergleichen wird man nur erzielen, wenn man sich dabei von Wahrhaftigkeit leiten lässt und bei dem Gegenstand des Vergleichs ein Höchstmaß an Transparenz herrscht.

Gleichheit und Vielfalt sind beide gleichermaßen kritische Maßstäbe. Sie werden sehr oft falsch verstanden und mangels Wahrhaftigkeit noch häufiger aktiv missbraucht. Die Anwendungsbereiche von Vergleichen müssen genau betrachtet werden. Längst nicht alle Bereiche sind geeignet für Vergleiche und deshalb ist es so wichtig, den Wert der Gleichheit und der Vielfalt stets genauer zu betrachten und zu definieren, wo man eine Gleichheit und wo man eine Vielfalt anstrebt, wo oder wann das nicht der Fall ist und warum das nicht der Fall ist bzw. sein kann.

Die Gleichheit, die man bei der Beurteilung eines Gemeinwesens fordern muss und kann, ist die systematische Gleichheit unter Berücksichtigung der naturgegebenen Vielfalt. Man kann nicht im System Dinge gleich machen, die man in der realen Welt faktisch ungleich vorfindet. So existiert ein biologischer Unterschied zwischen Mann und Frau, der sich nicht nur auf das Gebären von Kindern beschränkt, sondern durchaus auch den Aufbau des Gehirns einschließt. Außerdem ist der Erfahrungsschatz von alten Menschen in der Regel umfangreicher als der von jungen Menschen. Wobei in beiden Varianten immer wieder Einzelfälle gegen die dargestellten Unterschiede sprechen.

Wenn man den Menschen im Rahmen des Gesellschaftssystems betrachtet, dann sollte diese Betrachtung von der strukturellen Gleichheit aller Menschen ausgehen und sie in ihrer persönlichen und biologischen Vielfalt schätzen und respektieren.

Die Gleichheit verbietet eine Unterteilung von Menschen in Obrigkeit und Untertanen. Diese strukturelle Ungleichheit ist durch nichts zu rechtfertigen.

Gerechtigkeit

Gleichheit bedeutet Gerechtigkeit, wenn bei jeweils gleichen Voraussetzungen gleiche Beurteilungen zu gleichen (Be-)Handlungen und ungleiche Beurteilungen zu ungleichen (Be-)Handlungen führen.

Es gibt aber kein Recht auf vollständige individuelle Gleichheit. Dieses Recht lässt sich durch nichts begründen, solange die Menschen biologisch verschieden sind und ihre Anstrengungen unterschiedlich ausfallen. Was man jedoch von einem System erwarten kann, ist eine strukturelle Gleichheit, eine strukturelle Gleichbehandlung und eine strukturelle Chancengleichheit.

Die Gleichheit sorgt mittels des Vergleichens für eine Anwendung der Erkenntnisse aus Transparenz und Wahrhaftigkeit. Bezogen auf den Umfang und die Ziele des Vergleichens mangelt es aber sehr häufig an Transparenz. Wenn man Gleichheit als Wert angibt, muss man klar festlegen, wo und was verglichen werden soll und wo und was nicht. Diese Festlegungen müssen begründet sein, genauso wie die Maßstäbe, die man anlegen möchte, um beim Vergleichen zu Ergebnissen zu kommen. Eine konsistente öffentliche Dokumentation der Vergleichsmaßstäbe sollte als Grundlage jeder Gesellschaft unerlässlich sein. Nur wenn man alle Kriterien und die jeweiligen Maßstäbe vollständig dokumentiert hat, lassen sie sich auch jederzeit richtig anwenden. Einerseits werden zu häufig Dinge verglichen, die nicht vergleichbar sind, also Äpfel mit Birnen. Andererseits werden zu gerne Vergleiche nur dort durchgeführt, wo die Ergebnisse angenehm ausfallen. Vergleiche oder Teilaspekte von Vergleichen, bei denen die Ergebnisse nicht nach Wunsch ausfallen (würden), werden erst gar nicht durchgeführt. Und damit werden Vergleiche manipulativ eingesetzt. Eine Dokumentation der Maßstäbe muss für eine Vollständigkeit und Reproduzierbarkeit beim Vergleichen sorgen.

Nur wenn Transparenz und Wahrhaftigkeit als Werte berücksichtigt werden, lassen sich Vergleiche und damit Gleichheit sinnvoll ausgestalten. Umgekehrt sind Transparenz und Wahrhaftigkeit ohne eine Festlegung von Vergleichsmaßstäben gar nicht denkbar. Es ist offensichtlich, dass starke Ungleichgewichte den Bestand von Gesellschaftssystemen gefährden und auch die Entwicklung der Menschen hemmen.

Das Vermindern von Ungleichheit ist Ziel der Solidarität und bezogen auf die beiden nächsten Werte Selbstverantwortung und Freiheit ist die Gleichheit auch ein förderlicher Maßstab, wie wir gleich sehen werden.

Freiheit

Freiheit wird allgemein definiert als die Abwesenheit von Zwang. Gesellschaftlich betrachtet wird diese Freiheit auf die Grund- und Menschenrechte heruntergebrochen, die den Menschen bestimmte Freiheitsrechte zubilligen.

Hier werden einige dieser zugebilligten Freiheiten, wie sie das Grundgesetz nennt, aufgezählt: *„Freie Entfaltung der Persönlichkeit, Freiheit der Person, Recht auf Leben, Recht auf körperliche Unversehrtheit, Recht auf informationelle Selbstbestimmung (Datenschutz), Glaubens- und Gewissensfreiheit, Meinungsfreiheit, Informationsfreiheit, Pressefreiheit, sowie die Freiheit der Kunst und der Wissenschaft, Versammlungsfreiheit, Vereinigungsfreiheit, Brief- und Postgeheimnis, Freizügigkeit im Bundesgebiet, Freiheit der Berufswahl, Asylrecht, Petitionsrecht, Wahlrecht, Widerstandsrecht."*

Abgeleitet aus der Freiheit und ebenfalls zu den Grundrechten gehörend kommen einige Schutzmechanismen hinzu. Zu nennen sind hier: „Recht auf Leben, Recht auf körperliche Unversehrtheit, Gleichheitssatz, Gleichberechtigung, Schutz von Ehe und Familie, Freizügigkeit im Bundesgebiet, Verbot der Zwangsarbeit, Unverletzlichkeit der Wohnung, Eigentumsrechte, Verbot von Ausbürgerung und Auslieferung".

Die Freiheit ist der spannendste Wert an sich. Bei allen anderen Werten wird man sich mit der hier aufgezeigten Definition schnell einigen können. Meine Definition der Freiheit möchte ich ausschließlich aus dem Begriff des „Eigentums an sich selbst" ableiten. Daraus ergibt sich die Freiheit in einer wirklich vollständigen Form. Perfekt abgeleitet und dargestellt hat das Ken Schoolland in „Das Prinzip der Freiheit":
Aus dem Eigentum an sich selbst werden zunächst die Grundrechte abgeleitet. Besonders spannend ist eine Stelle, bei der neben den rein zwischenmenschlichen

Beziehungen kurz die Regierungen ins Spiel kommen. Dort wird festgehalten, dass die Regierung keine Rechte bekommen darf, die niemand besitzt. Die Bürger können ihrer Regierung keine Rechte übertragen, die sie selbst nicht haben. Dieser Grundsatz ist sehr wichtig und wurde in der Geschichte der Menschheit leider bisher komplett übersehen. Allerdings war es nie so, dass die Bürger gefragt wurden, ob sie diese Rechte abgeben wollen, sondern es ist seit mehr als zehntausend Jahren immer so gewesen, dass die Regierungen sich diese Rechte einfach genommen haben. Auch die Demokraten haben uns natürlich nie gefragt.

In früheren Jahrhunderten war die Leibeigenschaft durchaus selbstverständlich. Aus heutiger Sicht scheint so etwas vollständig unakzeptabel. Heutige demokratische Staaten beanspruchen mit voller Dreistigkeit eine Reihe von Rechten an ihren Bürgern, die man bei einer Akzeptanz des Selbsteigentums nicht rechtfertigen kann.

Grundsätzlich ist die Freiheit für mich ein unantastbarer Wert, der durch die Freiheit der anderen um eine Verantwortung ergänzt wird. Keinesfalls muss man sich als Mensch Rechte von einer Institution oder einem anderen Menschen zubilligen lassen. Aus meinem Verständnis heraus kann es nur so sein, dass ich auf bestimmte Rechte verzichte oder diese Rechte an mir selbst auf andere übertrage. Dieser Verzicht oder diese Übertragung darf niemals unbegrenzt erfolgen und kann jederzeit ohne die Angabe von Gründen widerrufen werden.

Die Existenz jeder Obrigkeit, die ihre Bürger wie Eigentum behandelt und diese zu ihrem Nutzen arbeiten lässt, wird als moderne Form der Leibeigenschaft explizit abgelehnt.

Das Selbsteigentum wird als ein Begriff aus dem Bereich des Anarchismus, also der Herrschaftslosigkeit eingeordnet. Es dient sehr klar dazu, um alle wesentlichen menschlichen Grundrechte abzuleiten und systematisch zu begründen. So lassen sich aus dem „Eigentum an sich selbst" das Recht auf Freiheit und persönliche Unversehrtheit genauso gut ableiten wie ein Recht auf Eigentum.

Bevor diese wichtigen Ableitungen im Einzelnen dargestellt werden, soll kurz betrachtet werden, welche andere Eigentumsformen am Menschen als Alternative denkbar sind oder auch historisch existierten.

Die bekannteste Eigentumsform ist wohl die Sklaverei. Diese Form des Eigentums am Menschen ist Gott sei Dank inzwischen weitgehend ausgerottet und wird beim Bekanntwerden inzwischen weltweit geahndet. Kennzeichnend für die Sklaverei ist, dass dabei bestimmte Menschen teilweise zufällig zum Eigentum beliebiger anderer Menschen werden können. Das Hauptproblem, das wir heute damit haben, ist, dass Menschen Eigentümer von Menschen sein können. Dies wird allgemein abgelehnt.

Als weiteres Fremdeigentum an Menschen ist das Eigentum der Könige oder Fürsten an ihren Leibeigenen zu nennen. Hier war das Eigentum nicht zufällig, sondern ergab sich aus der Geburt. Dieser Zustand wird heute zwar auch missbilligt, nur so scharf wie bei der Sklaverei fällt die Verurteilung nicht aus. Hier wird eher die Regierungsform an sich negativ gesehen und das institutionelle Eigentum, das sich ja auch auf die Regierung im weitesten Sinne bezieht, wird heute noch genauso propagiert wie vor 800 Jahren die Leibeigenschaft.

Heute sind Menschen als Bürger Eigentum ihres Nationalstaats. Er kann ihnen beliebige Vorschriften machen und sie zu Abgaben jeglicher Art zwingen. Diese Rechte sind keinesfalls zwangsläufig und bei einer Akzeptanz des Selbsteigentums auch nicht möglich. Natürlich ist es für jede Regierung heute wie in früheren Zeiten viel einfacher, wenn sie Eigentümer der Staatsbürger ist.

Das Selbsteigentum kennt eben genau kein Eigentum eines Menschen an einem anderen Menschen, weder die persönliche Form des Eigentums noch die institutionelle Form. Insofern ist es für die Menschen ein deutlicher Gewinn an Freiheit. Diese Freiheit sinnvoll zu organisieren, ist eine spannende Aufgabe. Ohne eine freiwillige Verabredung zur Einhaltung bestimmter Spielregeln wird dies nicht funktionieren. Aber ein Ausstieg aus den freiwilligen Verabredungen sollte möglich werden.

Betrachten wir jetzt die Konsequenzen, die sich aus dem Selbsteigentum ergeben. Weil man nicht alle Dinge selbst erfinden muss, greife ich an dieser Stelle auf eine Veröffentlichung im Internet zurück, die diesen Zusammenhang sehr anschaulich darstellt. Man findet die Informationen unter http://www.jonathangullible.com/philosophy_of_liberty.

Die folgenden Inhalte entsprechen der dortigen Darstellung, die auf einer Geschichte von Ken Schoolland beruht:

Die Philosophie der Freiheit beruht auf dem Prinzip des Eigentums an sich selbst. Selbsteigentum sagt „Dein Leben gehört Dir". Dies zu leugnen bedeutet, dass ein anderer einen höheren Anspruch auf Dein Leben hat als Du selbst. Dein Leben gehört keinem anderen Menschen oder keiner Gruppe von Menschen, genauso, wie das Leben anderer Menschen nicht Dir gehört. Das offenbart sich in Zukunft, Gegenwart und Vergangenheit. Die Zukunft bedeutet Dein Leben, die Gegenwart ist Deine Freiheit, die Vergangenheit sind die Produkte Deines Lebens und Deiner Freiheit. Wenn Du Dein Leben verlierst, verlierst Du Deine Zukunft. Wenn Du Deine Freiheit verlierst, verlierst Du Deine Gegenwart. Wenn du die Produkte Deines Lebens und Deiner Freiheit verlierst, verlierst Du den Teil Deiner Vergangenheit, der sie schuf.

Die Produkte Deines Lebens und Deiner Freiheit sind Dein Eigentum. Dein Eigentum ist die Frucht Deiner Mühen, Das Ergebnis Deiner Zeit, Energie und Talente. Sie sind Teile der Natur, die Du nutzbar gemacht hast. Eigentum ist das Eigentum, was Dir im freiwilligen Tausch und im gegenseitigen Einverständnis gegeben wurde. Wenn zwei Menschen ihr Eigentum freiwillig tauschen ist es für beide von Vorteil, sonst würden sie es nicht tun. Nur sie können Entscheidungen für sich treffen. Manchmal nutzen Menschen Gewalt und Betrug um anderen Menschen ohne deren freiwillige Zustimmung etwas wegzunehmen. Die Anwendung von Gewalt gegen das Leben ist Mord, gegen die Freiheit ist Sklaverei und gegen das Eigentum ist Diebstahl. Dabei ist es egal, ob die Handlungen von einer Person oder von vielen gegen wenige gerichtet sind oder von Amtsträgern in feinen Anzügen. Du hast das Recht, Dein Leben, Deine Freiheit und Dein rechtmäßig erworbenes Eigentum gegen die gewaltsamen Angriffe anderer zu verteidigen. Du kannst andere bitten Dir dabei zu helfen. Aber Du hast kein Recht als Erster Gewalt gegen das Leben, die Freiheit oder das Eigentum anderer einzusetzen. Deshalb hast Du auch kein Recht einen anderen Menschen zu bestimmen, in Deinem Auftrag Gewalt gegen anderen zu richten. Du hast das Recht Dir Deine Führer selbst auszuwählen, aber Du hast kein Recht sie anderen aufzubürden. Egal wie Deine Führung gewählt wurde, sie sind auch nur Menschen und haben keine Rechte oder Ansprüche die über anderen Menschen stehen. Ganz gleich welche kreativen Etiketten sie sich geben, oder von wie viele Menschen sie unterstützt werden, sie haben kein Recht zu morden, zu versklaven oder zu stehlen. Du kannst ihnen keine Rechte geben, die Du selbst nicht besitzt. Da Dir Dein Leben gehört, bist Du für Dein Leben verantwortlich. Du pachtest Dein Leben nicht von anderen, die Dein Gehorsam verlangen. Genauso wenig bist Du der Sklave anderer die Deine Opfer verlangen.

Du wählst Deine eigenen Ziele, die auf Deinen eigenen Werten beruhen. Sowohl Erfolge als auch Misserfolge sind notwendig um zu lernen und zu wachsen.

Was Du für andere tust und andere für Dich tun ist nur dann tugendhaft, wenn es aus freiwilligem, gegenseitigem Einverständnis geschieht. Das ist die Grundlage einer wahrhaftig freien Gesellschaft. Das ist nicht nur die praktikabelste und humanitärste Grundlage menschlichen Verhaltens, sondern auch die ethischste. Die Probleme dieser Welt, die aus der ersten Anwendung von Gewalt durch Führende

210

geschehen, haben eine Lösung. Die Lösung für Menschen dieser Welt ist aufzuhö-
ren die Regierungen zu bitten, Gewalt in Ihrem Auftrag anzuwenden. Böses ent-
steht nicht durch böse Menschen, sondern auch durch gute Menschen, welche die
Anwendung von Gewalt als Mittel für ihre eigenen Zwecke tolerieren. Auf diese
Weise haben gute Menschen im Lauf der Geschichte bösen Menschen Macht ge-
geben. Vertrauen in eine freie Gesellschaft zu haben bedeutet, sich auf den Entde-
ckungsprozess im Marktplatz der Werte zu konzentrieren statt aufgezwungenen
Visionen oder Zielen blind nachzulaufen. Mit der Macht einer Führung Anderen
eine Vision aufzuzwingen ist geistige Faulheit und hat all zu oft ungewollte, per-
verse Folgen. Eine freie Gesellschaft zu verwirklichen verlangt den Mut zu den-
ken, zu sprechen und zu handeln. Vor allem wenn es einfach wäre nichts zu tun.

Aus dieser Form der Freiheit leiten sich massive Veränderungen in unserem Gemeinwesen ab. Der Staat hat eben kein Recht mehr, Abgaben zu verlangen. Wie
ein Gemeinwesen trotzdem funktionieren kann, werden wir im weiteren Verlauf
sehen.

Ohne die Freiheit, die universelle Freiheit, sind alle anderen Werte wertlos. Was
nützt die Beständigkeit einer Diktatur, die in ihrer Grausamkeit auch noch vollständig transparent ist? Natürlich nichts. In der Praxis sind unfreie Systeme eben
weder beständig noch transparent oder wahrhaftig. Die Unfreiheit beruht dann
stets auf einer strukturellen Ungleichheit. Solidarität wird in solch unfreien Gesellschaften allenfalls vorgeschoben, um die Ungleichheit und die Unfreiheit zu
bemänteln. Echte Freiheit erlaubt und erfordert Transparenz und Wahrhaftigkeit.
Sie erlaubt und erzwingt eine Gleichheit. Sonst wird eine Beständigkeit unerreich-
bar bleiben. Das gilt auch, wenn Freiheit ohne Solidarität daherkommt. Auch dann
muss Freiheit letztlich scheitern. Freiheit ist eine riesige Herausforderung. Sie zu
praktizieren, erfordert viel Weitsicht und Toleranz. Freiheit zu organisieren und
zu erhalten, ist nur mit viel Vernunft zu erreichen. Ob wir Menschen hierfür bereits
alle die nötige Reife haben, muss wohl bezweifelt werden. Manchmal muss die
Entwicklung erst ein gewisses Maß an Verständnis für ein Zusammenleben erreicht haben, bevor Freiheit den Menschen die positiven Aspekte bringt, die hier
dargestellt wurden. Trotzdem kann die gesamte Menschheit die hier dargestellte
Freiheit erreichen.

Verantwortlichkeit

Verantwortlichkeit wird als Bereitschaft und Pflicht verstanden, Verantwortung
für Vergangenheit, Gegenwart und Zukunft zu übernehmen. Verantwortlichkeit
gibt es sowohl auf persönlicher Ebene als auch im Bereich des gemeinschaftlichen

Zusammenlebens. Verantwortung kann es nur geben, wenn Freiheit gewährleistet ist.

Die Autokratie fordert von jedem einzelnen Menschen, selbst Verantwortung zu übernehmen. Unter Selbstverantwortung bezeichnet man hier das Bekenntnis, die Konsequenzen für das eigene Handeln, Reden oder Unterlassen zu übernehmen. Selbstverantwortung erlaubt es nicht, das eigene Reden, Handeln oder Unterlassen zu leugnen, oder sich dabei auf Zwänge oder Befehle zu berufen. Jeder Mensch ist dazu aufgefordert, so viel Selbstverantwortung wie möglich zu übernehmen. Selbstverantwortung wird bezogen auf die Vergangenheit genutzt, um Leistungen, natürlich auch Fehlleistungen, zuordenbar zu machen.

Selbstverantwortung für alle ist keine Notwendigkeit für das Zusammenleben, wie beispielsweise die Wahrhaftigkeit es ist. Auf die Zukunft bezogen ist es deutlich günstiger, bei der Selbstverantwortung die Chancen zu betrachten. Jede Pflicht oder ein Zwang wird als Einschränkung verstanden und Werte haben die Aufgabe, Maßstäbe zu liefern, um das Denken, Reden, Handeln und Unterlassen von Menschen sinnvoll zu beschränken. Pflichten begrenzen die Freiheit. Bezogen auf die Einhaltung aller vorhergehend genannten sieben Werte ist eine verpflichtende Beschränkung der persönlichen Freiheit sinnvoll und nötig. Diese Werte sind zwingend. Bezogen auf Selbstverantwortung ist eine Verpflichtung zur Selbstverantwortung sogar unmöglich. Nicht jeder Mensch hat zu jedem beliebigen Zeitpunkt die Fähigkeit, für sein Handeln Verantwortung zu übernehmen. Es kann durchaus notwendig oder sinnvoll und verantwortbar sein, sich freiwillig oder wegen fehlendem Wissen bzw. wegen fehlender Fähigkeiten der Verantwortung anderer zu unterstellen. Die Fähigkeit zur Selbstverantwortung und deren tatsächliche Übernahme sollte angestrebt werden, wie dies bei den anderen Werten auch der Fall ist. Zwingend ist die Übernahme von Selbstverantwortung bei der Übernahme von Führungsaufgaben. Wer freiwillig nur folgt, kann in diesen Bereichen von der Pflicht zur Selbstverantwortung befreit werden.

Selbstverantwortung wird häufig als Gegensatz zur Solidarität gesehen und benutzt. In diesem Zusammenhang wird auch stets die Pflicht zur Selbstverantwortung betont. Mit einer Pflicht zur Selbstverantwortung wird selbige gegen die Solidarität ausgespielt.

Die Selbstverantwortung steht im engen Bezug zur Würde des Menschen. Ein Mensch, der seiner Selbstverantwortung gerecht wird, verdient sich die Würdigung seiner Reden und seines Handelns. Wenn ein Mensch sein Reden und Handeln aus seiner eigenen Freiheit ableitet und sich nicht auf Zwänge oder Befehle zurückzieht, kann dieses positiv bewertet oder gewürdigt werden. Dann hat man einen „würdigen Menschen" vor sich. Wer möchte nicht gewürdigt werden oder im Gegenzug dann ohne Würde sein?

Wie wertvoll die Selbstverantwortung ist, versteht man erst, wenn man ihr Gegenteil, die Fremdverantwortung, betrachtet. Kleinkinder, Pflegebedürftige oder Haus- bzw. Zootiere sind heute zum Beispiel einer weitgehenden Fremdverantwortung unterworfen. Sie haben nicht einmal die Möglichkeit, für die eigene Nahrung zu sorgen. Aber auch Patienten in der Psychiatrie oder in der Intensivmedizin sind einer weitgehenden Fremdverantwortung unterworfen. Durch diesen Vergleich wird klar, wie schön es ist, Möglichkeit zur Selbstverantwortung zu haben. Man erkennt, welche Möglichkeiten einem im Gegenzug zur Fremdverantwortung offenstehen.
Man hat die Chance, sich weiterzuentwickeln. Man kann etwas lernen. Bleibt die Frage, ob und warum man das tut oder eventuell nicht tut. Jedes Stück an Eigenverantwortung, das man erobert, ist ein persönlicher Gewinn. Leider wird das häufig nicht so verstanden, geschweige denn so vermittelt.

Besonders schön ist es, wenn man aus der Selbstverantwortung heraus auch noch Verantwortung für andere übernimmt. Die positiven Aspekte sind unbeschreiblich. Bei Kindern ist dies besonders der Fall, aber auch bei Haustieren und natürlich auch bei erwachsenen Menschen. Gerade im Zusammenhang mit Solidarität entfaltet die Selbstverantwortung ihre wirkliche Kraft. Beide Werte gegeneinanderzustellen, muss auf einem Denkfehler beruhen.
Natürlich stärkt die Selbstverantwortung auch die Beständigkeit eines Systems. Transparenz und Wahrhaftigkeit profitieren ebenfalls enorm vom Wert der Selbstverantwortung. Man kann sogar sagen, Transparenz und Wahrhaftigkeit entstehen geradezu aus wahrgenommener Selbstverantwortung. Umgekehrt kann sich Selbstverantwortung ohne Transparenz und Wahrhaftigkeit nur schlecht entwickeln. Nur wenn die Beiträge des Einzelnen zur Gesamtleistung verständlich sind, kann man selbst erkennen, ob sie gerade ausreichend oder vielleicht sogar überproportional zu nennen sind.
Auch für die Gleichheit hat die Selbstverantwortung eine hohe Bedeutung. Kann man doch aus Selbstverantwortung heraus Verzicht üben und so für den Ausgleich von Ungleichheit sorgen.

Selbstverantwortung hat auch noch eine wichtige Bedeutung in Bezug auf das Wirtschaften. Ohne eine Unterwerfung und die Pflicht zur Einhaltung von Verträgen sowie die Vollstreckbarkeit von Schulden kann keine sinnvoll wirtschaftende Gesellschaft entstehen. Das Eigentum als Sicherheit sowie die Vollstreckbarkeit des Eigentums sind die Voraussetzungen für die Vergabe von Krediten. Nur über Kredite kann Produktion oder Handel vorfinanziert werden. Deshalb gehört ein

Bekenntnis zur Einhaltung von Verträgen mit allen Konsequenzen zur Selbstverantwortung unbedingt dazu.

Sparsamkeit

Jede Form von Leben benötigt Ressourcen. Ressourcen sind aber immer begrenzt und fast immer sogar knapp, also zu wenig vorhanden. Im privaten Bereich kann jeder Mensch die von ihm erwirtschafteten Ressourcen beliebig einsetzen und Sparsamkeit ist kein Wert, der in diesem rein privaten Bereich zwingend zur Anwendung kommen muss. Sparsamkeit ist aber ein zwingender Maßstab, wenn es um natürliche begrenzte Ressourcen wie z.B. Energie aus Kohlenwasserstoffen geht. Sparsamkeit ist ein Teil des Umweltschutzes.

Sparsamkeit ist immer dann ein sehr wichtiger Maßstab, wenn im Rahmen von „Regieren" oder „Führen" fremde Ressourcen zum Einsatz kommen. Sparsamkeit bedeutet nicht, dass nur billigste Lösungen gewählt werden sollten. Sparsamkeit zielt auf den besonders geringen Ressourceneinsatz auf Sicht der (Lebens-)Dauer von Handlungen, Aufgaben, Projekten oder Investitionen ab. Nicht die kurzfristige Sparsamkeit sollte das Ziel sein, sondern die langfristige.

Sparsamkeit ist aber auch bezogen auf Regelungen und Gesetze geboten, die die Freiheit der Menschen beschränken. Bevor neue Regelungen des Zusammenlebens beschlossen werden, ist zu prüfen, ob die neue Regelung unverzichtbar ist. Falls es reicht, bestehende Regelungen anzuwenden oder Einzelfälle anderweitig gerecht zu lösen, sollte dies festen Regelungen stets vorgezogen werden.

Einfachheit

Einfachheit ist ein Wert an sich, denn er impliziert Verständlichkeit und fördert Transparenz. Strukturen und Regelungen, die Teil jedes Zusammenlebens sind, sollen so einfach wie möglich sein. Dabei ist es in der Praxis deutlich schwieriger und aufwändiger, einfache Lösungen zu finden und zu implementieren als komplexe Lösungen. Die bewusste Suche nach einfachen Regelungen erfordert den Einsatz von zusätzlichen Ressourcen und steht somit der Sparsamkeit entgegen.

Wie soll man messen?

Wenn man diese Werte anwendet, soll das nicht dogmatisch passieren. Insbesondere wenn man bei Wertekonflikten selbige gegeneinander abwägen muss, dann darf das nicht rein formal passieren. Wir brauchen noch einen Wert für die Art und Weise, in der man Bewertungen und Abwägungen vornimmt.

Die Werte müssen

- mit positivem Engagement,
- mit ehrlicher Bereitschaft, das beste Ergebnis zu finden,
- mit Hingabe für die zu messende Angelegenheit und
- unter Selbstaufgabe eigener Interessen

beurteilt und abgewogen werden. Manche Menschen würden sagen, es sollte „mit Liebe" abgewogen werden. Wir brauchen jedoch kein weiteres Esoterik-Buch, sondern einen praktischen Leitfaden, wie wir das wichtigste Ziel menschlicher Entwicklung erreichen können. Und da würde „Liebe" als Maßstab zur Vermeidung von Missverständnissen auf zu viel Ablehnung stoßen. Deshalb benennen wir es etwas präziser als „engagierte, gutwillige Fürsorglichkeit"

Alle Werte sollen mit engagierter, gutwilliger Fürsorglichkeit angewendet werden, niemals aber dogmatisch oder im Sinne einzelner Worte. Das demokratische Zwangssystem hat die Worte zum Gegenstand einer Pseudogerechtigkeit gemacht. Das ist völliger Unsinn und steht unserer menschlichen Entwicklung diametral entgegen. Engagierte, gutwillige Fürsorglichkeit soll das Ziel aller menschlichen Entwicklung sein. Alle unsere universellen Werte sind Maßstab und Ziel zugleich. Besonders trifft das jedoch auf die Entwicklung zu. Ziel muss es sein, alle Menschen zu befähigen, engagiert, voll guten Willens und fürsorglich zu sein. Wenn wir das erreicht haben, haben wir das Paradies auf Erden erreicht.

Wir müssen also alle Werte stets mit dem Ziel engagierter, gutwilliger Fürsorglichkeit anwenden und wir müssen ständig bestrebt sein, unser Engagement, unseren guten Willen und unsere Fürsorgekraft zu stärken. Das gilt auf allen Ebenen: in der Familie, in der regionalen Gemeinschaft, weltweit und mit sich selbst auch. Wenn ich nicht die Selbstverantwortung für mein eigenes Engagement, meinen eigenen guten Willen und meine eigene Fürsorglichkeit übernehme, dann kann ich für die Gemeinschaft gar nichts erreichen. Und ich kann auch für mich keine weitere Entwicklung erreichen.

Fazit zu den Werten

Mit der Gesamtheit dieser Werte haben wir den Entwurf für einen Ordnungsrahmen gefunden, der es uns erlaubt, ein moralisch einwandfreies System zu konstruieren, das an dem Wohl der Menschen ausgerichtet ist und ihrer weiteren Entwicklung dient. Ganz unabhängig davon, ob wir diese Werte noch einmal ein wenig ändern oder nicht.

Haben wir die Latte mit so anspruchsvollen Werten nicht zu hoch angelegt? Kann das überhaupt funktionieren? Finden wir ein System, das mit solchen Werten funktionieren kann?

Demokraten behaupten stets das einzige System, das funktionieren kann, sei die Demokratie. Viele können sich deshalb Alternativen zur Demokratie nur schwer vorstellen. Und eine systematische Suche nach solchen Alternativen unter Berücksichtigung dessen, was wir in Teil eins des Buches über Geld und Eigentum gelernt haben, fand bisher nicht statt. Wenn wir es jetzt schaffen, ein glaubwürdiges System vorzustellen, dann können wir uns selbst endlich von der Demokratie und den Witzfiguren an der Spitze erlösen. Wir könnten Freie werden.

Versuchen wir es doch einmal. Fangen wir mit dem Schwierigsten an.

Sicherheit ohne Zwangsabgaben

Seit der neolithischen Revolution beruht die Sicherheit, die die Menschen erhalten haben, auf Abgaben. Damals entdeckten einige Menschen, dass sich andere Menschen mit Gewalt beherrschen lassen. Dass sie zum Abgeben gezwungen werden können. Wir erinnern uns an das Beispiel mit den Haitianern zu Zeiten von Columbus. Zwangssysteme lösen das Wirtschaften aus. Wenn ich eine Gruppe von Menschen beherrsche und sie dann an mich brav ihre Abgaben zahlen, werde ich diese Gruppe schon aus simplem Eigeninteresse schützen. Schutz sowie das Abpressen von Abgaben erfordern beide Gewalt gegen Menschen. Klar, dass in dem Moment, als die Gewaltherrschaft erkannt war, sich die Geschichte der Menschheit radikal änderte. Die neolithische Revolution markiert nach Ansicht vieler Wissenschaftler deshalb einen der wichtigsten Umbrüche in der Geschichte der Menschheit.

Weil die Gewaltherrschaft so praktisch für die Herrschenden war, hat sie sich über die ganze Welt ausgebreitet und dort bis heute gehalten. Wenn wir jetzt eine Form der Sicherheit ohne Zwangsabgaben finden, können wir die seit der Neolithischen

Revolution herrschende Unfreiheit beseitigen. Wir würden damit ein Kapitel der Menschheitsgeschichte abschließen, das ungefähr fünfzehn- bis fünfundzwanzigtausend Jahre gedauert hat. Das wäre also eine wirklich gravierende Veränderung.

Wenn man ein großes Problem vor sich hat, ist es stets am besten, es in Einzelteile zu zerlegen und dann zu versuchen, für die Einzelaspekte Lösungen zu finden; in der Hoffnung, dass sich die Einzellösungen dann auch zu einer Gesamtlösung zusammenfügen lassen. Es könnte ja zu Widersprüchen kommen, die sich nicht auflösen lassen.

Welche Aufgaben wären also bei der Sicherheit zu lösen? Die der Polizei und die des Militärs, wenn wir es mit unserer heutigen Terminologie beschreiben wollen.

Fangen wir mit der Polizei an.

Polizei ohne Abgaben

Wir erinnern uns an Teil drei mit der Einführung zur Mafia und den bereits dort erwähnten Sicherheitsunternehmen. Damals ging es um eine Ergänzung zur staatlichen Sicherheit. Heute müssen wir die Aufgabe komplett ohne den Staat regeln.

Trotzdem sind Unternehmen der einzig richtige Ansatz. Unternehmen sind Zusammenschlüsse von Menschen, die gemeinsam bestimmte Aufgaben übernehmen. Welche Leistungen wir benötigen, ist in etwa klar. Wir haben da

- die Schutzpolizei und
- die Kriminalpolizei.

Die Schutzpolizei schützt und ordnet das Zusammenleben in Konflikt- oder Krisensituationen. Unter Ordnungsaufgaben verstehen wir hier, wenn prophylaktisch Ressourcen (Polizisten und Ausrüstung) vorgehalten werden, um im Bedarfsfall Schutz (von Leben, Gesundheit und Eigentum) ausüben zu können. Bei großen Veranstaltungen ist durch das widernatürliche Zusammenkommen von vielen Menschen auf (zu) engem Raum mit Konflikten zu rechnen. In solchen Fällen ist von den Veranstaltern vorbeugend für Ordnung und Sicherheit zu sorgen. Dann gibt es die Ordnung in Gewerbegebieten oder Wohnvierteln. Hier kann die Polizei mehr oder weniger regelmäßig Präsenz zeigen, um Konflikte zu vermeiden oder bei Konflikten schneller vor Ort zu sein. All diese Aufgaben sind in ihrem Umfang relativ klar und in den Quantitäten recht gut bekannt. Denn wenn die staatliche

Polizei heute etwas gut macht, dann ist es, Statistiken zu führen. Konfliktsituationen gibt es eine Reihe von bekannten, wie Sportveranstaltungen, Straßenfeste, Kulturveranstaltungen. Darüber hinaus gibt es unbekannte Krisensituationen wie Naturkatastrophen, Gewaltausbrüche und Eigentumsdelikte.

Die Kriminalpolizei sucht meist nachträglich Verantwortliche für Verstöße gegen die Ordnung, um sie zur Überprüfung von Verantwortung an Gerichte zu überstellen.

Von den Anforderungen zum Vertrag

Aus den zu erwartenden regionalen Quantitäten und den erwarteten Lösungsmethoden der Aufgaben lässt sich ein Anforderungskatalog festlegen. Mit diesem Anforderungskatalog können Vertreter der Freien an Sicherheitsunternehmen mit der Bitte um eine Angebotsabgabe herantreten.

Weil die Aufwände an Zeit und Material der nachgefragten Leistungen für erfahrene Sicherheitsleute kalkulierbar sind, können Angebote erstellt werden. Diese Angebote werden auf die in den Anforderungen nachgefragten Mengen beschränkt sein. Verträge, die freiwillig geschlossen werden, müssen für beide Seiten fair sein, sonst wird die benachteiligte Partei den Vertrag nicht abschließen.

In jedem Fall wissen bei diesem System die Freien, was sie ihre Sicherheit kosten wird, aber auch, was sie dafür an Leistungen bekommen und in welcher Form die Leistungen zu erbringen sind. Sie können jetzt einen Vertrag mit dem Sicherheitsunternehmen schließen und haben einen definierten Umfang an Sicherheit, der vom Unternehmen zu garantieren ist und müssen ihrerseits gemeinschaftlich monatlich einen Geldbeitrag zusammentragen und diesen dem Sicherheitsunternehmen überweisen.

Bezahlung der Sicherheit

Wenn die Freien jetzt direkt für die Sicherheit zahlen, dann wird dies primär nach dem Verursacherprinzip erfolgen. Das ist einfach für geplante Ereignisse und für Ereignisse, bei denen nachträglich ein Verantwortlicher festgestellt werden kann. Darüber hinaus gibt es aber auch Fälle, in denen kein Verantwortlicher feststellbar ist oder selbiger die Leistung aus welchen Gründen auch immer nicht bezahlen kann. Die Fälle, in denen es keine Zuordnung gibt, sind also von der Gemeinschaft gemeinsam zu tragen. Dies ist aber bereits ein deutlicher Fortschritt für die Freien, weil heute ein Bürger auch für die Sicherheit von Fußballspielen zahlen muss, obwohl er dort niemals Zuschauer ist.

Das ist eine Form von Korruption, bei der Politiker Leistungen an Sportkonzerne verschenken, um sich bei einem Teil der Bürger als Förderer des so beliebten Sports darzustellen, um so ebenfalls beliebt zu sein. Wer beliebt sein will durch Geldausgeben, soll sein Geld verwenden. Es gibt keinen Grund, keinen, es vorher anderen zu stehlen.

Obwohl es offensichtlich ist, wollen wir noch einmal festhalten: Opfer sind niemals Verursacher. Ihnen ist stets zunächst solidarischer Schutz durch die Gemeinschaft zu gewähren. Verursacher sind zunächst stets nur Täter. Es sei denn, ein unabhängiges Gericht gibt auch dem Opfer eine Mitschuld.

Aber es bleibt das Risiko von großen Krisen. Naturkatastrophen, Banküberfälle, Entführungen, Anschläge. Hier könnten plötzlich große, unerwartete Zahlungen auf die Freien zukommen, die sie unmöglich tragen könnten. Wenn man es genauer betrachtet, ist das keine besondere Situation. Um solche Risiken zu managen und auch zu bezahlen, gibt es einen ganzen Wirtschaftszweig, die Versicherungen. Für unerwartete Kosten, die eine vordefinierte Selbstbeteiligung überschreiten, muss eine Versicherung abgeschlossen werden. Mit der Zahlung der Versicherungsprämie sind auch solche unerwarteten Risiken abgedeckt. Man braucht keinen Staat, der das übernimmt.

Kein Vertrag ohne Abweichungen

Haben Freie und Sicherheitsunternehmen einen Vertrag geschlossen, ergeben sich folgende potentielle Ausnahmesituationen, die bei Verträgen immer möglich sind. Die Verträge müssen dafür klare Regelungen enthalten, die möglichst alle Varianten von Ausnahmen enthalten. Auf dieses Thema werden wir noch eingehen, aber schauen wir uns das Prinzip einmal an.

1. Die Aufgaben werden vielzähliger oder komplexer.
2. Die Aufgaben werden weniger.
3. Der Auftragnehmer kommt seinen Verpflichtungen nicht (voll) nach.
4. Der Auftraggeber kommt seinen Verpflichtungen nicht (voll) nach.

Wenn die Aufgaben vielzähliger werden, ist durch den Auftraggeber mehr zu zahlen. Werden die Aufgaben komplexer, kommt es darauf an. Wenn der Auftragnehmer sein Angebot falsch kalkuliert hat, muss er die Mehrleistung ohne Kostenerstattung erbringen. Natürlich kann der Auftraggeber, wenn die positiven Auswirkungen der Mehrleistung spürbar sind, sich im Rahmen eines solidarischen Miteinanders freiwillig an den Mehrkosten beteiligen. Das muss er stets, wenn die Schuld für den Mehraufwand eindeutig nicht beim Auftragnehmer liegt.

Wenn die Aufgaben weniger werden als erwartet, sollten die Verträge hier eine teilweise Kostenerstattung vorsehen. Teilweise, weil die Fixkosten für die Vorhaltung der Ressourcen natürlich bleiben. Andererseits könnten die Freien überlegen, ob sie nicht weniger werdende Aufgaben sogar mit Prämien fördern. Denn wenn es dem Sicherheitsunternehmen gelingt, Fallzahlen dauerhaft zu senken, ist die Sicherheit für alle gestiegen. So hätten Freie und Sicherheitsunternehmer ein gemeinsames Interesse an einer nachhaltigen Verbesserung der Sicherheit. Die Freien würden zukünftige Verträge günstiger bekommen und die Sicherheitsunternehmen könnten die Prämien dafür kassieren. Beim Staat, der dauerhaft für die Sicherheit zuständig ist, konnten solche Anreize nie funktionieren. Strukturell sind Sicherheitsapparate, die eine dauerhafte Zuständigkeit haben, nicht an einer Verbesserung der Sicherheit interessiert. Denn durch die dauerhafte Zuständigkeit ist sichergestellt, dass sie nach den einmaligen Prämien auch die dauerhaften Einsparungen tragen müssten. Was den dauerhaften Sicherheitsapparat natürlich auf die einmaligen Prämien verzichten lässt, zugunsten einer dauerhaft besseren Beschäftigung. Ganz anders sieht die Lage bei temporär beschäftigten Sicherheitsunternehmen aus. Selbige können nicht davon ausgehen, dass sie einen Anschlussauftrag bekommen. Für sie sind einmalige Prämien für eine nachhaltige Verbesserung der Sicherheit also sehr wohl interessant. Wir erkennen sehr klar, wie unsere etablierten Regeln der freien Wirtschaft auch in Bereichen sehr gut funktionieren, die der Staat mit einem Monopol für sich beansprucht hatte.

Keine Leistung, keine Bezahlung

Wenn die Freien wollen, dass die Polizei in einer bestimmten Zone regelmäßig vorbeugend kontrolliert, dann sollen die Betroffenen dafür bezahlen. Anders als beim Staat können die Zahler jetzt aber sicher sein, dass das Unternehmen auch kommt. Und zwar so lange, wie die Freien die Leistung bezahlen. Wenn der Sicherheitsdienstleister seine Verpflichtungen nicht erfüllt, kann die entsprechende Zahlung gekürzt werden. Das ist auch in einem Einzelfall für nur eine Nacht möglich, wie dies bei allen anderen Firmen ebenfalls organisiert ist.

Allerdings haben die Freien Verständnis, wenn die Sicherheitsfirma eine Notsituation an anderer Stelle nachweisen kann, die kurzfristig zusätzliche Ressourcen

(Polizei und Ausrüstung) erfordert haben, dass sie dann auf eine Leistung verzichten wollen. Diese Regelung käme ihnen im Fall einer Krise in ihrer Zone umgekehrt ja auch zugute.

Wird ein Verantwortlicher für die Krise ermittelt und ist zahlungsfähig, dann muss er den Freien, die so auf eine (einzige!) nächtliche Kontrolle verzichten mussten, den Ausfall erstatten. Sollte ein Verantwortlicher nicht ermittelbar sein oder dieser nicht zahlungsfähig sein, sind die Freien bereit, in diesen Einzelfällen den Leistungsausfall ohne Zahlungskürzung hinzunehmen. Voraussetzung dafür sind zwei Dinge:

1. Die Sicherheitsfirma gibt den Leistungsausfall von ihrer Seite bekannt und dokumentiert unaufgefordert die Ursachen.
2. Es handelt sich wirklich um Einzelfälle, die eine bestimmte Häufigkeit nicht übersteigen. Sonst muss das Sicherheitsunternehmen sich seinerseits anderweitig und vorbeugend um eine Verstärkung der Ressourcen (Polizisten oder Ausrüstung) kümmern.

Wir erkennen hier sofort den Unterschied zur Staatsmafia. Bereits kleine Abweichungen vom Leistungskatalog bedeuten Kostenerstattungen für die Kunden. Das deutsche Schuldrecht ist da sehr klar und eindeutig entwickelt und auch die Gerichte haben hierfür eine sehr gute Systematik etabliert. Wir werden darauf später noch zurückkommen.

Sicherheit der Freiheit

Dort, wo der Staat früher seinen Bestand mit Hilfe eines „Verfassungsschutzes" und sonstigen Geheimdiensten geschützt hat, müssen die Freien ihre Freiheit natürlich auch dauerhaft absichern. Zu schnell könnte sonst wieder ein Diktator kommen und ihnen erneut Abgaben aufzwingen. Anders als beim Staat, der seine komplette Macht mit allen Sicherheitsapparaten für seinen Schutz zusammenziehen konnte, ist genau das für die Freien ein ganz grundsätzlich anderes Problem. Der beste Vertrag nützt nichts, wenn der Chef des Sicherheitsunternehmens sich das Recht herausnähme, mit seinem Machtapparat ab sofort als Diktator aufzutreten und seinerseits Zwangsabgaben einzufordern. Der Beschützer würde zum Räuber und natürlich wären die Freien dieser Machtübernahme schutzlos ausgeliefert.

Das Prinzip macht klar, dass Sicherheitsunternehmen in ihrer Größe klar zu begrenzen sind. Nur wenn die Freien jederzeit in der Lage sind, mithilfe von benachbarten Sicherheitsunternehmen eine Machtübernahme einzelner Unternehmen zu unterbinden, werden sie in der Lage sein, ihre Freiheit dauerhaft zu verteidigen.

Wenn man jetzt kleine Sicherheitsunternehmen erzwingt, werden diese große Schwierigkeiten haben, Sicherheit kostengünstig zu produzieren, weil jedes kleine Unternehmen, das gezwungen wäre, alle notwendigen Spezialisten vorzuhalten, viel zu hohe Fixkosten hätte. Ziel der Freien muss es sein, ihre Freiheit und Sicherheit zu möglichst niedrigen Kosten zu erreichen. Dazu sollten für Spezialaufgaben Spezialdienstleister geschaffen werden, deren Leistungen die Sicherheitsunternehmen zukaufen können. Bei solchen Spezialunternehmen ist sicherzustellen, dass von diesen keine Gefahren für die Freiheit ausgehen.

Ferner sollten sich die Sicherheitsunternehmen nach dem Franchise-Prinzip zusammenschließen, dass wir von McDonald's oder Edeka kennen. Auch so können sie einzelne Aufgaben kostengünstiger erbringen. Es müssen pro Kontinent stets vier bis sechs unterschiedliche Franchise-Träger vorhanden sein, damit auch hier Angriffe auf die Freiheit durch einen Träger durch andere abgewehrt werden können.

Diese Zusammenschlüsse von kleinen Sicherheitsunternehmen erlauben dann auch ein Zusammenziehen von regionalen Einheiten, wenn dies aus welchen Gründen auch immer erforderlich werden sollte.

Fazit zur Polizei, privat ist besser als staatlich

Wenn wir hier ein Fazit ziehen, ist dies ein vorläufiges, denn wir haben natürlich bislang nur einen Ausschnitt betrachtet und ein Gesellschaftssystem ist ein riesiges Puzzle mit sehr vielen unterschiedlichen Aspekten. Wir haben bisher erst wenige Aspekte kennengelernt. Andere Aspekte, die in eine abschließende Bewertung hineingehören, fehlen uns noch. Diese Aspekte werden wir später weiter ausführen.

Bewerten wir unsere neue Polizei anhand unserer Werteskala.

Für die Beständigkeit kann sie durch die gelieferte Sicherheit sorgen. Ein Unterschied beim Personal und wie die Dinge in der Praxis erledigt werden, ist erst einmal nicht vorhanden. Auch für die Beständigkeit der Freiheit selbst wird durch die Größenbegrenzung der Sicherheitsunternehmen gesorgt.

Wie die Entwicklung der Sicherheit gefördert werden kann, wurde bereits angedeutet. Solche Verbesserungen nehmen durch die Prinzipien der freien Wirtschaft von alleine zu. Im Wettbewerb entwickeln sich Menschen und Unternehmen stets weiter.

Den größten Beitrag zur Wahrhaftigkeit liefert die neue Polizei, indem sie wirklich für die Freien da ist und nicht nur so tut. Denn die alte Staatspolizei war in erster Linie dazu da, die Obrigkeit zu schützen und der Schutz der Bürger war eine klar nachgelagerte Tätigkeit.

Die Transparenz wird durch klare Verträge geregelt. Eine Leistungsverrechnung erfolgt wie bei allen anderen Unternehmen auch. Die neue Polizei kennt abgesehen von Akten zu noch laufenden Ermittlungen keine Geheimnisse. Alle Akten zu abgeschlossenen Fällen sind voll und ganz öffentlich zugänglich zu machen. Ausnahmen gibt es nur bei organisierter Kriminalität, wenn eine zu frühe Veröffentlichung nach Teilverurteilungen die Zerschlagung der gesamten Organisation gefährden könnten.

Die Solidarität wird über Details zur Bezahlung sichergestellt, auf die wir bisher noch nicht näher eingegangen sind.

Die Gleichheit wird durch die neue Organisation ganz wesentlich verbessert. Es gibt keine Polizei mehr, die mit geraubtem Geld finanziert wird. Die neue Sicherheit wird mit Verträgen organisiert, nicht durch Zwangsabgaben. Diese Veränderung hat revolutionäre Auswirkungen auf unser gesamtes Zusammenleben. Unternehmen haften für ihre Handlungen. Beim Staat war Haftung stets ein Hohn, denn die Obrigkeit haftete mit dem geraubten Geld der Bürger. Was eine gravierende Verletzung des Gleichheitsgrundsatzes war, den es mit der neuen Polizei nicht mehr gibt.
Polizisten bekommen jetzt auch die gleichen Rechte wie normale Bürger. Sie dürfen in ihrer Freizeit demonstrieren. Sie können für die Rechte der Freien eintreten, wenn sie nicht gerade arbeiten müssen. Der private Arbeitgeber kann sich keine Sonderrechte herausnehmen wie der Staat das macht. Wenn Polizisten heute einen rechtswidrigen Befehl erhalten, dürfen sie diesen verweigern. Wenn der rechtswidrige Befehl danach von einem höheren Vorgesetzten wiederholt wird, muss ein Polizist solch einen Befehl ausführen. So etwas kann es in der Privatwirtschaft unmöglich geben. In der privaten Wirtschaft wird nicht mit Befehlen gearbeitet, sondern mit freiwilliger Gefolgschaft. Die hört auf, wenn Rechtswidrigkeit ins Spiel kommt.
Solche ungerechten Privilegien, rechtswidrige Befehle zu erteilen, hat es immer gegeben, solange es eine Obrigkeit gab. Stets waren Beamte und Soldaten die Misshandelten in solchen Fällen. Aber was soll(t)en Sie machen?

Die Freiheit wird durch die neue Polizei überhaupt erst hergestellt. Weil wir erstmalig Sicherheit ohne Abgaben bekommen. Die ewige Beherrschung durch Geld gegen Sicherheit, wie wir sie in Teil eins des Buches kennengelernt haben, wird damit beendet. Vorher hatte man seitens des Staates den Bürgern dieses Recht auf Freiheit nur vorgespielt. Mit der neuen Polizei wird die Freiheit vor staatlichem Raub und staatlichen Einschränkungen endlich hergestellt und in der Folge abgesichert.

Mit der neuen Polizei übernehmen Freie erstmals wirklich Verantwortlichkeit für ihre eigenen Belange. Das mag erst einmal anstrengend aussehen, weil man zu gerne Aufgaben an jemand anderes abgibt und der Staat hatte sich da stets angeboten. Diese Möglichkeit, Aufgaben abzugeben, wird durch die neue Verantwortlichkeit nicht kleiner, sondern größer. Denn es werden sich neue Dienstleister finden, die Aufgaben für die Freien übernehmen. Die neuen Dienstleister werden, wie die Polizei, besser funktionieren, weil sie direkt für die Freien arbeiten und nicht mehr für die Obrigkeit.

Die neue Polizei wird durch die Mechanismen des freien Marktes bereits mittelfristig deutlich sparsamer sein als die alte staatliche Polizei. Außerdem entfallen viele Aufgaben zum Schutz von Staatsorganen, die es zukünftig gar nicht mehr gibt.

Einfacher als die alte Polizei wird die neue ganz sicher. Der gesamte Bereich des Verwaltungsrechts kann entfallen. Es gibt nur noch das Zivil- und das Strafrecht.

Dieses war nur eine sehr kurze Bewertung der neuen Polizei im Verhältnis zur alten. Solche Bewertungen werden zukünftig viele Seiten füllen, denn sie müssen alle Aspekte im Detail betrachten. Man erkennt aber das Prinzip und dieses sorgt für Transparenz und Wahrhaftigkeit und am Ende für Gerechtigkeit.

Wer die Demonstration am 29. August 2020 in Berlin erlebt hat, oder die Videos sehen durfte: Die martialisch ausgestattete Polizei und die friedlichen, aber von der Polizei eingekreisten Bürger, die flehen mussten „Schließt euch an" oder betteln mussten „Wir sind friedlich, was seit ihr?" oder ab und zu sogar aufbegehrten: „Wir sind der Souverän".

Diese neue kommunale Polizei wird immer fest an der Seite der Freien ihrer Kommune stehen. Die Freien bezahlen die Polizei, sie wird niemals etwas anderes schützen als die Freien. Kein Polizist muss sich mehr schämen, weil er gegen seine Mitmenschen antreten muss.

Wenn uns dieser Unterschied klar geworden ist, dann sind wir frei geworden. Jetzt können wir uns ohne den Staat organisieren. Wir schaffen das selbst immer besser.

Wir müssen nicht mehr betteln und flehen, damit irgendeine Obrigkeit Gnade walten lässt. Wir sind endlich wirklich souverän.

Wir sollten am Ende noch einmal die Tragweite dieser ungeheuren Erkenntnis bewerten. Diese Fremdherrschaft hat die Menschheit länger als zehntausend Jahre begleitet. Wenn wir diese Fremdherrschaft jetzt gemeinsam abschütteln, dann ist das eine Revolution von ungeheurem Ausmaß.

Aber es bleibt ein langer Weg und der drohende Kollaps, auf den wir dank der Korruption unserer Regierungen zusteuern, verschwindet weder alleine aufgrund der dargestellten Erkenntnis noch mit der Einführung einer Autokratie. Uns bleibt eine gigantische und risikoreiche Aufgabe, die wir jetzt mit einem Grundkonzept angehen können. Wir sollten immer bedenken: Wenn wir einen Plan haben und den abarbeiten, wird es besser, als wenn wir uns von einer arroganten und selbstherrlichen Führung weiter auf den Abgrund zutreiben lassen. Mehr dazu im fünften Teil. Doch betrachten wir vorher noch einige wichtige und aufschlussreiche Details.

Militär ohne Abgaben

Freie Soldaten werden auf ihre freien Schwestern und Brüder nicht schießen. Warum nicht? Weil sie von Freien bezahlt werden und weil sie selbst auch Freie sind. Sie haben den Wert der Beständigkeit und der Freiheit verstanden und sie sind bereit, ihre Gemeinschaft und diese Werte zu verteidigen. Sie werden auch keine anderen freien Soldaten angreifen. Denn die Werte der Beständigkeit und der Freiheit gelten für alle Menschen. Die Beständigkeit ist der erste und wichtigste aller Werte und darf natürlich nicht verletzt werden.

Werden freie Soldaten angegriffen, dann geschieht das von Soldaten, die nicht dezentral von Freien finanziert werden. Diese Soldaten beziehen von irgendwo ihren Sold und ihre Befehle. Dieser Ort, diese Menschen sind das oberste Ziel der freien Soldaten. Sie werden gegen die noch beherrschten Soldaten so gut es geht mit Aufklärung über Werte wie Beständigkeit und Freiheit kämpfen, wo immer das möglich ist. Natürlich auch mit Waffen, wo das nötig ist.

Freie Soldaten werden mit aller Härte und der größten Energie gegen jene vorgehen, die die angreifenden Soldaten finanzieren, um sie für ihre egoistischen Ziele einzusetzen. Diejenigen, die Geld einsetzen, um universelle Werte aus egoistischen Motiven zu verletzen, haben das Recht auf eigene Beständigkeit verloren.

Sie werden zu moralisch gerechtfertigten Angriffszielen. Sie werden sogar zu notwendigen Angriffszielen. Denn diese Menschen gefährden unsere gemeinsame Freiheit.

Endlich können wir mit klaren Maßstäben, unseren universellen Werten, klar zwischen Gut und Böse unterscheiden. Die wahrhaft bösen Menschen sind plötzlich ganz leicht zu identifizieren. Und damit sind sie auch ganz leicht zu bekämpfen. Sie haben keine Möglichkeit sich zu verstecken. Niemand kann viele Personen bezahlen, ohne eine Spur des Geldes zu hinterlassen.

Alleine, weil die Bösen jetzt wissen, dass wir Freien kommen werden, sie zur Rechenschaft zu ziehen, wird die Welt verändern. Sie können in keinem feinen Büro in einem Regierungsviertel sitzen und es sich gut gehen lassen, während sie ihre bezahlten Söldner in den Kampf schicken. Nein, sie müssen sich in einen sehr gut geschützten Bunker zurückziehen. Denn wir Freien werden, wenn wir angegriffen werden, keine Rücksichten nehmen auf andere Regierungspaläste. Im Gegenteil, ein Regierungspalast ist immer die Quelle von Unfreiheit. Immer. Wir werden die Untertanen dieser Regierungen befreien und dann mit ihnen gemeinsam unsere universellen Werte verteidigen.

Universelle Werte bringen dauerhaften, weltweiten Frieden

Wer das verstanden hat, hat verstanden, warum die Idee der Freiheit und die universellen Werte durch die kleine Veränderung auf dezentrale Finanzierung unsere Welt sofort viel friedlicher machen wird. Wir können Feinde jetzt leicht und direkt identifizieren und bekämpfen. Wir müssen nie wieder primär das Militär bekämpfen.

Als Ergebnis der Freiheit können wir jetzt an jeden Ort der Welt gehen und Waffen einsammeln. Wir werden keine Munition mehr liefern und Waffen einsammeln, damit alle Menschen ihr Recht auf Beständigkeit auch bekommen. Wer eine Waffe besitzt und sie nicht abgibt, ist auf der Seite des Bösen. Es gibt keine Regierungen mehr, die Waffen verschieben, um für sich und ihre Freunde ungerechtfertigte Vorteile herauszuschlagen. Es gibt auch kein Recht mehr, Waffen vorzuhalten, um sich gegen eine Regierung zu schützen. Wir regieren uns selbst, friedlich, nach universellen Werten. Wir Freien sammeln die Waffen ein. Möglichst nur ohne Gewalt, lediglich mithilfe von Einsicht unter Verbreitung unserer universellen Werte. Wenn das nicht gelingt, auch mit Gewalt. Aber dieser Prozess hat ein Ende. Nur in einer Welt ohne Waffen ist unsere Freiheit zu den kleinsten möglichen Kosten gesichert.

Waffen werden sicher weiterhin gebraucht, um uns zu schützen. Vor Amokläu-
fern, Tieren, sonstigen Angreifern. Aber wenn wir solche Waffen produzieren,
warum filmen sie nicht Zielbereich und Schützen und übertragen alle Daten sofort
nach der Abgabe eines Schusses auf einen Polizeiserver, der eine sofortige Aus-
wertung der Tat erlaubt? Wenn ein Hase geschossen wurde, ist das leicht zu erkennen. War es ein Mensch, wird es verfolgt. Vielleicht können wir unsere Waffen
so intelligent machen, das normale Jagdwaffen gar nicht mehr auf Menschen
schießen können. Die Welt braucht einen Bruchteil der Waffen und sie müssen
intelligenter werden. Wir Freien wollen kein Geld ausgeben für die Zerstörung.
Das wollen nur korrupte Regierungen, die Vorteile davon haben und keine Risiken
tragen. Wir sehen, wo Schuld liegt und wir wissen, wo wir anfangen müssen, Rechenschaft zu fordern. Wer öffentlich zwei Prozent unserer gesamten Wirtschaftsleistung für die Zerstörungskräfte gefordert hat, der hat sich wahrscheinlich schuldig gemacht.

Warum gab es keinen Frieden mit den Demokraten?

Weil das System „Regieren mit Zwangsabgaben" unhaltbar schlecht ist.

Das Militär langfristig

Das Militär wird anfangs noch etwas größere Gebiete schützen müssen, die sich
aus den ehemaligen Staatsgebieten ergeben. Später, wenn die Autokratie auf der
Welt verbreitet ist, wird das Militär eine weltweite Eingreiftruppe werden, die lediglich neu aufkommende (Möchte-gern-)Machthaber eliminieren muss. Die Waffen dieser Truppen müssen sorgfältig kontrolliert werden. Weil der Rest der Bevölkerung die Bewaffnung bewusst aufgibt. Die wichtigste Struktur, die uns
Menschen zukünftig schützen muss, ist das global vorhandene Wissen, dass
Zwangsherrschaft das größte aller Übel ist. Und dass wir jegliche Anfänge von
Zwangsherrschaft sofort beenden müssen, damit sie nie wieder die Menschheit
von der richtigen Entwicklung abbringen kann. Nur wenn der letzte Mensch weiß,
was Macht- und Zwangssysteme sind, kann er ihr Entstehen erkennen. Jeder
Mensch muss wissen, wenn er so eine Entwicklung von Macht erkennt, muss er
Alarm schlagen und um Hilfe rufen. Die Mechanismen müssen einfach und wir-
kungsvoll sein. Dann muss das Militär dieser Welt zusammenkommen und die
aufkeimende neue Macht eliminieren. Dieses Militär muss so dezentral wie möglich sein und seine Strukturen dürfen nur dann eingerichtet werden, wenn es erforderlich ist. Dafür muss es einen Plan geben, aber keinesfalls feste oder gar dauerhafte Strukturen. Diese könnten sonst zu leicht in einen neuen Machthaber
umgewandelt werden. Die Führer des Militärs müssen stets überzeugte Autokraten
sein, die das Vertrauen der Freien haben.

Für den Übergang

Für den Übergang müssen wir öffentlich sofort klarstellen, dass wir Unterschiede sehen bei der Bewaffnung. Luft- und Küstenverteidigungssysteme sind legitim. Panzerabwehrwaffen auch. Wenn unsere freien Soldaten in unserem Territorium der Freien stehen, ist das legitim.

Flugzeugträger, die vor fremden Küsten kreisen, verteidigen gar nichts. Die sind die Verkörperung von Aggression. Bomber sind Waffen der Aggression. Drohnen, die über fremden Ländern kreisen, sind eine Aggression. Deutschland wird nicht am Hindukusch verteidigt. Das war und ist eine Lüge.

Die NATO ist die Nord-Atlantische-Terror-Organisation. Sie betreibt Waffensysteme, die überwiegend auf Angriff ausgerichtet sind. Auch Deutschland soll „interventionsfähig" werden. Die Nato bedroht Russland, nicht umgekehrt. Russland hat es geschafft, sich unverwundbar zu machen. Das treibt die NATO-Mächte zur Weißglut. Wir Freien sollten bei den Russen anfragen, um auch unter den Schutz ihrer Verteidigungswaffen zu schlüpfen.

Die US-Armee betreibt unzählige Basen auf der ganzen Welt. Sie hat fast keine Küstenverteidigung und fast keine Luftverteidigung. Sie konnte und kann die Basen im Irak nicht oder nur schlecht vor iranischen Raketen schützen, weil ihr ganzes System nur auf Abschreckung aufgebaut ist.
Abschreckung vor einem Angriff auf US-Truppen, wo auch immer sie sind. Denn jeder Angreifer könnte dem danach folgenden massiven Gegenangriff der US-Armee nicht standhalten, so die Denkweise. Würde Syrien illegale, auf seinem Territorium errichtete US-Basen angreifen, würden sie den folgenden Angriff auf ihr Land nicht überleben. Der Präsident der VSA erklärt öffentlich, dass die US-Truppen in Syrien stationiert sind, um das Öl zu stehlen. Er nennt es zwar sichern, aber de facto ist es stehlen. Syrien kann sich nicht wehren, weil es den folgenden Angriff nicht überleben würde. Diesen Gegenangriff nennt man dann in der NATO-Sprache „Verteidigung". Tolle Propaganda, die wir da geglaubt haben.

Wenn man es sehen will, wird es offensichtlich, dass es die Demokratien waren, die alle wesentlichen Kriege der letzten Zeit geführt haben. Kein Diktator würde sich trauen, gegen die NATO anzutreten. Selbst das militärisch starke Russland, was keine wesentlich schlechtere Demokratie als unsere westlichen ist, wird sich hüten. Die NATO hingegen kann ihrerseits nach Belieben andere Länder überfallen. Wenn unsere Medien wieder eine wahrhafte Berichterstattung machen, dann werden sie uns erzählen, dass die NATO Jugoslawien, den Irak, Afghanistan, Libyen, Syrien angegriffen hat sowie die Angreifer im Jemen unterstützt. Auch die

228

Kriege in Afrika werden überwiegend von westlichen Mächten unterstützt. Demokratien sind die schlimmsten Aggressoren. Aber:

Demokratie ist vorbei, es lebe die Autokratie.

Machtkonzentration verhindern

Unsere universellen Werte verteidigen die Freiheit und damit das Recht auf Eigentum. Wir respektieren andere Freie, die Geld verdienen und so Eigentum als Früchte ihres Schaffens generieren. Sie werden dazu Verträge mit anderen Freien abschließen, auf Basis des wechselseitigen freien Willens, und sie werden diese Verträge erfüllen und dafür bezahlt werden. Das Eigentum steht ihnen zu. Das dürfen wir niemanden nehmen. Enteignung ist eine unverzeihliche Verletzung der Freiheit auf Eigentum.

Aber jeder Eigentümer braucht Schutz und die Gemeinschaft der Freien schützt das Eigentum. Ab einer gewissen Größe des Eigentums kann es aber die Autokratie gefährden, weil wieder zu viel Macht in einer Person oder einem Unternehmen konzentriert wird. Denn diese großen Vermögen können zweifelhafte Dinge tun und im Extremfall eine eigene kleine Armee finanzieren.

Zu viel Eigentum in einer Person konzentriert verletzt andere Werte, die bewusst vor der Freiheit genannt wurden. Das sind die Solidarität, die Gleichheit sowie damit die Gerechtigkeit. Wir erkennen, das Wertekonflikte vorkommen können. Und diese Konflikte müssen wir mit transparenten Gesetzen lösen.

Im Unterschied zum Thema Sicherheit, wo die dezentrale Finanzierung durch die Freien absolut zwingend ist, befinden wir uns im Folgenden in einer anderen Lage. Hier muss die Autokratie keine generelle Lösung liefern. Es können regional andere Lösungen geschaffen werden und es kann und soll jeweils einen Wettbewerb zwischen Gesetzen geben. Wir werden später noch sehen, was das ist. Was hier jetzt also im Folgenden steht, ist ein Vorschlag, der auch anders geregelt werden kann, wenn uns bessere Ideen kommen, die unsere Werte respektieren.

Vorschlag gegen Eigentumskonzentration

Wir dürfen keine Enteignungen vornehmen, es sei denn, als Folge von gerichtlichen Entscheidungen nach einer Verletzung von Gesetzen oder Werten. Enteignungen ohne vorangehende Verfehlungen wären eine Verletzung der Freiheit, denn wer Werte gesammelt oder erschaffen hat, der soll auch von den Früchten seiner Arbeit profitieren. Vermögen gibt Familien und ggf. auch Unternehmen Beständigkeit. Das hat ein frei wirtschaftender Mensch stets verdient und es darf ihm nicht genommen werden. Niemals, solange der Mensch keinerlei Regelverletzungen verantworten muss.

Aber die Gemeinschaft könnte verlangen, dass jeder Freie, dessen Eigentum einen bestimmten Grenzwert übersteigt, den überschüssigen Teil seines Eigentums zwischenzeitlich ruhen lässt und ihn anderen zur Nutzung überlässt. Wenn sein Vermögen weiterwächst, muss mehr Eigentum abgetreten werden. Schrumpft das Vermögen jedoch, wird zuvor abgetretenes an den Eigentümer zurückzugeben. Damit behält jeder Eigentümer die Beständigkeit und die Freiheit, die er verdient hat. Zwischenzeitlich dürfen andere von seiner Solidarität profitieren. Aber sie geben das Eigentum auch jederzeit gerne zurück, denn auch sie zeigen sich dadurch in dem Falle von Verlusten solidarisch mit dem Eigentümer. Die wichtige Funktion des Eigentums als Kreditsicherheit zu dienen, geht dadurch nicht verloren. Auch die Motivation des Eigentümers, weiter mehr Eigentum anzuhäufen, muss deshalb nicht nachlassen.

Damit das alles gerecht und transparent zugeht, wird eine Liste geführt, in der die Freien aufgeführt werden, die Besitz übertragen bekommen. Wer oben auf der Liste steht, bekommt zuerst. Wer unten auf der Liste steht, muss als erstes wieder abgeben. Auf einer Listenposition können mehrere Menschen stehen, die gleichmäßig anteilig bekommen und ggf. auch zurückgeben müssen. Ein Großeigentümer kann so zunächst all seine Familienmitglieder absichern, was ein absolut legitimes Interesse ist. Es steht ihm aber auch frei, davor Mitarbeiter seiner Firma einzusetzen. Der Eigentümer ist berechtigt, diese Liste zu ändern, denn es bleibt sein Eigentum. Es muss lediglich sichergestellt werden, dass keine Person auf der Liste zusammen mit dem jeweils eigenen Eigentum mehr Besitz hält als der Grenzwert erlaubt. Wenn das der Fall sein sollte, muss am Ende der Liste mindestens eine Person zusätzlich angefügt werden.

Was heißt an dieser Stelle, dass Eigentum als Besitz an andere abgegeben wird? Die neuen Besitzer profitieren dann von der Nutzung des Besitzes. Wie der Mieter einer Wohnung oder der Halter eines Leasingfahrzeugs. Wenn es sich um Geldvermögen handelt, bekommen sie die Zinsen und bei Unternehmensanteilen die Gewinnausschüttungen. Sie erhalten den Gewinn der übertragenen Anteile. Der Eigentümer kann über die Gewinne der geparkten Anteile nicht selbst verfügen. Sie werden auf eine größere Menge solidarisch verteilt und nicht in einer Person konzentriert.

Jetzt ergibt sich die Frage, wie mit einem solch großen Eigentum nach dem Tod des Eigentümers umzugehen ist. Es gibt einige gute Argumente für eine Weitergabe an die Erben. Aber man könnte sich auch vorstellen, dass das Eigentum auf die jeweiligen Besitzer übergeht oder eine Mischform von beidem. Über solche Details muss abgestimmt werden. Aber in jedem Fall darf kein Interesse geschaffen werden, den Eigentümer zu ermorden, um an sein Geld zu kommen. So muss vielleicht ein Wechsel an Besitzer und auch Erben ausgeschlossen werden, sobald der Eigentümer nicht ohne Zweifel eines natürlichen Todes gestorben ist. So bekommen die Besitzer eine Motivation, den Eigentümer besonders zu schützen, was ihm helfen könnte. Was wir an dieser Stelle lernen, ist, dass Regelsysteme vorsichtig gestaltet werden müssen.

Vorschlag zur Kompensation von Abhängigkeiten

Wir haben verstanden, warum es im Kondratjew-Herbst zu Konzentrationen im Unternehmenssektor kommt. Ein klassischer Bereich ist der Handel. Wo früher viele kleine Händler existierten, gibt es heute Handelsriesen oder -ketten, die einen Vorteil aus ihrer Einkaufsmacht ziehen können. Auch große Industriebetriebe haben eine Einkaufsmacht, die enorm ist und kleine Lieferanten in Abhängigkeiten bringt, sodass sie jeglichem Druck nachgeben müssen. Der Verlust des Großkunden würde sie nämlich die Existenz kosten. Irgendwie muss die Verhandlungsmacht ausgeglichen werden. Hier sind viele kreative Ideen gefragt. Sonst leiden die Mitarbeiter und Eigentümer der kleinen Firmen ungerechtfertigt unter der Macht der Großen. Ziel sollte es sein, dass die Großen sich am Ende freiwillig wieder aufteilen oder zumindest im Einkauf mit kleineren Partnern das tun.

Ein Vorschlag, der vielleicht gehen würde, geht davon aus, dass ein großes und ein kleines Unternehmen den ersten Vertrag aus freiem Willen schließen. Wenn der große Abnehmer von dem kleinen Unternehmen bei Folgeverträgen verbesserte Konditionen fordert oder eine Weitergabe von Kostensteigerungen nicht zulässt, könnte das abhängige Unternehmen eine „Abwehr-Option" bekommen. Vorstellbar wären zwei Varianten. Erstens: Es könnte den Großabnehmer zwingen, das Unternehmen zu kaufen. Für dieses Verfahren muss ein Bewertungsverfahren festgelegt werden, anhand dessen der Kaufpreis festgelegt wird. Die zweite Variante wäre diese: Der Großabnehmer muss den Betriebsteil zu den von ihm geforderten Konditionen für bis zu drei Jahre betreiben. Das bedeutet, die Arbeitnehmer behalten ihre Arbeit, die Eigentümer ihr Unternehmen und sie haben bis zu drei Jahre Zeit, sich einen neuen Kunden zu suchen. Das Erpressungspotential ist also deutlich geringer.

Beide Varianten würden für den Großabnehmer erhebliche Kosten bedeuten. Deshalb wird er sich überlegen, ob es sich lohnt, unfaire Praktiken anzuwenden, um abhängige Lieferanten zu erpressen.

Wir sollten viele solcher Vorschläge suchen, und die betroffenen Unternehmer mit ihren Mitarbeitern werden da sicher einige Ideen haben. Wir müssen die Maßnahmen an unseren universellen Werten messen und dann entscheiden, was wir anwenden wollen.

Großunternehmen sind in einigen Bereichen unverzichtbar und wirklich hilfreich für die Menschheit. Wir müssen dafür vielleicht die Gier der Finanzindustrie bekämpfen. Wir sollten alle Maßnahmen stets anhand der universellen Werte messen und nur solche Maßnahmen ergreifen, bei denen die Werteverletzungen in der Summe weniger schlimm ausfallen als beim Ist-Zustand. Wir müssen also die Wertekonflikte herausarbeiten und dann nach Wichtigkeit bewerten. So werden wir immer begründbar, transparent und fair vorgehen.

Das ist der krasse Gegensatz zu dem, wie Lobbyisten heute vorgehen. Sie flüstern den Gesetzgebern ein, ihnen doch ein paar Vorteile zu liefern, die natürlich Schattenseiten haben, weil die Vorteile des einen stets die Nachteile von anderen sind. Eine zentrale Gesetzgebung, in die Lobbyisten eingreifen können, führt zu Intransparenz und Ungerechtigkeit. Wir werden nach klaren moralischen Gesetzen entscheiden, nämlich nach den universellen Werten. Immer gleich und niemals willkürlich.

Gesetze

Gesetze bezeichnen etwas Gesetztes, etwas Festgelegtes. Ein Gesetz ist also im eigentlichen Sinn des Wortes eine Festlegung von Regeln. Nicht mehr und nicht weniger. Wie schlecht Gesetze in Zwangsherrschaftssystemen einschließlich der Demokratie entstanden sind, haben wir ausführlich erörtert. Wir erinnern uns an das Beispiel mit dem Maler aus dem Kapitel „Parteien haben ungerechtfertigte Privilegien" (Seite 153).

Gesetze haben die Aufgabe, eine gelebte Praxis des Einzelvertraglichen und damit freiwilligen Zusammenlebens in eine gute, generelle Norm für alle Freien zu überführen. Gesetze sollen eine Normierung der Rechtsbeziehungen und des Handelns, analog der industriellen Normen, erlauben.

Vertragliche Einzelvereinbarungen, die z.B. in Form von Mietverträgen immer wieder die Miete von Wohnungen geregelt haben, können so dann als Mietvertragsgesetz mit generell vorschreibendem Charakter verabschiedet werden. Danach müssen individuell nur noch die Abweichungen von dem Gesetz oder die Wahlmöglichkeiten innerhalb des Gesetzes vertraglich vereinbart werden. Dadurch wird der einzelne Vertragsschluss deutlich vereinfacht. Wenn sich bestimmte Abweichungen in der Praxis massiv wiederholen, dann sollten die Gesetze generell angepasst oder neue Wahlmöglichkeiten geschaffen werden.

Gesetze formulieren

Ziel des Gesetzformulierungsverfahrens ist es, die Qualität der Gesetze zu gewährleisten, die Transparenz bezüglich der Auswirkungen zu maximieren und die Anzahl der Gesetze auf ein optimales Maß zu beschränken. Denkbar ist auch, bei Gesetzgebungsverfahren den Wettbewerb zwischen verschiedenen Anbietern zu nutzen. Gesetze zu formulieren, ist eine normale Beratungsleistung. So können mehrere Dienstleister mit der Formulierung beauftragt werden. Bei einer Verabschiedung des Gesetzes gibt es dann für die Freien unterschiedliche Varianten zur Wahl und sie können sich für die in ihren Augen bessere Variante entscheiden. Der Anbieter, dessen Gesetz später verabschiedet wird, erhält die vollständige Vergütung. Anbieter, die vorher oder im Rahmen der Verabschiedung ausfallen, bekommen nur eine Anerkennungszahlung.

Durchgeführt werden Gesetzesformulierungen im Einzel- oder Sammelverfahren durch einen konkreten Auftrag der Freien. Jedem Gesetz liegt vor der Verabschiedung durch die Freien mindestens ein Vorschlag für einen Gesetzestext zugrunde. In bestimmten Fällen können alternative Gesetzesformulierungen zugelassen oder sogar vorgeschrieben werden.

Jeder Gesetzestext setzt sich aus mehreren Abschnitten zusammen:

- den Zielen des Gesetzes
- deren Bewertung anhand der universellen Werte
- den Voraussetzungen des Gesetzes
- den Betroffenen des Gesetzes
- der oder die Einbringer des Gesetzes
- den Vorteilen des Gesetzes
- den Nachteilen des Gesetzes
- den Kosten und Erträgen, die nach der Verabschiedung des Gesetzes entstehen werden

- die Bezüge zu anderen Gesetzen
- der Gesetzestext selbst
- der Umfang der Haftung
- die Art der Verwaltung des Gesetzes
- den Kündigungsregelungen und Erneuerungsfristen
- der Liste der Unterstützer des Gesetzes (die mit der Verabschiedung gefüllt wird)

Jeder einzelne Freie oder jede Gruppe kann die Formulierung von Gesetzesvorschlägen in Auftrag geben oder selbst durchführen. Kein Freier muss sich mehr an einen Gesetzgeber mit der Bitte um ein neues Gesetz wenden. Freie sind keine Bittsteller. Wenn ein Gesetz ersichtlich positive Auswirkungen hat und niedrige Kosten, wird es viele Unterstützer finden. Wenn ein Freier Gesetze fordert, die hohe Kosten erzeugen, dann muss dieser Fordernde sich mit der Zustimmung auch um eine natürlich freiwillige Finanzierung kümmern.

Wer ein Gesetz einbringt, haftet für die Folgen des eintretenden Gesetzes. Wenn die angestrebten Ziele unter Einhaltung der Voraussetzungen massiv verfehlt werden oder die Kosten aus dem Ruder laufen bzw. Einnahmen massiv ausbleiben, sind die Einbringer des Gesetzes dafür gegenüber der Bevölkerung und den Unterstützern haftbar. Die Freien können mit solchen Aufgaben spezialisierte Dienstleister beauftragen. Diese bekommen für ihre Leistung eine Vergütung und müssen die Haftung für das Gesetz übernehmen. Die Haftung ist in der Länge begrenzt und selbstverständlich an die Einhaltung der Voraussetzungen gebunden. Die Haftung selbst ist ein wichtiger Aspekt der Qualitätssicherung.

Gesetze müssen in sich geschlossen sein. Sie müssen klar die Konsequenzen und zukünftige Kosten und Erträge ausweisen. Auch Mehrkosten wie zum Beispiel durch Haftung müssen abgedeckt werden.

Gesetze verabschieden

Gesetze sollen für die Freien nützlich sein und ihnen das Zusammenleben erleichtern. Dafür müssen Gesetze inhaltlich und quantitativ übersichtlich bleiben. Außerdem müssen sie dem Willen der Betroffenen entsprechen und nicht den Wünschen irgendeiner Obrigkeit.

Gesetze müssen seriös finanziert werden. Nur ausfinanzierte Gesetze können wirklich wirksam werden.

Natürlich gilt auch wie bisher, dass Gesetze nur dann eine Gültigkeit erlangen, wenn eine Mehrheit dies möchte. Anders als bisher ist nicht die Mehrheit im Parlament oder in einer Regierung dafür maßgeblich, sondern die Mehrheit der betroffenen freien Bevölkerung selbst. Das Internet erlaubt die Etablierung entsprechender Abstimmungsplattformen. Anders als bisher reicht aber die Forderung und Formulierung von Gesetzen oder die Zustimmung zu Gesetzen nicht aus, damit diese wirksam werden. Ein Gesetz wird nur dann wirksam, wenn auch die Kosten des Gesetzes getragen werden.

Zusätzlich zur normalen Zustimmung gibt es eine gesonderte Zustimmung von Personen, die negativ von dem Gesetz betroffen sind. Dieser Personenkreis kann und soll über Ausgleichszahlungen bezogen auf den Sachverhalt neutral gestellt werden. Diese Maßnahme soll einmalige oder dauerhaft mit der Umsetzung des Gesetzes verbundene Nach- oder Vorteile ausgleichen. Gedacht wird hierbei zum Beispiel an Standortnach- oder -vorteile. So ein Ausgleich soll für mehr Gerechtigkeit und Akzeptanz sorgen.

Gesetze, die nicht ausfinanziert werden, können nicht verabschiedet werden und ein Gesetz behält seine Gültigkeit nur so lange, wie es auch ausfinanziert ist. Mit dem Kündigen der Finanzierung durch die Freien kann jedes Gesetz auch widerrufen oder zumindest ausgesetzt werden.

Gesetze verwalten und anwenden

Der Sinn und die Gültigkeit von neuen Gesetzen sollte regelmäßig überprüft werden. Eine ewige Gültigkeit von unerprobten Gesetzen ist nur in wenigen, ausgewählten Fällen sinnvoll. Auch muss die Finanzierung überwacht werden. Mit jedem Gesetz wird ein Verwalter bestimmt, der in der Zeit nach der Verabschiedung die zweckmäßige Umsetzung und Einhaltung überwacht und der sich um die Eintreibung der zugesagten und ggf. um die Beschaffung von zusätzlichen Mitteln kümmert. Er macht das, was man früher als Exekutive bezeichnet hat. Es handelt sich auch dabei um eine normale Dienstleistung. Die hat nichts Mystisches. Sie muss bezahlt werden und beinhaltet eine Haftung. Wer Gesetze verwaltet, hat einen Vertrag einzuhalten. Wenn das nicht funktioniert, hat der Verwalter dafür eine Verantwortung. Er haftet zunächst mit seinem Eigentum bzw. seiner Versicherung und nicht mit dem der Bürger. Nur wenn der Verwalter nach seiner Pleite nicht mehr zahlen kann, haften die Freien mit ihrem Geld. So erreicht man ganz entscheidende Qualitätsverbesserungen bei den Leistungen.

Gesetze enthalten Kündigungsmöglichkeiten für die Freien, die sie bezahlen. Natürlich müssen diese wie alle zivilrechtlichen Verträge fair für alle Parteien ausgestaltet werden. Solange nur einzelne Zahler ausfallen, kann der Verwalter versuchen, entsprechenden Ersatz zu finden. Kommt es zu größeren Kündigungen, muss die Bevölkerung wieder eingeschaltet werden, die das Gesetz anwendet und darüber abgestimmt hatte.

Gesetze ausprobieren und übernehmen

Größere gesetzliche Änderungen einzuführen, mag für den Staat sinnvoll sein, der es mit Macht durchsetzt und weniger mit Verstand. Die Staatsangestellten hatten niemals persönliche Nachteile, wenn Gesetze nicht funktioniert haben. Sie hafteten ja stets nur mit dem Geld der Bürger. Das sieht bei Freien ganz anders aus. Freie fühlen sich wie Eigentümer. Sie sind für ihren Bereich in der Verantwortung. Wenn etwas schlecht läuft, haben die Freien die Mehrkosten selbst zu tragen. Wenn es gut oder zumindest besser läuft, haben sie vielleicht weniger Ausgaben oder eine bessere Qualität.

In der Autokratie ist es ausdrücklich erwünscht, Gesetze in einzelnen Kommunen zu testen und erst nach erfolgreichen Tests schrittweise in die Praxis zu überführen. Es muss stets abgewogen werden, ob die Einheitlichkeit des Rechtsraums für ein Wirtschaften wichtiger ist als eine langsame Übernahme mit Erprobungsphasen. Stellen sich während der Tests Schwächen heraus, können diese vor der allgemeinen Einführung für alle Freien beseitigt werden. Das kann erheblich dabei helfen, Kosten einzusparen. Übrigens hat sich früher in Deutschland das Stadtrecht genauso ausgebreitet, ausgehend von Soest und Magdeburg, Lübeck, Köln und Nürnberg. Es hat sich also bereits bewährt, kleine gleichartige Strukturen zu haben, die sich nach gleichartigen Regeln organisieren.

Gesetze dienen nicht der Erziehung

Gesetze können in der Autokratie nicht verwendet werden, um Menschen durch Zwang zu erziehen. Das ist nur in korrupten Demokratien möglich und führt zu ganz schlechten Ergebnissen. In der Autokratie müssen Veränderungen nicht durch die Beeinflussung kleiner Minderheiten passieren. Die Mehrheit der Abgeordneten ist nämlich in Wirklichkeit nur eine kleine Minderheit. Das haben wir leider alle nur stets übersehen.

Bei der Autokratie ist es unersetzlich, die Mehrheit der Bevölkerung zu überzeugen. Das kann durch Werbung, Aufklärung und Bildung erfolgen. Am besten werden dabei in der Argumentation wieder unsere universellen Werte verwendet. Wenn wir Veränderungen moralisch rechtfertigen können, dann werden wir keinen Zwang brauchen. Solche Veränderungen werden sich in der Praxis ganz normal ergeben. Neue Gesetze sollen durch die Ausbreitung von Gewohnheitsrechten erfolgen, die sich in der Praxis bereits als sinnvoll erwiesen haben. Genauso wie das auch beim Magdeburger Stadtrecht der Fall gewesen war. Auch hier hatten sich gute Gewohnheiten und bewährte Verfahrensweisen durchgesetzt und waren formalisiert in ein Recht überführt worden. Weil dieses Recht so praktisch und so gut war, hat es sich von Magdeburg aus weit nach Ost-Europa ausgebreitet.

Diese Terrorisierung der Bevölkerung durch willkürliche und unerprobte Gesetze der Staatsmafia muss aufhören. Die Qualität solcher aus der Theorie entstandener Gesetze ist furchtbar. Einzelne positive Ausnahmen mag es geben. Besonders schlimm werden Gesetze, wenn sie Gegenstand demokratischer Kompromisse sind. Dann steht offensichtlich nicht der zu regelnde Sachverhalt im Vordergrund, sondern nur noch die Interessen der Partei-Mafia im Wettbewerb um Wählerstimmen. Dementsprechend katastrophal ist der Zustand unseres Rechtssystems, das unbedingt eine Bereinigung erfahren muss.

Strukturen der Autokratie

Welche Strukturen braucht die Autokratie? Gehen wir dazu unsere universellen Werte durch und versuchen wir festzustellen, was sich davon ableiten lässt.

Einfache kommunale Strukturen

Für die Beständigkeit brauchen wir die Sicherheitsstrukturen, Polizei und Militär, die wir oben schon angesprochen haben. Die Polizei wollen wir aus kleinen, kommunalen Unternehmen formen, die nach dem Franchise-Konzept zusammenarbeiten und so Ressourcen bündeln und austauschen können. Für das Militär wird eine weltweite Eingreiftruppe geschaffen, die bei Bedarf zusammenkommt. Sie wird spontan nach Vorgaben eingerichtet und nicht dauerhaft vorgehalten. Sicherheit muss unbedingt dezentral über Gemeinschaftsabgaben von allen Freien gemeinsam finanziert werden.
Für die Beständigkeit benötigen wir Regeln, die beschreiben, was nichtzulässige Handlungen gegen die Beständigkeit sind und wie wir die Missachtungen dieser

Handlungen ahnden werden. Und wir brauchen Regeln, die eine Kontrolle der Sicherheitsunternehmen regeln sowie überregionale Spezialisten, die diese Kontrolle ausüben.

Für die Entwicklung brauchen wir Geld. Wir haben im ersten Teil des Buches erkannt, welche Bedeutung Geld für den Zwang uns als Menschheit zu entwickeln hat. Geld, mit Abgaben und Kredit, sind der Motor, der unsere Entwicklung antreibt. Wenn wir uns Gemeinschaftsbeiträge auferlegen und Kredite zulassen, setzen wir einen Entwicklungszwang in die Welt bzw. wir halten den einmal eingeführten Zwang damit freiwillig am Laufen. Wir sollten verstanden haben, dass wir den Zwang nur dauerhaft von uns Menschen werden fernhalten können, wenn wir unsere Entwicklungsstufe halten können. Die meisten von uns werden nicht gerne auf Autos, Computer und Internet verzichten wollen. Wenn das so ist, brauchen wir Geld, selbst auferlegte Steuern und Kredite. Dafür benötigen wir kommunale Banken. Banken finanzieren sich aus den Kreditgeschäften, die sie tätigen. Kommunale Banken sollten sich überregionale Strukturen schaffen, um für den einfachen Geldaustausch über die Regionen hinaus zu sorgen. Diese überregionalen Banken sollten kein eigenes Bankgeschäft betreiben, sondern nur dem Geldaustausch dienen. Und wir brauchen Regeln, wie wir mit Geld, Steuern und Krediten umgehen wollen und was passiert, wenn diese Regelungen nicht eingehalten werden.
Ferner benötigen wir Regeln für die Kontrolle der Banken. Dafür müssen von überregionalen Spezialisten regelmäßig Kontrollen durchgeführt werden, um Pleiten von Banken so gut wie möglich zu vermeiden. Diese Kontrolleure müssen über Beiträge (Steuern) dezentral finanziert werden.
Wir benötigen überregionale Sicherungseinrichtung, die bei Bankpleiten die Härten für die betroffenen Freien so klein wie möglich halten.

Für die Entwicklung brauchen wir Bildung. Bildung wird sehr individualisiert und stark in das Internet verlagert werden. Nichtsdestotrotz brauchen wir Lernen und Erleben in Gruppen. Dafür muss es feste kommunale Unternehmen für kleine Kinder geben sowie feste regionale Unternehmen für Jugendliche. Auch die Unternehmen des Bildungssektors sollten sich nach dem Franchise-Prinzip organisieren, um Synergie-Effekte zu erzeugen. Für die Berufsvorbereitung und die Wissenschaft sollte es spezielle Unternehmen geben, die überregional arbeiten. Die Regeln, nach denen Bildung stattfindet, sollten so gering an der Zahl sein wie möglich. Einzige Bedingung ist, dass die universellen Werte und die Grundlagen der Autokratie stets gelehrt und in ihrer Notwendigkeit wirklich verstanden werden. Sonst sollte die Freiheit der Bildung maximal sein. Die Finanzierung sollte generell über die Teilnehmer erfolgen. Wer dafür zahlt, kann zum Ausgleich von anderen Zahlungen entbunden werden. Aber nur, wenn die Teilnehmer direkt bezahlen, richten sich die Unternehmen auf deren Wünsche aus. Wer Bildung bezahlt, für den hat Bildung auch einen Wert. Eltern, die Bildung bezahlen, werden ihre Kinder auch ohne Schulpflicht unterrichten lassen. Denn nur so bekommen sie eine Gegenleistung für die Bezahlung.

Wissenschaftliche Bildungsunternehmen können auch oder ausschließlich als Dienstleister für andere Unternehmen fungieren. In diesen Fällen muss sowohl für die Teilnehmer als auch für die Auftraggeber eine vollständige Transparenz gesichert werden.

Für die Entwicklung sind regionale Medienunternehmen sehr wichtig. Sie müssen die universellen Werte achten und lehren. Sie sollen die Entwicklung der Freien und der Freiheit voranbringen. Regionale Medien sollen ebenfalls nach dem Franchise-Prinzip übergeordnete Einheiten haben, um auf allen Ebenen angemessen berichten zu können.

Die Medien bekommen die Aufgabe, die Einhaltung der universellen Werte zu kontrollieren und für Transparenz zu sorgen. Wo immer Medien gravierende Verstöße gegen universelle Werte oder Gesetze aufdecken, können die Schuldigen verurteilt werden, die Kosten der Aufdeckung zu tragen. So wird eine finanzielle Motivation geschaffen, im Sinne der universellen Werte tätig zu werden. Es werden bestehende Ressourcen und genutzt, um bei Verdachtsmomenten im Sinne der Öffentlichkeit tätig zu werden. So lassen sich die Fixkosten für die Bevölkerung reduzieren, ohne dass die Kontrollintensität nachlässt.

Die Medien sind befugt und aufgefordert, Belobigungen auszusprechen, wann immer sie Freie finden, deren Leistungen herausragend waren. Die Medien sollen ausdrücklich Geldmittel treuhänderisch sammeln und an die Leistungserbringer übergeben. Das gilt auch, wenn sie besonderes Leid entdecken. Dann sollen die Medien treuhänderisch Geld sammeln, um das Leid zu mindern. Medien können und sollen so einen wichtigen Beitrag zur Solidarität leisten. Die Medien müssen sich dabei als würdig erweisen, indem sie die Würde der Betroffenen stets wahren.

Gelder, die in diesem Moment fließen, kommen aus den Steueranteilen der Freien. Dabei wird zunächst eine Obergrenze für die Zahlung ermittelt und festgelegt, die der Leistung oder dem Bedarf entspricht. Danach können sich Freie melden, die sich solidarisch bis zu einer Höchstgrenze an der Leistung beteiligen wollen. Es ist Aufgabe der Medien, eine möglichst hohe Zahl an Förderern zu finden. Wurden ausreichend Förderer gefunden, wird die Höhe des Geldbetrages für den Einzelnen festgelegt. Wichtig ist, dass derartige Förderungen angemessen bleiben und nicht ungerechtfertigt hoch ausfallen. Hier ist stets der Wert der Sparsamkeit und der Gerechtigkeit zu beachten. Denn sonst würden solche Solidaritätsaktionen neue Ungerechtigkeiten erzeugen.

Für die Gleichheit und die Gerechtigkeit brauchen wir Gerichte. Diese sind notwendig, um auf Verlangen von Freien die Einhaltung von Regeln zu überprüfen. Die normalen Gerichte sollten kleine, regionale Unternehmen sein, die sich im Wettbewerb um regionale Aufträge bemühen. Ob man die Fixkosten von Gerichten über Beiträge/Steuern abdeckt oder ob Ideen zum Einsatz kommen, die sich bei anderen Dienstleistungen bewährt haben, muss regional entschieden werden. Um Fixkosten abzudecken und Kapazitäten vorhalten zu können, wäre es auch denkbar, dass Unternehmen oder Privatleute Geld zahlen, um kürzere Bearbeitungsfristen zu bekommen.[16] Dies darf selbstverständlich keinen Einfluss auf die Urteile haben. Und solange trotzdem alle Fälle in angemessener Zeit bearbeitet werden, sind prinzipiell alle Maßnahmen zu erwägen, die marktwirtschaftliche Prinzipien unterstützen. Denn so kann ein besseres Angebot gerechter finanziert werden. Letztlich kommen solche Maßnahmen der Allgemeinheit zugute, weil die Gemeinschaft niedrigere Beiträge finanzieren muss, ohne Qualitätseinbußen zu haben.

Sollten sich im Einzelfall regional Probleme mit solchen Regelungen ergeben, können die Freien der Region das jederzeit korrigieren und solche Verträge wieder durch Beitragszahlungen ersetzen. Die Freien haben stets und vollumfänglich die Macht und auch die Aufgabe, dies gemeinsam zu tun. Ansonsten finanzieren Gerichte ihre Arbeit überwiegend über die Fälle, die sie entscheiden. Die Schuldigen müssen die Kosten der Entscheidungen bezahlen. Die Gerichte müssen die Gesetze sowie die universellen Werte beachten und bei der Begründung ihrer Urteile verwenden.

Um öffentliche Interessen vor Gericht zu vertreten, gibt es spezialisierte Unternehmen, die bei Regelverstößen analog der heutigen Staatsanwaltschaften und der Kriminalpolizei eingeschaltet werden. Sie sollen diese Regelverstöße gemeinsam mit der regionalen Polizei stellvertretend für die freie Bevölkerung verfolgen, um sie am Ende vor Gerichten beurteilen zu lassen. Diese Unternehmen sind aus Gemeinschaftsbeiträgen dezentral zu finanzieren. Sie können mit Gerichten Vereinbarungen zu Reaktionszeiten schließen, um so öffentlichen Interessen eine Bearbeitungssicherheit zu gewähren. Am Ende können die Ermittlungskosten den Schuldigen auferlegt werden. Ob diese dann einzutreiben sind, bleibt eine Frage des Einzelfalls.

Es muss überregionale, kontinentale und globale Revisionsgerichte geben, um Entscheidung regionaler bzw. überregionaler Gerichte kontrollieren zu lassen. Diese Revisionsgerichte finanzieren sich genauso wie regionale Gerichte. Das

---

[16] So wie das in allen anderen Branchen auch üblich ist, um Reaktionszeiten z.B. bei Computerausfällen abzusichern.

heißt, die Seite, die bei dem Urteil verliert, muss die Kosten tragen. Untergeordnete Gerichte können also auch gezwungen sein, Kosten zu übernehmen, was sie zusätzlich motivieren wird, richtige Urteile zu treffen.

Für die Solidarität brauchen wir Versicherungsunternehmen. Diese sollten überregional sein und es sollte stets ein Wettbewerb existieren. Eine Versicherung von Gesundheitsrisiken sollte obligatorisch werden. Für Eltern sollten auch Unfall- und Todesfallversicherungen obligatorisch sein, um die Kinder abgesichert zu wissen. Ferner sollten Haftpflichtversicherungen für alle verpflichtend sein, um Opferentschädigungen solidarisch organisieren zu können. Alle übrigen Versicherungen sind freiwillig.

Diese Aufzählung hier erhebt keinen Anspruch auf Vollständigkeit. Uns werden sicher weitere Einrichtungen auffallen, die natürlich unverzichtbar sind. Krankenhäuser, Altenheime, was auch immer. Wir müssen entscheiden, was es für Regeln gibt und wie wir die Finanzierung organisieren wollen.

Kein Staat, keine Grenzen

In der Demokratie wurden viele Strukturen übernommen, die es seit Jahrtausenden gibt, um die Menschen besonders gut beherrschen zu können. Die Autokratie kennt keine Beherrschung und wir erkennen, dass wir gar keinen Staat brauchen. Wir können alle staatlichen Aufgaben viel besser mit freien Unternehmen abdecken. Staaten waren nichts anderes als Territorien, die sich die unterschiedlichen Mafiosi gegenseitig zugebilligt haben. Deshalb auch der „Nicht-Angriffspakt" bei der UN. Da sichern sich alle Mafiosi gegenseitig zu, dass sie sich nicht angreifen werden. Staaten, oder die UNO, sind genau die falschen Mittel, um die Welt zu vereinen. Staaten haben willkürliche Grenzen, die Menschen trennen. Staaten erzeugen Gründe für Kriege, weil die eine Mafia ihr Gebiet oder ihren Nutzen auf Kosten der anderen Mafia ausdehnen will. Wenn man das erst einmal verstanden hat, erkennt man ohne Zweifel und sofort die derzeit weltweit schlimmste Mafia: die Vereinigten Staaten von Amerika (VSA). Die Bevölkerung der VSA kann für die Missstände nur bedingt etwas. Es wird eine Aufgabe für Historiker, das aufzuarbeiten.

Grenzen und Gebiete sind in der Autokratie grundsätzlich eher kulturell zu sehen. Nur bei den Sicherheitsunternehmen hatten wir festgestellt, dass sie eine Gebietsfestlegung benötigen. Aber die muss langfristig keinesfalls an heutigen Staatsgrenzen orientiert sein. Prinzipiell können die Freien regionale Grenzen selber festlegen und fast alle ihre Dienstleister in der Region in jeder Richtung frei wählen. Es gibt keine Staatsgrenzen, die sie aufhalten.

Kommunal und aufwärts

Wir wollen in der Autokratie fünf Ebenen unterscheiden:

1. Die Kommunen
2. Die Regionen
3. Die Überregionen
4. Die Kontinente
5. Die Welt

Kommunen

Wir haben kommunale Ebenen, sie fassen Gebiete zusammen, in denen sich Menschen täglich aufhalten und bewegen. Es gibt deshalb gewisse Maximalgrößen, aber zugleich auch eine gewisse Mindestbevölkerung, damit Aufgaben überhaupt solidarisch finanzierbar sind. Je nach Besiedlungsdichte kann die Fläche von Kommunen deshalb stark variieren. Die Anzahl der Menschen sollte bei mindestens fünftausend bis maximal fünfzigtausend liegen, wenn und nur wenn die Bevölkerungsdichte das sinnvoll erlaubt. In den Kommunen gibt es eine Repräsentanz der Bevölkerung. Hier werden Strukturen vorgehalten, die eine gemeinschaftliche Meinungsbildung vorsehen. Die kommunale Einheit ist nicht zu klein, sodass eine gemeinschaftliche Finanzierung sicher möglich ist. Die kommunale Einheit ist nicht zu groß, als dass die Interessen der Menschen zu unterschiedlich werden. Die Menschen sind durch die räumliche und familiäre Nähe sowie durch gute Nachbarschaft miteinander verbunden. Hier können fast alle universellen Werte angeführt werden, warum eine Repräsentanz der Bevölkerung auf kommunaler Ebene liegen soll. Solche Begründungen fallen sehr umfangreich aus und würden den Rahmen dieses Buches sprengen.

Regionen

Als regional wird ein Gebiet bezeichnet, wenn es je nach Bevölkerungsdichte zehn bis zwanzig kommunale Gebiete umfasst. Eine Region entspricht etwa dem, was heute ein kleines Bundesland ist. Es gibt jedoch ausdrücklich keine Strukturen, die solch eine Einheit noch repräsentieren. Einheiten dieser Größe werden lediglich verwendet, um bestimmte Aufgabenstellungen gemeinsam zu lösen, nämlich immer dann, wenn eine Spezialisierung eine gewisse Menge an Menschen erfordert und eine einzelne Kommune für eine Finanzierung dieser Spezialaufgaben nicht ausreicht. Keinesfalls müssen sich Kommunen fest in Regionen aufteilen. Es ist aus wettbewerblichen Gründen durchaus erwünscht, dass sich für unterschiedliche

Aufgabenstellungen unterschiedliche Kommunen zur Regelung regionaler Aufgaben zusammenfinden.

Überregionen

Überregionale Einheiten könnten wir mit fünf bis zwanzig Regionen, oder fünfzig bis vierhundert Kommunen festlegen. Sie entsprechen etwa dem, was heute ein mittelgroßer Staat darstellt. Auch hier gibt es keinerlei Strukturen, die diese Einheiten irgendwie repräsentieren. Auch überregionale Verbände von Kommunen sind nichts weiter als Zweckbündnisse vieler Kommunen zur Erledigung überregionaler Aufgabenstellungen.

Oberhalb der überregionalen Einheiten sollte man aus praktischen Erwägungen kontinentale Gebiete betrachten. Darüber gibt es eine globale Ebene.

Letztlich geht es bei diesen Einteilungen darum, dass gewisse Einrichtungen nicht zu weit weg sein sollen und dass eine ausreichende Anzahl von Finanzierern zusammenkommt.

Entscheidungsstrukturen

Auf Dauer angelegte Entscheidungsstrukturen soll es, wenn nötig, nur auf kommunaler Ebene geben. Diese Struktur wird eine Form von „Räten" sein, die hier ausdrücklich nicht weiter festgelegt werden sollen. Ob und ggf. welche Entscheidungen die Menschen an einen Rat übergeben wollen, muss regional entschieden werden. Technisch ist eine Selbstregierung durch die gesamte Gemeinschaft heute machbar. Ob es effizient genug ist, wenn stets alle Menschen an allen Entscheidungen beteiligt sind, muss regional entschieden werden.

Räte sollen, wenn sie zum Einsatz kommen, in geheimer Wahl bestimmt werden. Es sollte grundsätzlich keinen Wahlkampf geben und auch keine Kandidatur. Es gibt keinen Grund, dass sich ein Mensch gegenüber anderen Menschen profilieren sollte. Alle Entscheidungen sollen im Einzelnen und immer nur an der Sache getroffen werden. Ein Mensch, der in der Sache für gute Arbeit bekannt ist, muss diese gute Arbeit nicht verkaufen und in einem Wettbewerb gegen andere präsentieren. Das ist völlig unwürdig und schadet den sachgerechten Entscheidungen. Solche Clowns, die nur auf Selbstdarstellung fixiert sind, brauchen wir nie wieder. Zukünftige Entscheider sollen unsere universellen Werte bei allen Entscheidungen heranziehen. Sie müssen bei der Anwendung der universellen Werte eine Sichtweise auf die Gemeinschaft entwickeln, die sie zu besten Ergebnissen führt.

Auf übergeordneten Ebenen kann es beratende Strukturen zu Projekten selbstverständlich geben. Diese sollten jedoch stets zeitlich befristet und nach Fristablauf definitiv aufgelöst werden.

Entscheidungsfindung

Wenn es Entscheidungsfindungen in Gruppen gibt, dann sollten diese anders erzielt werden, als es bei den Demokraten der Fall ist. Formelkompromisse, bei denen jeder Teilnehmer im Anschluss sofort wieder seine Sicht auf die Dinge verteidigt, brauchen wir nicht. Auch dauerhaften Streit, wie wir ihn in unseren Parlamenten in den letzten Jahrzehnten erlebt haben, benötigen wir nicht. Es geht um ein gemeinsames Arbeiten an einer Aufgabe und das wird nicht mit dem Vortragen unterschiedlicher Standpunkte in der Öffentlichkeit gefördert. Niemals wurden in den Parlamenten die Details vom Vorredner konsequent aufgegriffen und weiterentwickelt, wie man das von einer fruchtbaren, zielgerichteten Diskussion erwarten könnte. Stattdessen wurden vorgefertigte Standpunkte verlesen. Ein absurdes Theater, das unbedingt beendet werden muss.

An dieser Stelle möchte ich eine Anlehnung bei den Bahaí machen, die in ihrer Gemeinschaft eine Festlegung zur Entscheidungsfindung haben, die mir gut geeignet erscheint. Auf der Webseite der Baihaí-Gemeinde Witten habe ich einen Text gefunden, der schwer zu verbessern ist. Da es mir leider nicht gelungen ist, fristgerecht eine Erlaubnis zu bekommen, um den Text hier abzudrucken, verweise ich auf das Original:
https://bahai-witten.de/index.php/main-baha-i-religion/zentrale-lehren/baha-i-beratung

Ich möchte ein paar Punkte herausgreifen und erläutern:

Das allerwichtigste ist „Liebe zu den Betroffenen".

Die würden wir uns von den Regierenden mal wünschen. Ihre Handlungen, zum Beispiel in der Pandemie, diese offensichtlich heimliche Agenda, wo Zahlen immer wieder manipulativ benutzt wurden, sind nichts anderes als eine reine, gelebte Verachtung der Untertanen. Wo nur Experten zu Wort kommen, die eine einseitige Agenda vertreten. Wo die Medien und Tech-Plattformen ganz offensichtlich im Sinne der Obrigkeit Zensur ausüben. Das sagt uns: *„Ihr seid dumm und versteht nicht, was getan werden muss, deshalb sagen wir euch, was ihr glauben müsst."*

So wie es bei Obrigkeit schon immer war. Hillary Clinton, Ex-US-Präsident-schaftskandidatin, hat ihre Verachtung der gemeinen Bevölkerung ganz offen aus-gesprochen. „Die im Volk vertragen die Wahrheit nicht. Wir wissen, was richtig ist und setzen es durch." Wo ist der Unterschied zwischen Kirche und Demokra-ten? Wer erinnert sich noch an Galileo Galilei mit seiner Erkenntnis, dass die Erde um die Sonne kreist? Mit welcher Verachtung hatte damals die Kirche die Wahr-heit unterdrückt. Mit derselben Verachtung unterdrücken uns die Demokraten.

Es werden Voraussetzungen für den Umgang der Beratenden miteinander genannt. Da geht es um Eigenschaften, die man in der Politik seit Jahrzehnten definitiv vergeblich sucht, weil solch konstruktiver Umgang in der Demokratie ausge-schlossen ist. Der Scheinkampf um Wählerstimmen verhindert das aus Prinzip. Die Atmosphäre in den Parlamenten ist von Zank geprägt und nicht von konstruk-tiver Zusammenarbeit. Die Baha'í nennen als Voraussetzungen für eine gute Bera-tung: Reinheit der Beweggründe, Bescheidenheit, Demut, Geduld, Langmut, Dienstbarkeit, Gerechtigkeit und Liebe. Kennen wir einen Politiker, der nur zwei dieser Punkte erfüllt? Keine der Witzfiguren, die uns regelmäßig ihren Willen auf-zwingen, ist dazu geeignet, ein guter Führer zu sein.

Im Gremium muss Freiheit herrschen. Alle Gedanken sind gleichwertig. Man soll die Gedanken des Vorredners aufgreifen und weiterführen. Es soll höflich, mit Mäßigung und Rücksichtnahme diskutiert werden. Nicht wie bei den Demokraten, wo jeder den anderen möglichst schlecht dastehen lässt. Die Sache soll stets als Ganzes betrachtet werden und niemals sollen die Beratenden nur eine Partei ver-treten. Jeder sollte die Sache so betrachten, als wäre es seine eigene Angelegen-heit. Wir erinnern uns an die Unterschiede zwischen der Obrigkeit, die alle Rechte hatte, und uns Untertanen, die alle Pflichten haben. Weil die Sache für die Obrig-keit stets anders aussieht als für die Untertanen, kann es für uns Untertanen keine guten Ergebnisse geben, jedenfalls nicht, solange wir die Beratung nicht selbst in die Hand nehmen und eine Obrigkeit aus dem Spiel nehmen.

Einigkeit ist wichtiger als die Richtigkeit der Entscheidung. Ein gefasster Be-schluss muss einmütig von allen getragen werden, gemeinsam vertreten und um-gesetzt werden, auch bei Mehrheitsbeschlüssen. Abweichende Meinungen werden nach einer Entscheidung nicht mehr geäußert. Eine Änderung von Beschlüssen ist nur nach erneuter Beratung möglich.

Bei jeder Abstimmung gilt die eigene Überzeugung „nach bestem Wissen und Ge-wissen". Eine Stimmenthaltung ist nicht zulässig. Einstimmigkeit ist in der Ab-stimmung das Ziel und das Kennzeichen für eine abgeschlossene und vollständig ausgetragene Beratung. Leider ist dies nicht immer möglich, dann entscheidet die Mehrheit.

In jeder Beratung muss ehrlich und aufrichtig nach der Wahrheit geforscht werden. Mit allen verfügbaren Mitteln und ohne Vorurteile zu haben. Jeder sollte seine eigene Meinung stets als vorläufig betrachten, um bessere Vorschläge leichter aufgreifen zu können.

Das Ziel ist nicht eine Kompromisslösung, sondern die Synthese oder Integration der verschiedenen Beiträge zu einer gemeinsamen Lösung. Parteien müssen hier anders vorgehen, weil die Demokratie einen völlig unsinnigen Wettbewerb zwischen den Parteien organisiert hat. Dieser Wettbewerb muss gute, gemeinsame Entscheidungen verhindern, weil eine Partei vom Prinzip nur Teilinteressen vertritt. Das ist der Sinn einer Partei. Die Bezeichnung „Partei" drückt das aus. Das kann nur in wenigen Fällen zu richtigen Ergebnissen führen. Was wir seit Jahren schmerzlich erlebt haben.

Wenn wir Untertanen unsere eigene Obrigkeit werden und auf kommunaler Ebene, dicht dran an unseren Mitmenschen, zukünftig Entscheidungen in einer guten, kooperativen und zielorientierten Weise treffen, dann werden wir auch gute Ergebnisse für uns selbst finden. Es darf nicht sein, dass wir eine Obrigkeit zulassen, die Entscheidungen für uns trifft und dabei permanent eigene Interessen zuerst berücksichtigt, zuerst berücksichtigen muss. Die Struktur einer jeden Obrigkeit verlangt das. Nur in der Autokratie können wir das wirklich verhindern.

Wir müssen Obrigkeit und Untertanen strukturell zusammenführen. Sonst wird es für die Mehrheit der Menschen keine gerechte Welt geben.

Staatsmonopole aufgeben

Monopole sind immer schlecht. Das gilt auch für den Staat. Wir werden das weiter unten an einem Beispiel der Bildung noch genauer sehen.

Die Privatisierung, die an dieser Stelle notwendig ist, hat nichts mit der Privatisierung unter staatlicher Regie zu tun. Denn hier wird die Aufgabe nicht unter Billigung privater Gewinnmaximierung an befreundete Unternehmer verschenkt werden. Die Freien beauftragen gemeinsam Unternehmen, die sie selbst mit den gewünschten Dienstleistungen versorgen sollen. Das ist ein wichtiger struktureller Unterschied. Die Freien sind damit Auftraggeber und Kunde zugleich. Sie sind also mehr als nur betroffen, sie sind ganz primär an der guten und günstigen Lösung der Aufgabe interessiert. Die Freien können jederzeit ein Unternehmen, das mehr Gewinne abwirft als es Leistungen an die Freien erbringt, absetzen und durch ein anderes Unternehmen ersetzen. Dieses Recht war in der Demokratie nicht vorgesehen, was regelmäßig zu schweren Problemen führte.

Wir schaffen aber auch keine schläfrigen kommunalen Unternehmen, die ohne Wettbewerb vor sich hin wursteln und ständig mehr Geld brauchen. Wir nehmen die Strukturen, die sich im Wettbewerb bewährt haben. Damit haben wir nur noch eine einheitliche Form des freien Wirtschaftens. Keine privilegierte Staatswirtschaft, die von Zwangsabgaben leben durfte bzw. leben musste.

Örtliche Dienstleister

In der Autokratie gibt es neue Dienstleister, die wesentliche Aufgaben der Gesellschaft wahrnehmen. Diese Dienstleister sollen möglichst kommunal oder regional arbeiten. Das hat viele Vorteile. Die Beständigkeit der Gemeinschaft und des Unternehmens wird gefördert, weil das Wissen um die Region vorhanden ist und man an einer langfristigen Entwicklung der eigenen Region ganz direkt interessiert ist. Außerdem können sich so die Menschen in jeder Region gleichartig entwickeln. Es gibt keine Konzentration in Hauptstädten mehr, die, wie wir im zweiten Teil gelernt haben, die Beständigkeit gefährdet. Das führt zu einer Gleichheit der Lebensverhältnisse und zu mehr Gerechtigkeit. Die Wahrhaftigkeit ist besser abgesichert, wenn wir für Leute arbeiten, die uns direkt umgeben. Wenn die Betroffenen uns fern sind, können wir leichter Dinge unterschlagen. Die Transparenz ergibt sich dann durch die räumliche Nähe. Man kann Kontrolle in der Nähe leichter ausüben, als wenn der Dienstleiter weit weg ist. Die Solidarität kann genutzt werden, um überregional örtliche Probleme auszugleichen. Die Strukturen sind regional gleichartig, das hilft beim Erkennen von Problemen und bei deren Lösung. Regionale Organisation ist wahrgenommene, regionale Selbstverantwortung; einer unserer universellen Werte selbst, der sich in regionalen Dienstleistern manifestiert.

Sparsamkeit durch das Franchise-Prinzip

Jeder Unternehmer weiß, das kleine Unternehmen sehr hohe Fixkosten haben. Weil es Zeit und Aufwand kostet, sich zu überlegen, nach welchen Regeln man vorgeht. Wie lege ich Preise und Leistungen fest? Wie mache ich Marketing? Man benötigt ein eigenes IT-System. Für alles bräuchte man in einem rein regionalen Unternehmen jede Menge Ressourcen. Bei all den Dienstleistungen, die staatlich organisiert waren, handelte es sich um solche Aufgaben, die nicht so kontinuierlich anfallen und oft auch Risiken abdecken und ausgleichen. In diesen Bereichen müssten kleine Unternehmen enorme Reserven bereithalten, um in Extremsituationen so handlungsfähig zu sein wie ein Staat das heute ist. Um diese Freiheit zu erreichen, und damit die Beständigkeit zu sichern, müssen sich die Dienstleister nach dem Franchise-Prinzip organisieren. So können Planungen, IT, Marketing und vieles mehr gemeinsam gemacht werden. Reserven an Personal, Material und Spezialmaschinen können vorgehalten und gemeinsam benutzt werden, wenn plötzlich regionaler Bedarf entsteht. Beispiel hierfür: die Feuerwehr bei einem Großbrand. Die Abrechnung von Leistungen kann dann innerhalb der Franchise-Gruppe und sobald nötig auch zwischen den Gruppen zentral erledigt werden. Je nach Art der Dienstleistung kann man mehr oder weniger Franchise-Gruppen pro Dienstleistungstyp fordern. In jedem Fall sollten es pro Dienstleistungstyp vier bis acht unterschiedliche Gruppen pro Kontinent sein. Sofern es von der Art der Dienstleistung[17] nicht zwingend erforderlich ist,[18] sollten die Dienstleister auf kontinentale Gebiete begrenzt werden. Sollte es zu Problemen auf einem Kontinent kommen, können solche vom anderen Kontinent für eine Übergangszeit rasch einspringen.

Finanzierung

Kommunale und regionale Unternehmen arbeiten, weil sie einen Vertrag mit wesentlichen Teilen der örtlichen Bevölkerung geschlossen haben. Diese Verträge schließen Finanzierungszusagen ein. Beiträge werden, wie sonst üblich, auch bei diesen Unternehmen per Lastschrift eingezogen. Dabei wird es normal sein, dass es im Einzelfall zu Zahlungsverzögerungen und Ausfällen kommen kann. Auch hier gibt es keinen Unterschied mehr zu normalen Unternehmen. Einzelne Zahlungsverzögerungen sollten zunächst durch eine Reserve beim Unternehmen ausgeglichen werden und mit einem üblichen Mahnwesen einschließlich Mahngebühren bearbeitet werden.

Dauerhafte Zahlungsausfälle müssen natürlich von der Gemeinschaft aufgefangen werden. Das kann, wenn die Kommune/Region gut wirtschaftet, vielleicht durch das Gewinnen neuer Beitragszahler durch Zuzug geschehen. Fatal ist es, wenn Zahlungsausfälle durch Wegzug von Beitragszahlern entstehen. Dann kann ganz schnell eine Abwärtsspirale entstehen, wie wir sie im zweiten Teil kennengelernt haben. Solche Szenarien werden sich nicht vermeiden lassen. Wir müssen das als

---

[17] Zum Beispiel im Luft- und Seeverkehr.

[18] Wie zum Beispiel im internationalen Luftverkehr und in der Seeschifffahrt.

notwendig akzeptieren. In jedem Wald müssen auch die größten Bäume irgendwann umkippen und Platz für etwas Neues schaffen. Dadurch, dass diese Abwärtsspiralen nicht synchronisiert ablaufen, gibt es für einen Teil der Menschen Perspektiven durch Wegzug. Andere können die schlechten Zeiten durch Selbstversorgung abfedern. Nach einem regionalen Abschwung kommt sicher wieder ein regionaler Aufschwung. Es sei denn, die Gegend ist so lebensfeindlich, dass es sich offenbar nicht lohnt. In jedem Fall können die verbleibenden Menschen sich den Dienstleistern der Nachbarregionen anschließen, und werden wenigstens, solange es nicht besser geht, von etwas weiter weg betreut.

Ungeplante Mehrleistungen können bei verschiedenen bislang staatlichen Leistungen auftreten. Die Mehrheit sollte durch die Verursacher finanzierbar sein. Dort, wo das nicht möglich ist, sollen es Versicherungen sein, die eine Finanzierung übernehmen. Die Beiträge zur Versicherung sind vom regionalen Unternehmen vorher zu zahlen und werden natürlich auf die Zahler unter den Freien umgelegt. So wären die meisten Risiken abgedeckt. Nur wenn völlig außerplanmäßige Dinge wie ein Meteoriteneinschlag passieren, könnte die betroffene Gemeinschaft auf den Kosten sitzenbleiben. Aber auch solche Fälle sollten sich eigentlich durch eine eigene Versicherung abdecken lassen. Denn auch heute tragen wir das schon gemeinsam, bis hin zur gemeinsamen Verarmung. Wie es in letzter, bitterer Konsequenz immer war und immer sein wird.

Statt Steuern: Gemeinschaftsbeiträge

Der zentrale Unterschied zwischen Demokratie und Autokratie ist der, dass die Gelder aus den Zwangsabgaben nicht zur Obrigkeit fließen, sondern zu uns Untertanen. Damit und nur so werden wir der Souverän. Wir Untertanen werden endlich unsere eigene Obrigkeit. Die Obrigkeit, die uns Vorschriften macht, Befehle erteilt, bestrafen lässt, die wollen wir nicht mehr.

Wie stellen wir sie also um, die Finanzierung unseres Gemeinwesens?

Betrachten wir dazu noch einmal kurz den aktuellen Stand. In den demokratischen Staaten gibt es sehr viele unterschiedliche Steuern aus sehr vielen unterschiedlichen Quellen. Um die wichtigsten hier zu nennen: Einkommen, Lohn, Umsatz, Energie, Gewinn, Gewerbe, Grundstücke, Grunderwerb, aber auch Tabak, Sekt, Versicherungen und noch viele mehr.

Warum gibt es so viele unterschiedliche Steuern?

Kurz gesagt: Um mehr aus uns Untertanen herauszupressen, ohne dass wir rebellieren. Demokraten sind Meister darin, den Druck ständig irgendwo, irgendwie zu erhöhen. Und die Steuerbürger sind ständig bemüht, diesem permanent zunehmenden Druck auszuweichen. Als Steuereintreiber der Mafia wurden Finanzbeamte eingesetzt. Deren Aufgabe war es, den Bürgern möglichst viel Geld abzunehmen. Aber die Demokraten sind Marketing-Spezialisten und haben sehr wohl ein gutes Gespür dafür, wie sie ihren eigenen Schergen die Arbeit erleichtern und das System positiver darstellen können. Deshalb haben die Finanzbeamten für die breite Mehrheit der Bevölkerung eigentlich nur die Steuererstattungen durchgeführt. Die eigentliche Steuereintreibung wurde auf die Unter-Machthaber, die Unternehmer, verlagert. Kein Unterschied zum Kaiser und seinen Fürsten. Für die Lohn- und Einkommensteuer sind die Arbeitgeber zuständig, für die Umsatzsteuer die Händler, für die Energiesteuer die Lieferanten von Öl, Benzin, Strom usw. Diese Unternehmen ziehen dann auch den Zorn der Bürger auf sich und nicht die Obrigkeit. Wenn die Demokraten etwas können, ist es, ihre Willkürherrschaft durch perfektes Marketing zu verschleiern. Wir sind ihnen lange nicht auf die Schliche gekommen. Nur jetzt mit der Corona-Krise ist die Wahrheit plötzlich für jeden, der es will, leicht zu erkennen.

Wie kommt der Freie nun zu dem Geld, das er bisher an die Mafia zahlen musste, um es für die eigenen Gemeinschaftszwecke auszugeben?

Technische Realisierung von Gemeinschaftsbeiträgen

Das primäre Element der Autokratie ist, dass die gesamte Ausgabenhoheit, auch für alle Gemeinschaftsaufgaben, bei der Bevölkerung liegt und dort auf so viele Köpfe wie möglich verteilt wird. Außerdem wollen wir uns dabei gegenseitig motivieren und kontrollieren. Es darf keine Obrigkeit mehr geben, die uns zwingt, ihr Abgaben zu zahlen.

Wenn wir so ein radikal anderes System in kurzer Zeit einführen wollen, muss es dafür Konzepte geben, die unser System „Autokratie" glaubwürdig machen. Sonst wird es schwer werden, der Mafia die Macht zu entreißen. Wenn wir hier jetzt eine Lösung betrachten, bedeutet es nicht, dass es nicht andere, bessere Lösungen geben kann. Wenn wir mehrere Wege kennen, können wir entscheiden, welchen wir nehmen. Essenziell ist jedoch, dass wir mindestens einen Lösungsweg glaubwürdig aufzeigen können.

250

Obwohl wir bei der Umstellung keine Eile haben: Sobald wir die alte Obrigkeit abgesetzt und durch Autokraten ersetzt haben, die andere Ziele verfolgen, kommt es auf Geschwindigkeit nicht mehr an. Alle wissen, was die neuen Ziele sind und können sich daran ausrichten. Trotzdem sollten wir in ein paar Bereichen schnell vorankommen, um die Änderungen irreversibel zu machen. Zu riskant, dass sich noch mal schnell ein Diktator findet, der uns mit brutaler Gewalt versucht, klein-zukriegen.

Wenn jeder Freie seinen eigenen Gemeinschaftsbeitrag verwalten soll, muss es dafür ein einfaches Verfahren geben. Der einfachste Weg ist, dafür ein separates Girokonto zu nutzen. Diese separaten Beitragskonten müssen streng getrennt von den Privatkonten geführt werden.

Alle Zahlungen an Beitragskonsumenten müssen öffentlich gemacht werden. Für diese Zahlungen gibt es keinen Schutzbedarf und keine Privatsphäre. Es geht um gemeinschaftliche Mittel und der Freie kann stolz sein auf seinen Beitrag zur Gemeinschaft. Es darf und soll jeder sehen, was er alles zur Gemeinschaft beiträgt. Es muss sichergestellt werden, dass gemeinschaftliche Gelder nicht ohne Berechtigung in private Gelder umgewandelt werden können.

Alle Beitragszahlungen werden von der Bank elektronisch an den regionalen Beitragsdienstleister gemeldet. Sie werden dort mit den angemeldeten Beitragspflichten verglichen. Stimmen angemeldete Verpflichtungen mit den Zahlungen zum Termin überein, ist alles gut. Falls nicht, muss ein Mahnwesen in Betrieb gesetzt werden.

Wollte man solche Systeme völlig neu schaffen, würde es Jahre dauern, bis wir Freien wirklich frei werden können. Deshalb muss eine schnelle und sichere und einfache Lösung gefunden werden.

Um einfache, technische Lösungen zu ermöglichen, sollten wir auf Bargeld verzichten. Das hat einige praktische Vorteile, die wir brauchen, um unsere Freiheit technisch schneller und günstiger umzusetzen. Aber wir werden es so realisieren, dass es keine Kontrolle unserer Privatsphäre, also unserer Ausgaben, gibt. So verzichten wir nicht auf die Freiheit, die wir mit Bargeld heute haben.

Zwei Bankenwelten schaffen

Um diese öffentlichen Konten zu schaffen, greifen wir zu einem ganz einfachen Trick. Wir nehmen unser aktuelles europäisches Inter-Bankensystem (Target2) mit allen angeschlossenen Banksystemen (Sparkassen, Volksbanken, Privatbanken), komplett mit allen Girokonten, die jeweils existieren und duplizieren das. Damit bekommt jeder bisherige Kontoinhaber ein zweites Konto mit derselben Nummer in der gemeinschaftlichen Bankwelt. Wir haben dann zwei Welten:

1. die alte, private Bankenwelt und
2. die neue, öffentliche Bankenwelt.

Real findet das alles in denselben Banken und denselben Computern statt. Aber beide Systeme sind logisch völlig voneinander getrennt. Das kann mit wenig Vorbereitungszeit von ca. einem halben Jahr sicher ohne Probleme realisiert werden. Denn wir müssen dazu nichts ändern, sondern nur einmal alle Systeme duplizieren. Komplizierter wird es erst dann, wenn wir die beiden Systeme verknüpfen wollten. Aber genau das wollen wir ja eigentlich gar nicht. Öffentliche und private Gelder sollen völlig getrennt sein. Also haben wir durch die nichtexistierende Verknüpfung beider Systeme sogar einen echten Vorteil. Wir haben dadurch die Trennung, die wir unbedingt brauchen, bereits erreicht. Außerdem hat jeder Mensch und jedes Unternehmen mit einem Konto auch sicher ein zweites Konto für seinen Steueranteil. Wird jetzt ein neues Konto eröffnet oder geschlossen, müssen ab sofort lediglich stets zwei Konten geöffnet bzw. geschlossen werden. Ansonsten muss, von der einmaligen Duplizierung abgesehen, keinerlei Software-Anpassung vorgenommen werden.

Private und gemeinschaftliche Bankwelt verknüpfen

Der gesamte Geldverkehr innerhalb beider Systeme bleibt völlig gleich wie bisher. Alles funktioniert in beiden Systemen gleichermaßen. Überweisungen, Lastschriften, Zinsen, Gebühren, alles. Es wird erst einmal keine Änderung und keine Erweiterung notwendig. Jetzt müssen wir zwei Dinge neu machen:

1. Die Beitragszahlung (Steuerzahlung)
2. Den Beitragskonsum (Steuerausgabe)

Beides sind Transaktionen, die zwischen identischen Kontonummern des gleichen Kontoinhabers in beiden Welten stattfinden. Beiträge zahlen darf jeder. Er überträgt dabei Gelder von seinem Konto in der privaten Welt auf sein Konto mit der gleichen Nummer in der öffentlichen Welt. Ganz einfach und einfach zu kontrollieren. In dem Moment erfolgt stets die Meldung an den regionalen Beitragsdienstleister, der registriert, welcher Beitrag gerade gezahlt wurde.

Beitragskonsum (Steuerausgaben)

Beiträge konsumieren dürfen nur berechtigte Konten. Alle Eingänge auf diesen zum Konsum berechtigten Konten sind auf beiden Seiten (von Zahler und Zahlungsempfänger) öffentlich. Nur bei diesen speziellen Konten darf die Bank Gelder vom öffentlichen Konto in den privaten Bereich überführen. Wenn also eine Sicherheitsfirma nach dem Zahlungseingang auf ihrem Steuerkonto dieses Geld für ihre Unternehmenszwecke nutzen will, wird das Geld von dem Girokonto der öffentlichen Welt auf das Girokonto der privaten Welt übertragen. Dieser Vorgang wird als Beitragskonsum bezeichnet und beim regionalen Beitragsdienstleister und beim Beitragskonsumenten dokumentiert.

Niemals können öffentliche Gelder irgendwie verschwinden. Sie könnten sich auf ein falsches Konto „verlaufen", aber sie können nicht aus der öffentlichen Welt in die private verschwinden, ohne dass der „Konsument" klar zu erkennen ist. Es ist also sehr gut, zu kontrollieren, was passiert und wir haben eine schnelle, einfache und sichere Endlösung.

Jeder öffentliche Dienstleister kann Gemeinschaftsbeiträge genauso per Lastschrift bei seinen Beitragzahlern abbuchen, wie das andere Unternehmen heute auch machen. Alternativ kann jeder Freie auch manuelle Überweisungen oder Daueraufträge nutzen, um Zahlungen zu leisten. Der Zahlungsverkehr unterliegt keinerlei Einschränkungen.

Bei der Zahlung von Sozialhilfe wird monatlich ein festgelegter Betrag vom Beitragskonto des Empfängers auf das Privatkonto umgebucht. Davon kann der Betroffene seine Ausgaben tätigen. Wie die Öffentlichkeit damit umgeht, wenn das Beitragskonto dabei ins Minus läuft, ist der jeweiligen Kommune überlassen. Sie könnten den Bedarf erkennen und für einen Ausgleich sorgen. Sie könnten aber auch entscheiden, dass der Empfänger keine Unterstützungen mehr erhalten soll. Das wird vor Ort von den Mitmenschen flexibel entschieden. Nicht von einem Amt nach entwürdigenden starren Regelungen. Wir alle müssen wieder lernen, für unsere Mitmenschen Verantwortung zu übernehmen. Denn die Mittel dazu liegen zukünftig auf unserem Beitragskonto bereit.

Beitragszahlung (Steuerzahlung)

In diesem Bereich liegt die wichtigste Umstellung überhaupt. Wir müssen eine schnelle Umstellung schaffen, um die Sicherheitsbereiche dezentral zu finanzieren. Für den Rest können wir uns Zeit lassen. Denn es wird auch einige Zeit dauern, bis sich alle Behörden in Dienstleister umwandeln können. Bevor das nicht abgeschlossen ist, gibt es keine Notwendigkeit, alle bisherigen Steuern in Beitragszahlungen umzustellen. Solange die Umstellung der Anbieter nicht erfolgt ist, müssen die alten Strukturen so oder so noch mit Geld versorgt werden. Solange werden die Freien einen Teil ihrer Beiträge nach wie vor an die alten Finanzbehörden ihres Bundeslandes weiterleiten müssen, damit diese weiter den ehemaligen öffentlichen Sektor mit Geld versorgen.

Betrachten wir im Detail, wie sich die Zahlungsströme bei den Steuerarten umstellen lassen. Es gibt vier unterschiedliche Kategorien

1) Die Steuern, bei denen die Steuer bislang direkt ans Finanzamt gezahlt wird.
2) Die Steuern, bei denen der Steuerzahler mit der Kontoverbindung bekannt ist.
3) Die Steuern, bei denen der Steuerzahler mit der Bezahlung seine Kontoverbindung bekannt gibt.
4) Die Steuern, bei denen der Steuerzahler nicht erkennbar ist.

Zu 1): Angemeldete Steuern, die man selber an das Finanzamt zahlt, können von der Bank abgebucht werden oder vom Freien per Überweisung auf sein Steuerkonto unter Angabe der Steuer gezahlt werden. Das geht bei der Kfz-Steuer oder der Grundsteuer von Hauseigentümern sowie bei allen Steuervorauszahlungen, der Einkommen-, Körperschaft-, Gewerbe- und Grunderwerbsteuer.

Zu 2): Wenn die Kontoverbindung bekannt ist, kann die Steuer abgeführt und zu dem empfangsberechtigten Freien transferiert werden. Das ist in erster Linie bei der Lohnsteuer so, aber auch bei der Grundsteuer, die von Mietern gezahlt wird.

Zu 3): Da wir aus verschiedenen Gründen nur bargeldlos zahlen wollen, wird bei jeder Zahlung dem Empfänger beim Zahlungseingang eine Bankverbindung übergeben. Selbige kann für die anschließende Erstattung der Steuer verwendet werden. Nachdem die Steuer abgeführt wurde, wird der Steueranteil der Zahlungen auf die Beitragskonten der Einzahler transferiert. Das betrifft die Umsatz- und die Versicherungssteuer. Bis hier sind ungefähr 75% aller heutigen Steuereinnahmen abgedeckt, bevor es etwas komplizierter wird.

Zu 4): Bei den Verbrauchssteuern wie der Energie- und der Tabaksteuer wird die Steuer zwar von den Untertanen bezahlt, wie fast alle Steuern, aber sie werden direkt nach der Herstellung auf den Warenpreis aufgeschlagen. Deshalb ist der spätere Freie, der die Ware kauft, im Moment der heutigen Besteuerung noch nicht bekannt. Es kann ihm also nichts übergeben werden. Aber auch das Verfahren ist nicht schwierig, denn im Verhältnis zu den Händlern, die die Waren weiterverkaufen, stellt es sich genauso dar, als wäre es ein Fall von 3). Hat der Händler den Steueranteil auf diese Weise erhalten, muss er ihn mit jeder verkauften Ware in der richtigen Menge zum endgültigen Zahler weitertransferieren. Keine sehr komplexe Angelegenheit.

Damit sind noch nicht alle Probleme gelöst, wie zum Beispiel Erstattungen von Steuern, wenn ein Kunde Warenkäufe storniert. Es bleiben viele Details offen. Das sind aber keine grundsätzlichen Probleme, sondern Details, die man lösen kann. Wenn es völlig trivial wäre, dann hätte die Menschheit das sicher schon vor längerer Zeit eingeführt. Ohne Computer ist es aber nicht zu bewältigen. Auch nicht ohne ein Verständnis von Geld. Und so wird verständlich, warum wir so lange auf die Freiheit warten mussten.

Fazit zur technischen Lösung der Gemeinschaftsbeiträge

Die Software ist fast fertig. Die große Linie ist klar. Wir können die Steuern auf die Freien verteilen. Wir können sogar die heutigen, komplizierten Steuern im neuen System so abbilden. Wir können mit öffentlichen Geldern genauso umgehen wie mit unseren privaten. Damit können wir Unternehmen, die im öffentlichen Auftrag arbeiten, einen Lastschrifteinzug von unserem Beitragskonto erlauben. Genauso, wie das bei unserem Telefon auch funktioniert.

Was das zeigt?

Autokratie ist machbar!

Wir brauchen keine Staatsmafia dafür. Wir können unsere eigene Obrigkeit werden.

Bildung

Das staatliche Bildungsmonopol hat ein Desaster angerichtet. Niemals in der Weltgeschichte gab es so viel Wissen. Alle Wirtschaftszweige haben sich rasant weiterentwickelt, aber staatliche Schulen arbeiten noch wie im 19. Jahrhundert. Und kirchliche und private Schulen sind an die staatlichen Lehrpläne gebunden und funktionieren leider nicht anders.
Gut, die Staatsmafia hat die Prügelstrafe abgeschafft und einige der Inhalte wurden angepasst. Aber von der grundsätzlichen Organisation hat sich nichts geändert.

Das kann nicht funktionieren. Wenn heute jeder mittelmäßige YouTube-Video-Blogger hundertmal mehr Vorbereitung in seine wöchentliche Sendung investiert als ein Lehrer in die Vorbereitung einer Unterrichtsstunde, was werden die Schüler dann wohl als attraktiver wahrnehmen, den Unterricht oder das Video-Blog?

Bevor wir auf die Organisation von Bildung kommen, muss noch der wichtigste Punkt angesprochen werden.

Es darf kein Monopol auf Bildungsinhalte geben

Vor dem Staat hatte die Kirche das Bildungsmonopol. Heute hat es der demokratische Staat. Wir haben in Teil drei gelernt, wie unsere Ausbildung systematisch verwendet wurde, um unsere Gedanken in die falsche Richtung zu lenken. Der Staat hat nicht anders gehandelt als die Kirche, die früher das Geburtsrecht der Fürsten verteidigt und geschützt hat.

Die staatliche Bildung und die Lehrer haben uns von Anfang an eingetrichtert:

- Die Obrigkeit in Form demokratischer Parteien ist deren natürliches Recht.
- Unser Dasein als Untertanen ist unsere natürliche Pflicht.

Beides ist völliger Unsinn. So etwas passiert, wenn man Monopolstrukturen zulässt. Wir haben inzwischen verstanden, wohin uns das geführt hat.

Jedes Monopol ist gefährlich. Immer.

Wir dürfen Monopole nie wieder zulassen. Bei staatlicher Wissenschaft ist das nicht anders. Wir werden auch in diesen Bereichen sehen, wo uns das hingeführt hat.

Bildung muss radikal anders werden

An der Schule ist die Arbeitsteilung völlig vorbeigegangen, die in allen anderen Wirtschaftssektoren zu dramatischen Verbesserungen geführt hat. Gucken wir uns die Aufgaben einmal an.

1. Unterrichtsvorbereitung
   - Lernkonzept erstellen

256

- Material herstellen und/oder auswählen
- Tafelbilder überlegen
- Hausaufgaben überlegen
- Material vervielfältigen

2. Unterricht abhalten
   - Aufmerksamkeit erzeugen
   - Hausaufgaben kontrollieren
   - Bezug zur letzten Stunde herstellen
   - Schüler zum Mitmachen motivieren
   - Inhalte vermitteln
   - Hausaufgaben aufgeben

3. Unterricht nachbereiten
   - Beurteilung der Leistungen abspeichern
   - Material rückwirkend bewerten

4. Primäre Leistungskontrollen

   - Planen
   - Durchführen (im Unterricht, der dann entfällt)
   - Korrigieren
   - Verbesserungsmöglichkeiten dokumentieren

Jeder Lehrer muss ca. 22 Unterrichtsstunden pro Woche geben und je nach Fach zwischen 20 und 30 primäre Lernzielkontrollen durchführen. Das bei einer Arbeitszeit von 40 Wochenstunden. Es ergeben sich für die Präsenz im Unterricht mit Klassenwechsel ca. 19 Arbeitsstunden. Für die Lernzielkontrollen werden bei durchschnittlicher Verteilung 7,5 bis 12 Stunden pro Unterrichtswoche aufgewendet. Eine Unterrichtsstunde kann also mit ca. 40 Minuten vorbereitet werden, von denen das Kopieren von Arbeitsmaterial bereits 10 Minuten kosten wird. Das ist völlig unsinnig bei der Technologie, die uns seit ca. 10 bis 15 Jahren zur Verfügung steht. Jede Unterrichtsstunde ist eine minimal vorbereitete Live-Sendung. Das ist beim medialen Wettbewerb völlig indiskutabel und kann nur schiefgehen.

Aufgaben anders verteilen

Wir wissen aus eigener Erfahrung, dass es Lehrer gibt, die den Lernstoff gut beherrschen und interessant und vielleicht sogar noch mit etwas Witz vermitteln.

Aber die Mehrheit ist das nicht gerade. Warum lassen wir diese Lehrer nicht mehr unterrichten? Lassen wir andere Lehrer die Vorbereitung machen, die Hausarbeiten kontrollieren und die Lernzielkontrollen planen, durchführen und korrigieren. Andere Dienstleister wie Banken haben sich längst so organisiert. Es gibt Menschen, die gut mit Menschen umgehen können, die sind bei den Banken in Beratung und Vertrieb und bei den Lehrern im Unterricht mit den Schülern. Die Vor- und Nacharbeiten werden von anderen Menschen erledigt, deren Persönlichkeit andere Stärken aufweist. Solche Betriebsteile kennt man heute unter dem Namen Call-Center oder Back-Office. Durch Zusammenführung und die Spezialisierung lassen sich technische Hilfsmittel effektiv einsetzen und man kann durch IT-Einsatz erhebliche Effizienzgewinne erzeugen. So wird die Qualität für alle besser und die Kosten insgesamt niedriger.

Vom Videokonsum zum Videounterricht

Vom Grundsatz her muss man im Unterricht zwei kleine technische Probleme lösen, um vom Videokonsum zum Videounterricht zu kommen.

- Die Kontrollfrage und
- die Rückfrage.

Bei der Kontrollfrage gibt es eine Pause und der Zuschauer muss die gestellte Frage beantworten. Wurde die Frage nicht ganz richtig beantwortet oder auch sehr langsam, kann mit einer Zusatzsequenz der Stoff ausführlicher und anders dargestellt werden. Diese Kontrollfragen können dann am Ende leicht modifiziert wiederholt werden. Gegebenenfalls gibt es mehrfache Wiederholungen des Stoffs mit unterschiedlicher Ausführlichkeit oder anderem Vermittlungsansatz. Schwieriger sind die Rückfragen. Hier muss der Zuschauer jederzeit unterbrechen können. In diesem Moment muss sich ein Mensch einschalten. Die Rückfrage geht also an ein Call-Center. Dessen Mitarbeiter können dank moderner Technik jedoch bequem in ihrem Home-Office sitzen und dort quasi weltweit Rückfragen per Videokonferenz beantworten. Prinzipiell werden Rückfragen dokumentiert. Wenn sie mehrfach an der gleichen Stelle vorkommen, werden für die Rückfragen auch Videoantworten hergestellt. Nach einer Rückfrageunterbrechung werden die bereits beantworteten Fragen zunächst automatisch angeboten. Nur wenn der Zuschauer eine abweichende Frage hat, wird noch eine individuelle Videokonferenz angeboten. So optimiert sich das Lehrmaterial über die Zeit. Selbstverständlich werden die Videokonferenzen auch bei Kontrollfragen eingesetzt, wenn der Lernende dies nach dem Durchsehen der Standardangebote benötigt. Der Videolehrer bekommt in dem Moment direkt aufbereitet vorgelegt, um welchen Sachverhalt es geht und er kann schnell und gezielt helfen.

258

Lernzielkontrollen werden elektronisch aufbereitet und auch direkt und individuell von den Lernenden durchgeführt. Dabei werden sowohl Standardantworten vorgegeben als auch Freitexteingaben zugelassen. Freitexte werden aber ebenfalls von Lehrern korrigiert, die nur auf diese Kontrollen spezialisiert sind. Es ist eine extrem wichtige Aufgabe, gutes und individuelles Feedback zu geben. Nur so kann eine Lernzielkontrolle wirklich zur Verbesserung der Leistungen eingesetzt werden. Wenn man sieht, wie das heute erfolgt, erkennt man schnell, dass der Lehrer viel zu wenig Zeit hat, um gute und individuelle Hilfestellungen zu geben. Aber auch bei den Lernzielkontrollen gilt, dass diese mehrfach und wiederholt eingesetzt werden können und dadurch ebenfalls eine technische Hinterlegung mit Standard-Textbausteinen möglich wird. Am besten ist es, wenn die Ergebnisse der Lernzielkontrollen direkt den weiteren Videounterricht des Schülers beeinflussen. So können gewisse Sachverhalte wiederholt oder vertieft werden, wenn dies erforderlich ist. Je nach Fach wird sich für jeden Schüler eine individuelle Lerngeschwindigkeit ergeben.

Wie weit und ob künstliche Intelligenz bei der Unterstützung der Lehre im Back-Office-Bereich eingesetzt werden kann oder soll, muss später entschieden werden. Wir müssen hier nur verstehen, dass der einzelne Schüler so viel besser gefördert werden kann, als das bei dem Staatsmonopol jemals war. Denn dieses Prinzip kann und soll selbstverständlich auch auf die Hausarbeiten angewendet werden.

Nun soll keinesfalls ausschließlich Videounterricht erteilt werden. Es sollte sehr wohl Präsenzunterricht stattfinden. Dafür eignen sich Fächer wie Sport, Musik, Kunst, Philosophie, Gesellschaftskunde und Ernährung sowie dezentrale Lebensmittelversorgung. Letzteres wird im Kapitel „Dezentralisierung, um uns gegen zukünftiges Kollabieren zu schützen" (Seite 271) weiter ausgeführt.

Live-Unterricht auf höchstem Niveau

In allen Fächern kann und soll es Live-Events geben. Die müssen aber eher wie Musikkonzerte professionell aufgezogen werden. Die können dann von einer Region zur anderen ziehen und dort vor Ort jeweils zu einem Thema die Zuschauer begeistern. So etwas eignet sich gut, um neue Themen einzuführen, die dann in weiteren, individuell konsumierten Lerneinheiten fortgesetzt werden.

Finanzierung von Bildung

Bildung ist ein gigantischer Markt und wenn wir die Entwicklung der Inhalte auf viele Schüler verteilen, wird das Ganze sehr günstig. Bildung skaliert dann genau wie Software. Darauf kommen wir in Kürze noch einmal zurück.

Die Lehrer, die im Call-Center bzw. dezentral im Home-Office oder in regionalen Dienstleistungszentren Fragen beantworten und Leistungskontrollen korrigieren und aufbereiten, sind bei entsprechend spezialisierten Dienstleistungsunternehmen angestellt.

Dezentrale und individuelle Bildung hat aber noch andere Vorteile. Die Konzentration von Urlaubsreisen in den Ferienzeiten kann deutlich reduziert werden. Das mindert die Kosten für die Eltern und erhöht die Auslastung der Urlaubsorte. Beides sehr wichtige Aspekte für die wirtschaftliche Entwicklung.

Im Bildungssektor eröffnen sich gigantische Geschäftsfelder. Wenn Eltern und Schüler mit Bildungsschecks ausgestattet am Markt die gewünschten Leistungen nach gewissen Vorgaben einkaufen dürfen, werden wir sehr schnell feststellen, dass unsere Ausbildung wieder sehr viel besser wird.

Sprache

Sprache ist eine sehr wichtige Sache. Sie ist ein entscheidender Teil der menschlichen Kultur und jede Sprache muss in ihrer Region individuell gefördert werden. Am besten zusammen mit der regionalen Mundart.

Aber Sprache ist auch ein Hindernis, das die Kommunikation zwischen Menschen verhindert. Das ist schlecht, denn in Grenzregionen führt das zu wirtschaftlichen Schwierigkeiten. Die Dienstleister, die für die Autokratie erforderlich sind haben dort mit einer harten Grenze zu kämpfen, die ihren potentiellen Kundenkreis enorm einschränkt. Das führt in Grenzregionen, auch heute, zu wirtschaftlichen Schwierigkeiten und oft zu einer Unterversorgung mit Geld.

Weitere, sehr wichtige Aspekte sind die Transparenz und die Wahrhaftigkeit, die durch verschiedene Sprachen oft schon auf der Strecke geblieben sind. So können Streit und sogar Kriege viel leichter ausbrechen, wenn eine Kommunikation zwischen den Menschen nicht möglich ist.

Solange wir zentrale Führer hatten, lag es auch in deren Interesse, die Staaten, die oft an Sprachgrenzen ausgerichtet waren, gegeneinander abzugrenzen. Für Freie sieht das ganz anders aus. Freie sollten grundsätzlich mit anderen Freien kommunizieren können, überall auf der Welt.

Eine Weltsprache soll eingeführt werden

Deshalb möchte ich einen Vorschlag der Bahaí-Religion aufgreifen und für alle Freien das Lernen einer einheitlichen Weltsprache vorschlagen. In dieser Weltsprache können sich dann alle Menschen verständigen.

Für diese Sprache soll Esperanto verwendet werden. Keinesfalls soll die englische Sprache verwendet werden. Der Einsatz der englischen Sprache würde gegen den Wert der Gleichheit verstoßen. Die englischsprachigen Länder hätten einen ungerechtfertigten Vorsprung. Das ist mit unseren universellen Werten unvereinbar. Außerdem müssen wir die historische Entwicklung beachten. Die anglo-amerikanischen Staaten haben die Welt mit Kriegen, Sanktionen, geförderten Diktaturen, machtpolitisch motivierten Grenzen und Farbrevolutionen überzogen. Man kann den betroffenen Ländern die Sprache ihrer Peiniger nicht zumuten. Außerdem waren gerade die Eliten dieser Länder für die Verbrechen verantwortlich. Diese Eliten dürfen keinesfalls einen Vorteil haben bei der Gestaltung einer neuen Welt. Diesen verbrecherischen Eliten wird es auch bei ihrer Entwicklung helfen, wenn sie sich um eine neue Sprache bemühen müssen. Es ist der erste Schritt, die Welt aus der Perspektive von anderen zu sehen und sich aus der eigenen Denkweise wenigstens etwas zu lösen. Wir helfen den Menschen auch mit diesem Schritt, die Verbrechen der letzten Jahrzehnte hinter sich zu lassen. Es wird für sie einfacher werden, mit Ländern, die unter anglo-amerikanischem Terror gelitten haben, Geschäfte zu machen.

Die Weltsprache bringt einen Wirtschaftsschub

Wenn Dienstleister der Freien, die für die Verwaltung und die Bildung arbeiten, dies auf Basis einer weltweiten Sprache tun, dann können wir das Konzept der Freiheit sehr viel schneller weltweit etablieren. Auch die kleinsten Länder in Afrika bekommen dann sofort Weltklasse Bildungsmöglichkeiten. Weil diese Bildungsangebote dann weltweit angeboten werden können, kostet das einzelne Angebot nur noch sehr wenig und kann in den armen Ländern dann durchaus alleine mit Werbung finanziert werden. Der Bedarf an guter Bildung und an Verwaltungsdienstleistungen auf der Welt ist riesig. Die meisten Länder außerhalb von Europa haben da einen extremen Bedarf. Sie können das Wissen regional selbst niemals ausreichend vermitteln, weil es einfach nicht vorhanden ist.

Wenn man die besten Konzepte der Welt auf Franchise-Basis weltweit ausrollen kann, dann ergibt sich für die Welt daraus ein kolossaler Entwicklungssprung. Wir können mit dieser Initiative die Welt erheblich verbessern. Dieser Entwicklungssprung verschafft uns die Möglichkeit, den Kollaps deutlich nach hinten zu verschieben und wir können so unsere Infrastruktur umstellen und uns überlebensfähig machen.

Die regionalen Sprachen müssen erhalten werden

Wichtig: Kein Land soll seine Kultur und Sprache aufgeben. Sie müssen unbedingt erhalten, gepflegt und ausgebaut werden.

Würden wir unsere unterschiedlichen Kulturen aufgeben, wäre das gleichbedeutend mit einem Artensterben in der Natur. Nur Diversität kann uns Menschen dauerhaft erfolgreich machen. Jede Kultur hat die Pflicht, sich selbst zu erhalten. Das sind wir unserer Beständigkeit und unserer Entwicklung schuldig. Denn eine Kulturarmut würde sowohl Beständigkeit als auch Entwicklung beeinträchtigen.

Dieser Schub ist nur aufgrund der Freiheit möglich

Unter Regie der demokratischen Regierungen wären wir niemals in der Lage, Bildung oder unsere Institutionen in die Welt zu exportieren. Deshalb ist die Welt in dem schlechten Zustand, in dem sie ist.

Unsere korrupten Politiker unterstützen in der dritten Welt ausschließlich Führer, die ebenfalls korrupt sind. Das hat zwei Gründe. Der erste ist: So können die Konzerne westlicher Staaten die Rohstoffe und Erzeugnisse der dritten Welt so billig aufkaufen. Das stabilisiert die Macht der Regierungen. Die Lasten tragen die ausgebeuteten Menschen der Dritten Welt, die dann als Flüchtlinge nach Europa und in die VSA strömen. Was nochmals kriminell ist, denn wir rauben der lokalen Bevölkerung intelligente Menschen. Menschen, die vor Ort etwas aufbauen könnten. Was sie leider oft auch deshalb nicht können, weil wir statt Bildung lieber Waffen liefern und Despoten unterstützen.
Der zweite Grund ist: Es gibt Länder, deren Wirtschaftsmodell am Wohl der Gemeinschaft ausgerichtet ist. So in Kuba, Venezuela und China. Dass diese Modelle nicht wirklich lebensfähig sind, sieht man sowohl in Kuba als auch in Venezuela nur zu gut. Wir haben auch im ersten Teil des Buches erklärt, warum das so ist.

China hat dieses Wirtschaftsmodell allerdings teilweise aufgegeben. China kennt sehr wohl Privateigentum und deshalb auch Kredite. Die Chinesen sind, anders als zu Zeiten des Kommunismus, heute sehr wohl gezwungen, zu wirtschaften. Jedenfalls all die, die Kredite aufgenommen haben.

Diese am Gemeinwohl ausgerichteten Systeme gefährden potentiell die Vormachtstellung der westlichen Eliten. Nur deshalb müssen Kommunismus & Co so scharf bekämpft werden. Weil Kommunismus niemals in der Lage ist, ausreichend Ressourcen zu erwirtschaften, werden diese Länder, in denen die Bevölkerung zum Wirtschaften gezwungen ist, immer überlegen bleiben. Das kommt nur heute nicht beim gesamten Volk an, sondern überwiegend bei den Machteliten und deren Freunden.

Ein weiterer und der wichtigste Grund liegt in den betroffenen Ländern selbst. Die aktuellen Eliten in der Dritten Welt haben kein Interesse an einer gebildeten Bevölkerung. Die würde ihnen ihre Privilegien streitig machen. Erst, wenn wir Freie sind, können wir die Dritte Welt mit Bildung und den notwendigen öffentlichen Dienstleistungen so helfen, dass die Menschen dort ebenfalls Freie werden können.

Die Freiheit ist das beste Exportgut

Unsere neuen, universellen Werte fordern von uns nichts anderes als die Freiheit möglichst schnell zu exportieren.

Unsere Beständigkeit wird besser, wenn die Welt friedlicher und gebildeter ist. Wir und die anderen Menschen entwickeln uns besser. Alle Menschen leben nach den Grundsätzen von Wahrhaftigkeit und Transparenz. Endlich erreichen wir Gleichheit. Wir haben eine gemeinsame Zweitsprache und eine einheitliche Freiheit. Und wir haben einheitliche, universelle Werte, die neben jeder Religion existieren können. Die Menschen stehen solidarisch in der gemeinsamen Welt für Freiheit ein. Viele von uns werden neue Verantwortung übernehmen und Menschen in aller Welt dazu ermutigen und dazu befähigen, das auch zu tun. Sparsamkeit und Einfachheit und damit eine Schonung der Umwelt werden wir erreichen, wenn wir gemeinsam danach streben und alle eine gute Bildung haben.

Wir sehen: Alle unsere Ziele lassen sich am besten durch unsere Freiheit realisieren.

Die Freiheit öffnet einen Markt ungeheuren Ausmaßes

Die Freiheit kann uns alle retten. Aber speziell wir Deutsche haben ein paar Vorteile, von der die Welt profitieren kann. Wir sind gut in Organisation und Lehre. Unsere Sprache, die als sehr logisch, klar, aber auch kalt und pragmatisch gilt, verschafft uns scheinbar ein paar Vorteile. Außerdem war Deutschland (fast) keine Kolonialmacht und hat abgesehen von den beiden Weltkriegen der Weltgemeinschaft (fast) keinen Schaden zugefügt. Für die Schäden dieser Vergangenheit haben die Deutschen so viele Reparationsleistungen gezahlt, wie das wohl kaum vorher in der Geschichte der Menschheit der Fall war. Ich bin gespannt, ob die Amerikaner und die Engländer sowie die Franzosen auch bereit sind, für die von ihren Regierungen angerichteten Schäden zu zahlen. In jedem Fall haben wir Deutsche einen Wettbewerbsvorteil, auch an Glaubwürdigkeit. Keinesfalls dürfen wir zulassen, dass unsere Regierung diese Vorteile mit ihren aktuellen Handlungen weiter gefährdet.

Wir können sofort anfangen zu investieren. Das heißt, Esperanto zu lernen und die nötigen Softwaresysteme zu entwickeln. Parallel und sofort können wir anfangen, Bildungsinhalte zu konzeptionieren und zu produzieren. Mit Erscheinen der Software können wir einzelne Videos so kombinieren, dass daraus Unterrichtseinheiten werden.

Auch unsere Sparkassen und Volksbanken können ihre Systeme nach einer Übersetzung auf Esperanto weltweit ausrollen. Mittelfristig wird dann nur noch das Esperanto-System gepflegt, wir brauchen kein speziell deutsches System mehr. Allerdings müssen wir trotzdem bedenken, dass zwei Anbieter für Europa zu wenig sind. Vielleicht gibt es vergleichbare Organisationen in anderen Ländern, die sich ebenfalls so weltweit ausbreiten können. In jedem Fall müssen die Sparkassenorganisationen den Betrieb und auch die Software für andere Kontinente komplett abgeben. Das muss nicht ohne Bezahlung erfolgen. Aber die Macht muss begrenzt bleiben, wie wir gelernt hatten. Technisch ist das alles leicht zu bewältigen und an das Target2-System lassen sich sicher einfach schrittweise weitere Banken aus aller Welt anschließen. So wird neben der Idee der Freiheit auch von Deutschland aus für die notwendige Organisation der Finanzen auf einfachste Weise und weltweit gesorgt.

Auch ein neues, vereinfachtes Rechtssystem können wir in die Welt exportieren. Das hat enorme Vorteile für unsere Unternehmen, aber auch für die Empfängerländer. Ein gutes Rechtssystem aufzubauen, ist eine schwierige Aufgabe. Unser neues Recht sollte schnell entwickelt werden und am Gewohnheitsrecht orientiert sein und die beste gelebte und erlebbare Praxis exportieren. Wahrscheinlich ist es leichter, ein neues Recht mit den wesentlichen positiven Anteilen zu exportieren, als unser von den Demokraten in Teilen verkorkstes Rechtssystem wieder zu bereinigen.

Wir können aus Deutschland extrem viel Wissen über Software und Organisation in die Welt exportieren. Diese Perspektive wird helfen, den Kollaps unserer Altersvorsorge zu vermeiden. Es entstehen viele Aufgaben, die hervorragend von alten Menschen auch in Teilzeit wahrgenommen werden. So können die Alten die Jungen entlasten, weil sie im Alter weiterhin Einnahmen erzielen können. Und alte Menschen, die heute oft noch sehr leistungsfähig und eben erfahren sind, bekommen optimale Möglichkeiten, diese Erfahrungen nutzbringend einzusetzen, weltweit.

Dieser Aspekt der Autokratie ist nicht hoch genug einzuschätzen. Wenn die Corona-Krise den Kollaps nicht auslöst, können wir mit einer schnellen Einführung der Autokratie und ihrem Export in die Welt den Umbau unserer Gesellschaft erreichen und einen Kollaps vermeiden. Es bleiben weitere Aufgaben bestehen, aber wir haben den wichtigsten Teil, die Einnahme-Perspektive, erst einmal abgedeckt. Ohne diese zusätzliche Einnahme-Perspektive wäre der Kollaps zwar noch etwas aufschiebbar, aber nur sehr begrenzt. Mit dieser großen, weltweiten Perspektive gibt es sicher genug Zeit, uns neu zu organisieren. Vor allen Dingen kann die Entwicklung durch eine sofortige Befriedung auch schnell genug vorankommen. Wir haben dadurch weltweit die Chance, sofort wieder positiv in die Zukunft zu blicken und Corona vollständig hinter uns zu lassen.

Rechtliches

Es kann sein, dass es bessere Konzepte gibt als die uns aus Deutschland bekannten Gesetze und die Rechtsprechung zum Vertragsrecht. An dieser Stelle müssen sich in jedem Fall Fachleute in die Ausarbeitung einschalten.

Ich habe jedoch durch meine Erfahrung im Ausland verstanden, dass das deutsche Schuldrechtssystem für die Anbahnung und Herstellung von Rechtsverhältnissen sehr praktisch ist. Denn leider krankt es in vielen Entwicklungsländern an einfachen und praktisch handhabbaren Rechtsvorschriften. Das deutsche Rechtssystem sehe ich deshalb als ein sehr geeignetes Exportgut an.

Die Prinzipien sind sehr klar und einfach zu vermitteln und man glaubt gar nicht, wie wichtig Rechtssicherheit ist. Das merkt man erst, wenn man sieht, wie viele Menschen sie auf dieser Welt bislang einfach nicht bekommen. Deshalb ist der

Export eines guten Rechtssystem mit großer Sicherheit ein Erfolgsmodell. Zumal es für den Exporteur natürlich auch viele Folgegeschäfte stark erleichtert.

Schuld- oder Kaufrecht

Grundsätzlich können zwei Parteien in einem Vertrag alles individuell regeln. Nur: In jedem Fall einen einzelnen Vertrag zu schließen, ist sehr umständlich. Dafür gibt es in Deutschland das Schuld- oder Kaufrecht. Ein Leistungsanbieter hat allgemeine Geschäftsbedingungen (AGB), die auf sein Geschäftsmodell oder in unterschiedlicher Form auf Teile seines Geschäftsmodells angewendet werden. Diese AGB enthalten alle Klauseln des zukünftigen Vertrages, wobei es gerichtlich formulierte Einschränkungen gibt, welche Klauseln zulässig sind und welche Klauseln nicht zulässig und damit unwirksam sind.

Mit der Abgabe eines Angebots gibt jeder Leistungsanbieter seine AGB bekannt. Diese können zum Beispiel auf der Webseite des Unternehmens veröffentlicht sein. Dort kann ein Interessent sie prüfen. Bei bekannten Unternehmen kann die Prüfung in der Regel entfallen, weil man davon ausgehen kann, dass die Regeln einen akzeptablen Standard darstellen.

Entscheidet sich der Kunde, das Angebot eines Anbieters anzunehmen, kommt ein durch die AGB begründeter Vertrag zustande, ohne dass ein Vertrag explizit unterschrieben werden muss. Es gibt also klare Regeln, nach denen das Rechtsverhältnis zwischen Anbieter und Nachfrager zukünftig durchzuführen ist. Wenn es Streitigkeiten gibt, hat man einen Katalog an Prüf- und Verfahrensregeln an der Hand, der auch für eine Beurteilung durch externe Gerichte geeignet ist.

Das Gute an dieser Vorgehensweise: Angebote können mündlich und informell erfolgen und Angebote können auf so einer informellen Basis auch informell angenommen werden, wobei damit praktisch ein Vertrag geschlossen wird.

Warum sind einfache Standardverträge so wichtig?

Da wir zukünftig keine staatlichen Einrichtungen haben, müssen alle bislang hoheitlichen Aufgaben auf privatrechtliche Verträge umgestellt werden. Das wäre ohne ein so einfaches Schuldrecht ganz schön kompliziert.

Heute macht der Staat sich das sehr einfach. Seine Organe wie die Polizei haben im Rahmen der Gefahrenabwehr privilegierte Rechte, die es bei einer rein privatrechtlichen Polizei so nicht mehr geben kann. Deshalb müssen viele Rechtsbereiche auf neue Verfahren umgestellt werden.

So werden die Kommunen beispielsweise den Anbietern von Polizeidienstleistungen den Einsatz einen vordefinierten Satz an AGB für verschiedene Einsatzgebiete vorschreiben. Wenn ein Dienstleister in dieser Kommune die Polizeileistungen anbieten will, muss er sich verpflichten, diesen Satz an AGB zu verwenden. Er kann darauf basierend seine Leistungen kalkulieren und den Freien der Kommune ein Angebot machen. Wenn der Dienstleister den Auftrag erhält, wird er vereinbarungsgemäß den AGB-Satz verwenden und so wird der Handlungsrahmen der Polizei genauso wie heute, oder hoffentlich sogar besser, festgeschrieben.

Solche AGB zu formulieren und auch das Gemeinschaftsinteresse darin unterzubringen, ohne dass es benennbare Verfassungsorgane noch gibt, stellt Juristen sicher vor spannende Aufgaben. Es bedarf definitiv umfangreichen Diskussionen, um in allen Bereichen einen guten Ersatz für die staatlichen Regelungen zu finden. Denn auch der Schutz und die Sicherheit von Angestellten der neuen öffentlichen Dienstleistungsunternehmen ist neu zu regeln. Unmöglich wird die Lösung dieser Aufgaben jedoch nicht sein.

Haftung

Haftung gilt in der Welt der Freien genauso wie es in der freien Wirtschaft schon immer war. Es gibt eine Haftung der Unternehmen für Mängel und wenn Mitarbeiter des Unternehmens, die an Schäden beteiligt waren, eine persönliche Verantwortung haben, dann müssen sie diese vollumfänglich tragen.

Das gilt ausdrücklich für alle Unternehmen, auch in der Atom- und Pharma-Industrie. Unrechtmäßige Haftungsfreistellungen von korrupten Politikern werden dabei selbstverständlich nicht berücksichtigt. Egal, wo auch immer auf unserer gemeinsamen Welt das passiert. Vielleicht lohnt es sich, mit einer Übergangsfrist auch die Waffenhersteller für Schäden durch ihre Waffen verantwortlich zu machen. Das könnte uns intelligente Waffen liefern, die Menschen nicht mehr töten können.

Wer an einem Atom-Unfall beteiligt ist, ist automatisch an den Schäden beteiligt. Da geht es um die wirtschaftlichen Schäden, wie Einnahme- oder Nutzungsausfälle, bis hin zu Körperverletzung, Totschlag und Mord. Alle Beteiligten tragen das Risiko einer Beteiligung an diesen Straftaten. Das kann von Fahrlässigkeit über Vorsatz bis hin zu heimtückisch reichen. Wenn sich die oberen Verantwortlichen auf die Haftungsfreistellung berufen möchten, dann läuft das automatisch unter heimtückisch. Denn das hatte man der Öffentlichkeit ganz bewusst vorher verschwiegen. In diesen Fällen, wo die Öffentlichkeit in der Folge von Korruption getäuscht wurde, sollten die Freien beschließen, die Beweislast umzukehren. Dann müssen die Betroffenen ihre persönliche Unschuld nachweisen. Stets und ständig muss dabei mindestens einer die persönliche Schuld haben oder sie muss unter einer Personengruppe aufgeteilt werden. Keinesfalls kann es sein, dass niemand verantwortlich war.

Das für die Atom-Industrie Gesagte gilt natürlich auch für die Pharma-Industrie. Wenn es hier bei Impfungen zu Schäden kommt, dann gelten Haftungsfreistellungen von korrupten Politikern keinesfalls. Auch hier werden alle Schäden rückwirkend zu berücksichtigen sein und das weltweit. Wenn also die Gates-Stiftung für Fälle von Impfschäden in Afrika oder sonst wo auf der Welt verantwortlich ist, dann werden sich alle, bis einschließlich Herrn Gates, dafür persönlich zu verantworten haben. Sollten sie verurteilt werden, werden die Freien auf der Welt durchsetzen, dass die Verantwortlichen an die lokale zuständige Justiz übergeben werden.

Haftung für die Demokraten und deren Freunde

Wollen wir doch einmal sehen, wie lange der ganze Corona-Wahnsinn noch andauert. Ganz klar ist: Eine Haftungsfreistellungen für Vertreter der Obrigkeit und deren Freunde wird auch rückwirkend nicht akzeptiert werden. Sie wird als Verstoß gegen die universellen Werte geahndet werden und es wird persönliche Schuld ermittelt und auch rückwirkend mit Strafen belegt werden. Das gilt für: Regierungsmitglieder und leitende Mitarbeiter der Ministerien, Parlamentarier, die keine Kontrolle ausgeübt haben, Leiter von Behörden, Vertreter von Medien. Es gilt auch für die Industrie, deren vermeintlich risikolosen Gewinne ohne den Schutz der befreundeten, korrupten Polit-Mafia plötzlich sehr riskant werden. Vielleicht ist die ganze Pandemie dann schneller vorbei als gedacht. All das, was bis jetzt gelaufen ist, kann bestimmt als Freiheitsberaubung und versuchte bzw. tatsächliche vorsätzliche Körperverletzung gewertet werden. Auch Beihilfe zu diesen Straftaten ist mit Sicherheit nachweisbar, insbesondere wenn es in den großen Medien nachweisbar keine ausgewogene Berichterstattung gab. Auch hier werden die Freien, wenn der Schutz der korrupten Demokraten entfallen ist, für Gerechtigkeit sorgen. Da werden sicher einige Jahrzehnte an Gefängnis zusammenkommen, bei den Quantitäten an Verletzten und Rechtsverletzern.

Wir sehen auch hier: Die von der Autokratie garantierte Freiheit sorgt weltweit für Gerechtigkeit. Unsere Welt wird durch das Ausschalten korrumpierbarer Obrigkeiten mit Sonderrechten automatisch gerechter und auch die Umweltschäden werden in der Folge sofort zurückgehen.

Sechsmonatige Beweislastumkehr beim Verbrauchsgüterkauf

Das in Deutschland geltende Schuldrecht mit seiner Haftung für Mängel und der speziellen sechsmonatigen Beweislastumkehr beim Kauf von Verbrauchsgütern ist ein Umweltschutzgesetz erster Ordnung. Auch das ist ausgezeichnet für den Export geeignet, weil in aller Welt die Menschen viel Geld für Produkte ausgeben und dann verlieren, weil die gekauften Produkte schlicht und einfach von Anfang an mangelbehaftet sind.

In vielen Staaten außerhalb der Industrieländer ist dies ausschließlich ein Problem der Käufer. In der Regel können sie keinen Mangel geltend machen und bleiben auf dem Schaden sitzen. Neben dem Käufer leidet jedoch auch die Umwelt, weil die mangelbehafteten Produkte in der Regel direkt auf dem Müll landen.

Allerdings muss beim Export dieses speziellen Aspekts vorsichtig vorgegangen werden. Verkäufer, die diese Regelung plötzlich beachten müssen, stehen vor ganz neuen Herausforderungen. Sie müssen die Produkte vor dem Einkauf prüfen bzw. sich vom Verkäufer mit Garantien versehen lassen, um nicht durch die Nachbesserungs- und Rücknahmepflichten in die Pleite getrieben zu werden. Man kann bestimmt sagen, solche gesetzlichen Regelungen haben die Konzentration im deutschen Handel gefördert. Denn für einen kleinen Einzelhändler ist eine Überprüfung aller Produkte seines Sortiments in der Regel nicht möglich. Für die großen heutigen Ketten ist es viel einfacher, den Lieferanten die entsprechenden Garantiebedingungen bereits im Kaufvertrag vorzuschreiben. Das können kleine Einzelhändler nicht und hier muss überlegt werden, wie der für die Händler entstehende Druck voll an die Hersteller weitergegeben werden kann. Denn das Ziel soll nicht eine Konzentrationswelle im Handel sein, sondern der Schutz von Verbrauchern- und Umwelt.

Gesundheit

Unser deutsches Gesundheitssystem ist nicht schlecht. Trotzdem liegt es durch die staatlichen Eingriffe massiv hinter seinen Möglichkeiten zurück und sowohl die Patienten als auch die Mediziner leiden unter diesem System.

Ärzte werden nur bezahlt, wenn der Patient gesund wird

Ein Gesundheitssystem unter Freien kann nicht anders funktionieren als andere Systeme auch. Also nach unserem Schuldrecht. Wenn ich zum Arzt gehe, dann erwarte ich, dass der Arzt mich gesund macht. Er verschreibt mir Medikamente, verordnet Therapien und schickt mir die Rechnung, wenn die Arbeit erfolgreich abgeschlossen und der Patient wieder gesund ist.

Die staatlichen Systeme heute steuern da völlig in die falsche Richtung. Weder Ärzte noch Pharma-Industrie haben ein Interesse an gesunden Patienten. Für beide Leistungsanbieter sind dauerhaft kranke Patienten besser, solange diese nicht versterben. Und so geht es dann auch. Ganz preiswerte, einfache und günstige Mittel, die uns heilen, werden verboten. Eine Ernährung wird propagiert, die uns krank macht. All das, weil Regierung und Medien korrupt sind.

Ein Arzt, der im Normalfall nur bezahlt wird, wenn der Patient geheilt ist, der wird sich um echte Gesundheit bemühen und nicht um möglichst langes Dahinsiechen.[19] Die Pharma-Industrie wird sich massiv verändern müssen, aber das ist mehr als notwendig.

Natürlich muss eine ärztliche Betreuung auch bei echten chronischen Krankheiten gesichert werden. Das ist recht einfach und über einen gesonderten Vertrag auf Zeit- und Materialbasis möglich, wie das bei jeder anderen Dienstleistung auch der Fall ist.

Außerdem muss die Behandlung nach Unfällen gesondert geregelt werden. Es ist keinem Arzt zuzumuten, einen Patienten zu behandeln, der nur eine Überlebens-Chance von zehn Prozent hat, würde man ihn nur im Erfolgsfall bezahlen. Hier müssen wir intelligente Lösungen finden.

Krankenkassen werden natürlich alle privat sein

Das, was der Staat ewig bekämpft hat, hat sich mit unserer Entscheidung für die Freiheit durchgesetzt. Es wird nur noch private Krankenkassen geben.

---

[19] Hier soll nicht unterstellt werden, dass alle Ärzte so eingestellt sind und nicht primär bemüht sind, ihre Patienten zu heilen. Aber das System der Bezahlung begünstigt die Handlungsweise „Krankheiten zu pflegen" eben sehr. Denn Ärzte müssen eben auch Hypotheken abzahlen. Und wenn alle Menschen fast immer gesund wären, hätten alle Ärzte viel weniger Einnahmen.

Die Beiträge werden sehr wohl nach der Lebensweise gestaffelt. Wer raucht, sich schlecht ernährt, gefährliche Sportarten betreibt, muss mehr bezahlen. Wer gesund lebt und deshalb weniger krank sein wird, soll weniger bezahlen. Jeder Leser kann sich an dieser Stelle selbst überlegen, warum dieses neue, private Gesundheitssystem anhand unserer universellen Werten viel besser beurteilt wird als das staatliche System, bei dem Beiträge ausschließlich nach dem Einkommen gestaffelt wurden. Was natürlich, anders als heute, nicht beachtet werden darf, sind Vorerkrankungen, sofern diese nicht selbst verschuldet[20] sind. Naturbedingte Erkrankungen des Einzelnen sollen ja gerade vom Einzelfall auf die Solidargemeinschaft der Gesunden verteilt werden.

Natürlich wird es eine angemessene Selbstbeteiligung geben, damit wir alle an einer Sparsamkeit interessiert bleiben. Wenn immer es geht, müssen wir marktwirtschaftliche Mechanismen nutzen, um uns gegenseitig zu verbessern. Oder zu „entwickeln", wie wir es in unseren universellen Werten bezeichnen.

Dezentralisierung, um uns gegen zukünftiges Kollabieren zu schützen

Jetzt, wo wir keine Machthaber mehr haben, die primär gezwungen sind, ihre eigene Macht zu erhalten, können und müssen wir uns anders als bislang organisieren. Wir müssen immer bedenken: Der Kollaps des Geldsystems ist nur aufgeschoben, nicht aufgehoben. Er muss zwangsläufig immer kommen. Nur muss es möglichst gut verteilt werden auf der Welt. Keinesfalls dürfen wir so weiter zentralisieren, wie das bisher geplant ist. Wenn der Kollaps zwar verschoben wird, aber dann auf der ganzen Welt gleichzeitig passiert, wird die Menschheit ausgerottet. Vielleicht wäre das besser für den Planeten Erde, aber wir können die Erde auch anderweitig schützen und trotzdem weiterleben.

Ganz grundsätzlich müssen wir soviel dezentralisieren wie irgendwie möglich ist. Alles, was zentral organisiert ist, ist verwundbar bzw. wenig widerstandsfähig. Was dezentral organisiert ist, kann eher überleben, weil es wieder mehr Redundanz gibt. Jeder, der im Home-Office arbeiten kann, soll das tun, möglichst oft. Das bedeutet weniger Verkehr, und falls nötig, schließt man sich per Video-Konferenz zusammen. Das beste dabei ist: Man kann ins Grüne ziehen und mit Kindern soll man das unbedingt tun. Die heute größte Sorge der Eltern vor solch einem Umzug – Welche Schule werden wir vorfinden? – kann nach dem Aufheben des Bildungsmonopols einfach ignoriert werden. Jedes Kind bekommt die besten Bildungsangebote über das Netz, überall. Dezentrale Betreuung muss sein, aber da

---

[20] Beispielsweise durch starkes Rauchen oder anderes privates Fehlverhalten.

spielen dann die menschliche Werte eine viel größere Rolle als die didaktischen Kenntnisse. Das wird überall ausreichend gut funktionieren.

Lebensmittelversorgung dezentralisieren

Die Lebensmittelversorgung muss unbedingt wieder dezentral funktionieren. Riesige, zentrale Schlachthöfe waren nötig, damit kein Bauer seine Tiere schlachten kann, ohne Abgaben an die Staatsmafia zu zahlen. Dieses Risiko besteht heute so nicht mehr, und warum soll man den Tieren riesige Transportwege zumuten? Wenn immer es möglich ist, sollte der Bauer seine Tiere wieder selber schlachten. Das hat für die Tiere und für die Menschen nur Vorteile. Die schlecht verwertbaren Teile kann man dann immer noch einsammeln, um sie zentraler zu verarbeiten. Ansonsten sind regionale Schlachthöfe ein gutes Angebot, für alle Tiere, die so direkt keine Abnehmer finden. Kein Tier sollte mehr als vierzig bis achtzig[21] Kilometer weg von seinem Hof geschlachtet werden.

Selbstversorgung oder Subsistenzwirtschaft

Wir müssen die Kenntnisse zur Selbstversorgung wiederherstellen. Sollte es zu einem Kollaps kommen, können wir Menschen so überleben, wenn wir die Techniken dafür beherrschen. Wir Menschen müssen stets unsere Lebensgrundlagen beherrschen. Wir müssen die Werkzeuge haben. Wir müssen die Kenntnisse haben, wir müssen das eingeübt haben. Wir müssen es am Laufen halten. Mit niedriger Intensität, aber so, dass wir es jederzeit auf eine existenzerhaltende Intensität ausbauen können.

Diese Notwendigkeit dürfen wir nicht aufgeben oder wegdelegieren, weil es effizienter ist. Das kann im wahrsten Sinne des Wortes tödlich enden.

Redundanz, die unsere Existenz sichert, ist notwendig.

Wenn wir produzieren, was wir essen, werden wir auf die Qualität achten. Wenn es für jemand Dritten produziert wird, den wir kennen, werden wir weniger achtsam sein, als für uns selbst. Aber wir werden eine hinreichende Achtsamkeit erhalten. Denn wer will Freunde, Nachbarn und Kollegen oder Mitmenschen der nahen Umgebung schon wirklich schaden?

---

[21] Die genaue Distanz muss regional festgelegt werden.

Wenn ein Bauer mit einem Minimalpreis abgespeist wird, und er muss seine Leistungen für Menschen erbringen, die weit weg sind und seine Leistung so oder so nicht respektieren, warum soll er sich anstrengen, um gute Qualität zu liefern? Er liefert eine große Menge, für die er bezahlt wird. Mehr wird von ihm nicht verlangt und mehr liefert er auch nicht. Wir müssen uns nicht wundern, dass immer mehr Allergien entstehen und wir Gesundheitsprobleme bekommen, wenn Nahrungsmittelproduktion schlecht organisiert ist.

Wenn in der Nachbarschaft ein Hahn kräht, weil er seine zwanzig Hennen beschützt und organisiert, dann ist das eine wichtige Aufgabe, die er wahrnimmt, keine Ruhestörung. Das sind zwanzig Hennen, die nicht in Legebatterien gehalten werden. Die Futter bekommen, das abwechslungsreich ist. Die lokalen Dünger für Pflanzen produzieren und Eier von einmaligem Geschmack. Wir dürfen uns nicht aufregen, dass die Natur nach der Sonne lebt, weil wir das nicht mehr müssen. Der Hahn muss seinen Aufgaben nachkommen. Das ist genauso wichtig wie es unsere Aufgaben sind.

Schule muss dezentrale Selbstversorgung vermitteln und einüben

Kinder haben die Zeit zu lernen und sie sollen etwas Praktisches und Sinnvolles machen, wenn Bildung aus guten Gründen auf den Bildschirm verlagert wird. Sie sollen alles über unsere Lebensmittelproduktion lernen. Pflanzen und Tiere beim Wachsen zu beobachten, mit Pflanzen und Tieren zu leben, ist eine kolossale Bereicherung. Hoffentlich können alleine dadurch die vielen Psychopharmaka reduziert werden, die Kinder heute schlucken müssen.

Unsere Kinder müssen lernen, Pflanzen anzubauen und Tiere zu halten. Konkret sind das Gemüse, Getreide, Obst sowie kleine Nutztiere. Tiere liefern hochwertige Nahrung ohne Flächenbedarf und mit niedrigem Pflegeaufwand. So wird eine eigenständige Ernährung kostengünstiger. Einen Verzicht auf Tiere können sich nur Städter leisten, wenn sie alle Nahrung einkaufen können. Wer als Volljähriger auf seine Lebensgrundlage verzichten möchte, darf dies tun. Aber es muss unsere gesellschaftliche Pflicht werden, allen Menschen ihre Lebensgrundlage wieder zu vermitteln.
Kinder müssen deshalb auch lernen und verstehen, dass wir Tiere schlachten müssen, um zu überleben. Sie sollen lernen und verstehen, wie so etwas geht. Wir müssen immer bedenken: Wenn wir Nutztiere halten und lokal schlachten, hatten sie vorher ein angenehmes, tiergerechteres Leben. Wenn wir sie in Fabriken halten und schlachten lassen, können wir noch so tolle Gesetze erlassen, es wird immer Fabrik-Ware bleiben. Das geht nicht anders. Menschen und Tiere leben seit Jahrtausenden zusammen. Tiere zu haben und zu sehen, wie sie wachsen und gedeihen,

macht glücklich, unbeschreiblich glücklich. Ja, man ist traurig, wenn man so ein Tier zum Schlachten gibt. Und es ist richtig, wenn nicht der Halter seine Tiere selbst schlachten muss, sondern es vielleicht zwei Nachbarn im Tausch machen. Tötest du meine, töte ich deine. Aber getötet werden die Tiere so oder so. Nur wenn wir es lokal machen, passiert es nicht in der Fabrik.

Es hilft uns allen, wenn wir unsere Selbstversorgung über die Kinder neu organisieren. Es hilft für den Fall des Finanzkollaps oder auch nur für eine temporäre Arbeitslosigkeit. Wenn jeder Mensch seine eigene Lebensgrundlage einigermaßen abgesichert weiß, dann kann er viel ruhiger und zufriedener Leben. Wir können so lernen, wieder mit der Natur in den Einklang zu kommen. Einen Einklang, den wir verlassen haben, weil es für die Machthaber so günstiger war. Ohne zu beachten, wo das am Ende hinführen wird. Wenn wir das System verstanden haben, können wir den Kollaps unserer Hochkultur vermeiden und langfristig, bei guter Qualität, alle gemeinsam friedlich auf dem Planeten leben.

Umwelt

Sobald wir das System soweit stabilisiert haben und unsere Lebensgrundlage durch Dezentralisierung wiederhergestellt ist, können wir die Beiträge senken, um dadurch den Verbrauch von Ressourcen zu senken. Ohne eine sichere, dezentrale Lebensgrundlage sollten wir keine Risiken eingehen und das System noch weiterlaufen lassen, wie es ist bzw. vor der Corona-Krise war.

Je schneller die Wirtschaft wieder sicher läuft, desto besser können wir die Umstellung von der Demokratie auf die Autokratie vorantreiben. Allein durch die Umstellung werden sich erhebliche Veränderungen ergeben, die den Planeten entlasten werden. Denn wir werden insbesondere in der bisherigen Dritten Welt für höhere Umweltstandards sorgen. Davon profitieren die lokale Bevölkerung und der Planet als Ganzes mehr als durch zusätzliche marginale Änderungen bei uns.

Geld und Kredite

In Deutschland haben wir den Euro als Währung. Für Deutschland war der Euro ein Erfolg. Es brachte einen Export-Boom, weil Menschen und Unternehmen aus den Ländern der Eurozone plötzlich dieselbe Währung hatten und bei uns einkaufen konnten. Deutschland war es gewohnt, mit einer harten Währung umzugehen. Die südlichen Staaten Europas waren dies nicht. Sie haben keine Disziplin bei den Lohnerhöhungen gezeigt und auch übermäßig viele Kredite aufgenommen, die ja plötzlich viel günstiger waren. Viele der Kredite wurden verwendet, um deutsche

Produkte zu kaufen. So wanderte Geld vom Süden nach Deutschland und es sammelten sich Schuldenberge in den südlichen Ländern an. Nicht zuletzt, weil die Märkte im Süden viel weniger gesättigt waren als der deutsche Markt. Eine gemeinsame Währung für alle ist ein großes Problem. Das hat der Euro ganz offensichtlich gemacht. Wenn es für Europa nicht geeignet ist, dann ist es für die Welt noch schlimmer. Aber genau dort würde es enden, wenn wir unsere Demokraten weitermachen lassen würden. Sie haben keine andere Wahl. Um ihr Zwangssystem am Laufen zu halten, müssen sie die Offensichtlichkeit verschleiern, dass die von ihnen gemachten Schulden nicht rückzahlbar sind.

Wie macht man das mit immer größeren Schulden? Ganz einfach: Man überträgt sie auf immer größere Einheiten. Deshalb waren alle in der Politik auch so froh, dass es jetzt Schulden und wohl demnächst auch Steuern auf EU-Ebene geben soll. Nur führt uns diese Konzentration zwangsläufig zum Aussterben, wenn der unvermeidliche Schuldenkollaps irgendwann kommt. Es ist fatal, die immer wiederkehrende Schuldenkrisen zu zentralisieren, wenn wir überleben wollen.

Eine einzige gemeinsame Währung für alle ist keine Lösung

Wenn wir überleben wollen, müssen wir Schuldenkrisen dezentralisieren und dadurch beherrschbar machen. Sie müssen zeitlich und räumlich verteilt auftreten; so sind sie für alle am besten zu überstehen. Ein Teil der betroffenen Menschen kann vorübergehend abwandern, der Rest überlebt mit Subsistenzwirtschaft.

Wenn das jetzt hier aufgeführt wird, dann ist das ein erster Vorschlag. Dieser kann bei besserem Nachdenken zu anderen Ergebnissen führen. Wie wichtig die richtige Festlegung von Geld ist, haben wir nicht umsonst im ersten Teil des Buches immer wieder gelesen. Deshalb müssen hier unbedingt viele Fachleute, die das Konzept von Autokratie verstanden haben, noch einmal mitmachen und das neue Geld richtig festlegen. Trotzdem kommen wir um einen Vorschlag nicht herum, dazu ist das Thema zu wichtig.

Geld soll regional sein

Wir sollten ein regionales Geld einführen. Das ist eine Größe, die nicht zu groß, aber auch nicht zu klein erscheint. Der Name setzt sich aus dem Namen der Region sowie dem Geldnamen der Region zusammen. In Deutschland würde es also vielleicht eine Berliner Mark und eine Hamburger Gulden geben, aber vielleicht auch eine Ostsee Mark oder einen Harzer Taler. Die Regionen sind frei in der Auswahl. Die Währung muss allerdings eindeutig sein.

Technisch und von der Abwicklung her wird das viele unterschiedliche Geld uns als Käufer nicht mehr beeinträchtigen, wenn wir so oder so auf Bargeld verzichten. Dann wird jegliche Umrechnung von Währungen stets von der Bank automatisch vorgenommen. Jeder Mensch hat sein Konto in der Währung und in der Region , in der er lebt. Sein Gehalt wird in lokaler Währung gezahlt und seine Kredite in lokaler Währung bei lokalen Banken aufgenommen. Wenn er umzieht und in einer anderen Währung bezahlt wird, dann sollen auch bestehende Kredite umgestellt werden. Wir müssen Währungsrisiken für einzelne Menschen unbedingt vermeiden. Die Banken müssen dafür die notwendigen Dienstleistungen bereitstellen. Für regionale Händler sollte die Lage nicht anders sein. Sie kaufen Waren stets in lokaler Währung ein und verkaufen sie in dieser auch wieder.

Überregionale Unternehmen dezentral finanzieren und besteuern

Nun gibt es Unternehmen, die überregional produzieren und verkaufen. Diese sind bisher auf Finanzierungen durch überregionale Banken angewiesen, weil kleine Banken, wie wir sie anstreben, die Risiken aus solchen Krediten gar nicht verkraften könnten. Die Pleite eines Großkonzerns kann heute auch Großbanken durchaus in Schwierigkeiten bringen, wie die Finanzkrise gezeigt hatte.

Deshalb der Vorschlag, dass sich Unternehmen grundsätzlich in ihren Absatzmärkten finanzieren sollen. Das heißt, wenn Volkswagen in der Region Berlin durchschnittlich 1000 Autos pro Monat verkauft, dann sollen die kommunalen Banken in der Summe den Geldbedarf für die Vorfinanzierung dieser Autos als Kredit bereitstellen. Natürlich in der regionalen Währung. Im Gegenzug erfolgen alle Bezahlungen der gekauften Autos über die Konten des Konzerns in der Region, ebenfalls in regionaler Währung. So haben die Banken eine Kontrolle, sodass ihren Krediten eine entsprechende regelmäßige Einnahme gegenübersteht. Sollten sich die Einnahmen verändern, werden auch die Kredite verändert. Die regionale Bezahlung hätte auch Vorteile bei der Besteuerung. Die Gewinne, die ein Konzern regional erzielt, sind jeweils regional zu versteuern. Was ein enormer Vorteil für die Beständigkeit und für die Gerechtigkeit wäre.

Das Währungsrisiko trägt stets der „Exporteur". Er kann sich aber für alle Regionen gleichermaßen und auf einheitliche Weise absichern, weil sich die Geschäfte für ihn mit allen Regionen gleichartig darstellen. Jedes Mal wird das erhaltene Geld noch in der Region in die globale Währung getauscht und dann zur Konzernzentrale transferiert. Dort werden die Einnahmen anteilig auf die beteiligten Firmenstandorte verteilt. Mitarbeiter werden stets regional in ihrer regionalen Währung bezahlt: überregionale Lieferanten in globaler Währung, rein regionale Lieferanten in regionaler Währung.

Regionale Währungen sind selbstregulierend

Die Regionen verlieren auf diese Weise kein eigenes Geld. Es besteht auch stets Nachfrage für die regionale Währung. Was passieren wird, ist, dass regionale Währungen gegen die globalen Währungen schwanken.

Wenn eine Region so vom Export profitiert, werden Reisen in diese Region teurer, genauso wie der Erwerb der dort produzierten Waren. Umgekehrt können Waren aus anderen, exportschwachen Regionen günstiger eingekauft werden. Auf diese Art regulieren sich Unterschiede wieder, die sich beim Euro oder beim Dollar eben nicht vernünftig ausgleichen lassen. Es entsteht ein sich selbst stabilisierendes System.

Wenn eine Region schwach ist im Export, wird das die regionale Währung abwerten. Ebenso wird es teurer, Waren aus exportstarken Regionen einzukaufen. Der weitere Abfluss von Geld wird gebremst. Es wird für externe Unternehmen günstig, in exportschwachen Regionen zu produzieren oder für Menschen anderer Regionen dort Urlaub zu machen und einzukaufen. Dadurch kann wieder Geld in eine Region fließen, was bei einer zentralen Währung so nicht der Fall wäre. Auch ein Arbeiten außerhalb der Region wird attraktiv, weil der Arbeitslohn nach wie vor in der günstigen, regionalen Währung des Wohnorts gezahlt würde.

Wenn regionale Währungen aufgrund von Altschulden in Euro/Dollar gar nicht zu stabilisieren sind, ist die regionale Insolvenz und Entschuldung eine gute Möglichkeit für einen Neustart. Es kann sein, dass in dieser Zeit einige Menschen abwandern, um anderswo ihre Chancen wahrzunehmen. Aber mit einem neuen regionalen Geld besteht die Chance für einen Neuanfang. Klar ist: Die alten Gläubiger können nicht gänzlich leer ausgehen. Das wäre nicht gerecht. Letztlich hatte man für die Schulden ja auch Leistungen bezogen. Keinesfalls dürfen systematische Fehlanreize erzeugt werden, die eine Verschuldung fördern, um dann eine schmerzlose Insolvenz durchzuführen. Vielleicht lassen sich die Schulden regional solidarisch verteilen und mit einem langfristigen Plan gemeinsam abtragen.

Dezentrale Gewinnbesteuerung

Die Region Wolfsburg lebt heute von den Gewinnen des VW-Konzerns. Wenn sich da ein gravierender Verlust ergibt, ist das für die Region eine Katastrophe. Nicht nur fallen die Gewinnsteuern weg. Es kommen die Arbeitsplatzverluste noch dazu. Würden in der Region, anders als bisher, dauerhaft nur der Gewinn der dort verkauften Autos versteuert, dann wäre die Abhängigkeit viel geringer. Und als Ausgleich würden alle Waren, die aus anderen Regionen nach Wolfsburg geliefert werden, umgekehrt dort versteuert. Auch wenn die Lieferanten dort gar keinen Firmensitz haben. Also auch Computer, Mobiltelefone etc. Deren Gewinne würden zwar wahrscheinlich auch sinken, aber nicht völlig kollabieren. Die Regionen, die Konzernstandorte sind, profitieren weiterhin von den Arbeitseinkommen der Beschäftigten. Die Konzerngewinne werden aber dezentral versteuert, was für alle Abnehmer des Konzerns einen Gerechtigkeitsgewinn darstellt. Verbunden mit der breit angelegten dezentralen Finanzierung hat das für die Konzerne auch Vorteile.

Die Steuern gibt der Konzern selbst in der Region gemeinsam mit den Menschen vor Ort aus. Das kann zu besseren Kontakten und mehr Verbundenheit und mehr Geschäft führen. In jedem Fall trägt es zu einer Vernetzung von Menschen bei und das ist für unseren Planeten enorm wichtig. Wir werden alle gemeinsam friedlich zusammenleben. Und wir werden uns dabei als Menschen entfalten und entwickeln können, allein durch den verbesserten globalen Austausch.

Fazit zur Autokratie

In den Kapiteln des vierten Teils wurden viele Aspekte der Autokratie mit glaubwürdigen Konzepten hinterlegt. Die drei wichtigsten Punkte möchte ich noch einmal aufgreifen.

1. Das Sicherheitskonzept, um Freiheit dauerhaft zu erhalten.
2. Die Finanzhoheit, um Sicherheit dezentral durch Freie zu finanzieren.
3. Eine Einnahmeperspektive, um den drohenden Kollaps der Gesellschaft aufschieben zu können.

Die dargestellten Konzepte waren eigentlich immer einfacher, logischer, gerechter und damit besser als die bisherigen Konzepte. Sicher fehlen viele Bereiche, die noch auszugestalten sind. Aber es kann nicht Aufgabe sein, an dieser Stelle die ganze Welt neu zu erfinden. Die meisten Dinge können mit einigen Veränderungen im rechtlichen Bereich so bleiben, wie sie sind. Zu viele Vorgaben zu machen, wäre deshalb eher anmaßend als sinnvoll. Viele Konzepte können und sollen ganz bewusst von den Menschen regional ausgestaltet werden. Für lokale Betriebe ist das besser und Großkonzerne, die heute von der Vereinheitlichung der Rechtsräume und im Sinne der Obrigkeit besonders profitieren, stehen in der Autokratie nicht mehr an erster Stelle. Es bleibt schon noch einiges zu tun. Was aber gezeigt wurde:

Autokratie ist machbar!

Das sollte jedem Leser klar geworden sein. Die Autokratie kann die Welt in ein friedliches Paradies umwandeln. Während die Demokratien bislang die Welt nur mit Gewalt zum Vorteil der Staatsmafia und ihrer Freunde ausgesaugt haben.

Wenn wir die Regierung selbst in die Hand nehmen, werden bei Entscheidungen nie wieder nur die Vorteile der Gegenwart genutzt und langfristige Schäden bewusst in Kauf genommen. Wir werden immer auch an unsere Kinder denken. Nicht wie die Demokraten, die stets an ihre momentane Macht denken müssen.

Jeder wird gebraucht, um mitzuarbeiten. Mitzuarbeiten an einer guten Idee, an einem glaubwürdigen System. Gemeinsam werden wir den Kollaps abwenden und frei werden. So werden aus Bürgern „Freie".

Wir müssen verstehen, dass wir ein neues Grundgesetz brauchen. Ein Grundgesetz, das anders als eine Verfassung nicht Institutionen schafft, sondern die Schaffung von Institutionen der Beherrschung explizit verbietet. Wir müssen die Revolutionen der Aufklärung endlich zu Ende bringen, auch die deutsche Revolution von 1848/49.

Knechtschaft, die zu beenden ist – schwarz

Besiegen der Obrigkeit – rot

Das Licht der Freiheit – gold

Grundgesetz

§1

a) Es darf zu keinem Zeitpunkt Pflichtabgaben an einzelne, natürliche oder juristische Personen oder Personengruppen für Gemeinschaftszwecke geben. Alle Beiträge zur Gemeinschaft müssen stets direkt vom Beitragszahler an die jeweiligen Beitragsempfänger fließen.

b) Die Zahlungen an Sicherheitsdienstleister dürfen nicht durch Dritte beeinflusst werden.

c) Alle anderen Zahlungen von Gemeinschaftsbeiträgen können über Zahlungsdienstleister abgewickelt werden, die jedoch stets an Weisungen des Beitragszahlers gebunden sind.

§2

a) Die universellen Werte von Beständigkeit, Entwicklung, Wahrhaftigkeit, Transparenz, Gleichheit, Solidarität, Freiheit, Verantwortlichkeit, Sparsamkeit, Einfachheit sind bei allen Handlungen, insbesondere bei Be- und Verurteilungen sowie bei Verträgen und Gesetzen stets zu beachten. Wertekonflikte sind stets zu ermitteln, zu dokumentieren und Entscheidungen sind bezogen auf diese Konflikte zu erläutern.

b) Die universellen Werte können verändert, insbesondere erweitert werden.

c) Sie dürfen jedoch niemals in ihrem Wesen verändert werden.

§3

a) Die Paragraphen 1 bis 3 dürfen nicht geändert oder aufgehoben werden.

b) Sie müssen jedem Menschen bekannt sein. Jedem Menschen soll in aller Ausführlichkeit beigebracht werden, warum die drei Paragraphen für die Menschen und die Menschheit so wichtig sind.

Mit diesen drei Paragraphen[22] haben wir ewige Freiheit.

Mit diesem Grundgesetz haben wir unser Ziel klar vor Augen. Wir sehen das Licht der Freiheit, die wir dann dauerhaft verteidigen wollen, damit die Knechtschaft nicht wieder zurückkehrt.

Jetzt müssen wir uns nur noch der bisherigen Obrigkeit entledigen.

---

[22] Oder vergleichbaren Paragraphen, die von Juristen sicher besser formuliert werden können.

Teil 5: Was kann ich tun?

Wenn Sie, lieber Leser, sich jetzt diese Frage stellen, möchte ich mich dafür bei Ihnen bedanken. Danke dafür, dass Sie so lange durchgehalten haben, um meine ganzen Ausführungen zu lesen. Danke dafür, dass Sie die Notwendigkeit einer Änderung verstanden haben. Danke dafür, dass Sie bereit sind, sich an dieser Änderung zu beteiligen. Ohne dass anfangs eine qualifizierte Mehrheit mitmacht, wird keine Umstellung zu bewerkstelligen sein. Keiner von uns allein kann irgendetwas ändern. Gemeinsam ist sicher, dass wir es schaffen.

Ich möchte niemandem sagen oder vorschreiben, was er tun und wie er helfen kann. Jede Hilfe ist willkommen. Meine Ausarbeitung in Teil fünf ist ein Anfang, weil ich das Privileg genossen habe, mich sehr lange mit dem Thema beschäftigen zu dürfen. So haben wir hier eine erste Sammlung an praktischen Vorschlägen. Wenn es bessere Ideen gibt, sollten wir selbstverständlich diese umsetzen. Ich hoffe, was hier folgt kann Suchenden Hilfe leisten, insbesondere denen, die wenig Zeit haben und trotzdem helfen wollen. Alles, was Sie im Folgenden lesen können, sind meine ersten Gedanken. Je mehr Menschen ihre Freiheit entdecken und die Perspektive verstehen und sich aktiv für unsere gemeinsame Freiheit einsetzen wollen, desto besser wird es. Desto mehr Ideen kommen zusammen und die Kraft der Idee lebt ganz von allein.

Eine gute Idee ist wie Zahnpasta: Einmal in der Welt, geht sie nicht mehr zurück in die Tube. Gemeinsam werden viele Menschen helfen, die Idee richtig zu entwickeln. Bitte lieber Leser, werden Sie ein Teil davon. Mit Freude geht jede Arbeit leichter von der Hand. Deshalb:

Freuen Sie sich! Sie müssen nicht mehr die Menschen wählen, die sie später mit Gesetzen und Strafen schikanieren.

Freuen Sie sich! Sie dürfen das Geld, was bisher als Steuern an die Staatsmafia geflossen ist, jetzt selbst ausgeben.

Freuen Sie sich! Sie werden an Würde und Weisheit gewinnen, wenn Sie überlegen, wie Sie mit dem Steuergeld Sinnvolles für Ihre Gemeinschaft tun können.

Freuen Sie sich! Wir werden gemeinsam Frieden erreichen für die gesamte Welt.

Bevor wir zu den Unterstützern kommen, noch ein paar allgemeine Worte, an die Menschen, die nichts tun wollen oder können.

Haben Sie bitte keine Angst vor den Autokraten

All die Missstände, die wir hier angeschaut haben, bestehen seit Jahrzehnten. Wir müssen die Missstände abstellen, weil ihre Folgen die Menschheit in ihrer Existenz gefährden. Ich hoffe, ich konnte diese Zwangsläufigkeit am Ende des zweiten Teils klar genug herausarbeiten. Würden wir nichts ändern, kommt der dort geschilderte Kollaps und dieser Kollaps würde die Mehrheit von uns unvorbereitet treffen und umbringen. Dieser Gedanke hat mich nach unserer Flucht nach Südamerika stets sehr belastet. Der Kollaps ist ein Nebeneffekt des von mir aufgezeigten Systemfehlers der Demokratie.[23]

Warum ist das so?

Wenn wir richtige Führer hätten, die an unserem Wohl interessiert gewesen wären, und nicht am Erhalt ihrer Macht, hätten sie die von uns jetzt erkannten Fehlentwicklungen bekämpft. Sie hätten uns längst einen anderen Weg aufgezeigt. Sie hätten den falschen Weg vermieden und uns vielleicht davor gewarnt. Klar sind Führer nicht perfekt. Es ist manchmal schwierig und erfordert viel Voraussicht, die man auch bei gutem Willen nicht immer haben kann. Es gab stets warnende Stimmen. Aber beim alten System gab es wenige, die entschieden haben. Sie konnten leicht sagen, lasst uns voranschreiten, *„sollen die möglichen Probleme doch später die anderen lösen. Die sind später ja sicher schlauer als wir und ihnen wird schon etwas einfallen."*

Freuen wir uns, dass uns jetzt etwas eingefallen ist. Freuen wir uns, dass wir einen Plan haben. Gucken Sie bitte, was in der Welt passiert. Die Rassenunruhen, die wir in vielen Städten der VSA sehen, sind ein klares Warnsignal. Viel Zeit bleibt uns nicht. Wir in Europa, speziell in Deutschland, haben gegenüber den VSA einen zeitlichen Vorteil. Aber trotzdem bleibt uns nicht viel Zeit, denn der Strudel, den ein Untergang der VSA erzeugt, könnte uns leicht mit in die Tiefe reißen.

Haben Sie keine Angst, wir sind mit einem Plan besser aufgestellt, um den Kollaps abzuwenden, als ohne einen Plan. Wenn Sie jetzt an dem Plan mitwirken wollen, umso besser und ich möchte ich mich nochmals und vorab dafür bedanken.

Allerdings sind Risiken damit verbunden. Sie können angefeindet oder isoliert werden und es könnte sein, dass die Mafia gewalttätig wird. Wir wissen alle um

---

[23] Genauer genommen jeglicher Zwangsherrschaft einschließlich der Demokratie. Die Demokratien sind jedoch die mächtigsten Zwangsherrschaften aller Zeiten und deshalb an erster Stelle zu nennen.

die Gott sei Dank friedliche Revolution in der DDR. Wir Deutschen haben Erfahrung mit einer friedlichen Revolution. An der Bevölkerung liegt es nicht, ob es friedlich bleibt. Die Gewalt liegt nicht bei uns, leider. Und es könnte sein, dass die Mafia eine große Anstrengung unternimmt, um an der Macht zu bleiben. Das kann auch ein großer Terroranschlag oder ein Krieg sein, der ohne Not angezettelt wird, verbunden mit der Absicht, uns abzulenken und uns wieder einzureden, wir bräuchten die Mafia, die uns aussaugt.

Wir bleiben friedlich und demokratisch

Wir haben Gewalt nicht nötig. Eine Idee kann man mit Gewalt nicht bekämpfen und um eine überzeugende Idee umzusetzen, braucht man keine Gewalt, sondern nur einen Plan sowie die Ausdauer und Geduld, ihn umzusetzen. Schlechte Systeme und schlechte Menschen können uns kurzfristig schaden, aber nicht langfristig blockieren. Haben Sie also keine Angst vor der Staatsmafia. Die Leute, die da beschäftigt sind, werden über kurz oder lang völlig hilflos sein.

Wir verfolgen unsere Überzeugung mit ausschließlich demokratischen Mitteln und ausschließlich friedlich. Jede Gewalt, wie wir sie jetzt in den VSA sehen, liegt nur daran, dass die Menschen keinen Plan und keine Idee haben. Sie schlagen deshalb wild um sich, um das zu zerstören, was sie in ihrer berechtigten Wahrnehmung terrorisiert. So sind Menschen, die nichts zu verlieren haben. Wir geben der Mafia keinen Anlass und keine Argumente, sich mit rechtlichen oder moralischen Anschuldigungen oder gar Gewalt gegen uns zu wenden. Dieses Spiel hat lange genug funktioniert. Wir haben verstanden, dass die Moral auf unserer Seite liegt und nicht bei der Staatsmafia. Der wichtigste Trick der Demokraten war, die moralische Hoheit für sich zu beanspruchen. Dieser Trick zieht nicht mehr.

Die Risiken gehen von den Demokraten aus

Sollten sich die Mafiosi und ihre Hintermänner entscheiden, uns noch Bürger aber kommende Freie sofort mit aller Härte anzugreifen, entstände ein Problem. Sie müssten das Internet abschalten, um die Verbreitung unserer Idee zu stoppen. Allein das würde den Kollaps auslösen. Dieser Kollaps würde jedoch nichts mehr übriglassen, was zu beherrschen wäre und deshalb habe ich die Hoffnung, dass wenigstens einige der Verantwortlichen vernünftig bleiben. Wir müssen primär versuchen, die Polizei und das Militär auf die Seite der Autokraten zu bekommen. Jeder Leser sollte verstanden haben, warum diese oder gleichartige Ideen notwendig sind, um unsere Gesellschaft weiterzuentwickeln.

Wir müssen schnell handeln und vorsichtig bleiben

Diese Vorsicht ist angebracht. Wir müssen unser weltweites Wirtschaftssystem am Laufen halten. Wenn uns das gelingt, und wenn wir mit der Umsetzung unseres Plans vorankommen, dann werden wir überleben und gewinnen. Wenn uns das nicht gelingt, dann haben wir Selbstmord begangen, aus Angst vor dem Tod. Lange Zeit sah ich mich deshalb dazu verurteilt, auf den Kollaps warten zu müssen, ohne etwas tun zu können. Mir fehlte ebenfalls ein Plan, um optimistisch sein zu können. Nach langem, intensivem Nachdenken entstand erst während des Schreibens an diesem Buch das Konzept der Autokratie. Wie das System in den Grundzügen aussehen muss, haben wir im vorherigen Teil gesehen.

Betrachten wir jetzt, wie wir dahin kommen.

Zuvor muss ich im Interesse aller darum bitten, im Grundsatz so weiter zu machen wie bisher. Insbesondere in der öffentlichen Verwaltung kann sich über Nacht gar nichts ändern. Wir müssen so weitermachen wie bisher. Es gibt da allerdings ein paar Ausnahmen.

Die Staatsmafia und ihre Unterstützer müssen abtreten

Es gibt zwölf Bereiche, in denen ich Veränderungen erwarte. Und zwar im Interesse der Betroffenen. Ich bin kein Richter und ich möchte hier keinerlei Vorverurteilung aussprechen. Aber ich weiß, dass viel Unrecht geschehen ist, und dass die Bevölkerung schikaniert wurde, was unakzeptabel ist. Es wurden Schulden aufgenommen, um die eigene Macht zu festigen, für die die Bürger erst später bezahlen sollen. Viele wurden eingesperrt, wegen einem Virus, das kaum Unterschiede zur Grippe aufweist.

Von den Menschen, die in den folgenden zwölf Bereichen arbeiten, können wir erwarten, dass sie sofort zurücktreten:

- sämtliche Regierungsmitglieder von Bund und Ländern/Stadtstaaten
- sämtliche Parlamentarier von Bund und Ländern/Stadtstaaten
- sämtliche politischen Beamten von Bund und Ländern/Stadtstaaten
- sämtliche Behördenleiter von Bund und Ländern/Stadtstaaten
- sämtliche Vertreter in den erweiterten Parteivorständen der in Parlamenten vertretenen Parteien von Bund und Ländern
- sämtliche Mitlieder in Leitungsgremien und Leitungspositionen der öffentlich-rechtlichen Medien
- alle Medienvertreter, die offensichtliche Propaganda für die „westlich-demokratische" Staatsmafia betrieben haben
- alle Vertreter in Leitungsgremien von Medienkonzernen, deren Mitarbeiter offensichtliche Propaganda für die „westlich-demokratische" Staatsmafia betrieben haben
- alle deutschen Vertreter bei der EU, die wesentliche Partei- oder Regierungsämter in Deutschland innehatten
- alle verantwortlich Tätigen bei Militär und Geheimdiensten, die im In- und Ausland gegen die Beständigkeit von Menschen und Gesellschaften gearbeitet haben oder aktuell arbeiten lassen
- alle Richter an Berufungsgerichten, die Parteiämter innehatten oder Parteidelegierte auf Bundes- oder Landesebene waren
- alle Wissenschaftler und Mediziner, die sich während der Coronakrise in den Medien einseitig zugunsten der Staatsmafia geäußert haben

Jeder, der in den obigen Bereichen gearbeitet hat und noch einen Rest an Würde und Anstand hat, wird verstehen, dass es keine andere Möglichkeit gibt, als seinen sofortigen, freiwilligen Rücktritt zu erklären. So kann ehrliche Reue gezeigt werden, von jedem, dem bedauerlicherweise erst jetzt klar wird, wie von seiner Machtposition aus normale Menschen schikaniert wurden, in dem der Mehrheit der Willen einer Minderheit aufgezwungen wurde.
Der jetzige, sofortige Rücktritt ist wenigstens ein erstes Zeichen von Erkenntnis und Reue. Die normale Bevölkerung ist aufgerufen, diesen Rücktritten mit Dankbarkeit zu begegnen. So können wir Gewalt hoffentlich wechselseitig vermeiden.

Über Teile der Staatsmafia muss gerichtet werden

Klar ist: Staatsmafiosi und ihre Unterstützer sind Täter. Sie haben gegen die ewigen und nicht wegzuleugnenden universellen Werte verstoßen. Auch kann ich nicht erkennen, dass die Unwissenheit an dieser Stelle einen Schutz darstellt. Denn auf diesen Schutz konnten wir Bürger uns gegen den Staat auch niemals berufen. Warum soll es der Staatsmafia nicht auch einmal genauso gehen?

Ich habe eine klare Meinung dazu, die ich im Folgenden begründen werde. Diese Meinung werde ich argumentativ vertreten. Ob und wie die Freien meiner Meinung folgen werden, kann ich nicht sagen. Über das Maß der Schuld und die Strafe werden unabhängige Gerichte entscheiden, keinesfalls ich! Alles, was ich hier anführe, ist meine persönliche, unmaßgebliche Ansicht.

Alle Leute, die in den obigen Bereichen tätig waren, haben sich schuldig gemacht. Jeder einzelne Fall wird individuell zu prüfen sein. Für die Personen, die in den Sektoren nicht mehr aktuell tätig sind, gibt es nichts zu tun. Sie können abwarten.

Für die ersten zehn bis fünfzehn Prozent der Verantwortlichen, die heute in leitenden Funktionen bei der Staatsmafia arbeiten und ihren Posten freiwillig aufgeben sowie transparent und wahrhaftig an der Aufklärung teilnehmen, werde ich mich für eine deutliche Strafminderung einsetzen.
Für weitere zwanzig bis dreißig Prozent, die ihren Posten danach räumen, und ebenfalls aktiv an der Aufklärung mitwirken, werde ich mich ebenfalls für eine gegenüber der ersten Gruppe reduzierte Strafminderung einsetzen.
Für alle, die heute in den obigen Bereichen tätig sind, die erst dann zurücktreten, wenn es gar nicht mehr anders geht, soll es nach meiner Meinung keinerlei Strafminderung geben.

Die Freien werden keine Guillotinen aufstellen und sofort Köpfe rollen lassen, wie das in der Vergangenheit stets war. Wir werden auch nicht die Laternenpfähle nutzen, wie ich mir das vor vielen Jahren, als ich noch direkt dem deutschen Behörden- und Regierungsterror ausgesetzt war, gewünscht hatte.

Aber ich denke, wir Freien sollten in keinem Fall die Ruhe- und Altersbezüge der obigen Verantwortlichen übernehmen. Der Staat, der den Staatsmafiosi etwas für ihr Alter versprochen hatte, hört auf zu existieren. Also liegt es an der Gnade der Freien, vielleicht doch Teile der Altersruhegelder zu zahlen. Aber sicher nur bei tätiger Reue und Mithilfe bei der Aufklärung. In jedem Fall sollte klar sein: Wer echte Schuld auf sich geladen hat, wird mit massiven Vermögensstrafen und auch Gefängnis zu rechnen haben. Die Archive werden Verbrechen an den Tag fördern und es werden sich Zeugen finden lassen. Wir Freien müssen die Vergangenheit aufarbeiten, der Gerechtigkeit halber.

Behörden, Medien und Justiz

Allen sonstigen Vertretern von Behörden, Medien und Justiz möchte ich raten, sich auf die kommende Selbstregierung der Freien einzustellen. Jeder, der heute bei der Staatsmafia arbeitet, kann sich ab sofort nicht mehr auf Unwissenheit berufen. Wer heute nicht auf einer Leitungsebene tätig ist, und sich nicht an Verbrechen der Mafia beteiligt hat, sollte nach meiner Überzeugung nichts zu fürchten haben. Die Erfahrung der meisten Mitarbeiter wird mehr gebraucht denn je. Wobei ich genauso wenig in der Lage bin, Freisprüche auszusprechen, wie ich Verurteilungen vornehmen kann. Ich kann nur das darstellen, wofür ich mich einsetzen werde. Ob die Gerichte der Freien mir in dieser Einschätzung folgen werden, kann ich nicht sagen. Aber jeder, der bei der Staatsmafia in der Übergangszeit Schuldigen dabei hilft, Unterlagen zu vernichten oder beiseite zu schaffen, macht sich selbst schuldig und hat bestimmt mit Strafe zu rechnen. Alle weiteren Behördenentscheidungen sollten unter Berücksichtigung der neuen Lage getroffen werden. Das heißt, Entscheidungen sollten so getroffen werden, dass wirklich aus Sicht des Volkes entschieden wird und nicht länger aus Sicht einer privilegierten Obrigkeit. Die universellen Werte stehen zur sofortigen Anwendung bereit und sind ein transparenter Maßstab. Wenn also Demonstrationen von Bürgern weiterhin verboten werden oder Demonstranten schikaniert werden, dann sind das keine Aktionen, die ungesühnt bleiben werden. Auch und gerade Gewalt gegen die Bevölkerung werden auf das Schwerste geahndet werden. Als letztes möchte ich anführen, dass ich die Strafen gegen die Verbrecher des Dritten Reiches weder als unangemessen noch als zu hart empfunden habe. Für Demokraten, die schwere Schuld auf sich geladen haben, scheint mir auch die Todesstrafe nicht ausgeschlossen. Ich hoffe jedoch, dass insbesondere in Deutschland solch schwere Schuld nicht anzutreffen ist.

Das alles gilt auch für die Vertreter der Medien und zwar auch der privaten Medienkonzerne. Wer ab sofort nicht beginnt, die universellen Werte von Wahrhaftigkeit und Transparenz zu beachten, der hat keinen Schutz vor Strafe verdient. Ob Medienkonzerne, die offensichtlich mit der Staatsmafia kollaboriert haben, Bestand haben dürfen, wird ebenfalls zu entscheiden sein.

Alle anderen, die in diesem obigen Abschnitt nicht aufgeführt wurden, müssen bitte weiterarbeiten wie bisher. Die Behörden sollen neue Leiter bestimmen, die für den Übergang da sein sollen. Interne Fachleute, die als glaubwürdige Mittler zwischen den Freien und als Vertreter der Mitarbeiter die kommenden Umbauten begleiten. Die Mitarbeiter selbst wissen am besten, wer dafür geeignet ist. Damit beginnt der erste Schritt in die Freiheit, die Selbstorganisation.

Der Plan kennt unterschiedliche Unterstützer

Nicht jeder Mensch muss ab sofort neue Gesetze überlegen oder Führungsaufgaben wahrnehmen. Aber es gibt einige Dinge, die jeder machen kann. Darüber hinaus hängen die Möglichkeiten jedes Einzelnen natürlich auch davon ab, welche Aufgaben er heute wahrnimmt. Juristen sind als erstes gefragt, sie müssen helfen, neues Recht zu formulieren.

Für einige Bereiche finden wir im Folgenden besondere Hinweise, wie dort tätige Menschen speziell helfen können:

- Unterstützer mit wenig Zeit und Möglichkeiten
- Unterstützer, die mehr Zeit investieren wollen
- Unterstützer bei der Polizei
- Unterstützer beim Militär
- Unterstützer bei den Geheimdiensten
- Unterstützer bei Bundesbank und EZB
- Unterstützer bei den Medien
- Unterstützer an den Schulen
- Unterstützer mit juristischer Erfahrung
- Unterstützer im öffentlichen Dienst
- Unterstützer bei der Pharma-Industrie

Doch bevor wir spezielle Möglichkeiten untersuchen, ein paar allgemeine Hinweise.

Alle Unterstützer

Das allerwichtigste bei der Sache ist, die Idee so schnell wie möglich zu verbreiten. Je schneller die Idee sich verbreitet, desto weniger ist sie zu stoppen. Aber bevor Sie zu der Verbreitung beitragen, fragen Sie sich noch einmal, ob Sie auf der richtigen Spur sind. Sie sollten die Idee nur dann unterstützen, wenn Sie mit voller Überzeugung und reinem, guten Gewissen dabei sind. Wenn Sie verstanden haben, dass ein Plan etwas zu verändern besser ist, als weiterzumachen wie bisher. Wenn Sie den Plan verbreiten, fangen Sie an, Verantwortung zu übernehmen. Sie gehen ein Risiko ein. Wenn wir gemeinsam scheitern, müssen Sie sich Vorwürfe machen lassen, dafür verantwortlich zu sein. Das kann weh tun. Aber wenn wir gewinnen, waren Sie dabei und haben zu unserem Sieg beigetragen.

Sollten die Bosse der Staatsmafia nicht freiwillig zurücktreten, wovon wir nicht ausgehen dürfen, haben wir einen Weg, die Ablösung zu erzwingen. Denn die Demokratie hat einen wichtigen Angriffspunkt, den die Staatsmafia nicht kontrollieren kann. Dieser wichtige Punkt erlaubt uns die Übernahme der Demokratie mit demokratischen Mitteln. Bisher musste die Mafia vor solch einer Übernahme keine Angst haben. Denn was sollte ihr passieren? Mehr Mitglieder zu haben bedeutete, dass es mehr Auswahl gab, um einen zukünftigen Mafia-Boss zu rekrutieren. Diesmal haben wir aber einen anderen Plan. Wir betreiben die Selbstauflösung der Parteien.

Jeder, der unseren Plan unterstützen will, tritt in eine demokratische Mafia-Partei ein. Suchen Sie sich eine aus, die Sie kapern wollen. Ich würde Ihnen empfehlen, nicht die Partei zu nehmen, über die sich stets am meisten geärgert haben. Treten Sie in die Partei ein, mit der sie stets am meisten sympathisiert haben. Hier kann es ihnen am ersten gelingen, die bestehenden Parteimitglieder außerhalb der Bosse davon zu überzeugen, auch für unseren Plan zu sein.

Wenn wir bestehende Parteimitglieder überzeugen, welchen Schaden ihre Partei-Bosse angerichtet haben, müssen wir weniger neue Menschen finden, die die Partei kapern.
Erklären Sie Ihren Eintritt in die Partei. Das geht in der Regel online. Danach setzt man sich mit Ihnen in Verbindung und wird Ihnen vielleicht ein paar Fragen stellen, warum, wieso, weshalb. Erklären Sie zunächst ganz unschuldig, dass Sie „die Demokratie stärken wollen, weil Sie schon immer mit der XYZ sympathisiert hätten". Verraten Sie nichts über Ihre wirklichen Absichten. Geben Sie ein minimales Gehalt an, damit ihr Beitrag niedrig liegt und verraten Sie nichts über sich, was nicht zwingend erforderlich ist. Berufen Sie sich auf den Datenschutz. Das verstößt zwar gegen unsere universellen Werte, ist aber auch keine Guillotine wie man sie sonst bei Revolutionen einzusetzen pflegte. Wir wollen damit berechtigterweise verhindern, dass die Mafia durch uns mehr Mittel bekommt als notwendig.

Die Parteien haben ungefähr folgende Mitgliederzahlen (Stand 2019):

Partei	Mitglieder Stand 2019	Mindestbeitrag/Monat
SPD	419.000	5€
CDU	405.000	6€
CSU	139.000	6,67€
Grüne	96.000	1% vom Nettoeinkommen
FDP	65.000	10€
Linke	60.000	3€
AfD	35.000	10€

Wir müssen gar nicht sehr viele Menschen zusammenbekommen, wenn wir zumindest ein Drittel der bestehenden Mitglieder für unsere Sache gewinnen. So können wir die Mafia schnell von innen auflösen. Denn dann sind selbst für die mitgliederstärkste Partei, die SPD, nur ca. 150.000 Menschen erforderlich, um die Mehrheit zu übernehmen.

Mit dem Eintritt in die Partei müssen Sie in der Regel eine Lastschriftermächtigung erteilen. Leider kommen Sie um das Zahlen der Beiträge nicht herum, wenn Sie an den folgenden wichtigen Abstimmungen innerhalb der Partei teilnehmen wollen.

Der erste Beschluss, den Sie mit allen anderen Autokratie-Unterstützern jeweils innerhalb der einzelnen Parteien herbeiführen, ist es, die Beiträge auf null zu setzen. Damit sparen Sie Geld und wir entziehen der Mafia Geld, das sie zum Funktionieren braucht. Darüber hinaus wählen die Autokratie-Unterstützer nur Leute aus ihren Reihen in Ämter und als Delegierte. So wird es uns gelingen, die Parteien zu entkernen und die Demokratie durch neue Abgeordnete in eine Autokratie zu überführen. Ganz demokratisch.

Teilen Sie Ihren Parteieintritt samt der Absicht, eine Autokratie einzuführen, in den sozialen Medien. Ermuntern Sie andere, es Ihnen gleichzutun.

Unterstützer mit wenig Zeit und Möglichkeiten

Unterstützer mit wenig Zeit und Möglichkeiten treten nur in eine Partei ein, zahlen den kleinstmöglichen Beitrag und gehen zu Abstimmungen, wenn Posten zu besetzen und Delegierte zu wählen sind. Stimmen Sie nur für Kandidaten, die glaubwürdig sind und unseren Plan unterstützen wollen. Seien sie vorsichtig, wenn die Mitglieder, die zur Wahl stehen, schon sehr lange in der Partei sind.

Unterstützer, die mehr Zeit investieren wollen

Unterstützer, die mehr Zeit investieren wollen, müssen sich in die Arbeit der Parteien ab sofort aktiv einschalten. Gehen Sie zu allen Veranstaltungen und reden Sie mit anderen Mitgliedern. Versuchen Sie, alte Mitglieder zu überzeugen und Bosse zur Aufgabe zu bewegen.

Lassen Sie sich ggf. in ein Parlament wählen und sorgen Sie dann dort am Schluss für eine juristisch und demokratisch saubere Auflösung der Verfassung. Das sollte mit Dreiviertel-Mehrheit im Parlament und dem Rückhalt in der Bevölkerung absolut legal funktionieren. Aber vorher wird es notwendig werden, handlungsfähige Übergangsregierungen zu haben, die temporär als Mafia-Ersatz fungieren.

Vor einer Auflösung der Demokratie müssen wir natürlich die Autokratie selbst und den Übergang klar definieren. Dafür wird ebenfalls viel sachverständige Mitarbeit gebraucht. Wenn Sie Zeit und Mut haben, die neue Zeit der Freiheit mit auszugestalten – fantastisch. Mehr dazu wird außerhalb dieses Buchs zu erfahren sein.

Unterstützer bei der Polizei

Meine wichtigste Bitte ist: Bleiben Sie in jedem Fall friedlich und üben Sie keine Gewalt gegen Untertanen aus, wenn die Obrigkeit dies verlangt. Bedenken Sie immer: Diese Obrigkeit hat jegliche Moral und jeglichen moralisch begründbaren Führungsanspruch verloren. Seien sie versichert, Ihre Lage wird sich mit unserem Plan signifikant bessern. Sie werden in der Autokratie wieder vereint mit der Bevölkerung und nicht von ihr getrennt. Sie brauchen Ihren freien Schwestern und Brüdern zukünftig nicht mehr in Militäruniformen gegenüberzustehen, um irgendwelchen Mafia-Bossen einen Gefallen zu tun. Sie müssen nicht mehr gegen friedliche Demonstranten vorgehen, weil die Regierungsmafia dies so wünscht.

Überlegen Sie, welchen Zuwachs an Lebensqualität es bringt, wenn Sie keine Zielkonflikte zwischen Obrigkeit und ihren Mitmenschen mehr austragen müssen. Wenn Sie den dritten Teil des Buchs gelesen haben, ist Ihnen klar geworden, dass Sie „die Killer der Staatsmafia" sind. Sie müssen die Drecksarbeit für die Mafia machen, obwohl man öffentlich behauptet, Sie wären für die Bürger da. Sie erleben die Konflikte am eigenen Leib und können weder für Ihre noch die Grundrechte aller eintreten, ohne Ihren Arbeitsplatz zu gefährden.

Ihre Arbeit wird weiterhin gebraucht. Sie leisten eine wichtige Arbeit und Sie werden diese Arbeit zukünftig erfolgreicher und besser machen. Sicherheit hat einen hohen Wert und die Mittel, die Freie bereit sind, für ihre Sicherheit zu zahlen, die werden auch bei der Polizei ankommen. Sie werden nicht von korrupten Mafia-Bossen umgeleitet werden, nur um die eigene Mafia-Macht festigen zu können.

Was wir von niemandem verlangen können, ist aktive Unterstützung, solange die Machtverhältnisse noch so sind, dass die bisherige Obrigkeit das Sagen hat. Was wir aber alle erwarten können, ist eine passive Unterstützung. Wenn Aktionen anstehen, die sich gegen die Bevölkerung richten, dann melden Sie sich krank. So können Sie Gewissenskonflikten vorbeugen und sind nicht gezwungen, für eine untergehende Obrigkeit gegen ihre zukünftigen freien Schwestern und Brüder zu kämpfen. Wenn Sie im Personenschutz für Mafia-Bosse tätig sind, suchen Sie eine andere Arbeit innerhalb der Polizei. Entfernen Sie sich von den Mafia-Bossen. Sie haben Ihre ehrliche Arbeitsleistung nicht verdient.

Wenn Sie etwas mehr tun wollen und mutig sowie vorsichtig sind, warnen Sie Opfer, bevor Ihre Kollegen als „Killer" losziehen. Autokraten haben friedliche Absichten und werden nur streng nach dem Grundgesetz vorgehen. Sie verdienen Ihre Warnung. Danke im Voraus dafür!

Ansonsten machen Sie den Dienst wie bisher. Im Sinne der Mitmenschen.

Unterstützer beim Militär

Meine wichtigste Bitte ist: Bleiben sie in jedem Fall friedlich und üben sie keine Gewalt gegen Untertanen aus, wenn die Obrigkeit dies verlangt. Bedenken Sie immer: Diese Obrigkeit hat jegliche Moral und jeglichen moralisch begründbaren Führungsanspruch verloren.

„Soldaten sind Mörder", mit diesem Ausspruch hatte Kurt Tucholsky recht. Aber nur zur Hälfte. Soldaten, die ihre Mitmenschen und ihr Territorium vor Angreifern verteidigen, sind Helden. Nur Soldaten, die andere Menschen, auf welchem Territorium auch immer, angreifen, sind Mörder. Da lassen unsere universellen Werte keine Wahl.

Deshalb freuen Sie sich, dass unsere Staatsmafia Sie nicht länger in die Rolle des Mörders pressen kann. Unternehmen Sie jede Anstrengung, um die Sicherheit und die Freiheit ihrer Mitmenschen auf deutschem Territorium vor äußeren Angriffen zu schützen. Bereiten Sie sich mental und real auf Verteidigung vor. Unsere Idee der Freiheit macht uns als Angriffsziel kurzfristig leider sehr interessant. Der Angriff wird von einer anderen Seite kommen, als Sie es in bisherigen Planungen erwartet haben, nämlich von befreundeten Mafia-Familien aus anderen demokratischen Staaten. Nutzen Sie ihre internationalen Kontakte zur Verbreitung unserer Idee. Gerade die vielen Soldaten der Demokratien, die unter Ausschluss der Öffentlichkeit abscheuliche Kriege führen müssen, werden dankbar für jede Perspektive einer kommenden Besserung sein. Je besser Sie Ihre Kollegen in anderen Ländern vorbereiten, desto weniger müssen Sie und wir einen Angriff fürchten.

Unterstützer bei den Geheimdiensten

Bitte tragen auch Sie dazu bei, dass die Umstellung friedlich bleibt. Ihr Einsatz wird während der Umstellung mehr denn je gebraucht. Die Verbrechen der Mafia müssen ans Licht gebracht werden. Keinesfalls dürfen die vermeintlich unschuldigen Mafiabosse und ihre wichtigsten Killer ohne Strafe davonkommen. Wenn Sie nur auf unterer Ebene tätig sind, sichern Sie bitte Beweismaterial. Wenn die Autokratie sich durchgesetzt hat, helfen Sie, die Verbrechen öffentlich zu machen.

Bitte schützen Sie uns alle vor einem Abwehrangriff der Staatsmafia aus dem In- und Ausland. Viele Mafiosi werden um ihr Vermögen, einige der richtig schweren Verbrecher werden um ihr Leben fürchten. Da sind Kurzschlusshandlungen nicht auszuschließen. Halten Sie deshalb Augen und Ohren offen, wie es zu Ihren Aufgaben gehört. Finden Sie einen Weg, eventuelle Angriffe, Terrorakte oder sonstige Aktionen öffentlich zu machen, ohne sich persönlich zu exponieren. Sammeln Sie Unterlagen und geben Sie diese an alternative Medien weiter. Achten Sie bitte im eigenen Interesse darauf, nicht die Medien der Staatsmafia zu informieren.

Die Umsetzung einer guten Idee lässt sich von schlechten Menschen vielleicht verzögern, aber dauerhaft aufhalten kann sie niemand.

Unterstützer bei Bundesbank und EZB

Bitte helfen Sie weiter mit, den Kollaps der Wirtschaft zu vermeiden. Wir haben hiermit einen Plan gefunden, der umgesetzt werden kann. Denken Sie bitte an die vielen Menschenleben, die davon abhängen, dass die Wirtschaft am Leben bleibt. Es sind auch Ihre Familien und Ihre Landsleute davon betroffen.

Wir Autokraten müssen das Verschuldungskonzept der Staatsmafia noch etwas weiterlaufen lassen, bis wir durch das Umbaukonzept die Wirtschaft wieder auf

Wachstumskurs haben. Noch während der Konkretisierung der Autokratie Konzeption werden Fachleute aus Ihrem Bereich benötigt, um ein neues Geldkonzept zu entwickeln. Zentralbanken werden weiter benötigt. Der Bereich Bankwesen wird mit der erste sein, der Umstellungen bereitstellen muss. Bereiten Sie sich vor und helfen Sie mit.

Unterstützer bei den Medien

Freuen Sie sich auf eine neue Freiheit. Denkverbote, Schreibverbote wird es nicht mehr geben. Lügenpresse oder Lückenpresse müssen Sie sich zukünftig nicht mehr schimpfen lassen, wenn Sie unsere universellen Werte von Wahrhaftigkeit und Transparenz wieder vertreten. Die Furcht vor der Staatsmafia sollte verschwunden sein. Die Moral steht auf Seite der Autokraten. Wechseln Sie auf die richtige Seite. Kämpfen Sie wieder für die Freiheit ihrer Mitmenschen und nicht für die Zwangsherrschaft der Demokraten.

Bedenken auch Sie, dass es Angriffe der alten Staatsmafia auf die neu entdeckte Freiheit geben kann; passen Sie auf, mit wem Sie sich anlegen. Es kann gefährlich sein. Achten Sie bitte auch auf Hinweise aus den Sicherheitskreisen. Falls Mitarbeiter vertrauliche Informationen an Sie weitergeben, versuchen Sie, die Quellen zu schützen und die Information so vorsichtig und so neutral wie möglich zu veröffentlichen. Bedenken Sie: Die Macht der Mafia ist nahezu unbegrenzt.

Es gibt viel aufzuarbeiten, aus der demokratischen Politik, aber auch aus der eigenen Vergangenheit Ihrer Branche. Wenn Sie bei belasteten Medienunternehmen arbeiten, überlegen Sie einen Wechsel zu unbelasteten, kleinen Unternehmen. Entwickeln Sie sich gemeinsam für Freiheit, Frieden, Gerechtigkeit und unsere universellen Werte.

Vertreter der Autokratie sind sicher gerne bereit, in einer Talkshow gegen die Bosse der Mafia-Parteien anzutreten. Wenn Sie, liebe Vertreter der Medien, den Mut haben, uns einzuladen und ihr Publikum zu konfrontieren, bitte. Wir freuen uns darauf.

Wir haben gemeinsam eine großartige Zukunft vor uns. Wir können die letzten wirklich pechschwarze Jahre[24] der Medienbranche mit unterirdischer Berichterstattung gemeinsam schnell hinter uns lassen. Machen Sie mit. Informieren Sie

---

[24] Gemeint sind die Jahre ab 2012.

Ihre Leser, Zuhörer und Zuschauer, transparent und wahrhaftig, auch und gerade über die Chancen der Autokratie.

Unterstützer an den Schulen

Für Lehrer: Glückwunsch. Sie arbeiten in einer Branche, die in den nächsten Jahren die Chance hat, zu explodieren. Trotzdem ist und wird die Lage für Lehrer an den öffentlichen Schulen nicht einfach.
Bitte seien Sie selbst offen für Änderungen und eröffnen Sie Ihren Schülern die Chance auf ein Leben in Freiheit. Schüler an einer Oberschule sollten in Sozialkunde die universellen Werte behandeln und verstehen können.
Schüler in Gymnasien sollten ab ca. 15 Jahren in der Lage sein, die Unterschiede zwischen Diktatur, Demokratie und Autokratie zu erörtern. Als Lehrer müssen Sie keine Stellung nehmen, können also loyal gegenüber ihrem Dienstherren bleiben. Aber geben Sie ihren Schülern die Chance, selbst zu erarbeiten, wo die systemischen Unterschiede liegen. Sie müssen nicht Sozialkunde unterrichten, um so ein wichtiges Thema anzusprechen.

Wenn Sie noch Schüler sind und das Thema Sie interessiert, reden Sie mit Mitschülern. Wenn Sie nicht ganz alleine dastehen, fordern Sie von Ihren Lehrern eine aktuelle Stunde zum Thema „Autokratie". Sagen Sie, dass Sie die Unterschiede zwischen Demokratie und Autokratie erörtern möchten. So können Sie hoffentlich weitere Schüler und eventuell auch Lehrer für das Thema interessieren. Zu den sozialen Medien muss ich sicher nichts sagen. Jeder Beitrag dort hilft uns, weitere Unterstützer zu finden.

Unterstützer bei den Finanzämtern

Freuen Sie sich, dass Sie zukünftig nicht mehr Ihren Mitbürgern das Geld abpressen und bei der Mafia abliefern müssen. Zukünftig können Sie ihren freien Schwestern und Brüdern dabei helfen, gemeinsam die Aufgaben zu finanzieren, die wir gemeinsam finanzieren wollen. Ihre Kompetenz bei der Kontrolle und bei der Steuerermittlung wird weiter gebraucht werden.

Sie werden Ihren Beruf mit Stolz ausüben können, weil die Zeit der Schikane und das Kämpfen gegen die Mitbürger ein Ende haben wird. Machen Sie sich Gedanken, wie wir möglichst schnell neue Steuerberechnungen einführen können und halten Sie das staatliche Geld am Fließen, solange wir die Umstellung noch nicht vollzogen haben. Bedenken Sie aber stets, wie sich die Lage ändern wird. Unnötige Härten sollten sie vermeiden. Nutzen Sie, insbesondere bei schwächeren Wirtschaftsteilnehmern, ihren Ermessensspielraum zum Vorteil der Betroffenen aus.

Unterstützer mit juristischer Erfahrung

Freuen Sie sich auf viel Arbeit an einem sauberen juristischen System, dass die Freiheit der Menschheit dauerhaft absichert und ein geordnetes Miteinander unter Berücksichtigung universeller Werte ermöglicht.

Alle Sonderrechte der Obrigkeit entfallen.

Gesetze, die auf politischen Kompromissen aber nicht auf fachlichen Anforderungen beruhten, werden wir Schritt für Schritt aus dem Alltag entfernen. Sie werden wieder in einem sauberen, fachlichen Umfeld arbeiten, dass nicht von Parteiinteressen gesteuert wird. Gesetze sollen die beste fachliche Praxis festschreiben und allgemeingültig machen. Sie werden nicht mehr genutzt, um der Bevölkerung den Willen der Obrigkeit aufzuzwingen.

Für Juristen wird es in den nächsten Jahren sehr viel Arbeit geben. Aber sie wird anders aussehen und internationaler werden, als das bislang der Fall war.

Weitere Unterstützer im öffentlichen Dienst

Für die Mehrheit wird gelten, dass die heute zu erledigenden Aufgaben auch in Zukunft zu erledigen sein werden. Also machen Sie sich bitte keine zu großen Sorgen und versuchen Sie sich, auf die kommenden Umstellungen vorzubereiten.

Für viele Mitarbeiter im öffentlichen Dienst gibt es enorme Entwicklungsmöglichkeiten, die durch das strenge Dienst- und Verwaltungsrecht so bislang unmöglich waren. Alle fachlichen Aufgaben sind neu zu regeln und das wird viele kreative Lösungen erfordern. Menschen mit Erfahrung werden da in jedem Fall gebraucht. Eine gute Verwaltung der öffentlichen Belange im Interesse der Freien wird zukünftig weltweit nachgefragt werden. Es bieten sich also viele neue Chancen und die sollte man zuerst betrachten. Versuchen Sie den skeptischen Kollegen die neuen Möglichkeiten aufzuzeigen. Vielleicht können Sie ja gemeinsam einen Dienstleister gründen. Schließen Sie sich dafür mit Kollegen aus anderen Regionen zusammen und überlegen Sie gemeinsam.

Unterstützer bei der Pharma-Industrie

Ihre Branche wird eine größere Umstellung erleben. Wenn Ihr Unternehmen ehrlich und seriös arbeitet, werden sich diese Änderungen positiv auswirken. Denn Unternehmen, die bisher Vorteile aus Lobbyismus und guten Freunden in der Politik gezogen haben, werden diese Vorteile verlieren. Außerdem werden solche Unternehmen für das Erschleichen derartiger Vorteile zur Rechenschaft gezogen werden. Selbst dann, wenn es nach demokratischen Gesetzen legal war, bedeutet es keinesfalls, dass unmoralische Gesetze bei der Bewertung der Handlungen zukünftig schützend berücksichtigt werden.

Achten Sie darauf, sich nicht weitere Schuld aufzuladen. Versuchen Sie Beweismaterial für Korruption und Lobbyismus zu sichern. Jeder, der aktiv zur Aufklärung von Verbrechen aus der Vergangenheit beiträgt, hilft der Gemeinschaft und kann für den Fall, dass er selbst Subjekt einer Anklage werden sollte, sicher mit milderen Umständen rechnen.

Tragen Sie zur Sicherheit der Bevölkerung bei. Versuchen Sie, den Chef-Etagen klar zu machen, dass Haftungsfreistellungen keinen Bestand haben werden. Um eine Haftung des eigenen Unternehmens zu vermeiden, werden die Verantwortlichen dann hoffentlich sofort, ohne eine gesetzliche Regelung abzuwarten, den Verkauf riskanter Produkte einstellen.

Umstellungsszenario

Bevor die Vertreter der Staatsmafia nicht abdankt haben, müssen wir sehr vorsichtig sein. Wir können offen über unsere Idee sprechen. Die Idee der Autokratie ...

1) ist nicht verfassungsfeindlich (Erläuterung folgt)
2) ist nicht rechtsradikal
3) ist nicht antisemitisch
4) ist keine Lüge oder Fake-News
5) ist überwiegend richtig (kleine Fehler tun der Gesamtheit keinen Abbruch)
6) sie fördert wirkliche Freiheit
7) sie fördert dauerhaften Frieden, weltweit
8) sie fördert die Würde der Menschen
9) sie unterliegt strengsten Wertemaßstäben
10) sie gibt keinen Anlass für rechtsstaatliche Institutionen, uns anzugreifen, zu schikanieren oder sonst wie zu schaden

11) hat Vertreter, die zu offenen Aussprachen bereit sind
12) wird nur mit friedlichen Aktionen verbreitet
13) hat nur Vertreter, die sich an alle existierenden Gesetze und Verordnungen halten[25]
14) wird die Demokratie nur langsam und kontrolliert in eine Autokratie überführen, stets unter Wahrung von existierendem Recht und der bestehenden Ordnung[26]
15) wird ganz demokratisch die bestehenden Parteien aus der Verantwortung nehmen, nur durch überzeugende Argumente und demokratische Mehrheiten, keinesfalls durch Gewalt
16) wird am Ende die Autokraten in die Verantwortung einer letzten demokratischen Regierung führen
17) wird die Demokratie nur nach einer generellen Volksabstimmung auflösen

Erst wenn Autokraten Zugriff auf die bisherigen Strukturen der Mafia haben, können wir die finalen Konzepte zur Überführung von der Demokratie in die Autokratie entwickeln. Vorher können wir bereits viele Ideen sammeln, dokumentieren und allen zugänglich machen. Aber ohne die Behördenmitarbeiter fehlt uns der Zugang zu den notwendigen Details und die personellen Kapazitäten, um die unzähligen Detailfragen der kommenden Umstellung abzuarbeiten. Der erste Schritt ist also die demokratische Übernahme der Regierung.

Es wird in vielen Bereichen relativ weitreichende Veränderungen geben. Wir Autokraten respektieren den Wert der Beständigkeit für die Betroffenen, aber wir haben auch Anforderungen an die Entwicklungsbereitschaft der Betroffenen. Beides muss insbesondere für die vielen, ehrlichen Mitarbeiter bei unseren jetzigen Behörden gelten, für die es zwangsläufig eine große Veränderung geben wird. Wir möchten Lösungen gemeinsam suchen und finden. Wenn wir uns konsequent von den universellen Werten leiten lassen, dann werden wir alle gemeinsam das bestmögliche Umstellungskonzept erreichen.

Der Umstieg kann nur schrittweise erfolgen. Der erste Schritt wird dabei die Bereitstellung zweier Bankenwelten sein, damit wir die weiteren Schritte überhaupt

---

[25] Sollte es Menschen geben, die das nicht machen, können das keine Anhänger der Autokratie sein, weil es unseren universellen Werten klar widerspricht. Es wäre jedoch nicht unüblich, dass die Staatsmafia wieder einmal ihre Mitarbeiter losschickt, um ihre Gegner zu diskreditieren.
[26] Das bezieht sich auf den Prozess der Übernahme selbst. Einige Gesetze, die nach den universellen Werten als unrechtmäßig beurteilt werden, werden nach einer entsprechenden Beurteilung aufgehoben werden.

realisieren können. Dafür werden noch vollständig die bestehenden Strukturen genutzt. Ab sofort kann angefangen werden, ein neues Rechtssystem zu formulieren, dass ohne den Staat als Obrigkeit auskommt.

Parallel dazu findet eine breite Kampagne zur Aufklärung der Bevölkerung statt. Möglichst alle Menschen sollen verstehen, was passiert und wir müssen am Ende eine Volksabstimmung abhalten, die extrem weitreichende Folgen haben wird. Wir werden beschließen, am Ende des Prozesses die Demokratie und das bisherige Mafia-Territorium „Bundesrepublik Deutschland" ohne Rechtsnachfolger aufzulösen. Weiterleben werden wir als „freie deutsche Kulturnation" im Land der Deutschen, genannt Deutschland.

Sobald Autokraten die Übergangsregierung stellen, werden wir aus der Nord-Atlantischen-Terror-Organisation (NATO) austreten, sofern diese dann überhaupt noch existiert. An Angriffskriegen auf fremden Territorien werden wir uns nicht mehr beteiligen. Wir werden unsere Verteidigung als Kulturnation gemeinsam weiter finanzieren, eine reine Verteidigungsarmee. Keine Angriffsdrohnen, aber die beste Luftverteidigung. Weniger Kriegsschiffe, aber eine gute Küstenverteidigung. Das brauchen wir nur für den Übergang. Also kaufen wir so günstig wie möglich ein, was der Markt hergibt.

Parallel dazu werden wir den Bildungssektor schrittweise umstellen. Es muss geklärt werden, wie Schulabschlüsse definiert werden können, wenn es keine zentralen Lehrpläne mehr gibt.

Sobald die rechtlichen Voraussetzungen und die technischen Voraussetzungen für die Zahlungen erfüllt sind, werden wir als erstes die Sicherheitsbehörden auf eine dezentrale Finanzierung umstellen.

Es scheint heute sinnvoll, den weiteren Umstieg schrittweise zu machen, aber das muss noch genauer untersucht werden.

Nichtsdestotrotz kann jeder, der Unternehmergeist in sich verspürt, sofort loslegen und sich auf neue, riesige Märkte freuen und vorbereiten. Wer neue Konzepte erfolgreich entwickelt und bei einer regionalen Mehrheit der Freien Unterstützung findet, der kann vielleicht sogar schon vor Auflösung der Demokratie starten. Wer zulange zögert, kann schnell seine Chance verpassen. Alle Unternehmer, auch die lange etablierten, sollten die universellen Werte verinnerlichen und ihre Vorgehensweisen daran ausrichten. Je genauer die Werte beachtet werden, desto erfolgreicher kann das Unternehmen sich entwickeln.

Kritische Punkte

Im Folgenden werden einige Bereiche aufgezählt, die als Probleme offensichtlich sind, für die es aber aus strukturellen Gründen keine Lösung zu geben scheint. Immer muss dabei bedacht werden: Wenn alle Freien über diese Probleme gemeinsam nachdenken, können uns auch für diese Themenbereiche Lösungen einfallen.

Staatsverschuldung

Die Staatsverschuldung ist ein kritischer Punkt. Wir Freien werden nicht mehr für die Schulden der Staatsmafia bürgen und auch nicht zahlen. Das erzeugt sofort ein großes Problem, weltweit. Wenn Investoren das verstanden haben, werden sie Staatsanleihen generell abstoßen wollen. Die ersten, die das tun, werden es schaffen. Die große Mehrheit sicher nicht.

Als Nebeneffekt können sich die Staaten kein Geld mehr am Kapitalmarkt beschaffen. Das machen die westlichen Demokratien inzwischen so oder so fast gar nicht mehr. Die Zentralbanken kaufen die Staatsanleihen und statten die Staaten so mit Geld aus. Das betrifft aber auch die Länder außerhalb der ersten Welt und wir müssen auch deren Wirtschaft irgendwie am Laufen halten.

Wir müssen die Wirtschaft dafür so mit Geld fluten, wie es von den Demokraten geplant war, um die Folgen der Corona-Pandemie auszugleichen. Dafür muss die EZB, wie aktuell auch, weiter europäische Anleihen kaufen. Nur so können die unschuldig Betroffenen der Corona-Krise schnell und rechtskonform mit Geld ausgestattet werden.

Grundsätzlich müssen wir zügig mit einer Regionalisierung der Geldsysteme beginnen. Außerdem müssen die Regionen die Möglichkeit bekommen, ihre Geldmengen sinnvoll zu steuern und dafür auch Geld in den Umlauf zu bringen, wie die Obrigkeit es früher stets gemacht hatte.

Stadt-Immobilien

Stadt-Immobilien werden große Wertverluste hinzunehmen haben. Wir müssen berücksichtigen, dass diese Verluste unvermeidbar sind. Wir können überlegen, ob die Gemeinschaft die Verluste von Einzelpersonen oder Familien ausgleicht, wenn diese durch zu hohe Restschulden in Not geraten. Keinesfalls müssen wir Immobilienspekulanten aus der Patsche helfen, die Mieter zum eigenen Vorteil abgezockt haben oder zukünftig abzocken wollten. Die Spekulanten haben sich diesmal leider verzockt und werden die Verluste tragen müssen. Aber vielleicht helfen sie auch im eigenen Interesse mit, die Städte überlebensfähig zu machen. Wenn auch in der Stadt eine Selbstversorgung möglich wird, weil den Städtern in räumlicher Nähe ein Garten angeboten wird, dann müssen diese Mieter die Stadt nicht verlassen. Es geht keinesfalls darum, die Städte grundsätzlich zu verteufeln. Wir müssen nur dafür Sorge tragen, dass für jeden gesunden Menschen eine Selbstversorgung stets in vollem Umfang gesichert sein muss.

Atomkraft

Die Atomkraft wird mit Einführung der Autokratie nicht mehr tragfähig. Wir werden, wie bereits bislang, keine Versicherung finden, die die Risiken eines Unfalls absichern will. Ohne Versicherung können private Unternehmen nicht arbeiten und auch die Staaten hätten es rational betrachtet niemals tun dürfen. Aber Gewaltherrscher, gerade wenn es Demokraten waren, sind korrupt und scheren sich kein Stück um die möglicherweise Betroffenen. Nur deshalb wurde Atomkraft überhaupt zugelassen.

Wenn Sie jetzt abgeschafft werden muss, dann stellt das die Bevölkerungen von Frankreich und wahrscheinlich einigen anderen Staaten vor gravierende Probleme. Gut, dass Deutschland diesen Wechsel bereits weitgehend abgeschlossen hat. Aber trotzdem müssen wir den Franzosen helfen, das Problem zu lösen. Beständigkeit von allen ist für Freie wichtig und wir wissen, dass ein deflationärer Kollaps noch jederzeit möglich ist. Nur weil Deutschland keine Kernenergie mehr nutzt, sind wir vor Verstrahlung keineswegs geschützt.

autokratie.org

Für aktuelle Entwicklungen wird eine Webseite mit Blog eingerichtet. Hier können wir Ideen und Konzepte sammeln und austauschen.

Abschließendes Fazit

Es war auch für mich selbst erstaunlich, was sich im Rahmen des Buchprojekts entwickelt hat. Die Demonstrationen gegen die Corona-Maßnahmen haben mich kolossal motiviert, stärker für unsere Rechte einzutreten. Schritt für Schritt, oft erst während des Schreibens, ist mir auf unbeschreibliche Weise klar geworden, wie die Zusammenhänge wirklich sind.

Ich möchte mich nochmals für das Lesen bedanken. Ich hoffe sehr, dass

- jeder versteht, dass Geld bislang nur zum Nutzen der Obrigkeit existiert
- die Demokratie am Ende ihres Zyklus angelangt ist
- die heutigen Demokraten eine besonders unfähige und arrogante Obrigkeit sind
- die Idee, „der Obrigkeit das Geld zu entziehen, es selbst zu verteilen und damit Obrigkeit und Untertanen endlich zu vereinigen", klar und nachvollziehbar beschrieben wurde
- die Beteiligung von mehr Menschen an zukünftigen Entscheidungen in der Autokratie einen vergleichbaren Entwicklungsschub erzeugt, wie der Übergang vom Absolutismus zur Demokratie
- die Idee Hoffnung erzeugen kann
- die Tage der Demokraten gezählt sind
- Sie, lieber Leser, viele Anregungen finden konnten, die Sie jetzt selbst weiterdenken und umsetzen können
- die Freiheit für alle sich möglichst schnell verbreitet
- ein weltweiter Frieden geschaffen werden kann
- die universellen Werte der Maßstab für weltweites Wirken und Zusammenleben werden

Wenn wir im Rahmen der Umstellung Deutschland als Staat und Demokratie aufgelöst haben, wird es nur noch die Kulturgemeinschaft Deutschland geben. Diese Kulturgemeinschaft wird sich in viele hundert Kulturkreise und Stadtbezirke aufteilen. Wir haben und pflegen diese gemeinsame Kultur. Auch ohne eine Obrigkeit, die uns regiert. Wir haben unsere gemeinsame Sprache, die uns zu klaren Gedanken befähigt. Wir können stolz sein auf das, was Deutschland zur weltweiten Kultur beigetragen hat. Von deutschem Boden wird nie wieder Krieg ausgehen.

Damit bekommen wir auch das Recht, ein dunkles Kapitel in unserer Geschichte abzuschließen, das Erbe des Dritten Reichs. Wir Deutschen sind fast alle nach dem

Ende dieser Schreckensherrschaft geboren. Wenige von uns waren noch Kinder, als der Krieg zu Ende ging. Ganz, ganz wenige mögen vielleicht noch lebende Verantwortliche sein. Wir tragen eine historische Verantwortung. Diese wird aber ausgeglichen, wenn es uns jetzt gelingt, die Vereinigung von Obrigkeit und Untertanen zu erreichen.

Wir bringen der Welt damit ein neues Konzept von wirklicher Freiheit und dauerhaften Frieden. Auf das können und werden wir stolz sein. Wir wissen, es gab Kriegsverbrecher nach den Deutschen. Die müssen jetzt in den Fokus der Aufmerksamkeit gerückt werden. Es gibt andere Kulturen, die in den kommenden Jahren für einen Ausgleich der weltweit angerichteten Schäden zur Rechenschaft gezogen werden könnten.

Wir Deutschen werden wieder ein Volk unter vielen werden. Und wir haben viel, auf das wir stolz sein können. Unsere Geschichte reicht 2000 Jahre und mehr zurück und besteht nicht nur aus zwölf Jahren der Finsternis.

Deutschland war das Volk der Dichter und Denker und wenn es uns jetzt gelingt, die Autokratie als erste einzuführen und der Welt wirkliche Freiheit zu bringen, dann wird uns eine positive Bewertung in der Geschichte der Menschheit niemand streitig machen.

Bitte helfen Sie mit.

Ein paar Stichpunkte zum Autor

Michael Schulz

1961	geboren in Berlin (West)
1981 bis 1985	Studium der Informatik in Berlin (West)
1985 bis 2011	Unternehmer in der Software-Branche
1985 bis 2002	Softwareprojekte in der Berliner Finanzverwaltung
1990 bis 2011	Softwareprojekte und -produkte für Sparkassen
2011 bis 2013	Übersiedlung nach Südamerika
ab 2015	Kleinbauer in Südamerika
ab 1983	verheiratet, Vater einer Tochter und eines Sohnes
ab 2001	passives Mitglied der Bahaí-Gemeinde Berlin